U0060299

跨世紀的新透視

臺灣新竹市300年
佛教文化史導論

江燦騰◎主編

江燦騰、釋寬謙、侯坤宏、釋昭慧◎合著

目　次

上卷
從清代到日治時代
臺灣新竹市佛教文化的歷史變革與佛寺轉型

中卷

戰前 vs. 當代

臺灣新竹市現代佛寺多元建築風格

第 7 章　從戰前到當代：臺灣新竹市首創天臺講寺佛教藝術文
　　　　　化道場建築風格／釋寬謙

下卷

戰後臺灣新竹市

現代佛學翻譯、著述與相關教育啓蒙

第10章　戰後臺灣新竹市在地佛教學者李世傑享譽全臺的多面
向佛學譯述與相關翻譯／江燦騰

新竹市第二古老的佛寺，就是這座現在位於新竹科學園區的金山寺，目前是新竹市的三級古蹟。這雖是祭祀型的清代漢族佛寺，迄今仍是閩客一起參與共同社區祭祀活動的族群融合象徵。

左｜現任新竹市長林智堅，大年初一，就趕來金山寺，親手發紅包給來朝拜的各地民眾。
右｜2017 年的新竹市客家義民祭，就是在金山寺舉行。

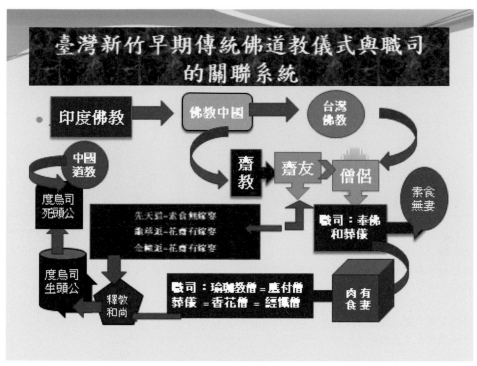

清代竹塹地區的漢族佛道信仰系統，可以圖示當中的相關性。

左｜北門鄭家的淨業院第一代住持陳氏潤。她是帶髮在家修行，沒有落髮剃度出家。

右｜被北門鄭家淨業院收養的新竹客家女性，曾留日，戰後返國，重新拜師、剃度受戒，
　　成為著名的勝光比丘尼。

著名的新竹北門鄭家淨業院，剛在 2018 年 5 月 8 日，由文資會審定通過成為新竹市第 32 處古蹟。它建在日本殖民統治的早期，可是建築風格是源自新竹當地竹名齋堂的建築風格。在宗教信仰的傳承上，是從原先清代齋教龍華派改為承襲浙江近海普陀山法雨禪寺的禪淨雙修法門，供奉來自普陀山的觀音菩薩塑像。它的庭園之美，一直享有盛名。圖左第一人站立者，就是已退休的臺灣大學歷史所鄭欽仁教授。淨業院在二戰後期，與從中國學法歸臺的天臺宗僧侶斌宗法師，結成深厚法緣，日後新竹市著名的古奇峰法源講寺，就是由北門鄭家大力協助建立的。(照片來源：新竹市政府提供)

左｜淨業院的大門。
右｜禪宗祖師菩提達摩的一葦渡江壁畫像。

上｜淨業院右廂房外側，與現代雕塑，今古輝映。
下｜淨業院外牆左壁的書法，整體構圖與書法意境皆佳。

上│日本殖民治後，由於殖民當局規定：來臺的日本佛教各派，都須自建佛寺，所以臺北
　　出現典型的日本佛寺木造建築。這是來臺淨土眞宗西本願寺派在臺北市的全臺傳教總
　　部的木造大殿。當時該派的經濟狀況不佳，無法太過宏偉的建築。可以用來對照(圖
　　下)的新竹市眞宗竹壽寺的大殿建築風格。

下│新竹市眞宗竹壽寺的外部進口大門及內面大殿建築風格。今已不存。

上 | 1925年，第一屆東亞佛教大會在日本東京增上寺召開，臺灣佛教僧侶出席代表兩位：
臺北州五股觀音山凌雲禪寺住持本圓禪師（臨濟宗）、新竹州大湖法雲禪寺住持覺力
禪師（曹洞宗）。居士代表一位來自彰化員林的許林居士（淨土宗）。最活躍的是，原
籍福建鼓山湧泉寺中國僧侶，來臺歸化入籍，在大湖建立客家土豪贊助的法雲禪寺的
覺力禪師（照片前排右起第三位）。他是日治時代，辦教育、傳戒、弘法能力超強的
大禪師，所以全新竹州的齋姑開始轉型成為現代佛教知識女性，他的影響力第一，無
人可及。

下 | 覺力禪師與他的皈依女徒們合影。

上｜戰前的靈隱寺與靈壽塔。
下｜戰後的靈隱寺林園步道，
　　左二站立者是原孔明廟的
　　住持鄭保眞，戰後出家，
　　成為明禪比丘，擔任住持。

1956 年 12 月 25 日，陳誠副總統到靈隱寺參訪（中間持杖端坐者）。

左｜釋無上 (1918-1966)。
右｜陳誠的書法提辭。

上｜戰後從 1953 年起，臺灣佛教僧尼一定要根據在臺「中國佛教會」統一規定的制度儀
　　軌，落髮受戒，並領有戒牒(證明書)，才算合格出家僧尼。新竹市的僧尼都不能例外。
下｜所有出家受戒僧尼，都要光頭上「點香疤」，留印記。新竹市的出家僧尼，也都同樣
　　照辦，不能例外。

國共內戰後，大陸政權鼎革，民國時代改革派新僧教育家大醒法師，從浙江來新竹居住養病，同時將著名的佛教期刊《海潮音》遷到臺灣出版。之後，接受靈隱寺住持無上法師邀請，到靈隱寺負責辦教育引領新竹市及各地有志者，來學習新的佛教教育知識。由於高血壓，不久病逝。他的法號是「隨緣」，所以無上法師為其建「隨緣塔」(上圖右)。

送大醒法師的靈骨入塔。

台灣佛教講習會第一屆畢業全体師生攝影紀念四三‧八

靈隱佛學院全体師生合影留念
五十年一月十五日

上｜1954 年，「第一屆臺灣佛教講習會」，在新竹靈隱寺的畢業照。
下｜1961 年，「靈隱寺佛學院」的全體師生合影。

戰後胡適博士來台
以禪宗史研究引起學術的大論辯
新竹在地佛教學者李世傑也受影響

胡適禪學研究大辯論之後的新產物：印順與中國
禪宗史，此書獲頒日本大正大學文學博士學位

左為法源講寺的斌宗法師。右為其徒覺心法師。

新竹法源講寺的出家女眾。

上｜寬謙比丘尼與其父楊英風在教室合影

下｜楊英風在新竹法源講寺的現代觀藝術作品，遠處是新型佛教寶塔。在全臺灣的眾多佛
　　寺中，獨一無二。

上｜寬謙比丘尼在專注翻閱佛教典籍。
下｜寬謙比丘尼與「覺風學苑」的學員合影。

上｜楊英風在山西雲岡的大佛雕像前留影。
下｜楊英風爲新竹福嚴佛學院改建後的大殿，所雕塑的華嚴三聖像。

上｜印順導師與昭慧比丘尼合影。

下｜印順導師與門下一群現代比丘尼菁英合影。他是戰後影響新竹市比丘尼佛學思想最大
　　的一代佛教義學高僧。

上｜楊英風爲印順導師所雕塑的法像。

下｜寬謙比丘尼將縮小版，搬送給昭慧比丘尼的弘誓學院去供奉。（照片來源：堅如比丘
　　尼提供）

上｜ 2011 年 6 月 13 日，福建廈門南普陀寺從臺灣迎回部分印順導師的舍利。

下｜ 南普陀寺為此而舉辦的大規模奉迎會。背景是印順導師曾在南普陀寺的閩南佛學院教
　　學過一段時期。而在臺的淨良長老（上圖前排左二），自幼在福建出家後來臺，曾在
　　新竹靈隱寺學習佛學知識。2011 年，他又是前中國佛教會理事長與中華佛協寺創會
　　會長，所以由他促成此壯舉。（照片來源：由其徒堅如比丘尼提供）

讀《跨世紀的新透視：臺灣新竹市 300 年佛教文化史導論》

楊儒賓

（清華大學中文系講座教授）

　　眞正的歷史起源於——具體人物參與其中的生活世界的歷史，生活世界的歷史沒有固定的邊界，起自家庭圈、朋友圈，大至冷戰結構、全球化時代。只要有人的活動席捲進去，空間成了帶有意義的場所，即是生活世界。就此而言，天下大事固是大事，家庭瑣事、城南舊事也不是小事。

　　1949 是劃分 20 世紀中國史最重要的一條線，20 世紀大中國地區的文化活動之面貌幾乎都可以以這條無形的線做爲切割的分界線，佛教亦然。1949 之前的中國佛教和之後的佛教之表現形態有極大的差異。但論及佛教在 1949 之後的表現還需要一條分界線才講得清楚，此分界線即爲臺灣海峽這道極具意義的象徵線。1949 之後的中國佛教在中國本土遭逢國史上鮮少先例的挑戰，在海外的華人地區（尤其是臺灣）卻發揮了國史上也罕見其匹的復興運動。臺灣地區的佛教自明鄭、清代、日治時期以來，已累積了可觀的資源。但 1949 之後，因各種因緣的湊集，遂發展出極具規模的佛教復興運動。世人籠統地以「人間佛教」概括之，可得其大略。

　　新竹目前是臺灣的一座中型城市，但在清代、日治時期，它曾是北臺灣的文化重心。在戰後的臺灣佛教發展史上，新竹更曾發揮極大的作用：

戰後臺灣佛教運動的核心人物印順法師的弘法事業，可以說是以新竹為基地而起家甚或起飛的。新竹地區的佛教可以視為臺灣佛教發展史上的一個櫥窗，也有機會做為華人佛教文化的一道風景，但目前有關新竹佛教發展史的專書尚未出現，其實不只新竹，臺灣其他城市的佛教通史似乎也極少見到。歷史總是源於當下的生活實踐，一座城市的文化史的意義不見得比一個國家的文化活動之載錄來得不重要，有意義的城市史是完整的生活史不可或缺的一環。

　　本書由江燦騰博士主編，全書共分十四章，分別由江博士本人以及釋寬謙、侯坤宏、釋昭慧等三位作者合撰而成。江博士對臺灣佛教史料之熟，環顧島內，鮮能出其右，籌劃此書，自是得心應手。另三位也是當代臺灣極富聲譽的佛教學者，侯教授是資深佛教學者，論述蜚譽於時。釋寬謙與釋昭慧兩位尼師不但精熟經論，她們更是推動當代臺灣佛教活動的代表人物。四人的生活圈皆與新竹相關，彼此合作，相得益彰。這樣具有意義的地方佛教史到戊戌年才出現，未免來得稍晚，但來得晚總比遲遲不來強。當期待中的一本書來臨時，其歷史作用更是值得我們期待的。

序江博士主編《跨世紀的新透視：臺灣新竹市 300 年佛教文化史導論》

王金平

（前立法院長、現任立法委員）

　　眾所皆知，臺灣傳統的漢傳佛教，是清代中國佛教的一支，但是經歷不同時代歷史情境的衝擊，已較原先的「漢傳佛教」有更高度且多元的新發展。不過，在臺灣的歷史著作中，有關佛教的歷史著作，一直數量缺缺，而有關佛教文化史的著述，尤其像江燦騰、釋寬謙、侯坤宏、釋昭慧合著的《跨世紀的新透視：臺灣新竹市 300 年佛教文化史導論》就更加如鳳毛麟角似的絕無僅有了。

　　竹塹是北臺灣最早開發的城市，歷史記載，從我的福建同鄉族人王世傑在 1718 年首先開墾竹塹埔，至今已整整 300 年。在這段漫長的悠悠歲月，曾經歷過 177 年的清朝統治；隨後於 1895 年因為割讓而有日本殖民統治 50 年；二戰後，先有國共內戰兵荒馬亂的 5 年，再有國府遷臺迄今 68 年，當中又有可區分戒嚴時代 38 年，真正適合宗教自由發展的，其實只有解嚴之後的 30 年，可以說是歷盡滄桑。

　　誠如本書導論所說「如今，經過深層的透視其相關資料及實際表現之後，已可毫不誇張地說，它在長達 300 年的跨世紀期間，它已經歷過每一時代不同歷史情境的多方衝擊，並進行必要的相應調整、以及出現

新的轉型風貌。於是它在當代已實質蛻變爲臺灣前衛的地區型現代佛教文化城市」。

本書的編輯體例十分特別，在全書上、中、下三卷的 14 章中，包括新竹市佛教文化的歷史變革、佛寺的多元建築風格、現代佛學翻譯、著述與相關教育啓蒙。在江燦騰先生、侯坤宏先生以及釋寬謙、釋昭慧兩位法師的用心著墨下，讓我們對新竹市的佛教文化得到十分深入的了解。尤其，書中把新竹在地佛教學者李世傑的相關佛學譯述詳加介紹；將印順導師人間佛教禪法詮釋得深入淺出，讓國人了解一代高僧的奉獻；而楊英風大師的千金寬謙法師對佛寺建築相當專業的介紹及昭慧法師對現代尼眾教學經驗的自述等等，都令人讀來頗有意味，不像閱讀一般佛教書刊那樣難以融入。

金平有緣，率先閱讀書稿，讚嘆之餘，雅願國人做佛學之參考書、或當地方志來關懷鄉土，但能人手一冊，也不枉作者苦心孤詣著書立說之辛勞。是爲序。

涅槃光裏度春秋 不廢江河萬古流

江岷欽
（實踐大學講座教授）

宗教文化，是人類文明的重要元素，也是無常人生的參考座標。芸芸眾生面對必然的宿命與偶然的順逆，總是茫然者多，灑脫者少；我執者眾，無相者寡。

「世態不堪新間舊，物情難免假疑眞。」這是邵雍的感嘆；「隨分自安心自斷，是非何用問閑人。」這是白居易的灑脫。「古往今來只如此，牛山何必獨沾衣。」這是杜牧的惆悵。「浮生長恨歡娛少，肯愛千金輕一笑。」這是宋祁的豁達。

因此，世界名著《屋頂上的提琴手》作者沙勒姆‧亞拉克姆（Sholom Aleichem）指出：「人生，是智者的幻夢，愚者的嬉戲，富人的喜劇，窮人的悲劇。」（Life is a dream for the wise, a game for the fool, a comedy for the rich, a tragedy for the poor.）言簡意賅，確爲的論。

千百年來，不論智愚窮通，宗教文化在相當程度上均發揮了安頓身心、平息煩惱的功能。隨著外在環境日益隱晦難明與動盪善變，現代人對於心靈沉澱與安定自在的渴求更甚以往。

對許多人而言，宗教文化與生命歷程的融會，宛若氫氧結合，上善

若水。職是之故,宗教文化史,可以說是人類文明史的重要縮影。

　　一般而言,宗教文化史的相關著作不外乎從歷史縱深求其深沉厚重,或從橫面跨域求其廣袤周延;能夠兼顧兩者發為宏文者,猶如青錢萬選,百不得一。

　　近有江燦騰先生等人的新作《跨時代的新透視:臺灣新竹市 300 年佛教文化史導論》,不僅第一,更是唯一。

　　本書發軔於清代的時間紀元,以跨世紀的新透視角度,深刻探索 300年來臺灣新竹市傳統「漢傳佛教」文化史發展與轉型內涵。其中,有關一代佛學高僧印順導師在新竹市東郊首創福嚴佛學院教育僧尼與傳播人間佛教思潮的歷程,尤為生動感人。平實而論,新竹市 300 年佛教文化史,堪稱臺灣整體現代佛教高度多元發展、多藝術文化創新的精華原版。

　　此外,本書所使用的方法論,除了饒富禪味,更有幾分古典色彩。例如江燦騰先生在緒論中以「本書不是什麼」來引介、說明「本書是什麼」。事實上,蘇格拉底與韋伯在探討道德倫理的議題時,都曾以「什麼不是道德倫理」為權輿,進行「什麼是道德倫理」的論證。其次,貫穿本書脈絡的方法,則是文化研究常見的多層次架構,包括創制器物(artifacts level)、價值分析(values level)、以及深層底蘊(underlying assumptions)。尤其,本書蒐集許多珍貴罕見的史實相片,令人發思古幽情,彷彿進入時光隧道。

　　美國的教育家威廉·華德 (William Ward) 曾將老師分成四類:經師言教、人師身教、良師開示、大師開悟(The mediocre teacher tells. The good teacher explains. The superior teacher demonstrates. The great teacher inspires.)。

　　我與江燦騰先生相識超過半個世紀,童年時期的第一張相片,小學作文的第一張獎狀,國中演講的第一場勝利,公費留學的第一次凱旋,都是出自他的教導。他如果出生在古代,如果不是韓非者流,就是吳承恩之輩,困頓而不自棄,乖蹇而不失志;博覽群書,淬鍊成文,下筆千言,倚馬可待。拜讀他所主編的《跨時代的新透視:臺灣新竹市 300 年佛教

文化史導論》，如聆梵音，讓人回歸歷史，見證 300 年新竹市文化史中諸多經師、人師、良師與大師的風範。物必投於相賞，用必歸於適宜。謹借卷首，佈悃數行，作序推薦，以饗同好。

簡序：《跨世紀的新透視：臺灣新竹市 300 年佛教文化史導論》

張崑將
（臺灣師範大學東亞學系教授兼副院長）

　　本書如其書名《跨世紀的新透視》一樣，從點滴觀看潮流，從局部透視全貌，從在地新竹佛教史，既縱觀臺灣佛教 300 年文化史，也橫攝佛教的藝術、人文、教育與傳承各領域，讓佛教文化史研究透過本書有了新視野與新詮釋。

前言

江燦騰

　　今年 2018 年，正逢竹塹地區自清代有漢族開墾以來的第 300 年（1718-2018）。這是值得隆重慶祝的一年。所以本書特別策劃的論述內容，是最能反映它在歷史上表現出類拔萃的「新竹市佛教藝文精萃透視」。

　　也因此，本書堪稱是臺灣歷來第一本，以特定中型都會區為範圍的在地漢族佛教文化史導論著作。所以它在論述的方式與全書的內容架構這兩方面，都是首次開創性的呈現。

　　不過，若回溯從本書的最早論述（即目前第 2 章的主要部分），其實早在 17 年前，就已發表在筆者所主編的《竹塹文獻雜誌》第 21 期，2001 年 10 月號「從傳統到現在：竹塹佛教的歷史軌跡（上）」了。

　　因此，可以說，本書主編江燦騰博士個人，至少經過 17 年以上的相關思考，才終於促使本書的具體內容，是以多元層次建構與綜觀及透視方法學，來深刻描繪出這本有關臺灣竹塹佛教文化史導論來。

　　亦即，它所曾歷經 300 年來，長期時代變革與各種轉型的多樣性出色風華，也才得以透過本書的全部內容，而真正被呈現在讀者面前。

*

不過，此次撰述本書的全部內容，並非只是主編個人擔綱完成的；
而是由兩位資深「局外人觀察」的臺灣佛教歷史學者：江燦騰博士和侯
坤宏博士，與兩位資深「局內人觀察」的佛教比丘尼相關學者：釋寬謙
住持和釋昭慧院長，四人共同合作，分工撰寫的專書。

因此，江燦騰除了主編全書之外，又寫了全書中的第 1、第 2、第 3、
第 4、第 5、第 10、第 14 共 7 章，事實上已是全書一半的內容。

特別值得一提的是，有關戰後臺灣新竹市佛教辦學史的最新論述，
就是本書第 11、第 12 兩章，都是由前國史館編纂侯坤宏博士，精心爲本
書撰述的。

侯坤宏是臺灣戰後佛教史的重量級學者，同時也是臺灣少數精通印順
導師研究的歷史學者，更是與江燦騰博士合作，撰寫《戰後臺灣漢傳佛教
發展史：從雙源匯流到逆中心互動傳播的開展歷程》（臺北：五南出版
社，2011）、《浩劫與重生：1949 年以來的大陸佛教》（臺南：妙心寺，
2012 年），長期互動較頻繁的論學同道。所以此次，特地邀請他撰寫本
書第 11、第 12 章，有關戰後臺灣新竹市，兩次重要佛教辦學史的內容解
說。而侯文的兩篇敘事內容，堪稱相當精彩詳實，值得一讀。

至於有關戰後臺灣新竹的現代佛寺建築風格，就是由兩位佛教比丘
尼之一的釋寬謙比丘尼住持，親自全部或局部設計的。她也實際主持寺
院的宗教事務規劃與佛教藝術學的推廣與現代傳播。[1]

因此，有關台灣新竹市佛寺風格這個部分的解說，都由釋寬謙比丘尼
住持撰寫。因她本身就是淡江大學建築系畢業，也有建築研究所的碩士
學位，同時也是實際參與設計或曾住持其中的多數佛寺。因此由她撰寫，

---

1 事實上，不是只她一人如此。因為在當代臺灣各地的佛教內，任何大小寺院和教團裡，
  若無「佛教現代女性（比丘尼）」的協助，甚或全權處理，可以說幾乎凡事都不易進行。
  筆者甚至曾在一些公開的場合表示過：戰後的臺灣佛教界，其實已是「女性當家」！
  因此，若有「佛教現代女性（比丘尼）」敢於發動並確實導致彼等「集體罷工」，則
  當代臺灣佛教有可能馬上就要面臨全盤崩潰的窘境。

就能充分書寫來自她親自經驗過的第一手的田野現場報導，堪稱是最佳「局內人」的行家介紹。

更重要的是，有關她擔任撰寫的部分，不只是她的實際經驗告白，也是她在成功大學建築研究所學位論文各章內容的改寫發表。[2] 因此，學術的品質，可以確認。

至於另一位著名的比丘尼作者釋昭慧院長，她出家生涯的最大轉變與佛學知識的大幅提升，都來自她與當時在新竹福嚴佛學院的創辦人一代臺灣義學高僧印順導師（1906-2005）的結識、並受其親自啓蒙與唯一推薦其任教福嚴佛學院擔任三年教師的珍貴機會有關。所以，本書唯一的現代新竹市佛教尼眾教授的教學經驗自述，就是她的第一手大手筆的經驗告白。

儘管如此，筆者還是必須提醒本書的所有讀者，本書的內容，並非全部當代臺灣新竹市佛教文化的內容，都概括在內。

所以，從其他角度，另外寫出不同於本書內容的可能，完全沒有疑義。畢竟，本書只是當代的一家之論而已。

＊

最後，對於本書的撰寫過程以及發表或出版的諸多幫助或指教者，人數眾多，無法一一列舉。可是，對於聯發科副董事長謝清江先生、臉友黃旭村先生的率先預購本書，捐贈多處圖書館供大眾分享，王秋桂教授以及張德南老師、新竹市文化局吳家純小姐、王見川教授、闞正宗博士、黃運喜教授、佛教學者蘇錦坤先生、中華佛寺協會秘書長林蓉芝等，對本書的多次協助，是我們最先要感謝的。

而在本書的四篇推薦序中，第一篇特爲本書撰序的清華大學中文系講座教授楊儒賓博士，堪稱是當代臺灣本土重量級思想家，其學問精深

2　楊漢珩（釋寬謙），〈傳統與現代的對話：臺灣戰後新竹地區建築風格之初探〉，國立成功大學建築研究所碩士論文，2005 年 1 月。此論文的構想，筆者有提供參考意見，所以論文正文中多處引用筆者的研究意見。同時，筆者也是被作者致謝者之一。

與淵博，當代罕有其匹。所以其精闢的論述，一向都是我最爲景仰的。

　　其次是，前立法院長、現任立法委員王金平先生，不但長期關懷臺灣佛教發展，也幾乎被視爲當代臺灣政壇眾名流中，極少數對臺灣宗教各方人脈交遊廣闊、且深具影響力之一的隱形盟主。而他此次，不但特爲本書撰寫一篇精彩的簡短推薦文，又能慷慨地幫助本書贈送各一本給全臺灣各鄉鎮圖書館的所有開銷款項。因此，他足堪被稱譽是議場政壇人士中，最爲熱心推廣佛教文化於臺灣社會的典範。

　　至於江岷欽教授則是臺灣的公共行政學領域的資深名教授、在海峽兩岸文化交流上表現傑出，也長期關心本書的撰述與出版。

　　還有，臺灣師範大學東亞學系教授兼副院長張崑將博士，他是國內研究日本陽明學與日本武士道思想文化的權威學者，長期關懷東亞佛教與臺灣佛教的時代潮流變革，也是第四位特爲本書寫序推薦的可敬學者。

　　所以，我們也在此，對楊儒賓教授、王金平前院長、江岷欽教授與張崑將博士，這四位或政界議壇名流、或當代臺灣學界大家，都深致謝意。

　　當然，令我們最欽佩的是前衛出版社林文欽社長，雖之前彼此只是臉書上的臉友而已，他卻能慧眼識英雄，一知道本書完成，就能在最短時間內，於夏季炎炎氣候中，與該社負責本書編輯的林小姐，讓本書順利出版。由此可見，林文欽社長對於臺灣文化的出版洞見，果然不愧其素負的業界盛名。因此，我們也對其與編輯林小姐，再次表示深深謝意。

上　卷

從清代到日治時代臺灣新竹市
佛教文化的歷史變革與佛寺轉型

第 1 章

導論

江燦騰

壹、作者如何詮釋本書？

一、先說本書不是什麼？

　　首先，本書不是一本通常認知的「臺灣新竹市佛教通史」，並且在過去也沒有學者寫出這樣的一本有關「臺灣新竹市佛教通史」的著作。[1]

　　其次，本書也不是一本通常認知的「臺灣新竹市佛教文化導覽手冊」。因為像這樣的書，只能泛泛介紹，而不可能具有佛教學術的批判性，以及有大量佛教學術資料的引述註解在內。

1　張綉玲，〈新竹市佛教寺廟藝術之研究〉（文化大學藝術研究所碩士論文，1996 年）。
　是開創性的田野調查資料彙編，可是內容主要是寺廟大殿或偏殿上的佛像雕刻樣式、
　寺廟廊柱的彩繪或彩繪師傳承介紹、齋堂住持的訪談、寺廟外觀的裝飾等。至於佛學
　著作、佛教教育、佛教現代思想的變革與傳播等，幾乎都沒有深入的觸及。因此，離
　正式的《跨時代的新透視：臺灣新竹市 300 年佛教文化史導論》的著作內容，可以說
　差距很不小。

二、其次指出本書是什麼？

以下分二點來談：

其一、本書是為社會大眾讀者而寫的入門導論之書。並且它是歷來第一本討論「臺灣中型區域性佛教轉型史學著作」的《跨時代的新透視：臺灣新竹市 300 年佛教文化史導論》的多層次主題結構專書。換句話說，本書選擇的討論對象，是一個中型都市的有限範圍內，可以相對容易縱觀與透視 300 年來臺灣新竹市的、在地漢族佛教文化轉型的多樣性風貌。

其二、從更大的觀察視野來看，本書又是從近百年來東亞近代佛教史的觀察角度，來縱觀與透視臺灣清代竹塹到當代新竹市的跨世紀轉型佛教文化多樣性現代風貌。因這一地區歷經清代（1718-1895）、日治（1895-1945）與戰後戒嚴（1949-1987）與解嚴之後；它事實上，已從移墾、常住、在地化、新舊政權轉換數次、來自日本或來中國大陸各省的大量新住民、乃至成為最重要的新竹科學園區、有清華、交大、玄奘等大學、當代的居民年度平均收入，經常位居全臺的前列。

更有一代佛學高僧印順導師（1906-2005），戰後來到臺灣新竹市東郊，首創福嚴佛學院教育僧尼與傳播人間佛教思潮。

其次，則有戰後臺灣著名景觀藝術大師楊英風（1926-1997）及其女釋寬謙（楊漢珩）兩代，持續在新竹市或創作佛教藝術、或從事新佛寺建築設計，以及推廣佛教藝術生活化等，這樣與東亞現代潮流不停對話及多元創新的。

所以本書，堪稱是一本有關當代臺灣全區佛教信仰藝術化與佛學知識的精萃文化縮影的現代風華解說書。

貳、本書的撰述緣起

為何會有本書的出版問世呢？ 2018 年，不但是第一次世界大戰後的

第 100 年（1918-2018），日本明治維新以來的第 150 年（1868-2018），更是清代漢人來到竹塹地區居住、開墾、並在地化以來，300 年的整數紀念年（1718-2018）。

又因本書主編個人，不但是臺灣佛教資深史學者，還曾四次受邀主編新竹市文化局出版的《竹塹文獻雜誌》上的新竹是佛教專輯。而此四期的專輯內容，所刊載的文章，已有佛教歷史變革與佛教建築風格、佛教人物、佛教雕刻、佛教儀式等各類型的文章（甚至也包括今年 [2018]《竹塹文獻雜誌》第 67 期上的佛教專輯各文，也一併蒐羅在內）。因此，各類文章都相當完整，足以構成本書的主要內容各單元。

所以，本書實際上，是主編江燦騰博士，負責全書所有的規劃、邀稿、選稿、編輯與撰寫全書〈導論〉，及多篇主題論述。於是，而有本書《跨世紀的新透視：臺灣新竹市 300 年佛教文化史導論》一書的出版。

在臺灣，有關臺灣佛教文化史的著作，數量一直很少。不過，單篇論文、佛教藝術、佛教人物傳記之類，則數量很多。至於專為臺灣新竹佛教文化 300 年風華而寫的著作，則本書是第一本。

由於本書主編江燦騰博士，是臺灣佛教史學者中，出版最多相關文化史研究著作的人，曾先後出版《臺灣佛教文化的新動向》（臺北：東大圖書公司，1992）、《日據時期臺灣佛教文化發展史》（臺北：南天書局，2001）、《臺灣近代佛教的變革與反思：去殖民化與臺灣佛教主體性確立的新探索》（臺北：東大圖書公司，2003）。

並且，他在中國大陸出版的六本有關宗教研究的著作中，還包括在當代中國大陸地區首次問世的《20 世紀臺灣佛教文化史研究》（北京：宗教文化出版社，2010），故深受對岸佛教學者的高度肯定。中國社會科學出版社也出版由臺灣陸委會附屬的中華發展基金會甲等補助的第一本《新視野下的臺灣近現代佛教史》（北京，2006），堪稱是一位有豐富著書經驗的作者與佛教文化叢書的主編者。

所以，本書是在此系列的臺灣佛教文化史著作中，最新嘗試專以新竹科學園區、清華大學、交通大學、玄奘大學都在境內的清代竹塹地區、

日本殖民統治時期的新竹廳、「當代臺灣行政區的新竹市」——這一地理位置在臺灣西北部，介於新竹縣與苗栗縣之間的靠海岸平原與南寮港的現代化中型都會區——以跨世紀的新透視角度，來深度探索其 300 年來，傳統「漢傳佛教」文化史發展與轉型狀況。也就是，用新眼光重新來觀察它。

而它在經過清代傳統帝制的統治之後，又歷經日本殖民統治的 50 年時間、以及經歷過戰後國府的戒嚴威權統治 38 年與解嚴迄今已 30 年、再加上戰後初期混亂轉型期的 5 年，這樣一共剛好 300 年的時間。

如今，經過深層的透視其相關資料及實際表現之後，已可以毫不誇張地說，它在長達 300 年的跨世紀期間，已經歷過每一時代不同歷史情境的多方衝擊、並進行相應的必要調整，並出現新的轉型風貌。於是，它已實質蛻變爲當代臺灣前衛的地區型現代佛教文化城市。

而我們似乎也可以把它直接看作，就是臺灣整體現代佛教高度多元發展、多藝術文化創新的精華縮影。

因而，它所實際呈現的高度成就及其珍貴經驗，足以讓本書作者的我們，視爲具指標性的討論主體，並將它與之前的 300 年所發生過的歷經多次轉型下的不同臺灣新竹佛教風華，進行深度的對話。

同時，也可將它與之外地區的各時代臺灣佛教文化或中國大陸佛教文化或日本佛教文化等，進行堪稱是東亞佛教文化圈的交流與對話。基於上述的思考，而有本書的歷史書寫與著作出版。

參、本書的全書撰述體系與各章內容概述

本書分上中下 3 卷，共 14 章，總字數在 23 萬上下，相片圖片超過 150 張。之所以要分成上中下 3 卷，主要考慮陳述的內容，可以呈現有體系的、三大不同層次的辯證發展，即歷時性、共時性、相關性。因此，它類似一個有機體的歷史電影劇本結構，而非不相隸屬。

各卷的討論主軸如下：

上卷是討論從清代到日治時代臺灣新竹市佛教文化的歷史變革與佛

寺轉型。本卷除介紹全書的導論之外，主要解說：a、清代竹塹漢族佛教的在地風貌及其轉型。b、日本曹洞宗在新竹市獨霸拓展的眞相透視。c、日本眞宗本派竹壽寺在新竹市慘澹經營的眞相透視。d、日本殖民統治下的新竹市青草湖靈隱寺的特殊雙元結構的眞相透視。

這是針對不同政權轉換對臺灣新竹佛教的相關影響，而必然要處理與面對的相關課題。此因，當代臺灣新竹市的佛教文化發展，從清代、日本殖民統治、在歷經戰後國府戒嚴威權統治、乃至到解嚴後的佛教文化發展，每當面臨不同政權的轉換時，官方對宗教管理的不同方式，都會產生強大約束力的外在歷史環境因素，所以無法對此忽略不論。

中卷是介紹戰前 vs. 當代臺灣新竹市現代佛寺多元建築風格。本卷主要介紹有四個主題：a、從戰前到當代齋堂延續型：臺灣新竹市淨業院建築風格。b、從戰前到當代：臺灣新竹市首創天臺講寺佛教藝術文化道場建築風格。c、串起臺灣佛教歷史的長流：臺灣新竹市永修精舍建築風格。d、臺灣新竹市佛寺建築風格三態：金山寺、法寶寺、福嚴佛學院。

其中涉及 300 年來，在臺灣新竹地區佛寺（包括齋堂）建築風格及其佛教藝術的現代表現，如何評估與書寫的問題。所以本卷論述的主軸，是探索當代臺灣新竹市佛寺代表全臺前衛的具體縮影，可以從那些表現當代臺灣新竹佛寺的實例來驗證是否屬實？或是虛構？而在論述時，所觀察與描述的切入角度，是採用現實主義的詮釋觀點。

換言之，其著眼點，就是針對新竹佛寺建築類型及其實際宗教藝術創新風貌，到底有哪些主要的代表性實例可以討論？它的實際發揮的功能又是哪些？

下卷是有關戰後臺灣新竹市現代佛學翻譯、著述與相關教育啓蒙的各項探討。這在臺灣各縣市級的佛教文化史論述中，是比較冷門的，卻很重要、不能忽略的議題。因此，本卷主要的介紹的主題內容有：a、戰後臺灣新竹市在地佛教學者李世傑享譽全臺的多面向佛學譯述與相關翻譯。b、戰後臺灣新竹市青草湖靈隱寺的未竟辦學史始末。c、戰後臺灣新竹市的佛教教育：從「福嚴時代」到「後印順時代」。d、戰後臺灣新竹市一

位現代尼眾教師的教學經驗自述。e、戰後臺灣新竹市東郊的印順導師與
人間淨土思潮的大爭辯及其新發展。

　　本卷所要討論、探索的是：從清代迄今，臺灣佛教新竹地區的代表性
佛教學者、佛學教師、佛學著作、佛學翻譯及其佛教思想的「外溢現象」
與「當代人間佛教思想大爭辯」，又是如何？

　　但同時，本卷也呈現另一個不言自明的討論主軸：清代竹塹齋教三
派的「帶髮修行齋姑」如何逐漸成爲「現代佛教比丘尼」？

　　這是由於從清代的在家佛教的齋教三派所出現全臺灣數量居第一的
「帶髮修行齋姑」群體，歷經日本殖民統治時期的巨大現代社會化的佛教
思潮解放與影響之後，以迄戰後戒嚴時期的新「漢傳佛教的屬行落髮剃度
及受戒」長期制度影響；並在 1987 年臺灣正式解除政治戒嚴，佛教組織
與傳戒制度可以自由化以後，出現在臺灣新竹市佛教界的「現代比丘尼」
型態，其社會表現又是如何？本書試圖對此做出最具體的例證解說。

第 2 章

清代竹塹漢族佛教的
在地風貌及其轉型

江燦騰

壹、相關問題及其透視方法學的提出

我們若要瞭解清代新竹漢人佛教在 300 年歷史上的在地風華,便得首先承認:新竹地區的佛教,是漢人信仰為主的佛教,與原當地原住民的宗教信仰無關。

至於要如何對此主題進行縱觀與透視,可大致分二層次來談。

我們在第一層次部分,先要溯源,而後才能有相繼出現的各階段變革風貌可談,這就是歷史的縱觀角度。

第二層次,我們又是如何運用透視的方法學?後面將會詳述。

一、第一層次的縱觀新竹清代漢人佛教在地風華概說

首先,我們須知,清代新竹在地漢傳佛教信仰,是從 1718 年王世傑率族人來竹塹開墾後,才逐漸傳入;並且,第一座佛寺竹蓮寺(即早期稱為觀音亭,現在稱為竹蓮寺)還要遲至 1781 年才正式建立。[1]

　　甚至於，竹蓮寺從建立迄今，雖與地方發展一直密切相關，堪稱具有重大開發史宗教信仰場所的指標性意義。但，在本質上，它始終只是一處漢人民俗佛教觀音信仰的場所，即所謂信眾朝拜很盛行的漢傳佛教的「香火廟」而已。[2]

　　可是，新竹在地漢傳佛教 300 年來，並不只長期存在此一以祭祀為主的竹蓮寺而已，在清代，事實上還存在其他類型的寺廟，如媽祖廟或城隍廟，或在家教派佛教的三派齋堂。

　　並且，相對於較早期南臺灣移墾狀況，儘管屬較後期的新竹漢傳佛教，也同樣無可避免地必須受制於清代既有外在歷史社會發展基礎條件的艱困與不足。

　　因臺灣位處中國大陸東南海疆的邊陲，並且是一處由閩粵漢族新墾的開發中島嶼。故若要求達到如當代新竹佛教信仰那樣，具較深層化或精緻化層次，其實是缺乏足夠發展條件的。[3]

1　連雅堂稱其為「新竹最古之寺」，又認為此寺早期是由王世傑捐地所建。見氏著，《臺灣通史‧宗教志》（臺北：眾文圖書公司影印版，1978 年），頁 673。但，張綉玲力斥其非王世傑本人所捐地，其實是王的第五世孫王春塘以其先祖之名捐地重修，故寺中才供奉王世傑之長生牌位。見張綉玲，〈新竹市佛教寺廟藝術之研究〉，頁 7。

2　著名的人類學家莊英章教授，曾對新竹市的「香火廟」做了最清楚和詳細的描述，他說「香火廟這一名稱即是來自信仰者原有的名詞，其意指靠香火來維持的廟宇。在本分類中我們用以指稱那些不限特定信徒而無明顯地域範圍的公眾廟宇，這類廟宇所供奉的神祇在神格上都較高，其對供奉者所發揮的功能也較廣泛，因此受到不同範疇信徒的奉祀，而其經費也大多靠廣泛信徒的香火錢，因而有香火廟之稱。在組織型態上，香火廟大多有公眾選出的管理委員會或管理人，同時也有較多的公眾性活動。從宗教動態的立場看，香火廟可以說是民間信仰廟宇發展的典範或最終目標」。見莊英章，《新竹市志‧卷二：住民志（下）第四篇宗教（稿）》（新竹：新竹市政府，1997 年），頁 754-755。但，這樣的定義是有問題的：其一，例如土地公廟是香火廟，但神格不高。其二，香火廟的原意，其實是指祭祀系統的廟宇，並且香火錢的來源固然與信徒有關係，然而信徒的來源是否廣泛，其因素卻不必然與神格有關，而是有靈驗的知名度、強烈認同感或向心力，才是能真正左右該廟所屬信徒來源和比例的重要因素，如十八王公廟即是以靈驗而廣為信徒認同的典型香火廟，卻不一定與其神格高低有關聯。

3　這是由於滿清初期諸帝，對漢僧的態度之冷熱不一，宛若政治萬花筒的多方善變所引起的政治歧視所致，其目的，就是穩穩的讓自己當皇帝，來掌控一切，至於其他方面

　　再者，由於清代渡台者主要是從黑水溝海峽對岸冒險犯難乘船過來的，所以多數漢族人口，除少數官吏或經商或旅遊者外，都和閩粵兩省具有絕對地緣性關聯。清代新竹佛教的早期在地發展性格——即所謂邊陲性和依賴性的特徵——主要便是受此兩省原有的佛教性格所影響或塑造。

　　之後，1895 年時，歷史劇變出現。此即臺灣地區轉由日本殖民統治的 50 年（1895-1945）。300 年來的新竹地區佛教發展史當中，雖然日治時代的影響，只占了其中的 50 年而已，但因日本佛教具有宗派文化的特殊性，以及高度政治化和現代化的衝擊。在這種情況下，不但出現來自日本佛寺與日僧及佛教事業在新竹地區的移植現象；在此同時，新竹地區原有漢族佛教信仰型態，也隨著日本殖民統治的重大影響，而出現巨大的變化與新貌。[4]

　　甚至在後期的皇民化運動時期，或大東亞戰爭動員時期，新竹佛寺與僧侶，也出現新的轉變，加速的納編為日本宗派佛寺或納入日本僧籍。

都屬次要，包括佛教在內。所以，我們很難想像，有關清代臺灣的佛教問題，在滿清中央的政策考量上，有何重要度？而既然有此無任何重要度的官方決策前提，其他相伴的外在發展條件，就不可能有來自官方的大力支持。連帶的，就是很難僅由臺灣寺方的本身單薄力量，撐起一切的發展推動力量。我們試看清代的在臺滿清官員，雖可多次為臺南開元寺的改建設法，但在有清一代二百多年間，臺灣全島並無任一佛寺，曾獲清廷頒賜《龍藏》者，包括準官寺的臺南開元寺在內。而我們知道，近代臺南開元寺的蛻變，正是從日治大正時期傳芳加入日本臨濟宗，又獲頒佛教大藏經之後，才正式展開的。見黃慎淨編，《開元寺徵詩錄・晉京迎請大藏經序》（臺南：開元寺客堂事務所，1919 年）。當時的滿清諸帝，既然可濫權無度，又可身兼天下一人的超級大祭司之職，則除了來自他的政策善意之外，此一時期在他治下的任何宗教，除了做為對抗者的諸民間教派之外，都無有自主性，也很難自行發展，包括佛教在內。所以，臺灣佛教的社會弘法功能，在近代以前，除祭祀性或儀式性的局部社會凝聚功能之外，可說微弱至極。因此，才有在家齋教：（1）龍華派，（2）金幢派，（3）先天派等三派，陸續在清中葉之後，渡臺發展，並構成臺灣佛教另一大傳統迄今。

4　特別是，在當時，新竹州是包括桃竹苗三地的轄區，甚至新竹州地區與臺北地區的漢傳佛教寺院系統，在新佛教組織，也都發生了巨大的新變化。因而，出現在當時的新竹地區的佛教狀況，就包括有：現代性傳播型態與新佛教組織、新佛教教育活動、新佛寺與新佛教女性的佛教事業參與。

　　然後，歷史劇變再度出現，二戰後日本殖民當局因戰敗退出臺灣，國府開始臺灣地區的新統治，又有冷戰時期的反共戒嚴長達 38 年之久的佛教組織凍結與專屬限定僧尼出家傳戒規範的嚴格控制。在這種時期的大逆轉之下，短期間之內，新竹地區本地的已日化僧侶，便不得不面臨再度由日本化的佛教急遽地轉爲中國化的佛教等這一類艱難適應的改變問題。[5]

　　之後，臺灣開始政治解嚴，佛教組織與傳戒規範都跟著自由化，兩岸佛教恢復交流，乃至佛教在新竹設立大學，新的佛教藝術文化的開創與拓展，也持續進行中。

　　因此，本章試圖縱觀與透視：清代新竹漢人佛教在 300 年歷史上的在多樣性變貌，就是意圖從清代臺灣的傳統社會中，觀察早期在新竹地區的漢傳佛教，如何逐漸產生變革和進行現代化的過程，是非常有必要的。[6]

　　它可以從僧侶的宗教活動、寺院建築的宗教美學、佛殿內的各類供像和多樣的神話彩繪、信眾與士紳的地方參與或官方的宗教管理方針等，觀察遠從對岸移植到臺灣地區之後的各種變化軌跡和具有文化或哲思內涵的宗教現象。

5　特別是在 1949 年國府內戰失敗後，大陸政權易主而有大量逃難來臺的政治移民，其中包括有政治實權或社會影響力的達官顯貴或大陸各親國府的近兩百位漢藏各類僧侶驟湧來臺，更使此後的六十多年來新竹佛教，完全在這一巨大的新漢傳佛教組織與傳戒規範下，進行具有普遍性的影響與全面轉型。而這又是和戰後迄今，新竹地區，由於日本佛寺被轉用，有影響力的日僧返日，本地大量帶髮修行的居寺齋姑，必須重新受戒成為正式落髮改籍的比丘尼。又因新竹地區曾一度成為大陸來臺僧侶的暫留、新佛學教育機構的教學師資，甚至日後開始在新竹地區建寺長期辦學迄今，於是使得新竹地區的佛教教育與僧尼活動，具有特殊的佛教史地位與重要影響。

6　就類似縱觀與透視像美國這樣只有短短幾百年移民史（它的建國史甚至比新竹開發史更晚）那樣，若要了解它的各階段社會文化發展現象，有一個很重要的線索，就是有關新移民者到新移墾地之後，在其新移墾區的生活中，宗教信仰內涵或方式所出現各種的新變化。當然，此一觀察重點，仍是以其中具有思想性、社會性和倫理性的宗教種類及其內涵為主。一般土著的巫術信仰和泛靈信仰的原始民俗部分，則較容易被忽略。因其可供觀察變化的部分較少，所以較不為觀察者所重視。因此對臺灣北部新竹地區早期本土傳統佛教信仰史的變革觀察，就有其必要性了。

二、有關第二層次的清代新竹漢人在地佛教早期風貌如何透視概說

　　有關第二層次的清代漢人新竹在地佛教的歷史變革與相關風貌，在方法學的實際運用上，我們又是如何進行縱觀與透視呢？

　　以下就是各點說明：

（一）先界定其信仰的不同層次而後據以透視眞正的風貌爲何？

　　我們須知，清代新竹在地漢族佛教史的長期發展中，是常出現各種漢族佛教信仰內涵的階段性變化的，但都有其在區域性佛教史上所代表的宗教意義。而其中，實有其內涵的不同層級之分。此因新竹地區的寺院，當它在不同的時間，或由不同的人擔任主持時，其寺院內部的宗教活動及內容水準，很可能是完全不一樣的。並且，是會隨時空環境的不同而跟著改變的。特別是，原來的佛教場所，已經歷經幾次的變更時，更是如此。

　　若以新竹在地漢族信仰的底層來講，一般是指以巫術性爲主的宗教活動內涵。而比巫術性再高一層的，就是屬於祭祀型的。這類信仰型態，就像很多臺灣人民到寺廟裡燒香、求神、抽籤之類，即是屬於這種儀式性的信仰內涵。

　　然後，更進一層的活動內容，即較此更專業一點的，就是寺院住持，屬於有學問的。他能幫上門求教的信徒，解說生活上遇到的一些難題，或有能力爲信徒開講佛經的哲理等。換句話說，此時信仰的內涵，已從先前以儀式爲主的層次，又進步到更高一級，已屬於宗教文化的層次了。

　　因此，總合上述的區分，我們事實上可以將新竹地區一般漢族寺廟的宗教活動，簡化爲下列的四個層級：

　　（A）宗教巫術→

　　（B）宗教儀式→

　　（C）宗教文化→

（Ｄ）宗教哲理。

但，必須注意的是，此種不同的層次，在事實上並非是按時間的發展先後而依次出現的。到底在哪座寺廟？或屆時會出現哪一層次的宗教活動內涵？其實是跟著當時主持宗教事務的人，所具備的宗教專業素養之高低，而有各種變化和升降，所以並非一成不變的。

由此可以知道，設若新竹某一地方的漢族佛教寺院，已出現上述的改變時，則隨之而來的，很可能是此一寺院內，所傳達的宗教活動內涵──包括對佛教哲理的見解、所供奉的大殿漢族佛像雕刻、乃至寺僧與信徒接觸的方式，都會跟著產生或多或少的變化。

因此，我們若要觀察一個新竹本地漢族寺廟的宗教活動時，不能只光看其外表上是被稱為「寺」或「廟」或「堂」等，就斷定其在宗教活動的內涵，也和其名稱相等。[7] 換句話說，我們須先瞭解，它當時漢傳佛教活動的實際內涵究竟是什麼？

其次是，在討論新竹漢族佛教發展狀況時，仍須同時理解新竹地區以外的臺灣佛教信仰的形成和發展，因為兩者之間的佛教文化交流，是息息相關，互為影響的。[8] 至於有關新竹地區原住民的佛教信仰，可以說資料甚少，但大致可推定為是疏離的。可是，原因何在呢？

（二）提出關於新竹地區原住民對漢族佛教信仰疏離的說明

清代新竹地區漢族佛教的傳播發展，主要是和閩粵漢人的來臺移民史有關。從相關的歷史文獻來看，在清末以前，不論山地或平地原住民，雖較漢人來臺灣的時間更早，但其宗教文化，其實是各族相異和自成系

---

7 舉例來說，同一佛寺，若是能由有學養的法師來做住持，我們將會看到寺中的宗教活動，是富有佛教文化或哲理層次的內涵。反之，如果此一住持走了，再換上一個缺乏學養的僧侶來當新住持，則他很可能會只靠不斷地辦法會來應付信徒，也就是它又降為儀式活動的層次了。

8 同樣的我們若不能瞭解臺灣跟中國大陸之間、以及臺灣跟亞洲之間的佛教信仰差異，就可能無法理解其中的相關變遷內涵。

統的。這與較後才移入臺灣地區的漢人信仰，可以說迥然不同。

　　事實上，像這樣的不同信仰區隔，也長期主導原住民的信仰習慣。因此，從早期漢人來臺定居開始，迄今數百年間，除日治時代，有部分原住民一度接觸佛教之外，西洋來的天主教和基督教，才是臺灣原住民的主要信仰中心；除各族原有的信仰之外。

　　也由於從華南地區傳來臺灣島的佛教信仰，與在臺原住民的信仰習慣，一直相當疏離，就整個臺灣佛教發展史的範圍來說，幾乎就是專屬漢人在臺的佛教信仰傳播史，新竹地區的漢傳佛教自然也不能例外。

　　不過，這一原住民與漢人的信仰區隔，並不是絕對的。未來如何發展，也難以預料。只是就觀察和理解的角度來說，上述的區隔的特性，仍是不可忽視的，因其大趨勢就是如此。而其背後的形成原因，則有待進一步的探究。[9]

（三）從清代帝政多神教統治史觀，看新竹在地佛教差異性

1. 有關清代的漢族出家佛教狀況概述

　　由於清代大陸華南漢族出家佛教，已不爲大同於之前的中國歷代各朝的漢族佛教，其不同之處在於：

　　新竹在地正規漢族出家佛教僧侶的相關宗教活動，始終受到官方嚴格的管制和限制，因此逐漸形成和社會隔離的山林佛教。

　　這是導源於明清之際，因面臨統治政權的鼎革巨變，所以各類宗教所面臨，來自官方的政治約束或處罰，較之承平時期，可以說更趨嚴重。

　　特別是自明亡後，因華南的各地佛寺中，紛紛湧入許多因抗清失敗，才埋名遁隱出家爲僧的可疑政治犯，導致清初對南方佛寺的嚴厲清查，並對有政治嫌疑的僧侶，加以密切監視、逮捕或處決。

　　而臺灣原爲南明抗清的最後基地，又位於東海的波濤之中，與最鄰

9　目前學界對此一背景的了解，雖不能說沒有，但仍嫌太少和欠深入。

近中國大陸的福建省尚有臺灣海峽之隔，因此中國大陸的僧侶不但東渡來臺灣有其困難，要在臺灣島的社會上公開活動更難，除非先獲得官方的許可。[10] 這也是新竹地區要到清代中後期，才有出家僧侶的活動記載，原因在此。

然而，由於在此之前，晚明的中國社會，已流行三教（儒、釋、道）混合的思潮。因此，一般民眾的信仰，也往往三教混合兼拜，不嚴格區分；並且這種信仰型態，只要不涉及治安和政治反抗的問題，從官方的統治立場來看，基本上是可以允許和不加以干預的。這也是傳統中國的宗法社會帝政多神教統治下的常態現象。[11] 而新竹地區民眾的佛教信仰型態及其內涵，就是在清代早期由中國南方的閩粵漢人傳入的，事實上也就是此一混合宗教思潮的延續。

此外，由於自明初以來，官方早已規定中國境內漢傳佛教的僧侶和佛寺，必須按其性質和功能，區分為一、「禪寺」和「禪僧」，二、「講寺」和「弘法僧」，三、「教寺」和「瑜珈教僧」。[12] 這三者之中，第一種在明末成為以臨濟宗和曹洞宗為主的宗派系統禪寺，其「禪僧」則被通稱為「禪和子」。不過，其中第二種「講寺」和「弘法僧」，似乎從未在清代的新竹地區出現。第三種則是以「香火寺廟」（更精確的稱呼應是「以祭祀祈福和免災為主的寺廟」）和「香花僧」的變相型態，普遍流行於清代臺灣西部的南、北、中三地。以後又和曾經破戒還俗的「帶髮、娶妻、

---

10 因此，有清一代，不少早期渡海來臺的佛教僧侶和文人居士，以及明鄭在臺政權遭滿清新皇朝擊降後，為免其曾抗清的真實身分曝光和有意躲開官方的注意與追捕者。此類非自願性出家的變相僧侶和居士，所以其背景資料相關的事跡記載，不但少見而且欠詳；其最大原因，就是考慮到隨時有滿清官方的嚴厲監控和不斷地追捕，其行蹤和相關活動，自不為外界所熟知和難以清代各種官修的方志所詳載。

11 此處所用的「帝政多神教」一辭，是參考日治時期，柴田廉在其《臺灣同化策論》（臺北：晃文館，1923 年）一書，頁 36 的看法。

12 張廷玉，〈職官志〉，《明史》第七十四卷（台北，鼎文書局，1980 年），頁 1818；葛寅亮，〈欽錄集〉，《金陵梵剎志》卷二（台北，宗青圖書公司，1994 年），頁 214。此資料為審查委員提示，特此致謝。

食肉的僧侶」結合，而有所謂「長毛僧」和「釋教和尚」[13]的變相俗僧出現。

　　因此，清代新竹地區的「香火廟」和「香花僧」，對清代移墾社會的宗教禮俗活動，扮演了重要的功能。[14]

2. 清代新竹漢族齋教三派 300 年來的滄桑史概說

　　清代中葉有漢族齋教三派，先後傳入竹塹地區，影響甚大及久遠。[15]此一在明代中葉興起的羅教，以「新禪宗」或「在家佛教」自居的新興

---

13 「釋教和尚」是當代臺灣才流行的新佛教詞彙，傳統少有此種用法。

14 例如一般的臺灣民間喪儀的場合平常受邀，為免災祈福而課誦經咒場合，以及年度例行性節慶的祭祀活動等場合，主要執行宗教儀式的擔綱者，所仰賴於眾「香花僧」的頻率，應遠高於所謂「禪和子」或「外江僧」。因此，純儀式性的祭典佛教，事實上構成了清代臺灣佛教的主要內涵。

15 臺灣「齋教」名稱的由來：臺灣「齋教」是目前臺灣學界特別標出的宗教學名，用來指涉出現在臺灣地區的「齋教」。但為什麼要特別標出呢？因臺灣「齋教」的這一名稱，是日治時期做「舊慣調查」時，才正式使用的。在此之前，清代的官修臺灣文獻中，並無有關臺灣「齋教」的正式記載。僅在乾隆時代取締大運河流域的羅教信徒時，用了「老官齋教」的名稱。可是，清代以來，傳播於臺灣南北的「齋教三派」：龍華派、金幢派、先天派（即一貫道前身），並無法用「老官齋教」來涵蓋。為了解決這個困難，在日治初期，先用「持齋宗」一詞稱之，因這三派的共同點，都是標榜在家吃素拜佛（以觀音信仰為主），他們聚會和修行的根據地即稱「佛堂」或「齋堂」。雖然如此，日治時代負責宗教調查並一手促成全島性臺灣佛教組織的丸井圭治郎，實在無法搞清楚龍華派、金幢派和先天派的歷史源流是真？是假？所以他用了「齋教」一詞，以做為文獻分類和調查報告的內容體例。以後，臺籍的李添春在請教齋教前輩許林後，在他就讀的日本東京曹洞宗私立駒澤大學畢業的學士學位論文上，也正式使用了〈齋教三派之佛教〉的名稱。而後日本在臺的總督府文教局，基於李添春對「齋教」的深入了解，有助於掌握臺灣民眾在家信佛的情勢，於是約聘他擔任臺灣佛教現狀的調查人之一，並協助畢業於日本東京帝國大學的增田福太郎在臺從事第二次臺灣宗教的調查。戰後李添春又成為臺大農經系的教授，於是他在日治時期調查臺灣佛教和齋教三派的日文記錄資料，也構成了官修臺灣文獻中，有關臺灣傳統「齋教」的主要內涵。但是，由於，李添春的學術訓練不夠，他對臺灣「齋教」的理解，也往往流於片面和出現許多訛誤。因為根據當代中國大陸的宗教學者馬西沙、韓秉方、連立昌以及日本宗教學者淺井紀和武內房司和臺灣新一代宗教學者王見川博士等人，都相繼投入「齋教」這一領域的深入研究後，我們才發現：自明清以來，影響大江南北以及渡海傳入臺灣的「齋教」活動，是歷史上罕見大規模的中國民眾宗教教派化運動。

教派，在明清之際，逐漸分化和轉型，而其中屬於「江南齋教」的一枝入閩後，分化成漢傳「齋教」三派：龍華、金幢、先天，先後在清代中葉傳入臺灣，並紛紛在臺灣南北各地，建立起各自的齋堂，以聯結當時海峽兩岸的不同信仰系統。

　　而當時在新竹地區，有不少信佛的地主或士紳家未婚婦女或寡婦，因受限於官方的法律規定，不得任意出入佛寺和隨意出家爲尼。彼等便自建齋堂或入居共有的齋堂，來安處日常的宗教生活，即可不必到佛寺去落髮出家，又可以「帶髮修行」，以安度其孀居的晚年奉佛生涯，所以逐漸形成風氣，並成爲清代華人社會中的一大特色。

貳、清代新竹在地漢族佛教的發展與轉型概述

一、清代新竹佛教的發展與區域性的特殊關聯

　　我們若要了解清代新竹漢族佛教文化的傳播趨勢和主要發展特色，先要知道直到 19 世紀下半葉時，臺灣西部南北的大小佛寺，爲數已達百座以上。雖然一般來說，規模都不大，寺產有限，住持或駐寺僧的知識都不高，故無巨大的社會影響力。

　　但由佛寺建築的逐漸普及化，無疑可以看出，佛教信仰據點是在持續地擴展，而不是萎縮，並且有新的發展機會，其水準的提高和社會影響力的擴大，將不是問題。

　　而新竹在地漢族佛教在過去的發展，正如其他地方一樣，也是和臺灣早期的宗教信仰傳統息息相關，並且基本上也是以漢人爲主，特別是自華南閩粤兩省來臺灣拓墾的漢人。

　　不過，除部分地緣神（如三山國王廟）或族群神（如新埔義民廟）等的崇拜略有異之外，[16] 新竹地區閩客漢人之間的信仰，其實非常接近；

---

16 在新竹地區閩客信仰的最大差異，是位於今新竹縣新埔鎮的義民爺信仰。不過，儘管

尤其在佛教信仰方面，因無族群之別，兩者更趨一致。並且，越到近代，越是如此。

　　只是在三百多年前的臺灣北部，它的開發較南部稍慢。換言之，臺灣最先的漢人墾殖地，是在南臺灣，然後才逐漸擴及北臺灣，連宗教的傳入狀況，也是如此。特別是竹塹這一地區，直到 1718 年前後，才有漢人王世傑率眾來墾。所以，新竹地區有漢人佛寺的出現，雖以竹蓮寺（早期稱為觀音亭）為最早，但已是 1781 年的事了，並且始終只是個民俗佛教觀音信仰的重要場所，即所謂信徒朝拜很盛的「香火廟」，在信仰的本質或層次來講，其實與一般神廟的信仰方式並無多大差異。

　　類似的情況，也出現在現在已被列為第三級古蹟的金山寺。[17] 此寺自 1785 年闢建以來，在整個清代雖有早期的香蓮庵（1785）到後來重建後的靈泉寺（1854）及金山寺（1890）之變革。但此寺的宗教活動，也一直是通俗觀音信仰的「香火廟」型式，與竹蓮寺的情況非常相像。倒是此地的閩粵族群，在此新竹東郊番漢相鄰區，如何相處的情形，更令人印象深刻。

　　此因金山寺的早期信徒，雖以客家人為主，並且大多是佃戶階層的清貧農民，但因觀音信仰的宗教本質，原本就是超族群的，不具有特定族群專屬的排他性格，所以竹塹地區居優勢的閩籍士紳或土豪也願意協助重建和共同護持金山寺，故成了竹塹東郊一個粵閩漢人共營的指標性「香火廟」。

　　不過，也因為它位處郊區，又和清末竹塹客家人的激烈抗日有關，

迄今它雖仍專屬客家族群的信仰物件，但此一信仰圈的形成，與其說是宗教的因素，不如說它是由傳統的政治事件與族群糾葛下的祭祀產物，所以其現有的強大認同感及其祭祀組織所具有的高度凝聚力，其實應是源自傳統族群情感隔閡的因素而起，並非真正實存於宗教上（或祭祀行為上）的異質因素所導致。目前，關於此問題的最新研究成果之一，可參考楊鏡汀、連瑞枝、顏芳姿、王見川合撰，《新竹縣誌・卷三：住民志宗教篇稿》（新竹：新竹縣政府，2008 年），頁 228-252。

17 金山寺於 1985 年被內政部劃定為第三級古蹟。

所以導致金山寺一度被毀於戰火中。[18] 但這也正好說明了寺廟的發展，與其地理位置、所屬的族群特性及相關的時代變革，都是密不可分的。

　　因此，我們若觀察清代到鴉片戰爭以後，也就是 19 世紀中葉時，臺灣北部已逐漸取代臺南府城，成為全臺的行政中心。而當時臺北城的地位，自然也高於新竹城。

　　問題在於，在此之前，新竹城曾一度是北臺灣的行政中心所在地，縱使後來有臺北城的崛起，但當時的新竹城依然長期維持其在桃竹苗的行政中心地位不變。所以清代後期，全臺灣最重要的官建城隍廟，除了臺北的省城隍廟以外，就是新竹城隍廟了。[19]

　　當然，新竹城隍廟的原興建年代並不是在清末，它是在 1748 年由當時擔任福建臺灣北路淡水總捕分府同知曾日瑛倡建的，所以比竹蓮寺的闢建還早。而它的宗教性質既然原屬於官建的崇祀神廟，主祀神當然就是地下衙門之主的「城隍爺」等。但難道就因為這樣，我們即可論斷說它與當時竹塹地區的佛教信仰或僧侶的活動無關？

　　其實不然。我們只要看到 1895 年 9 月，由城隍廟住持僧侶呈報的一份清單〈城隍廟出息條款〉，就可以明白是有關的。因在此清單中，明白記載有年度收銀 327 元；至於年開銷的專案，則其中的第一項是：住持僧一名（當本廟之家）。第二項是：奉佛僧一名，全年辛工銀 30 元。第五項是：打掃佛堂一名，全年辛工銀 12 元。第六項是：伙食米（五名，並往來客僧）每月按米一石五斗，全年 18 石；按價銀 3 元，計 54 元。[20] 所以是有關的。

　　不過，此處仍須解釋：「城隍廟」既然原是官廟，為何會有非官職

18　有關金山寺的發展沿革及其信仰現況，吳學明在《臺閩地區第三級古蹟新竹金山寺修
　　復研究——第二部分歷史研究》（桃園：中原大學建築研究所，1987 年）和李丁贊等
　　編著，《「金山面」社區史》（新竹：新竹市立文化中心，1997 年），有最清楚的說明。
19　現在的新竹市都城隍廟，仍可說是新竹市歷來最著名的「香火廟」，其現址即今新竹
　　市中山路 75 號。
20　見 1895 年出版的《新竹縣制度考》，臺灣文獻叢刊 101 種，頁 107-109。

的僧侶居住其中？這是爲什麼？

我們若進一步觀察它的歷史沿革，就會發現：一、城隍廟於 1799 年由淡水同知華清修建時，增建了後殿，來奉祀觀音佛祖。二、到了 1803 年，因淡水同知胡應魁，將後殿充當城隍夫人的配祀之所，在廟的西畔，另建觀音殿，以祀觀音造像。此一觀音殿，日後雖被稱爲「法蓮寺」，[21] 也被當代臺灣建築史家李乾朗教授，定位爲「雙廟」；[22] 但它在清代是隸屬於城隍廟的，即做爲擔任城隍廟宗教事務的僧侶們之奉佛之所。

所以，是因城隍廟的日常管理，包括宗教活動，由廟方出資雇僧爲之，而僧侶的安頓之所，須有別於神廟，才有觀音殿之設置。

但在另一方面，我們也必須知道，上述的情形其實是和華南佛教，在清初受到官方的壓制有關。

清朝入關之後，明末的一些知識份子，紛紛起而抗清。失敗之後，彼等爲了逃避清廷的逮捕，於是就出家爲僧。像這樣的行爲，當然會引起朝廷的猜忌，所以從康熙一直到雍正年間，宗教界其實是籠罩在白色恐怖中。因而早期偷渡來臺灣的出家人，害怕官方嫌疑，所以來臺後，都儘量躲在深山裡去。[23] 不然，就寄身在媽祖廟或城隍廟的後殿，儘量隱姓埋名，不暴露身分。只是由於新竹較少有早期的相關資料，不易瞭解其詳情。

可是，到了清末時，類似的情形，就同樣出現在竹塹城北門有「外媽祖宮」之稱的「長和宮」內。此因「長和宮」雖在 1742 年興建，1819 年重修。原先前殿主祀媽祖，後殿配祀水仙尊王。但，1863 年由新舊士紳合力，捐地增修改建後，後殿原祀的水仙尊王被移走，改祀觀音佛祖（即今「竹安寺」），並曾聘請「外江僧」（對岸來的外地和尚）天恩擔任住持。而天恩之後，新住持亦是由其門徒，人稱「和尚金」者升任的。

---

21 見張綉玲，〈新竹市佛教寺廟藝術之研究〉，頁 7-8。

22 見李乾朗，《臺灣的寺廟》（臺灣省政府新聞處，1986 年），頁 28。

23 而彼等以前的藏深處，雖以小茅屋居多，如今若還在的話，當然已變成寺院了，像大岡山超峰寺等即是此類的。見江燦騰，《日據時期臺灣佛教文化發展史》（臺北：南天書局，2001 年），頁 489-518。

問題在於，「和尙金」原是福建興化人，精通拳腳技擊，性好漁色，曾參與太平天國抗清，失敗後，易容變裝，潛逃來臺。先至竹塹北門，設法拜「長和宮」住持僧天恩爲師，成了嗣法弟子。所以，天恩死後，他才能被繼聘爲「長和宮」新住持。

但，因其好色本性，又與關渡媽祖廟的住持僧「閃」互通往來，所以最後兩者都因醜事敗露而遭到惡報。

可是，關於此一清末發生於「長和宮」的「外江僧」大醜聞，外人又如何會知道呢？

關於此事，新竹本地的「怪我氏」，早在1926年，即於他的手稿《百年見聞肚皮集》中，以長篇（約七千字）繪聲繪影地，加以描寫和強烈批判。

此外，《百年見聞肚皮集》的資料中，也交代了許多當時的宗教活動和詳細過程。例如有關清末新竹本地婦女，彼等如何在農曆四月初八參與浴佛節活動，及其在「觀音殿」聽僧講經說法的狀況等，都一五一十的紀錄下來。

而我們據《百年見聞肚皮集》的相關記載便可知道：有關新竹地區一些早期佛教的宗教活動狀況。儘管留下的資料不多，但也不是單看表面上被登記爲寺或廟，就可以立刻下判斷說：它的性質即是如何、如何的，仍應根據有關的記載來判斷，才不會出錯。

二、清代新竹地區漢族佛教的相關制度解說

有關清代官方對新竹地區佛教的管理制度之規定，其實與官方對臺灣地區其他各類宗教的管理類似，並無針對新竹地區佛教特別立法的地方；儘管這樣，若不在此稍作解說，對今日讀者的瞭解仍是不易的。

例如清代的法律規定：1. 正常婦女出家爲尼須在四十歲以上，至於五官有缺陷或四肢有不健全以及實在無家可歸者，雖一度可以例外通融，但福建省由於庵院收容年輕女尼爆發許多桃色醜聞，於是在1764年9月

2 日即明令禁止。2. 男性十六歲以下（清代男性十六歲成「丁」）、非獨生子且家中十六歲以上的男丁不少於三人，才可出家。但在清末臺灣有很多人出家，是由於貧窮、逃債、對人生失望、或因犯罪遭世人排斥者，才落髮爲僧的。[24]

　　並且，清代臺灣的僧侶，得照官方規定完成下列手續，才算合法出家：1. 出家後須先拜師，即法律所稱的「受業師」；而「受業師」年齡超過四十歲，准招徒一人。若徒弟未患罪而病故者，准再招徒一人。2. 落髮並著僧服，在寺院或戒壇受戒。3. 領有官府發給的度牒（執照）。但 1774 年修正律典條文，停止發給官方度牒，改在官方指定的寺院受戒領牒即可。

　　但，臺灣在清末建省以前，一直隸屬於福建巡撫管轄，故受戒時須到官方指定的福州鼓山湧泉寺去受戒領牒才可。清末以後則亦有到福建福州怡山長慶寺或浙江普陀山普濟寺等其他寺院受戒領牒者。

　　由於清代官方指定臺灣僧侶受戒領牒的福州鼓山湧泉寺，是屬於禪宗系統的寺院，在傳戒的程式和所需期間方面，即與當時另一屬於律宗傳統的江蘇寶華山隆昌寺並不一致。

　　在費用方面，雖然當時福建各寺所訂每年開始傳戒的日期並不一致，但臺僧前往受戒，每人須繳費用約在四十至五十圓，並不便宜。

　　另一方面，未受戒而有妻者，大清律例稱爲「應付」（通常是在民家喪禮場合執行佛教儀式及收費者）。雖爲國家法律許可，但不准收徒，亦無已受戒僧侶的法定優待。

　　儘管如此，縱使已受戒僧侶根據清代法律規定，仍須：1. 禮拜俗家父母，但不必奉養。2. 遵禮奉祀祖先。3. 爲本宗親族的喪服，要同於俗家居喪之服。

　　至於已受戒僧侶的師徒相互關係，除雙方皆須領有戒牒並結爲師徒

---

24 陳金田譯，《臨時臺灣舊慣制度調查會第一部調查第三回報告書——臺灣私法（第二卷）》，頁 184-186。但陳譯「未丁年」爲「十六歲以上」是錯誤的，因「未丁」即是未滿十六歲之意。

之外，徒弟對「受業師」的法律關係同於對伯叔父母的關係；反之，「受業師」對徒弟的法律關係，則亦同於對伯叔父母之子的關係。[25]

以上這些，都是深受中國儒家孝道思想影響的舊慣規定，與原印度佛教的規定迥異。在財產的法律關係或經濟來源方面，臺灣僧侶除可以持有衣冠及隨身器具之外，並無在外兼營工商業的僧侶。可是因早期的臺灣舊僧侶，大多屬不學之徒，彼等通常僅能靠誦經為亡者祈冥福，雖不解佛教教義，但可藉以糊口。有時受雇在寺廟服務，則可領得若干薪資或從事與一般民葬儀有關各種活動時，也可收費以維持生活。而當時的活動專案，計有：

1. 開通冥途——開通至陰間之路，使亡者順利到達陰間，在人亡後第七日舉行。

2. 拔度——臺俗以七日為一旬，通常在七旬結束，窮人亦有在二、三旬結束者，並在每旬及卒哭時，延請僧侶誦經。拔度是拔苦濟度之意。

3. 送葬——埋葬後導引亡靈回家。

4. 弄鐃——又稱弄樓，弄鐃表演各種技藝以安慰亡靈。

5. 佈施餓鬼——僧侶在盂蘭盆會念經、擲金紙、水果等佈施餓鬼。

6. 打眠床架——閩籍迷信人在床亡故時，靈魂會卡住床框，一定遷至屍床臨終。因此在床亡故時，要延請僧侶打開床架，使其順利到達陰間。

7. 開枉死城——枉死者的靈魂不能自由，要延請僧侶誦經引魂至陰間。

8. 牽水狀——為拯救水死者的靈魂，延請僧侶向神佛讀疏。

9. 牽血盆——婦女亡故時，相信會墮入血池，要請僧侶引魂至陰間。

10. 引魂——人在遠地亡故時，要請僧侶引魂回家。

---

25 陳金田譯，《臨時臺灣舊慣制度調查會第一部調查第三回報告書——臺灣私法（第二卷）》，頁 190-191。

11. 拜藥王——爲生前服用過量藥材者，向藥王祈求赦罪。[26]

可是，有關清代新竹漢傳佛寺產管理的問題，則有下列三種狀況：

1. 因臺灣的一些私創寺院，甚少由住持管理，大多由董事或爐主管理，故雖未置住持，亦不致遭官方沒收。

2. 一般而言，除非有特別需要，否則臺人很忌賣寺廟田產。可是，一旦必要出售時，若由住持管理者，必須先經董事及主要信徒的同意才可；如寺廟田產原由董事或爐主管理者，則只經主要信徒的同意和公決便可。[27]

3. 有關寺院「住持」的選任，清代臺灣地區的通常慣例，實際是由董事或信徒，來決定「住持」的聘用或解職的。問題在於，「住持」原先應如一家之長，掌理寺院內的一切大小事務，同時也須對官府負責，故其傳統的主要功能，至少應有如下的三點：
   其一是，注意並防止寺內住僧有非法行爲。
   其二是，掌理法事，主持寺中的祭典活動。
   其三是，管理附屬財產及維護寺貌無損——所以「住持」的權與責，原來應是極大才對。
   但因臺灣當時寺院的規模不大，住持除念經拜佛、看守寺院及教育徒弟之外，僅在朝夕供奉香燭及清掃內外而已。日治以後，大多以董事或爐主爲管理人，使住持的許可權更爲縮小。[28]

　　以上即是關於清代臺灣佛教的大致相關規定。但包括新竹地區的漢傳佛教發展在內，正是由此基礎所展開的。所以讓讀者也稍瞭解，是有

---

26 陳金田譯，《臨時臺灣舊慣制度調查會第一部調查第三回報告書——臺灣私法（第二卷）》，頁 194。

27 陳金田譯，《臨時臺灣舊慣制度調查會第一部調查第三回報告書——臺灣私法（第二卷）》，頁 277-278。

28 陳金田譯，《臨時臺灣舊慣制度調查會第一部調查第三回報告書——臺灣私法（第二卷）》，頁 229。

其必要的。

三、清代新竹齋教三派的派別、活動及其齋堂概述

（一）相關歷史的沿革概述

　　清末新竹地區漢傳佛教寺廟，因限於官方的嚴格規定，加上曾鬧出性醜聞，所以並沒有婦女出家為尼的記載。

　　可是，取而代之的，是在家帶髮修行的齋堂紛紛出現，因此當時的大新竹地區成了臺灣有齋堂和齋姑最多的地方。[29]

　　並且，到了日治時期以後，新竹地區的齋姑又在官方解除出家禁令後，紛紛出家為尼，甚至逐漸成了臺灣近代新佛教發展的一股重要的推動力量。

　　所以，有關清代新竹地區的齋堂和齋姑的出現問題，必須在此有所說明。新竹地區「齋教」的名稱，當然是日治時代才有的。但其前身原是興起於明代中葉的羅教，最初是發源於山東的漕運軍人羅清，其後再循著大運河的航線向全國發展。

　　而清代傳來新竹地區的齋教共分：龍華、金幢、先天三個系統，但因為它原是由運糧軍人所創的在家教派，所以它跟出家佛教的關係，就有點像西洋基督教對天主教持強烈的批判態度一樣，共同點都具有批判出家佛教的教派性質，但又有各自的經典（當然這經典是跟佛經有差異的）和不同的組織系統。

　　羅教在明清兩代，都曾一再受到官方的嚴格取締，於是逐漸分化成了兩種性質不同的團體：一種是像青幫這樣的幫會型式，另一種即是像

---

29 連雅堂在《臺灣通史‧宗教篇》提到：「全臺齋堂，新竹為多，彰化次之，而又以婦女為眾，半屬懺悔，且有守貞不字者。」（臺北：眾文書局影本，1978年），頁656。可是，此處的「新竹為多」不是專指今新竹市一地，因當時（日治大正七年）的「新竹廳」轄區，起碼包括今苗栗縣、新竹縣、新竹市和桃園縣的一部分，所以本文改用大新竹地區，較接近當時情況。

齋教這樣型式的秘密教派。

並且，根據筆者過去對此研究的結果，[30] 可以有如下的發現：

1.「持齋宗」的內部稱呼

清代所有的齋教三派，都是「以『持齋』一名而立宗」的「持齋宗」。在如此對其自我定位之後，彼等在其內部是稱呼如下：

（1）稱其「殿堂」為「齋堂」。

（2）呼其「信者」為「齋友」。

（3）並推「齋友」中的長老，擔任「齋主」，經理各種「齋堂」和「齋友」的相關事務。

2. 清代齋教三派「齋堂」與「齋友」的屬性及其活動

（1）有關「齋友的信念」

在日治初期所調查清代的資料中，一開始，即樸實而懇切地提到：清代「齋友中，或有老年無子、少失雙親、壯而喪偶者，彼等因而深感人生的變幻無常，並相信這是肇端於過去世所造的惡業，於是由此發心——爾後願積善、養德，以祈求自己今世之平安與來世之福報」。[31]

一般說來，加入「持齋宗」的「齋友」，雖號稱「守五戒及十善戒」，但其要諦，實可以「不殺生」一戒概括之。

因彼等認為，惡死本為人之常情，愛生亦為生物之通性，若徒為一嚐舌上片刻的甘味，即殺戮其他生靈，不但與天地好生之德相背，也導致人心沉淪。

反之，若能斥葷食、避殺生、而開始吃齋茹素，即可立成行善之人。

由此看來，彼等是認為：「戒殺」即行萬善的根本。而因此說最為

---

30 本節以下的齋教研究成果，參考江燦騰，《臺灣佛教史》（臺北：五南出版社，2009 年）。頁 47-60。

31 村上玉吉，《臺灣南部誌》（臺南：臺南共榮會，1934 年），頁 47-60。轉引江燦騰，《臺灣佛教史》，頁 51-52。

卑近，容易動心起念有共鳴。

故凡有失意者初到「齋堂」，向佛禮拜，乃至立誓持齋而成為「齋友」者，只要一有此「不殺生」之念萌起心頭，則彼等不只獨處時，依舊能自禁葷食，舉凡鴉片、菸、酒之類等有害身心之物，亦皆能加以排斥，甚至其他諸如賭博、邪淫等種種惡行，也可一掃而光。

由於彼等能藉此持齋善行，將自己轉化為專心致力於家業的順良之民，從此不再為吸食鴉片而傷身，或不必擔心因酒色而傾家蕩產。

換言之，彼等不單自己身體會日益健康，連家運也可隨之昌隆起來。「吃齋」之名，因而才會得到社會很高的評價。

（2）清代臺灣「齋堂」的設置與功能

在日治初期所調查清代的資料中，對此部分，也談得很深入。[32] 其中提到清代臺灣的「齋堂」，大多避開熱鬧擾攘之區，而選擇幽靜之地來興建。

在「齋堂」中，安置「齋友」信奉的觀世音菩薩，並且為了維持「齋友」的信念，到一定的齋期時，各堂「齋友」都會暫時歇下業務，以便前來「齋堂」誦經禮佛和共進午餐，謂之「齋會」。

而此「齋會」的進行，雖不用葷肉，也未備菸酒，卻自有其珍味和佳趣。不過，「齋友」中若有不恪守齋規者，就會立刻受到其他「齋友」的指責。

此因來堂之「齋友」，幾乎視來堂聚會共齋之日，宛如遠方戚友相會之歡愉，彼等原帶著堅定的信念，滿心喜悅地為自他的平安而祈禱。但若違規遭斥，則這一切，亦將隨之消逝無蹤。

再者，「齋友」縱遇有冠、婚、葬、祭的大禮日子，亦排斥各種弊俗；然而，也由於「齋友」能不跟隨臺灣的舊慣行事，可節省種種不必要的浪費，頗有助於家道的漸入佳境。

就此來說，持齋之教，於風俗頹敝的清代社會中，能使一個目不識

---

32 村上玉吉，《臺灣南部誌》，頁 47-60。轉引江燦騰，《臺灣佛教史》，頁 52-53。

丁者，因一念之信仰，馬上就能體悟到對修身齊家的要領之把握，由此可知其對清代臺灣社會的貢獻，應該極為深厚才對。

而主其事的「齋主」，通常是舉「齋友」中，持齋有年且明事理者充之，以處理「齋堂」內部的事務。

儘管如此，「齋主」有在「齋堂」常住者人數極少，蓋因「齋主」尚有其他的職業要兼顧；而「齋主」除年邁者不派給家事者之外，通常也只在預定的齋期內，親到「齋堂」斡旋眾事。

以新竹本地的「齋主」來說，彼等並不像佛教僧侶或耶穌教之牧師那樣，須學經典、窮教理，以擔任佈教傳道之職，而是基於堅守持戒的宗旨，僅止於在「持齋宗」處，誦讀《金剛經》、《心經》、《觀音經》（按即《法華經・普門品》）等行事而已。

（3）清代新竹的「齋友」入住「齋堂」的經濟條件和所獲待遇

由於少數在「齋堂」常住的「齋友」，通常為「齋友」中的鰥、寡、孤、獨者。彼等本身雖可能多少有點積蓄，因慮及日後可能無親戚故舊可相扶掖、或有年老之後的煩累，便成了吃齋持戒之人。

若再能捐個三、四十圓或五、六十圓給「齋堂」，則「齋主」便供給一生的衣食，並將其安頓於「齋堂」內居住。

若亡故則為其料理後事，或於忌辰，為其誦經迴向，以祈冥福。又因自備衣食居住於堂內者，通常即失意的不幸者，而彼等既常住於「齋堂」內吃齋持戒，故「齋堂」的位置，亦以擇幽靜之地為宜。

（4）清代新竹官方對各派「齋堂」建築的管理方式

可是，我們要問，清代新竹官方，對於此類的「齋堂」建築，難道可以完全放任不管嗎？

我們根據日治初期的實際調查資料來看，可以判定：以當時臺灣到處都有「齋堂」存在的事實來看，清代官方似乎只將其視為一般的民宅。並且，從國家法制化的實質定位來說，當時臺灣的各派「齋堂」，雖亦公然以堂號名義申報所持有的附屬田園，而官方也據此發給該堂號名義的丈單。因此，清代新竹地區的「齋堂」也應該一樣才對。

可是，這仍類似官方發給民設祠堂及神明會等丈單的同樣性質，故不能據此即認定，是因：官方先承認該「齋友」團體爲合法，然後才發給該團體堂號的丈單。[33]

儘管如此，既然實際已有新竹地區「齋堂」建築的到處存在，自然不可能沒有相應的宗教活動。

所以，我們可以根據當時的內部資料，得悉當時出入「齋堂」的「齋友」們，又是懷著何種心態和作爲，來進出其中的？

（5）清代齋教三派「齋友」的宗教修持及其持戒積福的宗教心態

關於此點，根據日治初期的田野調查資料，我們知道，在清代「齋堂」內出入的「齋友」們，通常以「殺生」爲人生最大的罪惡，此因彼等信守佛教的「不殺生戒」，爲人道的大義，故彼等以日常齋食來成全人心，並欲藉此爲當世個人的平安及替未來的福報廣積陰德。

又，若在清代社會若要成爲「齋友」，其必要條件，即在於先能不犯下列禁止的行爲，諸如：食肉、賭博、邪淫、酒類、煙草、檳榔子、韮葱等；也不許燒金銀紙和放爆竹等。這都是與一般民俗信仰大不同之處。

（6）清代新竹齋教三派「齋友」的死亡安頓問題

清代新竹齋教三派的「齋友」，若有亡故者，即請各派所屬的「齋主」到其家，爲其誦經和料理葬儀之事。其儀式很簡單，故花費極省。並且事後，喪主也僅贈給「齋主」扇子一把、手巾一條而已。齋友往生後，

---

33 根據日治時期，法學家岡松參太郎博士的看法，他認為清代台灣的「齋堂」，是由持齋者共同設立的宗教建築物，故其性質如同民設的神祠或寺觀，亦即不屬於官產。又因「齋堂」雖同佛寺一樣奉祀菩薩和舉行祭祀活動，但非由僧侶住持，並且其設置和管理僅限於持齋者團體本身，這幾點特性也使它與一般民設的神祠或寺觀大異其趣。其二，他認為「齋堂」是一種財團法人，且屬於持齋者公有，而非個人的私有物，即使其建立是由其中一人或數人籌設的、乃至其基本財產是由其中一人或數人提供的，也須視為捐贈而非屬其中一人或數人的私產。此即其與台灣一般民設的神祠或寺觀迥異之處，因後者常由某一地區具有同祖籍或同職業的民眾所建置，而前者專屬同團體的齋友參與建立及公有。並且從任何個別齋友入會之際既不須先繳交一定股份，退會時亦無權請求退撤回持股，亦可判定「齋堂」的性質，與「財團法人」類似。

齋堂可供奉其牌位（九玄七祖牌），對於無子孫拜祭的齋友而言，極具吸引力。

　　另一方面，「齋主」通常除主持「齋友」的葬儀之外，其他的葬儀即一概謝絕。此或由於「持齋宗」尚未成為大顯於世間的「宗教」，而世人亦如對其置之度外，故彼等自建殿堂、擁有信眾、嘗試佈教、舉行葬儀等，儼然藉此特立獨行於各宗之外，也因此其彼此團結、持戒、信念和感化的程度，反居僧侶之上，真可以說，有一宗的實力！

　　（7）有關「齋堂」興建與維修的經費來源問題

　　有關清代新竹地區「齋堂」興建和維修的經費來源，除由「齋友」隨喜認捐之外，亦有因對「齋友」的素行敬佩有加，而特別志願義捐者。

　　對於一向最看重金錢的新竹本地人來說，遇有「齋堂」要興建或維修之時，不論是在旱魃、水災的秋收不豐之季，或正處於市場不景氣的狀態下，仍願爭相隨喜認捐。由此，即不難窺見「齋友」，在社會上被信賴和被肯定的程度。

　　又因齋教通常是秘密的、地下的，所以「齋堂」在清代官方的眼中，自然是被視為非法的宗教活動場所；也因為這樣，所以清代臺灣的「齋堂」通常都是設在民宅內，而沒有如正式寺院的外在型式。而當時的「齋堂」通常具兩種形式，即大家族私有的和齋友共有的；新竹地區亦不例外。

（二）新竹的齋教三派齋堂的設置年代及其分佈地點

　　若以設置年代、隸屬派別來分，則清代新竹齋教三派的齋堂狀況如下：[34]

---

34 以下內容，主要參考下列三種相關研究資料而成：一、莊英章，《新竹市志卷二：住民志（下）第四篇宗教（稿）》；二、張綉玲，〈新竹市佛教寺廟藝術之研究・齋堂〉；三、張昆振，〈臺灣齋堂神聖空間之研究〉（國立成功大學建築研究所博士論文，1999 年），【附錄：臺灣齋堂總表——新竹縣市】。

1. 先天派

福林堂——屬先天派萬全堂系統，位於新竹市樹林頭的境福街 5 鄰 216 號。原爲李天成建於 1785 年的家廟，至 1884 年李天成孫媳黃素蓮持齋，遂將家廟改爲齋堂。它也是先天派在新竹最重要的齋堂之一。

正德佛堂——屬先天派萬全堂系統，位於新竹城外柴梳山，建於光緒 10 年。

中和堂——屬先天派萬全堂系統，位於新竹城北門外，建於 1893 年。

2. 龍華派

良善堂——屬龍華派一是堂系統，位於新竹城南門外，1840 年李光輝倡建。

明德堂——屬龍華派一是堂系統，位於新竹城西門外，1853 年鄭普春所建。

證眞堂——屬龍華派一是堂系統，位於新竹城南門內公館埕，即今勝利街 214 巷 6 號，1858 年鄭常寂倡建，爲私人佛堂。

證原堂——屬龍華派一是堂系統，位於新竹城南門內公館埕，咸豐 8 年建。

敬德堂——屬龍華派一是堂系統，位於新竹城外樹林頭，1861 年由鄭萬捐款、城內翁王氏捐地基而建立。1883 年 6 月，鄭萬妻陳氏及鄭如蘭妻陳氏捐款重修。

印月堂——屬龍華派一是堂系統，位於新竹城東門內，1863 年設立，1866 年僧天恩[35]首倡，楊元標、柯貽盞等興修。

一善堂——屬龍華派一是堂系統，位於香山莊海濱，[36]1887 年 6 月

---

35 僧天恩，時亦任北門外長和宮住持。

36 依 1904 年台灣堡圖得知，原建於香山下寮街後，即今中華路五段 648 巷旁（天后宮東

15 日，由鄭如蘭（1835-1911）夫人陳氏潤所建。[37] 其後，
因鄭家的發展重心在北門，嫌往來香山海邊的一善堂不
便，於是在日治初期（1902）仿證善堂規模，另建著名的
淨業院。[38] 但，也因爲這樣，一善堂得以住進多位外來齋
姑，並成了日治時期新竹重要的新佛教女性培訓基地。[39]

證善堂——屬龍華派一是堂系統，位於新竹城西門外，現址即今興
　　南街 25 巷 4 號，1893 年 11 月，由新竹富紳周維金之祖
　　母潘普趣、其母普美和富紳周敏益之太祖母陳普銀首倡
　　建築，分前後兩進，建坪達二百餘坪，[40] 規模宏大，在當
　　時堪稱全新竹第一。

此齋堂門內左右，安置周家祖先牌位及其捐助功德主的
祿位，本堂供奉三寶佛（釋迦佛、藥師佛、彌陀佛）和
觀音佛祖，所以雖屬周家私有齋堂，並由周家長期提供

南方五十公尺左右）。昭和 10 年（1935 年）4 月 21 日因地震關係，原一善寺建築半毀。
（臺灣總督府，《昭和十年台灣震災誌》，昭和 11 年〔1936〕，頁 59。）次年（1936）
由鄭肇基之妻鄭蔡秋霞（法名普丹）捐資，將本寺遷往鐵路東側之山坡上重建，後因
戰爭物質匱乏，重建工程延宕至光復初始竣工。此資料是審查委員提示，特此致謝。

37 此一說法，是依據徐壽，《全臺寺院齋堂名迹寶鑒》（臺南：國清寫真館，1932 年），
　　（31）「一善堂」的說明。但，張綉玲根據波越重之編的《新竹廳志》（臺北：成文書局，
　　1985 年據明治 40 年本影印，臺一版），發現記載：由新竹士紳鄭如蘭、已故林汝梅、
　　周其華等信徒倡建。因此，可能是由於鄭林兩家後來交惡，並且，林家又日趨沒落，
　　所以主導權為鄭家，但鄭家本身對齋教龍華派一是堂的信仰，其是來自鄭如蘭夫人陳
　　氏潤，加上初期原有他族的出資協建，所以一善堂的私有性質遂被沖淡，最後連陳氏
　　潤本人也轉到新建的淨業院去活動。

38 此段敘述，係綜合以下兩種資料而成：一、徐壽，《全臺寺院齋堂名迹寶鑒》，（31）
　　「一善堂」的說明；二、張永堂主編，《新竹市耆老訪談專輯·勝光法師》（新竹：
　　新竹市政府，1993 年），頁 258。

39 此會訓是由法雲寺林覺力法師主辦，自 1925 年 4 月 15 日至 9 月 29 日，於一善堂主辦。
　　「南瀛佛教會」也配合於同年 6 月 18 至 25 日，為期集訓一星期，參與女性有二十五名。

40 在鄭鵬雲、曾逢辰，《新竹縣誌初稿》六卷（臺北：臺灣銀行經濟研究室，1959 年）的「典
　　禮祠祀竹塹堡廟宇」資料中，只記載「證善堂」初期的建坪是四十坪。

所需維持經費，仍有不少信眾前來參拜。[41] 而周維金本人即因此身分，在日治時期成了「南瀛佛教會」新竹地區的佛教領導人之一。[42]

3. 金幢派

慎修堂——1853 年，陳九如倡建於新竹城北門內前布埔。

存齋堂——屬金幢派翁永峰，先是 1879 年，黃榮於新竹城湳雅金門厝以茅屋暫居，1884 年再買下東店的一處三合院而遷建於現址，即今新竹市三民里民生路 10 巷 5 號，所以這也是屬於黃氏的私人齋堂。

參、結論與討論

清代新竹地區，漢族佛教的傳播發展，如上所述，主要是和閩粵這兩省漢人的來臺移民史有關，與在地的原住民宗教信仰關係不大。並且，清代新竹在地漢傳佛教信仰，雖是從 1718 年，因有漢人王世傑率族人來竹墾開墾後，才逐漸傳入；並且，第一座佛寺竹蓮寺（即早期稱為觀音亭，現在稱為竹蓮寺），還要遲至 1781 年才正式建立，而且迄今仍始終是祭祀類型的「香火廟」而已。

此因，清朝入關之後，明末的一些知識份子，紛紛起而抗清。失敗之後，彼等為了逃避清廷的逮捕，於是就出家為僧。像這樣的行為，當然會引起朝廷的猜忌，所以從康熙一直到雍正年間，宗教界其實是籠罩在白色恐怖中。因而早期偷渡來臺的出家人，害怕官方嫌疑，所以來臺後，

---

41 參考徐壽，《全臺寺院齋堂名迹寶鑒》，（31）「一善堂」的說明。

42 「南瀛佛教會」的籌備會議，新竹地區是在 1921 年 3 月 2 日下午於證善堂召開，而大會成立後，新竹州選出的幹事兩人，一是獅頭山的葉普霖、一是新竹證善堂的周維金。見李添春，《臺灣省通志稿卷二人民志宗教篇》（臺北：臺灣省文獻委員會，1956 年），頁 116-120。

都儘量躲在深山裡去。不然，就寄身在媽祖廟或城隍廟的後殿，儘量隱姓埋名，不暴露身分。只是由於新竹較少有早期的相關資料，不易瞭解其詳情。

可是，到了清末時，類似的情形，就同樣出現在竹塹城北門有「外媽祖宮」之稱的「長和宮」內。

所以，新竹本地的「怪我氏」，早在 1926 年，即於他的手稿《百年見聞肚皮集》中，以長篇（約七千字）繪聲繪影地，對此加以描寫和強烈批判。

但是，同資料也一併交代了，諸如當時新竹住持僧侶，有到浙江普陀山去朝禮佛寺的慣習等，頗有助於我們了解，當時漢族佛教的部分傳統習俗。這是因清代中期後，臺灣北部的淡水河流域與淡水河港被官方解除管制，而不用先到南部港口，再出海朝北航行所致。

但，我們如今要如何來理解上述的這些歷史變化呢？我們的相關解說如下：

清代臺灣僧侶雖然普遍有雜居寺廟的情況，但正如我們之前曾提過的那樣，臺灣原為新開墾的海外新島嶼地區。清初的官方基於政治安全的理由，除經常主動介入佛寺的興建或僧侶的動態監管之外，朝廷也一再三令五申，不得放鬆對嫌疑政治犯的僧侶出入其中，以免危及臺灣政局的穩定。

所以早在統治初期就進行過包括福建地區的僧籍總檢查和進行重新登錄手續，以便過濾或預先清除此類僧侶。

因此，清初的臺灣僧侶，基本上必須是相當安分，才可能長住於寺廟中，而從當時官方的記載來看，也都不曾有太貶抑的嘲諷和譴責之語的字眼出現，顯然此種嚴格管制是有效果的。

可是，清初百年間的嚴格管理，仍必須面對臺灣移民漸多、社會結構日趨複雜的新發展局面。從南而北，直通中國大陸對岸的正式港口，自 1684 年起，已獨占成唯一「正港」優勢地位達百年之久的鹿耳門港，在 1784 年之後，就開始遭到新開放中部港口的鹿港競爭，緊接著之後的

北臺灣淡水內出海口岸八里坌港，也於不到八年的短時間內，加入新直通對岸沿海港口競爭的行列。

　　由於受到以上新發展趨勢的巨大影響，從清代中葉以來，臺灣地區的僧侶，普遍出現一些不嚴格遵守戒行的墮落現象，但是其中尤以臺灣北部的大新竹地區最為嚴重。

　　這種情形的出現，雖與臺灣北部的官方公權力管制，遠不及南方有關，但更根本的因素，應是與當時中國境內發生太平天國歷時多年的大規模叛亂的抗清行動有關。因當時有很多長江中下游地區、包括福建省在內的傳統佛寺，曾被太平軍藉口信仰不同，用炮火加以摧燬多處，此舉遂使大量駐錫其中的寺僧們為之流離失守，四處逃竄至遠離戰火燎原之區，其中有部分僧人，甚至因此設法渡海投奔來臺。

　　另一方面，在 1788 年清朝開放淡水河口南岸的八里坌港，成為臺灣地區第三梯次可以直航對岸五虎門的正式港口之後，不久沿河而上的新莊與艋舺兩地，也跟著快速繁榮起來。於是從新竹到淡水的清代臺灣大北部地區，開始形成一個具有市場交易和可以來往互動的大生活機能圈。清代俗諺的「一府二鹿三艋舺」之說，就是指涉上述的變化情形。

　　並且，臺灣北部的佛教僧侶或虔誠信徒，從淡水河口搭船出海以後，若想直驅福建北部重要的鼓山湧泉禪寺去巡禮，或要前往浙東地區近海舟山群島上的普陀山觀音道場去進香參拜的話，可以說遠較從中部的鹿港或南部的鹿耳門港搭船前往，更能縮短航程和更快往來。

　　此外，因此而促成搭船運費的相對降低和航程安全度的提高，也吸引了更多想來利用方便渡海的各地佛教徒乘客，其中就曾包括了因太平天國戰亂流離失守、渡海來臺的無依徬徨僧侶，當然也曾包括彼等到臺地之後，開始其戒行不良的外江僧墮落生涯。

＊

　　在另一方面，新竹地區佛教由於多數和觀音信仰有關，而清代官方從早期與在臺灣的明鄭政權相互敵對隔海激戰之時，即已關注在浙江海域中的南海觀音普陀山的宗教影響的巨大政治效應問題。例如，清初當

臺灣一被平定，大陸東南沿海與臺灣海峽之間的長期危機，終能消除了，此時，在浙江普陀山觀音道場的普濟禪寺，此一清初臺灣佛教禪侶，所隸屬法脈的源頭寺院，也立刻反映了清鄭戰局落幕後的極大好處。

因在清、鄭對抗期間，普濟禪寺曾遭魚池之殃，例如在 1665 年（鄭氏來臺第 4 年）曾因此被荷蘭人登岸，大肆搶劫，損失慘重。

到 1671 年（鄭氏來臺第 11 年），清康熙帝又為對抗鄭氏在臺政權，再頒禁海遷界令，除不能有任何物資遺落給鄭王朝外，沿海居民一律內撤二至三十華里，導致普濟禪寺的殿宇被拆光，僧侶和居民也全撤走，一時成為廢墟。

可是，等清鄭戰局一落幕，海峽兩岸緊張局勢隨之解除，清朝康熙皇帝宛如補償般地，隨即敕賜該寺大量的重建經費，贈送許多珍貴佛教器物，還親撰多篇禮贊文，以及特別垂詢和關照普陀山觀音道場，因頒禁海令而蒙大災害損失之後，在重建和後續正常維護的各縣保護問題。

所以，就官方的立場，他其實是利用此一國際著名道場的個案，來突顯皇帝本人對此觀音信仰聖地的高度關懷，並顯示他與人民同信仰的高度宗教虔誠。但也因此，在清代的普陀山觀音信仰與福建的媽祖信仰，兩者往往互為同寺廟（如龍山寺或媽祖廟）的前後殿主神（若前殿為觀音，後殿即為媽祖，反之亦然），供臺灣民眾普遍祭祀。所以，這也同樣深植於清代新竹漢族民眾的信仰層面。因為信仰背後，其實就是源自政治的控制與社會力影響的滲透所致。

其次，清代中葉之後，才先後在臺灣各地出現的齋教徒和齋堂，從我們在以上的簡明敘述的情況，即可以見到清代新竹地區的許多齋堂，其創建或資金的提供，往往都會牽涉到鄭家、林家、周家、張家等這些望族。

而這些望族之會如此做，除宗教的因素之外，可能主要是這些望族若有婦女因為丈夫早死又無法改嫁，於是便可將其安頓於「齋堂」，讓其帶髮修行；有的甚至還可以因此立貞節牌坊，光榮鄉里。而當地的這些不幸的婦女，有時也可以因而進到這些齋堂來幫忙或共住。[43] 所以「齋堂」的設置，不但與新竹地區的士紳有密切關聯，在其所發揮的社會救

濟功能方面，也是值得肯定的。

所以，彼等雖於對出家佛教，仍持其強烈的批判態度，一如西方基督新教徒對天主教當局和教職人員嚴厲的批判。但彼等自身，無疑仍自認爲是屬於在家禪佛教的一種。

因此，等到進入日治時期以後，彼等在日本佛教各派的促成之下，有一部分便順利轉型爲傳統的僧伽佛教，甚至成爲當時臺灣本土佛教發展的新主流。

所以清代齋教三派的傳入臺灣，特別是在新竹地區，對日後臺灣本土僧伽佛教的發展，貢獻極大。

---

43 以日治時期的情況來説，新竹的淨業院一度住女眾 28 人、一善堂住齋姑 18 人，可見一斑。而淨業院的住眾，都是與鄭如蘭夫人的宗教關係才進住的，就此點來説，恰與其管理權牢牢由鄭家掌握成一鮮明的對比。

第 3 章

日本曹洞宗在臺灣新竹市獨霸拓展的眞相透視

江燦騰

壹、前言

我們若回顧 1895 年，隨同日本殖民統治臺灣占領軍和新移民來臺灣的日本佛教各派，之所以能在此新竹地區這一新殖民地上順利發展。雖是由於來臺灣前的日本佛教各派，已在日本經歷長期的高度發展，以及在明治維新後遭到嚴厲的政策考驗和現代思潮的洗禮後，開始蛻變爲一股對政治政策配合度高、且具有高度現代意識的強大宗教勢力。所以它能一反歷史上做爲中國大陸佛教接受者和學習者的角色，開始以上層指導者的身分，來聯絡、控制和啓蒙新竹地區的傳統漢族寺廟及其宗教的信仰內涵。

不過，在此同時，也可以發現：當時日本官方的「國家神道」、「祭政一致」、「天皇至上」的主流強勢立場，不只施之於被殖民者的精神領域和生活行爲，也同樣對來臺灣的日本佛教的各派僧侶的「同化」主動權，產生了極大的制約、甚至於有排斥和一再加以壓制的「公私相剋」的現象出現。

因而這和臺灣學界只注意到：日僧與日本官方的親密合作關係，以

為日僧即是日本官方的主要「同化」工具，而臺灣佛教的日本化，即是日本官方的宗教行政策略——其實是差異甚大的。

所以本章擬透視殖民統治時代，日本佛教曹洞宗，在新竹教區獨霸的拓展眞相。我們由此可以知道，當時的日本在臺佛教經營，只能侷限在帝國殖民政府當局所許可的社會私領域而已。

因爲不論日本曹洞宗如何獨霸新竹教區，都是被官方制約的，自然也必須跟著捲入日本軍國主義的相關附隨行動了。

貳、透視日本曹洞宗在日治新竹獨霸的相關眞相

一、日治初期各派日僧來臺發展及其教勢的變革歷程

（一）殖民統治的開始與各派日僧「隨軍佈教使」的來臺

日本於 1895 年，因「甲午戰爭」勝利，隨後藉著與滿清政府簽訂〈馬關條約〉的機會，取得臺、澎及周邊離島，做為海外新殖民地的統治權之後，即派大批精銳軍隊渡海南來。

然後，兵分南北兩路，登陸臺灣及澎湖，並於半年內，將各地的臺民反抗軍一一擊潰或加以殺害，[1] 以完成其實質的政權轉移和確立此後長達 50 年（1895-1945）之久的殖民統治體制。

當時隨軍南來的，就有做爲軍中「佈教使」的日本佛教各宗派僧侶。這些僧侶來臺灣，有幾層作用：

> 在軍事危難和傷亡時，發揮宗教上的撫慰作用，以鎮定或紓解軍
> 中的不安情緒，必要時並爲其料理葬儀法事。

1 　當時臺灣總人口約 260 萬，但在初期因反抗及被牽連殺害（傷者除外）的臺民超過 1
　　萬 4 千人。以上數字是參考黃昭堂著、黃英哲譯，《臺灣總督府》（臺北：自由時代
　　出版社，1989 年），頁 58。

在新占領的殖民統治區內，調查臺、澎地區的臺人士宗教狀況，
並趁機拓展新的佛教據點。

與臺灣當地的傳統佛教相聯結，一方面建立宗教上的信仰關係，
一方面有助於掌握殖民地教民的各種資訊，以提供官方施政上的
參考。

配合官方政策，開班教臺人子弟學日語。[2]

但，最初爲何會有這些「佈教使」的設置呢？根據日本學者鷲見定信
的研究，是在甲午戰爭時期以「外征士卒慰問使」來任命的，故稱爲「軍
隊慰問使」或「軍隊佈教使」。[3]

（二）日僧從「隨軍佈教使」到「臺灣開教使」身分轉變

不過，當我們有意理解日治初期，日僧來臺的任務和活動時，固然
必須先從「隨軍佈教使」的來臺談起。可是，從研究的角度來看，其實
應先有二種不同的區分，才符實情。即第一種區分，必須將第一年有全
島武裝衝突的軍事狀況，和第二年全島局面已大致底定軍隊分駐各地的
守備狀況做區隔。

此因「隨軍佈教使」的任務，在第一年是配合軍事行動的需要而派
遣的，故具有準公務的性質。但當年底，全島的軍事攻擊行動既已告一

---

2 以明治29年（1896）日本曹洞宗在大本山宗務會議的〈議案第二號——臺灣島佈教案〉
來說，第一條所規定的該宗特派來臺佈教師，其任務計有五項：1. 招徠、懷柔臺灣本
地的宗門寺院及僧侶，並統理之。2. 開諭、化導臺灣本地的宗門在家護持信徒，使其
霑被皇化、沐浴教澤。3. 向佈教使駐地的官方稟議開設日語學校，以教育臺灣本地民
眾的子弟。4. 慰問駐守臺島的軍隊，並於軍中弘法。5. 向在臺（日本）官員及民眾進
行佈教傳道。見曹洞宗宗務局文書課編，《宗報》第一號（1896年12月15日），頁
12下-13上。不過，這些內容，其實早在當年2月該宗向臺灣總督府民政局提出的〈來
臺意旨書〉，已全列出了；而官方也於同年4月3日，以「申民局第623號文」核准。
見溫國良編譯，《臺灣總督府公文類纂宗教史料彙編——明治28年10月至35年4月》
（南投：臺灣省文獻委員會，1999年），頁25。

3 江燦騰，《臺灣佛教史》（臺北：南天書局，2009年），頁66-67。

段落，「隨軍佈教使」也跟著不再具有準公務人員的性質，於是轉爲在臺替本宗拓展教勢的「開教使」。

亦即，雖然「開教使」的工作，實際上從來臺灣之初，就時時找機會進行，但仍應視爲「挾帶的私下行動」；等到「隨軍佈教使」的任務已告一段落，「開教使」的工作就變成主要任務。而原先隨軍佈教使的相關活動，則附屬在「開教使」的工作項目之下來進行。

這就是何以第二年（1896）春天，各宗在臺日僧仍須重新向臺灣總督府民政局申請來臺弘法許可的主要原因。

至於第二種區分，是以 1899 年 6 月，臺灣總督府以「府令第 47 號」公告〈社寺、教務所、說教所設立廢除合併規則〉爲分水嶺：在此之前屬權宜行政措施的過渡時期、之後則爲依法行政的法制化時期。[4]

其具體的指標性作法，即之前的新舊社、寺、廟、堂等，仍一概「須於 60 日內」重新按「府令第 47 號」公告辦妥一切手續。[5]

事實上，有關法定宗教財產代理人 —— 管理人制度的設定，也是在此法頒行之後，才相繼確立的，故第二種區分亦有其必要。

（二）初期在臺灣各派日僧的佈教理想及其實際落差

就像近代以來，連西方傳教士也被利用爲擴張西方侵略勢力的工具一樣。雖然日治初期在臺灣的各派日僧本身，並非一定喜歡這樣被利用。但彼此在某種情況下，互爲利用、互爲助緣的情形，依然是有的。

由於有這樣的背景，日本官方做爲臺灣島上的新殖民統治者，拿佛教信仰做爲溝通異民族文化的一個媒介，毋寧是很自然的。

並且，歸根究柢，日本僧侶之所以會向外發展，其實也是仿近代西方傳教士的作法。[6]

4　江燦騰，《臺灣佛教史》，頁 87。

5　江燦騰，《臺灣佛教史》，頁 87-88。

6　稍識亞洲近代史的人，都知道在鴉片戰爭後，屢次西力的入侵，其武力、經濟和宗教三者，往往是密切結合的。因而日本遠在清日甲午戰爭爆發之前，即曾師法西洋人的

　　然而，由於臺灣傳統的佛教，過去只是中國的邊陲教區，主要來自閩南佛教的影響。此一佛教的信仰方式，是所謂禪、淨雙修，不過正統的佛教道場不多，反而是在家佛教形態的「齋堂」，以及混雜儒釋道三教，但仍帶有濃厚巫術性成分的民間信仰占了大部分。

　　像這樣的佛教信仰狀態，一方面是和民間信仰相當接近，民眾不會有太大的排斥感；另一方面，則在家佛教的勢力強大，促使日後日本佛教在臺灣要建立新佛教據點時，不得不面對這樣的交涉對手。

　　日本曹洞宗的首任「隨軍佈教使」佐佐木珍龍，於是趁殖民初期到處兵荒馬亂，大家人心惶惶之際，便大膽的採取許諾提供保護，藉以換取大量臺灣人寺廟與其私下簽約為該宗末寺的手段，因而造成他大獲成功的「假相」。

　　更過分的是，他當時還泰然自若地駐在艋舺，臺人最豪華壯麗的龍山寺裡，在其所撰《從軍實歷夢遊談》的書稿中，[7]居然還用鄙視的眼光，來提到下列他所謂「大多屬『曹洞宗』法脈」的本地僧侶和信徒，並使該宗大本山為其神奇成就所迷惑。[8]

作法，在中國境內發展它的佛教力量，於各地建立了許多據點。其中以淨土真宗的發展最快。也因此，清末民初的中國佛教改革運動，來自日本佛教力量的影響，是不小的。這也是日本長期受中國佛教影響以來，新發展的一種逆轉現象。從此日本佛教由接受者的角色，轉為提供者和影響者的主導角色了。

7　佐佐木珍龍，《從軍實歷夢遊談》（東京：鴻盟社，1903 年）。

8　他的批評之語如下：臺灣僧侶的「頭髮剃得很漂亮，脫下法衣之下的服裝卻和支那土人之服幾乎沒兩樣，和普通人民之服裝沒什麼不同，在上面卻又穿著和我日本黃蘗宗相同之法衣。」臺灣僧侶「一般而言，並無通曉知識的僧侶。」「可稱得上有學問的沒有。」「沒有智慧的有七成，無法誦經者也占了半數。」「對臺灣寺廟來說，買紙（錢）給寺廟，可以說相當於日本之賽錢之意味。」臺灣佛教信徒「並不信奉佛教之教理，對於儀式的、習慣的部分卻信奉不已，因為歷代祖先敬奉佛祖，而不得不跟著敬拜，到寺廟無論是燒香還是點蠟燭一定要燒紙錢，有這樣觀念的存在。」「必須祭拜時，以拜觀音為例，會點上線香或蠟燭並獻花，在這樣的環境下，因為是仰賴佛祖之冥助來定契約，所以若毀約則會受到佛祖的冥罰，有這樣的說法。」「若在借錢之期限內未還，將會受到佛祖的冥罰，為了不受佛祖的冥罰，而在期限內還錢。」「支那並無好的醫術，於是，大多的患者是到廟裡求籤，當成藥喝下去。」對於類似佐佐木珍龍

　　但在事後，日本官方根本不承認其簽約的合法性，因此導致 1899 年以後，臺人寺廟紛紛根據官方新規定，要求解約或獨立自主。不但使前期的「假相」整個原形畢露，日本曹洞宗方面還遭到來自官方的警告和施壓，令其自行在臺灣建寺傳教。

　　上述的統治初期狀況，同樣也反映在當時的新竹地區。

　　因此，以下便直接針對新竹地區的情況，進行相關的簡明解說。

二、日本曹洞宗爲何可以獨霸新竹教區及其教勢的變革歷程

（一）殖民統治初期新竹公廟用做兵營等官方機構狀況

　　首先，我們須知，日本在臺灣的殖民統治，雖是在境外的第一次，正因如此，日本官方便曾先與相關日本學者合作，充分借鏡英國在印度與香港的殖民政策實行經驗，就是除非涉及治安問題，否則應該避免干預或強制在地民眾的宗教信仰問題。這也是日本官方對比從當時法國在遠東殖民地安南地區，用強制手段干預結果，是出現巨大的當地民眾反抗運動，所了解到的其中有用經驗後，即捨用在殖民地所採取的強力干預手段。

　　可是，殖民統治初期，隨著日本軍公教人員的大舉進入臺灣，殖民政府一時來不及興建足夠的辦公處和宿舍，於是在殖民統治初期的前三年（1895-1898），全臺灣地區（包括澎湖地區）共有 215 座寺廟，被權

的批評，其實只要指出一點就夠了，即到龍山寺拜觀音的信徒，正如百餘年後的今天，大多數並非嚴格意義之下的佛教徒，而是屬於民間信仰的祭祀方式，故既非專屬曹洞宗系統的禪寺，也不能苛責什麼。再說，假如佐佐木珍龍上述所批評的，全屬事實而非有意輕視，則其本身或其他日僧，除非不再繼續對臺人佈教，否則其接續即將面對的，其實是一樁更為艱鉅的宗教改造工程，亦即其本身或其他來臺日僧，既經大本山決定由彼等繼續在臺對臺人佈教，則彼等此後究竟要如何改造臺人原有的佛教信仰形式？或如何提升其信仰內涵？將是一場既漫長又艱困的現實考驗。佐佐木珍龍，《從軍實歷夢遊談》，頁 80-89。

充軍營、公家辦事處、醫院、學校或公家宿舍等用途。新竹地區的宮廟被徵用，當然也包括在內。[9] 就地徵用新竹地區非私有的宮廟建築場所，於是有如下的狀況：

1. 新竹城內東門堡的孔子廟 —— 使用的官廳名稱：臨時派遣步兵第 20 聯隊第 3 縱隊。

2. 新竹城內東門的文昌宮 —— 使用的官廳名稱：臨時派遣步兵第 20 聯隊第 3 縱隊。

3. 新竹城內南門大街門的關帝廟 —— 使用的官廳名稱：第 8 憲兵隊第 10 分隊憲兵主力部隊。

4. 新竹城內南門的龍王祠 —— 使用的官廳名稱：新竹醫院。

5. 新竹城內東門堡的媽祖廟 —— 使用的官廳名稱：新竹辦務所。

6. 新竹城內東的地藏庵 —— 使用的官廳名稱：新竹守備隊軍官會議所。

7. 香山庄 —— 使用的官廳名稱：香山警察分所。

可是，官方也同時規定，已被日本殖民當局分配使用的「官廟」仍應妥善維護，並逐漸恢復原來的宗教用途。

至於在殖民統治初期，日軍或相關人員，往往在借用臺灣本地寺廟為辦公處或宿舍之時，會有任意破壞臺人寺廟中的神像或宗教器物的不當行為，頗引起臺灣人的反感。於是，第一任臺灣總督樺山資紀，便於 1896 年 1 月 18 日下令：

……本島原有的宮廟寺院等，其創建雖有公私之別，但都不外由信仰而尊崇的結果，以為德義的標準、秩序的本源，乃治安上必不能少者。故在當前軍務緊急之際，雖一時不得已暫且借為軍用，仍須維持原貌無損；其中尤須注意者，於借用所在的神像不許擅加毀損、法器亦不得散亂放置。自即日起，類似行為，

9　江燦騰，《日據時期臺灣佛教文化發展史》（臺北：南天書局，2001 年），頁 24-28。

不但禁止，更須留意維護舊觀。並且一旦結束軍用挪借，應儘速恢復原樣。特此諭告。（原文日文，筆者中譯）[10]

（二）日本曹洞宗僧侶如何在殖民統治初期比各派發展搶先一步？

可是，日本殖民官吏與來新竹的日本佛教各宗派開教使之間，如何進行實質的各自行為規範與行為界線呢？在此先解明這一點，是有其必要的。

因為日治時期的臺灣宗教法律是隸屬於當時殖民體制整體法律的一環。故其大方向和法律的性格自不能例外，是和官方「同化」政策的執行狀況密切相關。亦即臺灣社會何時被視為無差別地適用日本憲法規定日本民眾的法律和義務，彼時即為「同化」政策的「完成期」，否則即屬未完成的「過渡期」或「改造期」。

日本在臺灣殖民統治初期，如上所說，曾根據西方列強殖民的經驗，認為至少應有五到十年的「過渡期」。可是，在統治臺灣初期，所以遲遲未能一體施行「明治憲法」中的權利與義務，而委由臺灣歷任軍政總督獨攬行政、立法和司法三權於一身。其理由不外是，臺灣民眾已習於中國傳統威權的專制政治，故在總督府認為臺灣民眾的「文化程度」尚未足夠之前，是不宜於殖民地一體施行「明治憲法」中的權利與義務。

換言之，縱使日本在臺灣的殖民體制，已相當程度的引進西方法概念，但臺灣民眾仍不能分享一般民主法治社會中，應有的立法權和複決權。

雖然如此，基於法律公平的原則，若臺灣殖民當局並無特別的規定，則將臺灣本地的佛教徒和來臺灣的日本佛教徒，並置於日本在臺的殖民法律體制下，則其差別應只是做日本國民的「公民權」之差別，而非基於信仰「臺灣佛教」或信仰「日本佛教」之差別。因正統的「國家神道」

---

10 江燦騰，《臺灣佛教史》，頁 116。

崇拜與日本皇室的神聖性淵源有關，特別是明治維新以後，是屬官方體制內的「超宗教」。

從日本在臺灣殖民統治的官方立場來說，所謂「內臺同化」的政策目標，其實是要教化被殖民統治的臺灣民眾，能逐漸接受「國家神道」的信仰宗旨——即認同日本皇室神聖化的正當性——而非以成爲「日本佛教各宗派的信徒」當做目標。

至於另一方面，之所以又要有「佛教」與「非佛教」之分，主要是因「佛教」在原日本法律制度中，已有各種權利和義務的明確規定；反之，臺灣本土的佛教寺院和齋堂，在未經臺灣總督府官方「公稱」之前，並不能視同「佛教」待遇。故在法律上，亦須一律依臺灣「舊慣信仰」的特殊規定來處理。

如此一來，雖然從臺灣民眾的認知角度來看，有「僧侶」或「佛寺」的存在，但就官方的法律觀點來說，則異於「佛教」，只是屬於臺灣本地「舊慣信仰」中的一種罷了。

並且，日本佛教各宗派來臺之後，要如何弘法？以及和臺灣本地的寺廟庵堂等，要如何進行雙方的締結方式？也一概要請示並獲日本在臺殖民當局的核可，才能算數。

根據這一殖民地統治的宗教行政裁量原則，我們可以進行以下的歷史觀察。

＊

首先，我們須知，新竹地區的日本佛教各宗派，在整個日本統治期間，一共建有七處佛寺建築，分別是：

1. 日本眞宗西本願寺派的竹壽寺，1910 年——位置在現今的新竹市武昌街 55 之 1 號，包括三佳家電、泰瑞及隔壁住家範圍。

2. 日本曹洞宗的新竹寺，1912 年——位置在現今的新竹市南門街 15 之 1、2 號。

3. 日本高野山眞言宗的新竹支部，又稱弘法寺，1919 年——位置在現今的新竹市西門街 98 號，包括海瑞貢丸及左右住家。

4. 日本淨土宗的新竹教會所，1929 年 —— 位置在現今的新竹市竹蓮街 27 號之 2。

5. 日本淨土宗的淨土寺，1931 年 —— 位置在現今的新竹市竹蓮街 26 巷 7 號。

6. 日本眞宗東本願寺派的佈教所，1931 年 —— 位置在現今的新竹市南大路 365 號。

7. 日本日蓮宗的佈教所，年代估計 1931 年或之後 —— 位置估計在現今的新竹市林森路白宮大飯店後面住宅區內。

但是，在這七處日本佛寺中，以日本曹洞宗的新竹寺的影響力最大，日本眞宗的竹壽寺次之。其餘的，主要是專爲新竹市日本各宗的信徒服務。因此，不但影響力小，各自相關的歷史記載資料也少。

爲何會如此呢？這其實存在兩個層面的問題：一、當時日僧面對的在臺發展困境何在？二、爲何日本曹洞宗新竹寺與眞宗竹壽寺的發展，可以相對成功？

就第一層來說，日僧在臺灣不但面臨語言溝通的困難，實際上，日本佛教的信仰方式，與臺灣民眾的宗教信仰習俗也大不相同。另一方面則是由於日本統治當局，對於日僧在臺灣的佛教發展，是採取冷淡與排斥態度的。

理由是，當時官方依法處理有關「臺灣殖民同化概念」及其伴隨的「殖民教育政策」問題，有兩個主要的切入點：

其一，官方的「教育」方針與措施。

其二，「宗教」在官方的教育方針與措施中如何被定位？

因整個「臺灣殖民同化概念」及其相關「殖民教育政策」，其實是先透過前者來達成；而後者的如何被定位？此即反映了「宗教」在「殖民教育」的「同化政策」中，有否被納入「次輔助體系」的可能。答案是否定的，並且是禁止的。

由於日本文部省宗教局所編的《宗教關係法規集》中，首先是 1899 年 8 月 3 日，以「訓令第 12 號文」通令道、廳、府、縣的直轄（官立或

公立）學校，一律禁止在校中教導特定教派、宗派、教會等之教義，並禁止實施其儀式，但一般私人的宗教情操的陶冶則不在此限。[11] 之後，此一原則持續堅持至統治結束。

所以日本在臺灣殖民統治當局，從一開始就謹防來臺灣佈教使日僧與在臺西洋宣教師的行為越軌，但提醒須不犯程序失誤，以落人口實。甚至於對臺灣舊慣的社會人情世故，從初期就力求理解和尋求適應之途。而也唯有包括這些內容，初期整體的教育構想，才可以看到與後來發展的脈絡之間的相關性。因而，「宗教」事務，很清楚地已被排除於官方正規的教育體制之外。

但，對此不利情況的發展趨勢，日本佛教各宗的來臺灣僧侶，又將如何應付呢？以當時活動力最強、掌握最多臺灣人寺廟與其私下簽約日本曹洞宗來說，除了運用佛教刊物的輿論、竭力訴求官方同情，以及辦日語班教臺人子弟來配合官方教育政策之外，還有如下的內部刊物報導說：

曹洞宗：自去年（1895）6 月以來，已派佈教師在臺北、臺南等地進行佈教。本年元月，更派出七名佈教師駐在臺北、臺南、臺中地區傳道的結果，與本地的臺人寺廟簽下誓約，做為宗下的下游寺院（末寺）者，如今幾已遍及全島，並且各寺廟中皆安置了我至尊（即明治天皇）的尊牌（書有現任天皇名號的精美木雕牌位，亦稱「萬壽尊牌」），以供朝夕祈念聖壽萬歲。[12]

換言之，當時所謂「尊皇奉佛」的最典型作法，就是將當今天皇的生基萬壽牌，安置在該宗所大量私下收編的臺灣人原有寺廟中，以示「國體皇道」已透過此類安排，讓其穩固在被殖民者的宗教崇拜場所中。同時，

---

11 日本文部省宗教局編，《宗教關係法規集》（東京：內閣印刷局，1942 年），頁 395-397。
12 江燦騰，《臺灣佛教史》，頁 116。

此舉似乎也意味著要求官方，必須對此安排予以尊重和許可其作法才對。

但，這種挾帶的花招，難道真能產生預期的作用？當然可以。只是未必可以獲得官方的法律承認。

順著此一論述思維，我們底下再檢視《曹洞宗海外開教傳道史》的記載，[13] 來觀察當時足立普明在新竹的活動狀況及其成就。這對了解日治時代的新竹佛教發展史，至關重要。

（三）有關日本曹洞宗僧侶實際奠定其獨霸新竹州佛教基業的歷程真相

日本曹洞宗是最早派僧侶到新竹來開拓本地新教區的，時間在 1897 年 3 月之前，來的僧侶其實是若生國榮。而是他 1896 年春天，就來到臺灣，原先被分派到臺南教區，他一到臺南就到大天后宮設置傳教所，勤於四處拜訪，並接受當地主的請求，為當地的乾旱祈雨。他在大天后宮內努力拜佛求雨，居然應驗下雨，一時聲名大噪。

可是，1896 年 11 月 29 日，當時曹洞宗在臺灣最具教界聲望的高僧陸鉞巖，開始巡迴臺灣各地考察日本曹洞宗在臺拓展的狀況，一路上除對信仰曹洞宗的當地日本駐軍演講之外，也曾到新竹城隍廟對在地人介紹日本曹洞宗將在新竹地區的相關作為。因此，根據他的考察報告，日本曹洞宗的宗務局在新頒布的〈臺灣島部教規則〉內，將新竹列為第一期佈教區。[14] 所以，才有若生國榮轉調新竹教區的新派任出現。而接替他在臺南教區工作的，就是陸鉞巖本人。

不只如此，對於先前若生國榮在臺南教區的非正規權變傳教方式，他是不以為然的。新接任的陸鉞巖認為，日本曹洞宗僧侶對殖民統治初期的臺灣本地人傳教方式，是不能過於遷就權宜在地民眾的信仰習俗的，

---

13 曹洞宗海外開教傳道史編纂委員會，《曹洞宗海外開教傳道史》（東京：曹洞宗宗務廳，1980 年）。

14 曹洞宗海外開教傳道史編纂委員會，《曹洞宗海外開教傳道史》，頁 66。

若能透過以學校教育的方式來進行，將是最佳的辦法。[15]

　　理由是，要有效改變臺灣在地信仰的內在或外表，不能貪一時方便的權宜之作法，只有透過教育的方式，才能永久改變。於是，他相繼創辦了日語學校、裁縫學校，所聘的教師與教學設備，在當時堪稱全臺灣第一。另外，他也定期舉辦禪學講座、開設慈善會、婦女會，努力擴充會務。他的努力大獲成功。因此，不只他本人在三年後，晉升爲日本曹洞宗大學林的總監，他在臺南的開創性作法，也成爲在臺灣其他教區的傳教典範。

　　也因此，若生國榮才來到新竹教區不久後，馬上就被更活耀的足立普明取代。取代若生國榮的足立普明，是 1897 年春天，從臺中教區轉調新竹，來從事新教區的開拓。

　　他先在新竹城內的城隍廟，設立佈教所。到當年的 9 月，他開始在新竹南門街購地設置新佈教所。這就是新竹寺的建寺開基，他也成第一代新竹寺的住持。

　　之後，相繼有田中石光、今西大龍、加藤晉運、松山宏堂、佐久間尚孝，擔任新竹寺的住持。其中，又以佐久間尚孝的任期最長，成就最大。

　　可是，若非有足立普明的先期巨大開創性奠基，就不可能有日本曹洞宗在新竹地區的日後獨大佛教事業出現。

　　而他所以能有此成就，是由於初期的新竹地區，從日本來的住民很少，多數是行政官或軍方、警察、醫院等日本人。足立普明雖是曹洞宗佈教師，也兼擔任類似之前「隨軍佈教使」的任務。因軍中信禪的日軍很多，所以他接受軍部委託佈教，也主持喪葬儀式。這樣可以獲得一些收入可供在新竹的必要開支。

　　此時新竹地區的在地民眾，還剛在適應新殖民統治初期，一切局勢都處於渾沌狀態。新竹在地居民不了解日本政府的方針，而日本人也不了解

---

15 這其實也是 1896 年日本曹洞宗務局向議會提出的臺島佈教方案，所獲通過頒布的佈教規程內容。曹洞宗海外開教傳道史編纂委員會，《曹洞宗海外開教傳道史》，頁 66。

臺灣人的性質。在彼此生疏又局勢不確定的驚惶情況下,當時又有新竹的一些宮廟,也被日本官方徵用做為其他用途,因此,寺廟齋堂的負責人,擔心自己的寺廟或私人齋堂,不知是否會被徵用?所以選擇與自己信仰上較接近的日本曹洞宗,來私下簽約歸屬,並在寺廟或私人齋堂的大殿上,供奉著明治天皇的牌位,希望能藉著日本佛教的保護,度過此一難關。所以,足立普明在新竹經營 5 年,前後共有 133 座新竹在地寺廟簽約,歸屬日本曹洞宗。

可是,這樣的私下簽約,不具有法律效力,別的其他來新竹的日本佛教各宗僧侶,特別是真宗的僧侶,也非常努力的爭取。更致命的問題,出在足立普明被當時任新竹廳長的里見義正,在 1902 年 2 月 23 日呈報臺灣總督府的品性考核報告中提到:

> 曹洞宗佈教使足立普明,代理佈教使田中石光,信徒雖有內地
> 人一百四十八人、本島人一千七百餘人,惟實際皈依者甚少。
> 佈教使足立普明,其性溫和,惟奸佞、酗酒,往往露出酒態,
> 出現調戲婦女等之醜聞。尤其該人於佛像旁安置豐川稻荷神,
> 以獲得膜拜者之捐款,並使游藝技能為使生者或附近婦女舉辦
> 淨琉璃會等所謂例行祭。助手代理佈教使田中石光,其性篤實,
> 品行亦善良。[16]

從中,可以看到,他不但個人行為不端,容易引起在地人的惡評,同時也犯了當時官方的大忌,就是他把日本地方神道神像、相關活動與佛像混合,而明治維新後的日本官方是堅持神佛分離的。因此,不久,他被日本曹洞宗的上層,調到海峽對岸的福建省興化縣去開拓新教區。而當他正在廈門地區巡迴佈教時,就感染鼠疫病逝。所以他初期在新竹

---

16 溫國良編譯,《臺灣總督府公文類纂宗教史料彙編——明治34年6月至35年8月》(南
　　投:臺灣省文獻委員會,1999年),頁 232-233。

教區所締造出來的巨大傳教優勢，未必能夠保持下去。但，這也只能留給他的新繼任者，繼續去努力了。

此外，根據《曹洞宗海外開教傳道史》的記載，足立普明在新竹期間，曾收了在地的一位新竹宅齋教龍華派的弟子陳普慈創建齋堂，名為普明山至善堂，在出發往中國之前，他為徒弟的新建齋堂舉行佛像安座典禮。陳普慈接著還在香山地區與新竹西門外建堂所。這是曹洞宗 1895 年來臺灣之後，開始有派下弟子開山寺院的誕生。[17]

對於曹洞宗在新竹市的傳教狀況，深耕最久，成就最大的是佐久間尚孝。

他是從 1924 年 12 月至 1945 年 3 月在任。他到新竹在職到 1929 年，就遭逢世界經濟大崩潰之年。而在此後的 16 年間，20 世紀前期所出現的世界大動盪，包括東亞全域在內，都加快節奏的陸續爆發。

所以，這是一個少有的世界性不景氣持續擴散年代。當然，不能例外地，連臺灣各行各業也都會波及。

此外，在 1930 年，日本殖民在臺灣當局，又首次許可之前禁止的日本僧侶，可以擔任臺灣神廟或佛寺的住持一職。因而，當時日本佛寺宗派與最具影響力的僧侶，就是日本曹洞宗新竹寺住持佐久間尚孝。

他來到新竹市擔任該宗「新竹寺」第六任住持之前，他就是日本曹洞宗僧侶，畢業於曹洞宗大學林，來臺灣後也擔任過臺灣第一所佛教中學「私立臺灣佛教中學林」的教授，[18] 又是日本曹洞宗在臺灣最高領導僧侶的徒弟、合格的佈教師。而他除了出任第六任新竹寺住持之外，也有多項非僧侶的重要身分。因此不論在新竹的日本統治階層之間，或臺灣

---

17 曹洞宗海外開教傳道史編纂委員會，《曹洞宗海外開教傳道史》，頁 66-67。

18 「私立臺灣佛教中學林」是臺灣佛教史上第一所正式的佛教學校。它是曹洞宗「臺北別院」第七任（1913-1920）佈教總監大石堅童，在任內極力促成者。除西洋教會學校所辦的中學之外，它是僅次於臺人首創的「臺中中學校」，但早於臺灣教育令頒布之前 2 年。換言之，幸好是處於過渡的階段，才能允許此種培養佛教人才的私立中學存在，否則就必須在體制外的道場培訓，或到大學去就讀佛教學科了。

人與日本人上流社會之中，他可以說，都是一位具有很大實質影響力的日本僧侶。

三、佐久間尚孝如何規劃與拓展他在新竹寺的佛教事業

（一）從佐久間尚孝與增田福太郎對話紀錄談起

　　佐久間尚孝到底是如何展開他擔任新竹寺住持後，他必須負責處理的相關在地佛教事業經營呢？我們從 1929 年夏天，一份有關他接受採訪的官方田野報告談起。事實上，這份相關重要田野文獻，迄今仍未被研究佐久間尚孝的學者所提及或所引述。[19] 所以值得在此加以討論。

　　這是來臺初期，一度擔任臺灣總督府指派的第二次臺灣全島宗教調查主任增田福太郎（1903-1982），[20] 於 1929 年夏天到新竹州考察臺灣宗教狀況時，曾特地請教佐久間尚孝個人的看法。

---

19 對於佐久間尚孝的現有研究如：大野育子，〈日治時期在臺日僧與臺籍弟子之關係初探：以新竹寺佐久間尚孝和朱朝明為中心〉，《臺灣學研究》第 15 期（2013 年），頁 67-94。關正宗，〈殖民時期獅巖洞元光寺修行者群像——兼論曹洞宗在獅頭山的活動〉，《玄奘佛學研究》第 15 期（2011 年 3 月），頁 99-152。讓我們較過去更為理解他當時的所作所為，及其令人稱讚的事業成就與正面被肯定的在地影響。特別是余耀文、蕭素真聯合發表的〈新竹州戰後慰靈碑的歷史回顧〉，《竹塹文獻雜誌》第 44 期（2009 年 12 月），頁 61-80。更是一篇力作，堪稱歷來最系統性地回顧日本曹洞宗新竹寺住持佐久間尚孝當時的所作所為，甚至也包括戰後的歷史發展狀況。而這一部分珍貴文獻，則甚至連前述〈新竹州戰後慰靈碑的歷史回顧〉的兩位作者，都完全忽略了。

20 1929 年時，臺灣總督府鑒於在大正年間的宗教調查，未臻完備，所以決議實行第二回的宗教調查。為此，臺灣總督府特地從日本（內地）聘請增田福太郎前來，擔任此次調查的主任。從東京帝國大學研究所剛畢業的增田福太郎，對這次宗教調查相當重視，他先從曾任職於臺北州社寺係的柴田廉所著《關於臺灣島民寺廟信仰主神研究》油印本，獲得如何認識即將展開調查對象的須注意重點及其較切近實情的觀察角度，並以其法律進化論的特殊專業素養，結合他曾深受德國黑格爾歷史哲學影響的詮釋理念，先進行田野實地調查，以掌握所需認知對象的相關精確知識資料後，再進行必要的詮釋概念建構。最後，他又透過對臺灣農村型傳統宗教變革歷程的軌跡探索，為其入手觀察的有效途徑和其據以論述的詮釋建構體系，並由他的調查助理兼通譯李添春伴行和嚮導，曾持續地多次親往臺灣全島各處大小寺、廟、或齋堂，去實地探訪。

　　由於雙方都是當時第一流的專業宗教學者或日僧來臺佈教使，因此留下了一份具有深度的，自佐久間尚孝來臺後，所見所聞的反思文獻。

　　更重要的是，包括他來臺後多年中所見所聞，以及曾遭遇的各種情況，都進行了相關描述與分析。以下我特別引自增田福太郎曾發表過的這一篇田野紀錄全文重點摘錄。而此處的中譯全文，是黃有興先生 2001 年翻譯的。[21]

　　當時，增田福太郎首先提到，他在新竹附近從事白天考察行程，到了當天「傍晚再回新竹街，在旅館與同行的佐久間曹洞宗傳教師（新竹寺住持）談話，並領教氏對臺灣佛教的感懷」。[22]

（二）佐久間尚孝所陳述的他對臺灣在地佛教的整體意見

　　增田福太郎在此引言中，接著還稱許佐久間氏是以「做爲完全的社會一份子，若有宗教之必要的話，那麼臺灣佛教太過不合理。欲加以改革，在此地必須以制度爲第一，而後徐徐地推動建立佛教」，來披瀝如次的意見的：

　　　（一）關於臺灣佛教與曹洞宗的地位──「清朝甚至將臺灣稱
　　　爲化外之地，因此儘管漢民族一再地壓迫『生番』，實施殖民，
　　　但我想他們既無方針亦無政策。到了日後荷蘭人著眼臺灣，清
　　　朝才開始注意起來，或曾施行類似政策者也未可知，（荷蘭人
　　　據臺殖民臺灣在清朝繼明鄭治臺之前，上述與史實在時間上有
　　　出入，或「荷蘭」爲法國人之訛？）但大概也只是非常幼稚的
　　　產業、交通、政治、政策，無疑地不曾想到學問或宗教等方面。
　　　因此佛教也非如今日本各本山所行組織性、統一性的形態，或

21 增田福太郎著，黃有興譯，《臺灣宗教論集》（南投：臺灣省文獻委員會，2001 年），頁 187-194。
22 增田福太郎著，黃有興譯，《臺灣宗教論集》，頁 187。

由對岸的鼓山、普陀洛山一代的有志僧侶前來，或渡臺的佛教信徒邀請其友好的僧侶來臺而已。因此其僧侶們並不重視傳教，此由產生齋教一事就可了解。

然隨著歲月，中臺間交往趨於頻繁，有良僧前來臺灣，也有由此地到中國做佛教之研究者，但這不是那麼古老的事，我想是近三十年的事吧！

在臺灣較像寺院的，古老者有臺南、法華二寺，其他的只有超峰寺、法雲寺、凌雲禪寺、靈泉寺等，但這些還很新，可能是日本進來後所建的。這些寺院的住持，一向不太活動，何況其下的僧侶。這些寺，一點也不統一，上級的僧侶今日上北，明日往南地四處奔走，好像以此接受多少信者多少酬金，並不定居一地向信者傳教，更談不上其他善行；至於下級僧侶，似有把寺廟吃垮的現象。若不制定宗教法，使他們持有向上心，臺灣佛教在社會上將不具何等意義，寺廟只成為隱遁者的住家而已。

日本佛教雖各宗均有來臺，但其對象並非臺灣人，僅內地人而已。而日本人信徒因係來自各地的結合者，不容易做到像日本祭祀先祖之靈的檀那寺（其意為：一、自己所信仰的寺院；二、有自己祖墳的寺院）統御施主傳教一樣。雖說如此，但能以宗教做自己的信念，能夠號召大眾的傳教師全島也有幾個。說宗義及教義者雖多，但這非常的難，是我等時常對自己、對社會所煩心者。無法直接了當地，說要如何處理，只待各自的自覺與奮鬥外，別無他法。由於這在政策上也是必要的是，所以留待（二）陳述。曹洞宗亦不例外，現有二十名日本傳教師駐在各地傳教，本山所承認的十名臺灣人僧侶則各自傳教。就日本佛教而言，此乃歷史與環境所然。我想好似居於優勢地位。[23]

---

23 增田福太郎著，黃有興譯，《臺灣宗教論集》，頁 187-188。

　　以上是從全臺灣的觀察角度來看，坦白、精確，情勢與問題的涵蓋面都很足夠。

（三）佐久間尚孝所陳述的改善臺日佛教聯絡對策

　　至於有關「（二）日臺寺院聯絡的現狀與是否得當，及對此的意見」，[24] 應該是增田所提出的徵詢意見。正如「（一）關於臺灣佛教與曹洞宗的地位」，也是由增田所提出的問題。於是，接著才是佐久間尚孝的回答。

　　他說「日臺寺院間有聯絡者，似只有曹、濟二宗，淨土宗似也稍有，他宗可謂幾乎沒有。此二宗取得聯絡，又現無弊害地進行，我想乃同為禪宗系統，即物以類聚的真理和最初的傳教師等注目此所致。有聯絡則生利害，有利則更加親近乃為常情。相對我們想和臺灣寺廟聯絡，擴張傳教路線，臺灣寺院亦有在某些方面想利用我們的形勢，說好一點，符合共存共榮之禮，別無弊害。將這些聯絡好，予以統一，加以善導，無疑可獲得良好效果」。[25]

　　他又提到「間亦有人認為與日本佛教聯絡，將會引起日本佛教各派得醜惡鬥爭，但這與寺院歸納於本山有別，只是相互企求統合，無需杞憂。歷史、形勢的臺灣佛教界，緩衝期已過，統一為進步的基點，社會的進步亦皆基此原理。若不勉強，以其所適宜者為中心，施設，教學，進行事業，終可獲得良好的整合。為統一若以臺灣人為中心，由於他們的猜疑心，我想或將發生不能統率之事」。[26]

　　對於這樣的看法，增田福太郎基本上是很肯定，稱許他「說理明快，而且相當能切中要點」。[27]

＊

---

24 增田福太郎著，黃有興譯，《臺灣宗教論集》，頁 188。
25 增田福太郎著，黃有興譯，《臺灣宗教論集》，頁 188。
26 增田福太郎著，黃有興譯，《臺灣宗教論集》，頁 188-189。
27 增田福太郎著，黃有興譯，《臺灣宗教論集》，頁 189。

　　這樣的看法，在當時的臺灣佛教界，可謂相當前衛。因為此後直到
1932 年 8 月，也就是新建的、以觀音為主祀的靈隱寺落成之年，當時全
臺佛教堪稱最重要的期刊《南瀛佛教》的第 10 卷第 8 號「臺灣佛教改革
號」專輯，刊出佐久間尚孝本人以曹洞宗新竹寺住持的職稱，具名投稿
的一篇題目是〈臺灣佛教的發展對策〉的長文。[28] 這是佐久間尚孝呼應當
時總督府主管當局，在《南瀛佛教》上呼籲要盡快改革臺灣佛教的要求。[29]
因此，他在文中提出，一、首先必須要統一；二、團結一致吧；三、努力
培養人才吧；四、認可人才並加以採用吧；五、使師徒關係密切吧；六、
制定佛教制度吧。

　　而當時，他所舉的實例，就是日本本土佛教，在德川末期，面臨廢佛
毀釋的災厄，而幾乎歸於衰亡的內地佛教。由於憑藉著潛藏於佛教徒內
的力量而得以重生。也就是說，他認為佛教本身，就是由於統一、團結、
有組織，而可以產生偉大力量的。

　　然而，在他看來，臺灣佛教沒有歷史、沒有傳統、沒有訓練也沒有

---

28 佐久間尚孝，〈臺灣佛教的發展對策〉，《南瀛佛教》第 10 卷第 8 號（臺灣佛教改革號）
　　（1932 年 8 月），頁 26-29。

29 1932 年 8 月，《南瀛佛教》第 10 卷第 8 號（臺灣佛教改革號）的卷頭語，就如此提
　　到：「（前略）今日臺灣佛教中的缺陷及弊害之主要事項，擇要來說，第一是，臺灣
　　在地理及歷史上與中國南方有很大的因緣，因而寺院之主要的情形，即福州湧泉寺或
　　長慶寺等的後代弟子所開拓創建而成的寺院，其間並非有何等的本末寺院的關係，而
　　且臺灣的寺院互相之間，幾乎沒有聯絡關係，無管理地存在於各地方。其次，是師徒
　　關係。在大陸各宗的寺院，師父有教育弟子的責任，而在臺灣有的只是形式上的授法，
　　因而幾乎沒有關於對弟子將來的教育義務，以此為主因，才會到達如今有力的佛教徒
　　那麼稀少的地步。第三是，如此缺乏管理的寺院及地位低的徒眾甚多的緣故，島內寺
　　院有八、九成其實權不在住持，呈現出這種奇特的現象，所以住持在信徒（即管理人）
　　的監督之下，這種奇規恐怕臺灣以外看不到吧！職之故，住持的活動受到阻礙，以
　　至於造成今日的狀態。因為是如此的狀態，所以社會上絕不會以現在的臺灣佛教為滿
　　足了。亦即如今為了臺灣佛教的提升，斷然實行某種適切的改革已迫在眉睫了。這是
　　這次推出臺灣佛教改革號而重新呼籲的理由，這個若能成為全部佛教徒的警鐘，不管
　　多少即使能成為打破固有的因習上及傳統上的弊害，照亮臺灣佛教建設的第一步的話，
　　則已經達到本刊的願望了。」頁 1。

發展，同時也沒有領導佛教的偉大佛徒。

像這樣的臺灣雖然是佛教國家，卻沒有發展的機會，現在臺灣佛教的狀態不正是未開花就凋零、腐敗的狀態嗎？也就是說沒有得以藉自力發展的力量。

因此，佐久間尚孝認為應該要由認為臺灣必須要有佛教的有識者，來統一並加以組織，而力量便由此而生，或許像釋尊這樣的大聖偉人可以藉著強而有力的宗教力量來引導世間，若不能如此，則統一與組織就是最重要的事了。

然後，他把此一領導權，寄望於官方在背後指揮、運作的「南瀛佛教會」，能先成為統一機關，再在各州設立支部的統一機關來加以統一、指導。

他的理由是：如果官廳與有識者不成為指導者來創造佛教發展潮流的話，那麼臺灣佛教就沒有進步發展之道。

而他所謂的臺灣佛教，指的是脫離日本內地佛教制度，而得以有發展可能的臺灣佛教，也就是臺灣佛教必須是一個特殊宗派，是不屬於日本內地任何一派的佛教。

他認為，如果是朝這樣的方向發展，將會真正有益於臺灣文化的形成。換句話說，他是認為，有在地化特色的臺灣佛教宗派，若能形成，就會促成新的臺灣佛教文化的出現。

也因此，1929 年夏天，當他被官方所派的宗教調查主任增田福太郎，第一次問到相關問題時，他不僅能胸有成竹地回答，還提供兩份完整的資料：一份是文件記載，另一份是口述內容，都讓增田福太郎抄入他的田野採訪筆記。

（四）佐久間尚孝附帶提出的改革組織與行動規劃概述

在第一份文件記載的內容，主要就是介紹由佐久間尚孝當時所領導的、以「新竹寺」為中心，所成立〈佛教道友會會則〉的全部入會規定，共有五章十六條。[30] 當中最重要的第三條說，要以新竹州轄區內的寺廟齋

堂之住持、堂主及其他有志之士來組成該會。目的當然是要力求精神向
上,改善臺灣在地佛教現有不足或缺點之處。[31]

至於第二份資料,則是根據佐久間尚孝的口述筆錄的。全部重點有
三:

一、建議將全臺灣宗教統一的組織,納入總督府社寺課的管理與督
導之下。

二、建議其與現有的「南瀛佛教會」能有所區隔,而不要兩者組織的
功能重疊。並且,在各州設立屬於社寺課監督與指導的佛教團
體,其目的是要「做為與地方寺堂聯絡的統一機關,舉辦傳教僧
侶的培養,社會事業。令其自治,官廳予與保護,後援之」。[32]

三、是各寺堂的住持,應以有官廳或佛教團體所承認者擔任。過渡
時期,可以考慮用資格檢定考試是否及格來判準。[33]

但是,對上述這些宗教政策改革建議或主張,增田福太郎在當時,
雖已理解並留下完整紀錄,卻沒加註上任何有關他的回應。

這不難理解。因當中已牽涉要求:改由日本殖民統治主管當局,以
一定程度的官方公權力,直接介入新竹州轄區那些屬於「臺灣舊慣信仰」
的內部事務,對其原有宗教制度及其功能做出新的大變革。故在官方沒
有答應之前,註定其不能有實現的可能性。

*

另外,有關佐久間尚孝所領導的,以「新竹寺」為中心,並以新竹
州轄區內的寺廟齋堂之住持、堂主及其他有志之士來組成該會的「佛教
道友會」。雖然是當時新竹市最大的非官方所屬的日本曹洞宗統合在地
佛教寺廟住持與齋堂堂主或有志之士的佛教組織,但,絕非全臺的首倡,
也不能如他所期待的,與原有的「南瀛佛教會」,能有所區隔,而不要

---

30 增田福太郎著,黃有興譯,《臺灣宗教論集》,頁 189-192。

31 增田福太郎著,黃有興譯,《臺灣宗教論集》,頁 189。

32 增田福太郎著,黃有興譯,《臺灣宗教論集》,頁 192。

33 增田福太郎著,黃有興譯,《臺灣宗教論集》,頁 192。

兩者組織的功能重疊。原因為何呢？

四、佐久間尚孝改革方案的歷史背景及其遭遇難題

因為「南瀛佛教會」有其特殊的成立歷史背景及其特殊功能。而且，正如宮本延人的研究那樣。[34] 在 1922 年以前，每次總督府頒布處理臺灣舊慣信仰的訓令時，都是延續樺山總督在 1896 年所頒布，關於保存本島原有廟宮寺院的諭告。其中主要提到，要尊重本島人的信仰場所，如有軍方不得已暫時借用，要注意不可有任何變亂和損壞，並且要在使用後，儘快恢復原狀。

此外，總督府並不鼓勵讓本島人原有寺廟，用簽約的方式，隸屬於日本曹洞宗的派下。但，由於有「西來庵事件」的爆發，牽連臺灣在地武裝抗日勢力藉宗教迷信來動員臺灣民眾集體反抗的問題。所以有第一次官方全臺灣的宗教調查。

之後又有當時負責的官員，即時任臺灣總督府內務局社寺課長丸井圭治郎，所規劃、出面籌組，並於 1921 年 4 月 4 日在艋舺俱樂部所成立的「南瀛佛教會」。而由於「南瀛佛教會」的成立，象徵著總督府對臺宗教政策的另一項重要變革，即開始透過這個全島性的佛教聯合組織，對佛教界人士展開全面的掌控，故「南瀛佛教會」歷屆之會長均是由社寺課長、內務局長、文教局長擔任，副會長亦是由文教課長、社會課長兼任；理事則由全臺各地著名之佛寺、齋堂負責人擔任。[35]

而「南瀛佛教會」成立後，重要的活動包括發行《南瀛佛教》雜誌，以及大約每半年舉辦一次的佛教講習會。此外，自「南瀛佛教會」成立到《南瀛佛教》雜誌停刊為止，重要的活動包括了舉辦佛教講習會十六回，

---

34 宮本延人，《日本統治時代臺灣における寺廟整理》（奈良：天理教道友社，1988 年）。
35 姚麗香，〈日據時期臺灣佛教與齋教關係之探討〉，《臺灣佛教學術研討會論文集》（臺北：佛教青年文教基金會，1996 年），頁 77。

特別講習會二次，婦人講習會三回，各州的佛教會支會，分別也舉辦過幾次講習會及巡迴講演。[36]

此一由統治當局介入臺灣佛教界事務，雖然目的在引導臺灣佛教界朝向有利於當局統治的方向發展。然而，經過「南瀛佛教會」對當時臺灣佛教界的整合，卻也使得佛教界開始出現反省與思考改革問題。[37] 這是臺灣自明鄭時期以來佛教界所未曾出現的現象。而這種佛教界的革新現象，甚至影響到戰後中華民國政府接收臺灣後，地方基層教會的運作與發展。

但，在另一方面，由於「南瀛佛教會」始終是非官方的臺灣佛教組織，卻又由官方一手操控，因此出現的問題是：

一、官方無意讓它獨立和壯大。故寧可設在總督府民政部底下的一角落，讓相關的「囑託」人員在其中來聯絡會務和編輯《南瀛佛教》，如此一切都透明化和全在掌握中，甚至於可以不時地干預和訓示，有關「南瀛佛教會」及《南瀛佛教》的活動方向和內容。

二、也由於第一個理由，官方雖在初期曾設法補助部分經費，以利會務進行和《會報》的順利發刊。但曾許諾撥地供建獨立會務辦事處的支票，卻始終藉口拖延，甚至於直到其在臺結束 50 年之久的殖民統治時，都還未兌現。可見其缺乏誠意和別有用心之所在，及官方根本無意讓它獨立和壯大。

至 1940 年時，「南瀛佛教會」又為配合日治時期皇民化政策的推動，進行內部的改組工作，所有役員全部改選，舊役員大部分改編接任皇民奉公會之職務。改編後的南瀛佛教會，由四名常務理事負責業務之維持與推動。其中二人由文教局職員的日人擔任，另二人由臺人萬華張坤民與林學周選任，並正式改名為「臺灣佛教會」，直到二次大戰結束。

---

36 姚麗香，〈日據時期臺灣佛教與齋教關係之探討〉，頁 77-78。

37 姚麗香認為「日據時代佛教與齋教的關係是由部分轉化，到合作以致自然混同的過程，『西來庵事件』是一個轉變的契機，『南瀛佛教會』組織是一個媒介，而佛教的日本化則是助緣，由此而促成了殖民社會下這一段『互為依存的共生關係』。」姚麗香，〈日據時期臺灣佛教與齋教關係之探討〉，頁 78-81。

由以上所述，可知連官方自己長期利用的民間性「南瀛佛教會」，其能獲得臺灣佛教統一性組織的集體效用，也不過如此。

五、佐久間尚孝的全部任期內有何重要事業成就？

反之，我們再看看前面提及的，關於佐久間尚孝所領導的，以「新竹寺」爲中心，並以新竹州轄區內的寺廟齋堂之住持、堂主及其他有志之士來組成該會的「佛教道友會」，從 1929 年至 1945 年之間，實際上又有何作爲與成就？

（一）來自他者的評估

首先，我們先看新竹市文化局官網上的「人物志：流寓」的介紹，就完整提到：

佐久間尚孝，明治二十八年（一八九五）出生於日本國宮城縣遠田郡湧谷町。一九二二年駒澤大學（曹洞宗大學）畢業後渡臺，在臺北曹洞宗中學校（今泰北中學）擔任教職，一九二五年昇任爲新竹寺住職教誦日語經文，招收臺籍僧人。新竹寺當時約有信徒千名，是新竹地方宗教界重鎮，佐久間在任職期間致力於教務，對臺灣地區宗教改革、寺廟規範等方面尤爲關注。其間並擔任新竹州州會議員、市會議員、方面委員、司法保護委員、南門町區區會長及昭和義塾校校長，兼任新竹州內各寺院顧問等職，在新竹期間，對新竹州下的佛教護持有功，積極幫助鄭保真創建靈隱寺，力勸寺社課，中止將獅頭山勸化堂變爲神社，推介玄深、如學、勝光等尼師至日本留學。宗教事務上，建樹頗多。在社會救濟及教化事業方面費心最多，亦最受人愛戴。當時爲照顧未能入公學就讀的貧困子弟，有學習的機會，排除困難，設立昭和義塾，免費提供教材、紙筆，幫助失學子弟就讀。一九四五

年，戰爭結束後遣回日本，擔任仙台梅檀高等學校學監、泰心院
住持，宮城縣宗務所所長、東北教誠師會會長。一九六四年擔
任戰後第一任中日佛教親善特使，長年奔波於日本、臺灣之間，
致力於促進兩地的親善工作，受到臺灣地區空前的歡迎，佐久
間在感激之餘，誓言他日渡化後，必分骨於臺灣，一九七七年
去世，享年八十三。一九八〇年，分骨後奉安於新竹市大眾廟、
獅頭山開善寺，並刻石以誌其事。[38]

由此可知，直到 1945 年 8 月，他因日本敗戰政權轉移，也跟著交出
寺院離臺返日為止。我們大致上可以說，新竹地區的本地佛寺，在他所
長期活躍的所謂十四年（1931-1945）戰爭時期內，主要都是透過他的從
中斡旋，才能順利進行的。因此，他能有如此巨大與深遠的在地影響，
就理所當然了。

（二）他本人的自我評估

可是，他自己又是如何看待他的當時作為呢？根據他在戰後回日曾
向該宗的宗務廳提出檢討報告說：

……新竹是州廳所在地，在十萬人口中，日本人約占一萬人，幾
乎都信仰曹洞宗。為了要維持運作而積極佈教，因此擴大觀音
講座、兒童班、日語講習會、附設幼稚園。另外，並創設州佛
教護法團，致力於皇民化運動、開設佛教講習會。但，若沒有
畢業證書，就無法從事喪葬儀式，才意識到這一點，半路二次
大戰就結束了。佈教活動對於日本人來說，雖說要能影響到日
本內地的檀信關係很難，但對新竹在地人來說，是有相當成績，

---

38 網址 http://www.hcccb.gov.tw/chinese/05tour/tour_f02.asp?titleId=359

也具有努力的價值。[39]

這的確是很貼近事實的一篇簡明檢討報告內容。不過，當時的其他的發展與面向，他在報告中，就沒有提及。

所以，我們以下就討論日本曹洞宗，在新竹州所扶植的在地佛教勢力，及其所具有的對於中日佛教親善交流的特殊角色配合問題。

參、日本曹洞宗與新竹州在地法雲寺派的雙軌制運作模式及其實質歷史作用考察

首先，就歷史大環境的透視來說，日治時期的臺灣佛教，雖處在異族的日本帝國主義的殖民統治之下，但是新竹地區和中國大陸佛教之間的交流，依然持續進行，並未中斷。而所以未中斷的原因，大致上是兩個主要的理由：

一、是基於本島人口居大多數的閩粵漢人移民，在宗教信仰習俗方面，和移民原居地的信仰習慣關係密切、影響深遠——這種伴隨種族、血緣、地緣和生活禮俗，所長期感染和滲透的宗教文化意識，並非短期內的隔離所能輕易割斷。

二、是配合日本在中國大陸地區勢力擴張的需要，藉兩岸華人的佛教交流，達成日華親善的效果，以緩和在中國境內日益高漲的反日情緒。

因此，臺灣民眾原有的華人祖籍背景，及其所承襲的佛教信仰習慣，在日本統治當局欲達成日華親善的大目標下，事實上是可以做為一種交流的媒介來運用。

亦即，日本統治當局其實就是操縱此一兩岸華人佛教交流活動的幕後黑手。而大陸佛教界之所以願意來臺灣交流，一方面是如上所述的傳

---

39 曹洞宗海外開教傳道史編纂委員會，《曹洞宗海外開教傳道史》，頁 75。

統的因素使然──基於兩岸原有的共同種族血緣、共同傳承的佛教信仰內涵──這一背景之影響；另一方面，則是欲向臺灣佛教徒募款，以補貼本身的經濟困窘，所以屢次應邀來臺弘法。

所以在日治時期，有關中日臺三角的國際佛教交流，除少數的例外，通常都具備了三個現實的因素：

一、由於日本佛教各宗派自清末以來，即曾長期處心積慮地努力，要突破一再遭受的所謂「中國佈教權」的限制，但仍要到大正後期，才能眞正突破，然後才得以在日華親善名義下展開日華雙方的佛教交流。因此，日本官方或日本僧侶，其實才是兩岸華人漢族佛教交流的指導者或監督者。

二、縱使海峽兩岸在日華親善的名義下，曾展開多次華人漢族佛教方面的廣泛交流。但大陸佛教團體來臺灣交流，仍頗有助於彼等極需的宗教募款。

三、由於不同的大陸佛教人士來臺灣交流，因而同時也帶入了彼等正在推廣的新佛教理念，並促使臺灣佛教界開始對其做出回應。

例如，大陸的佛教代表團，於日本舉行「東亞佛教聯合會」時，出席大會的三位臺灣代表，一位是代表臨濟宗的沈本圓（1863-1945），他是時任臺北州觀音山凌雲禪寺住持，爲日本臨濟宗妙心寺派在臺灣的主要聯絡對象。第二位是代表曹洞宗的覺力禪師（1881-1933）。當時他爲新竹州大湖法雲寺和萬華龍山寺住持（原爲鼓山湧泉寺的閩僧，剛歸化臺籍不久）。第三位代表則是臺灣在家佛教團體（齋教）出身的許林（1877-1933），但他當時已傾向日本在臺灣的眞宗本願寺派。另一位擔任翻譯的，則是任職於總督府內務局文教課的江木生。

大會正式議程自 1925 年 11 月 1-3 日，於東京芝區公園增上寺舉行。但根據太虛本人的回憶，第二天的議程，因臺灣代表權的問題，雙方有歧見，幾乎使大會開不成。因當時日方以中國代表排在日本之下，朝鮮之上。亦即當時朝鮮、臺灣雖爲日本殖民地，但日方起先是當其視爲個別地區的代表，和中國、暹羅並列。中國代表鬍子笏和韓淸淨等，均認爲朝

鮮、臺灣應附於日本，而中國、暹羅則爲其他國家代表。中日雙方代表，爲此爭持數刻鐘，日本代表才讓步，照中方代表要求，變更座位次序，否則大會議程可能無法繼續下去。[40]

但發言時，臺灣和朝鮮代表，仍代表各自區域佛教講話，例如閉幕式中，朝鮮代表李允用、臺灣代表沈本圓仍被安排上臺致詞，[41] 並未由日本代表一概包辦。

其實，這一代表權的爭執，凸顯了一個國家主權認定的深刻問題。因當時雖然臺灣原爲中國領土，而朝鮮原本也是獨立主權的國家，但因甲午中日戰爭中國戰敗後，已淪爲日本的殖民地。對於此一狀況，中國佛教代表，是採事實認定的態度，既然日本已領有臺灣和朝鮮爲殖民地，則臺灣和朝鮮兩地佛教代表，自當附屬於日本代表之內，不應另立席位，且與中國、暹羅兩國並列。

換言之，中國代表，在乎的是，本身不與日本的殖民地佛教代表並席而坐，故極力爭取以「其他國家」的名義，來標示自己「國家」的代表權。但如此一來，便不得不視臺灣和朝鮮爲日本領土的轄區，承認了日本以戰爭而強行占有的政治現實；反之，對不肯臣服日本殖民統治的朝鮮人和心向大陸祖國的臺灣人來說，則是一種無情的傷害。

不過，這也是兩難的問題。以日本原先的席位安排來說，既稱「東亞佛教大會」[42] 卻除中國代表團之外，只來了一位暹羅代表，其代表性顯然是不夠的，只得臨時加上臺灣和朝鮮的佛教代表，藉以凸顯日本佛教代表的盟主地位；但將中國、暹羅的代表和其殖民地的代表並列，也絕非爲了尊重朝鮮和臺灣的獨立地位，因當時根本無此可能，也無此必要。

可見「東亞佛教聯合會」的代表權問題，自始至終皆帶有濃厚的政治意味在內，絕非純粹的國際佛教徒聯誼活動而已。

---

40 江燦騰，《臺灣佛教史》，頁 292-293。
41 見藤井草宣，《最近日支佛教の交涉》（東京：東方書院，1933 年），頁 41。
42 此會議，在日稱「東亞佛教大會」，在華仍稱「東亞佛教聯合會」。

　　而臺灣佛教代表中，代表新竹州曹洞宗大湖法雲寺派的開山祖覺力禪師，在大會第一天（1925 年 11 月 1 日）上午的開幕式中，被安排繼朝鮮佛教代表羅清湖之後，代表臺灣佛教界祝恭賀辭。

　　爲何會由覺力禪師，首先代表臺灣佛教祝恭賀辭呢？推測應有下列原因：（a）他是由中國閩僧歸化爲臺僧，並且事業有成，對日華親善的大會目標來說，不失爲一個好的樣板。（b）他雖先代表臺灣曹洞宗的勢力，在開幕式發言，但閉幕式，則改由臺灣臨濟宗代表沈本圓發言。（c）他有原法雲寺派下兩位精通日語的留學僧彭妙機[43]和彭阿棟的協助，溝通無礙，故搶得先機。其中尤以彭妙機最擅交際，外交能力極強，連中國代表都稱讚不已。

　　而且，除了在第一天的開幕式發言之外，覺力禪師和彭妙機，都參加第二天上午，由加藤咄堂博士規劃的「教義宣傳部」之大會議程。彭妙機曾發表〈臺灣之宣傳與對本會之期望〉；至於覺力禪師、甯達蘊、中島裁之三人，原預定發言，因時間不夠，只繳交發言稿而已。第三天爲渡邊海旭規劃的「社會事業部」議程，覺力禪師則於會上發表了〈所感〉。[44]

　　由於在大會期間的雙方溝通無礙，便有部分代表在北京教界名人道階法師的率領之下，連同當時活躍一時的在家居士團體「中華佛化新青年會」代表張宗載、甯達蘊兩人，打著「中日親善」的旗號，順道來臺訪問和募款。而彼等在臺灣期間，也曾獲得日本在臺殖民當局和全島佛教界人士的高度重視及熱情接待，可以說，交流是相當成功。

　　並且，更重要的意義在於：這是臺灣本島的漢人佛教信仰圈內，自日本在臺殖民統治之後，首次接觸到的、來自對岸在家居士團體輸入的新佛教理念，因而直接衝擊的力道，也將相對大增。

---

43 彭妙機原名彭蓬聯，楊梅人，原為覺力門徒，極為優秀，為覺力得力助手。但其後為日蓮宗臺僧佐野足秀收為門下，於大正 13 年 9 月 16 日，赴該宗日本總本山久遠寺，位於山梨縣南巨摩郡身延村的學院深造。江燦騰，《日據時期臺灣佛教文化發展史》，頁 295。

44 江燦騰，《日據時期臺灣佛教文化發展史》，頁 295。

　　不過，覺力禪師的大會期間的個人風光，可能也遭到其他臺灣佛教
代表的不滿。例如大會後，中國代表來臺灣的參訪期間，彭妙機即與許
林言語不合，公然在歡迎宴上，出手毆打許林，釀成大風波；風波過後，
彭妙機便返回中國，並由王一亭居中介紹，出任福建廈門的員警署長。[45]

　　由上所述，可知這是臺灣佛教近代史上，一段較不尋常的、中日臺三
角的國際佛教交流經驗。但，就當時或日後的新竹在地佛教史來說，由當
時已是新竹州曹洞宗大湖——法雲寺開山祖師的覺力禪師，所領導下的全
新竹州現代佛教女性的教育問題出現，可能更具深刻影響和重要意義。[46]

　　這是由於清代的臺灣或新竹地區，普遍缺乏受具足戒的僧侶，因此不
但要設立「尼寺」不易，僧侶的無知、社會地位低落和行為上的污點（娶
妻者很多），也迫使佛教婦女只好選擇「齋教」的信仰形式，甚至進一
步成為「齋姑」。

　　然而，1895 年，日本根據〈馬關條約〉開始了對臺灣長達 50 年的殖
民統治。除政權變革，還帶來日本式的佛教信仰，以及信教自由的擴大。

　　雖然如此，直到第二次世界大戰結束初期，維持原有的「齋姑」信
仰型式，還是占絕對多數。

　　在此之前，因日本總督府主導的「南瀛佛教會」經常舉辦講習和發行
佛教刊物；以及特別針對女性講習和培訓，促成許多女性學員改「齋堂」
為「佛寺」，或者新創本派（法雲寺派）的專屬「尼寺」。

　　亦即，主導一此改變的核心寺院及其主導者，其實是遠在新竹州大
湖郡山區的臺灣曹洞宗新興道場，而此道場卻又是由對岸福建鼓山湧泉
寺的僧侶覺力禪師，來臺開創的。[47]而這也是日治時期，唯一由中國僧侶

---

45 李添春，陳國政編，《李添春教授回憶錄》（臺北：自印本，1984 年），頁 60。

46 當然，佛教男性的教育也在內，但教育中心是在新竹州境外，或到中國大陸的佛學院
　留學居多。

47 這是由於在新竹州苗栗客家的漢人移墾地區，曾有土豪在此新開墾地歷經多次血腥的
　番漢衝突和辛勤經營後，想在此一樟腦、林樹產地的新竹州大湖郡山區，打算藉建一
　新寺廟來息災免厄，所以才有此一新創闢的曹洞宗大湖法雲寺的出現。江燦騰，《日

來臺灣，歸化爲日本國籍後所主導的新竹州本土佛教大法派。

再者，此一法雲寺是在 1913 年 4 月經官方核准起造的。因此，該寺的創立日期，一般都以 1913 年 4 月爲準。至於大殿工程則是到 1914 年 11 月 17 日，才正式落成。換言之，是完成於「西來庵事件」爆發之前一年的景氣時期。

據《覺力禪師年譜》資料顯示：日本曹洞宗大本山臺北別院的幾任院主像大石堅童、大野鳳洲等，甚至設法撥給法雲寺一片相當大的山林。[48] 可見他已逐漸成爲被拉攏的對象。

覺力禪師其實不通日語，接受日僧打扮或使用日式佛教法器，大都是應酬的成分居多，骨子裡還是鼓山的一套。並且，當臺灣佛教界紛紛派遣精英弟子到日本佛教大學深造時，覺力禪師卻將門下最優秀者送到中國的佛學院去接受教育。更重要的是，在法雲寺完成之後，他曾七次傳戒和多次舉行水陸法會，使信徒的皈依數量迅速增加。

特別是，他針對齋堂的齋姑或新時代觀念的婦女，努力傳授佛法和指導佛事活動要領。但是，據如學尼的回憶：1925 年，在新竹香山一善堂爲女眾開講——這是丸井籌組「南瀛佛教會」之後的事——爲期六個月，曾引起極嚴重的誤會和毀謗，幾乎令他的清譽毀於一旦，甚至要當眾發誓以表清白。

這就是有名的關於吳達智和許達慧兩位考上佈教師而招來大風波的事，如學尼還提到說：

……十一歲時，親眼看見他爲了培養兩位尼眾，於香山一善寺開講習會，讓她倆登臺演講，考上佈教師。這次最不幸的事發生了，受人嫉妒、毀謗。幾乎要葬送他的前程，致使他含冤受氣而擊磬請佛，呼韋馱天將證明說：如果真有此事，「天不覆地不載」

據時期臺灣佛教文化發展史》，頁 206-214。

48 釋禪慧編，《覺力禪師年譜》（新北：覺院，1981 年），頁 146。

之重誓。[49]

可見，當時打破風氣、提倡女性僧伽教育之不易！

但是，類似的桃色風暴始終是沒間斷過；而女徒弟的後來發展，也構成了覺力禪師來臺灣事業中最光輝的一頁。

此因「法雲寺派」的創立者覺力禪師，熱衷傳戒和教育女弟子，所以門下女弟子之盛，在全臺灣各道場中，無出其右者。[50] 甚至新竹地區的私人齋堂：「一善堂」和「一同堂」，都因為受他的教育影響而成派下正統佛寺。[51]

但，另有一些此類的新女性道場，則鬧出了涉及男女情色問題的大風波。其中尤以「觀音山研究院」和「弘禪法院」兩座禪堂，最具有代表性。其相關過程如下：

首先是因覺力禪師曾在香山的「一善堂」，專為傳統的臺灣佛教女性舉辦過六個月一期的佛教講習會，而學員中有吳達智和許達慧兩位齋姑，在講習會結束後，因成績優良，立刻被新任命為候補佈教師，在臺灣佛教界引起巨大風波，彼等認為覺力禪師過度抬舉自己講習會的女性學員。

然而，吳達智和許達慧也不甘示弱，於是她們也結合十幾位尼眾，就在大湖郡法雲寺附近辦一座「觀音山研究院」。

此棟建築物是在 1927 年 2 月起造，直到 1928 年 2 月落成啟用，號稱是走現代化知識路線的女性修行團體，有報效社會的雄心。

可見，這是傳統新竹佛教女性的獨立自主性已逐漸展露的跡象，縱

---

49 如學，〈覺力禪師年譜出版緣起〉，收在釋禪慧編，《覺力禪師年譜》，頁 1。

50 釋禪慧編，《覺力禪師年譜》，頁 148-9。

51 一同堂是陳進治（法號覺明）起造的私人齋堂，皈依覺力禪師後改為一同禪堂（即今一同寺）。第二任住持玄深尼師，為張達精（妙果之徒）的女徒，是法雲寺派下的一分院。一善堂原是新竹望族鄭如蘭大人鄭養潤的私有齋堂，1892 年在香山創立，1925年南瀛佛教會在此舉辦六個月期的「臺灣女子第二回特別講習會」，有覺力禪師門下的二女徒，達智和達慧被錄取為講師，所以逐漸成了正式的佛寺：一善寺。江燦騰，《臺灣佛教史》，頁 219。

使對戰後臺灣的新佛教女性來講，彼等的如此作爲，亦稱得上是影響深遠的里程碑。

肆、結論

新竹地區開始處在日本帝國政府殖民統治下，是在日本帝國在甲午戰役中戰勝並領有臺灣之後。從此它便以新殖民統治者兼新文化指導者的雙重身分出現在這塊土地上，並開始展開其改造臺灣的土地、人民、社會、政治、經濟、宗教、禮俗和其他各方面的文化傳統等，歷時 50 年（1895-1945）之久。

此時，在殖民者和被殖民者間，由於種族、氣候、生活方式、生命禮俗、宗教信仰和歷史文化的不同，彼此在認知、價值觀或民族的自我認同等各方面，都會產生很大的差異。並且，儘管這些差異絕大部分，固然可以透過諸如政治權力的強勢支配、經濟的誘因、教育的潛移默化、有效的社會控制等措施，加以拉近，或加以改造。[52] 但，其中有些差異似乎是難以改造或拉近的，例如所謂臺灣民眾的宗教信仰或民族的認同等。[53] 所以本文就是針對此問題，進行相關的探討。

而因當時在政治上，日本帝國政府已是新的統治者，可以操控包括宗教政策在內的一切立法權，而基於統治上的需要，以及掌握日本文化在臺灣發展的主導權，官方必然而且必要協助伴同占領軍和新移民來臺灣的日本佛教各派能在此新殖民地上順利發展。

再加上來臺灣前的日本佛教各派，已在日本經歷長期的高度發展，以及在明治維新後遭到嚴厲的政策考驗和現代思潮的洗禮，因而已蛻變

---

52 有關此一問題的探討，最詳盡、亦最優秀的著作，當數矢內原忠雄著，《植民與植民政策》（東京：有斐閣，1933 年，增訂四版）。至於有關日治時期的殖民政策，以後藤新平著，《日本植民政策一斑》（東京：拓殖新報社，1921 年），為最權威。

53 見柴田廉，《臺灣同化策論 —— 臺灣島民の民族心理學之研究》（臺北：晃文館，1923 年，增補再版），頁 1-24。

爲一股對政治政策配合度高、且具有高度現代意識的強大宗教勢力。

所以它能一反歷史上做爲中國佛教接受者和學習者的角色，開始以上層指導者的身分，來聯絡、控制和啓蒙新竹地區的傳統漢族寺廟及其宗教的信仰內涵。

不過，在此同時，也可以發現：當時日本官方的「國家神道」、「祭政一致」、「天皇至上」的主流強勢立場，不只施之於被殖民者的精神領域和生活行爲，也同樣對來臺灣的日本佛教的各派僧侶的「同化」主動權，產生了極大的制約、甚至於有排斥和一再加以壓制的「公私相剋」的現象出現。

因而這和臺灣學界只注意到：日僧與日本官方的親密合作關係，以爲所有日僧，即是日本官方的主要「同化」工具，而臺灣佛教的日本化，即是日本官方的宗教行政策略。其實是差異甚大的。

所以當時的眞相是，縱使在日本國內，其佛教各派的發展，也遭到來自「國家神道」的排斥和壓制。

不過，從日本官方殖民統治的立場來看，因臺灣民眾當時已是在其實質統治下的新族群，除非臺灣民眾能對日本文化和國家眞正產生認同，否則彼等是不會對日本殖民政府效忠或臣服的。亦即無論是「內地化」也好或「皇民化」也好，總之同化的問題，早晚一定非解決不可。

所以日本在臺灣殖民統的後半期，亦即從第一次世界大戰到第二次世界大戰結束這段期間，臺灣總督府便著手處理同化的問題，然後逐漸由慢而快。並且，在最後十年間，更推行其所謂「皇民化運動」，順勢將改造的問題推到極端和全面的地步。當然，這樣的快速同化手段，完全是反人性的，所以在戰後便被廢止了。

根據以上所述，我們可將日治時代新竹地區日本佛教曹洞宗傳播發展，相對於三個發展階段及其不同的傳播特色。

第一階段，是從開始統治到西來庵事件爆發，約當統治的前 20 年或到第一次世界大戰爲止。這一時期，日本佛教各派，除禪宗和本願寺派的眞宗與臺灣本土寺廟及齋堂建立合作的加盟的關係以外，因新殖民統

治者對臺灣宗教採用信仰自由寬容的政策，使佛教的發展機會大增。

　　第二階段，是直到日本在臺灣殖民統治的第 40 年為止，約當從第一次世界大戰結束到第二次世界大戰爆發之前。這一時期的特色是，日本佛教各派紛紛在臺灣建立永久性的傳教中心寺院（或稱為「臺灣別院」或稱其「臺北別院」）和各地分院及或佈教所，建立中等佛教教育機構或訓練班，以提升加盟的臺灣本土佛教弘法人物的知識水準，派遣優秀的留學生赴日深造，以養成高等佛教學術人才，以及促成本土佛教大法派的系統建立。

　　同時，全臺灣性的佛教正式組織和其機關刊物，也出現於此一階段；並且此一階段，也首次有臺灣本土僧侶獲派參與 1925 年第一屆在日本東京增上寺舉行的「東亞佛教大會」，使臺灣佛教人士能夠在正式國際佛教交流的場合。而當時代表新竹州漢族佛教領導階層的覺力禪師，即曾奉派前往大會，宣佈其佛教改革主張和對其佛教團體的表示關懷。之後，又接待來自中國的同會某些代表的來臺灣交流。

　　所以，此一階段的發展特色，可以說，已具有現代性的前衛表現，故稱之為傳播和發展的黃金時期，應無過譽之虞。

　　第三階段，就是日本在臺灣殖民統治的最後 10 年。在此階段中，由於日本在中國大陸發動全面性的侵略戰爭，在臺灣殖民統治的日本統治當局，為免臺灣人心向祖國，加速實施皇民化政策。於是新竹地區的漢傳佛教也被要求全面日本化，同時要配合官方的需求總動員，成為統治的輔助工具之一。因此，完全喪失其自主性，直到戰爭結束，日本退出臺灣為止。

　　而後，則因新的統治方式出來，現代中國大陸的佛教制度又在 1949 年後，對於日治時代的日本寺院大都沒收改用，日式佛教制度也完全更替。此後，影響臺灣佛教重心，主要是在有關佛教學術的知識方面了。

第 4 章

日本眞宗本派竹壽寺
在臺灣新竹市慘澹經營的眞相透視

江燦騰

壹、前言

　　整個日本在臺灣殖民統治的 50 年間，來臺灣的日本佛教各宗派，雖非全部都來新竹市建寺弘法，可是當中還是有包括發展最成功的日本曹洞宗、日本眞宗本派本願寺等強力大宗派在內，都曾在新竹市長期經營與多方努力擴張其宗教影響力。

　　當時，新竹市只是人口最多在 10 萬人上下的中型都會區，當中的本地漢族居民又占絕大多數，而新來的日本居民，包括行政官員、駐軍、警察、商人、教員、司法人員等在內，全盛時期的總人口也只是 1 萬餘人而已。所以日本佛教各宗僧侶要在此發展，除非既能在日本住民中獲得大力支持，又能與當地的多數漢族居民建立起一定程度的佛教信仰聯絡情感，否則是無法產生巨大宗教影響力的。

　　當時新竹在地民眾最普及的是禪宗與淨土的兩大漢族民眾信仰，[1] 雖是承襲原先清代竹塹漢族的信仰習俗而來，可是，由於日本曹洞宗因是源自宋代的中國禪宗曹洞宗的東傳，之後在長期發展中，雖已徹底在地化而

成爲日本特有曹洞宗的龐大宗派寺院系統及其新的禪宗信仰方式，可是畢竟與在新竹當地的在家禪宗（齋教三派）與寺廟信徒的宗教屬性相近，而且是搶先利用各種權宜方式，來與當地寺廟或齋堂之間，建立起雙方有簽約根據的宗教聯誼關係，所以早一步在新竹當地獲得豐碩拓展的宗教果實。

反之，僅次於日本曹洞宗在新竹漢族信仰圈發揮其宗教影響力的，雖是在日本已擁有宗派雄厚勢力又具有與明治天皇家族之間的顯貴姻親關係的眞宗西本願寺派。可是，由於該宗的特殊日本彌陀本願淨土信仰方式，以及眞宗僧侶的婚姻家庭生活模式，與傳統新竹在地的淨土信仰俗差異極大。因此，新竹漢族在地淨土信徒，要在短期內就無心理掙扎地適應，是有其困難的。[2] 如此一來，除表面性的接納之外，要能短期內眞正普及，自然不太可能。

所以，相對於日本曹洞宗在新竹市發展的大獲成功，我們在此所要討論的，就是如標題已明白提示，是要討論日本眞宗本派竹壽寺在新竹本地發展歷程中，所呈現的其實是屬於非常艱困的慘澹經營面向。

＊

事實上，如今我們若從當時的歷史資料來透視的話，就可以清楚地發現，日本眞宗本派即西本願寺派是與明治維新政府最密切配合的佛教

1　日本官方的臺灣舊慣調查後發現：臺灣的佛教傳自福建及廣東，是屬於禪宗的臨濟和曹洞兩派。禪宗的教義本在「直指人心，見性成佛。教義（外）別傳，不立文字」。即不依經論，不依菩薩，而從禪入定、從定得慧，直接發揮人人固有的本性。後來卻變成小乘卑近，而且將諸佛置於客觀之地，專以誦讀經文爲亡者祈求冥福，與皈依淨土宗者異。其所奉之佛以阿彌陀佛、釋迦、觀音、地藏等爲主，更加入禪宗開山祖達摩（達摩又稱祖師，臺灣的清水祖師係由廈門清水巖分香者，因而得名）。民眾最爲信仰觀音菩薩（俗稱佛祖），被奉祀於寺廟或家庭內，並皆有或畫、或刻、或塑的法像，此點與儒教的眾神迥異。引自陳金田譯，《臨時臺灣舊慣調查會第一部調查第三回報告書：臺灣私法（第二卷）》（南投：臺灣省文獻委員會，1993 年），頁 178-179。

2　見大橋捨三郎編，《眞宗本派本願寺臺灣開教史》（臺北：芝原玄超，1935 年），頁130-138、頁 210-212。江燦騰，《日據時期臺灣佛教文化發展史》（臺北：南天書局，2001 年），頁 128-132。

宗派，甚至宗派的門主（真宗特有稱呼，宗派現任世襲領導人）與天皇家族有密切的婚姻關係，屬於皇親國戚的顯貴階層。[3] 因此，不但很早就配合官方的國際外交及擴張需要，在近鄰的北邊俄羅斯東方沿海地區成立部教據點，[4] 也在日清甲午戰爭與日俄戰爭時，派出隨軍佈教使，幫助軍方安撫士兵或料理傷亡事宜。[5]

之後，隨著日本擁有臺灣做為新領地的殖民統治，真宗本派也到臺灣來佈教發展。

可是，當時真宗本派的發展，出現意料之外的困境。其一，是該派門主因在海外耗巨資從事西域探險，以及在中國境內多處發展，所以導致嚴重財務虧空，遭司法訴訟，因而引咎辭去門主身分，成為非僧職的日本貴族。[6] 因此，初期在新竹市發展時，在日本該派的總部便無法強力

3　柴田幹夫著，王鼎等譯，《興亞揚佛：大谷光瑞與西本願寺的海外事業》（新北：博揚文化出版社，2017 年），頁 8-9。

4　2016 年 5 月 12 日的《團結報》，登有一篇〈日本大谷光瑞西域考谷的緣起〉，提到：「日本明治維新後，試圖『脫亞入歐』，努力向西方學習。日本佛教最大宗派淨土真宗的大谷派總本山東本願寺和本願寺派總本山西本願寺，也派出大量僧徒赴歐洲各國留學，其中包括西本願寺第 21 世法主大谷光尊的長男大谷光瑞。大谷光瑞於 1892 年與京都貴族九條道孝公爵之三女九條籌子訂婚，而九條道孝之四女九條節子已於 1889 年許配給明治天皇的太子嘉仁（嘉仁即後來的大正天皇，節子即後來的貞明皇后）。大谷家與皇室連襟，西本願寺又在甲午戰爭中為日軍服務有功，大谷光尊遂於 1896 年被明治天皇封為伯爵。大谷光瑞於 1898 年和籌子完婚後，奉父命要赴歐洲留學，於 1899 年 12 月離開日本，於 1900 年春到達英國倫敦。」
網址：http://www.tuanjiebao.com/ft/scsh/2016-05/12/content_61127.htm

5　大橋捨三郎編，《真宗本派本願寺臺灣開教史》，頁 73-85。

6　柴田幹夫著，王鼎等譯，《興亞揚佛：大谷光瑞與西本願寺的海外事業》，註 28 有詳細說明，頁 9。維基百科也提到：大谷光瑞（1876 年 12 月 27 日—1948 年 10 月 5 日），日本僧人、探險家，淨土真宗西本願寺派第 22 代當主（1903 年至 1914 年在位），法號鏡如，伯爵。其父是本願寺第 21 代家主本願寺明如，幼名峻麿。1902 年開始率領探險隊在中國新疆活動，次年因父親去世回國繼位，其後又三次前往新疆探險。他在吐魯番地帶搜集的木乃伊等在旅順博物館收藏。做為本願寺家主，他積極推進教團的現代化，致力於日本在海外的傳教活動。在日俄戰爭中，本願寺家派出了大量的隨軍傳教僧人。1913 年，他會見了孫中山，在其推薦下出任中華民國政府顧問。1914 年，因

在財務上奧援竹壽寺發展。

因此，縱使有如此顯赫華族身分，以及與天皇家族關係如此密切，同樣無法抗衡日本曹洞宗在新竹市的搶先獨霸發展優勢。因此，本文做為與日本曹洞宗新竹寺的優勢發展對照，是有其特別意義的。

貳、有關日本殖民統治時期的眞宗西本院寺派竹壽寺背景資料

有關眞宗本派竹壽寺的艱辛拓展歷程，在稍後我們會介紹。此處先就相關背景資料，進行基礎認識的解說，才容易理解相關的該宗發展歷史、宗祖來歷、宗教祭儀、以及信仰核心的佛經依據。

我們首先根據的資料記載，是在 1931 年出版的《新竹市要覽》一書中，載有日本淨土眞宗西本願寺派在新竹市所建的「竹壽寺」資料。[7] 相關簡明記載如下：

竹壽寺

名稱	竹壽寺眞宗本願寺派
所在	新竹街新竹自南門二三七番地
本尊	崇拜阿彌陀佛、聖德太子、七高僧、見眞大師、親鸞上人
經典	三部妙典
境內坪數	二百四十二坪二合三勺
建物坪數	二十五坪八合五勺
設置許可年月日	明治 43 年 6 月 20 日
創歷年月日	明治 43 年 6 月 20 日
例祭日	春秋兩彼岸、盂蘭盆會
信徒數	六百人

為教團的巨額債務問題而被迫退位，此後隱居大連。網址：https://zh.wikipedia.org/wiki/大谷光瑞。

7　《新竹市要覽》（新竹：新竹市役所，1931 年）。

　　對於此相關佛教史資料，若不稍加解讀，一般讀者可能不太理解。所以此處，對此稍加解說，好讓讀者理解。

　　首先，日本殖民統治時代在新竹市的日本眞宗佛寺，有「竹壽寺眞宗本願寺派」與「東本願寺派新竹佈教所」的區別。前者資料記載如上述。後者的地址，是在當時新竹市黑金町四三六番地（約在現今新竹市南大路365號，新亞冷氣冷凍工程行的廠房所在），1931年之後，由角倉誓所建。這兩者有何差異呢？

　　根據1925年第一屆「東亞佛教大會」在日本東京都芝區增上寺召開時，日本佛教各派組成的「佛教聯合會」，爲了怕與會的各國代表（其中包括來自臺灣佛教界的三位出席代表）不了解日本佛教今昔不同的狀況，即委由峰玄光主編一本《日本佛教要覽》，[8] 提供給來參與大會的各國佛教代表們參考之用。後來，在1933年於臺北出版的一本《臺灣社寺宗教要覽（臺北州の卷）》，[9] 對於相關資料也是參考上述這本《日本佛教要覽》而敘述的。所以，我以下的解說，主要就是根據《日本佛教要覽》的相關資料來談的。不足之處，再另外補充新的參考著作。

一、日本淨土眞宗本願寺派的創立與東西本願寺派的分裂

　　根據《日本佛教要覽》的說法，「眞宗」的各派，都是源自宗祖親鸞（1173-1263年），諡號「見眞大師」，於日本後崛河天皇元年（1224），依《大無量壽經》作《顯淨土眞實教行證文類》6卷（後世簡稱《教行信證》），開創本宗。

　　不過，事實上，「見眞大師」被諡號的時間，其實要遲至明治維新以

8　峰玄光主編，《日本佛教要覽》（東京：佛教聯合會，1925年）。

9　曾景來編著，《臺灣社寺宗教要覽（臺北州の卷）》（臺北：臺灣社寺宗教刊行會，1933年）。

後，1876 年 11 月 28 日，由太政官三條實美（1831-1891）頒發。至 1879
年 9 月 29 日，更由明治天皇御筆「見眞」兩字的匾額，給寺方供奉在祖
堂之用。[10]

親鸞原受教於淨土宗開宗之祖源空（1133-1212）的座下。源空死後，
親鸞依其所傳，而有《顯淨土眞實教行證文類》6 卷的撰述。但也因此，
眞宗的教義分爲兩途，其一是宗祖親鸞本人所證之法門，其二是其所承
襲的淨土宗義內容。至於以後眞宗的各派，都是由此而漸漸衍生的。

眞宗的分支，主要共 10 派，即：眞宗本願寺派（西本願寺派）、眞
宗大谷派（東本願寺派）、眞宗高田派、眞宗木編派、眞宗興正派、眞
宗出路派、眞宗山元派、眞宗誠照寺派、眞宗三門徒派、眞宗佛光派。

而在日本殖民臺灣時代的新竹市日本佛教眞宗，只有眞宗的西本願寺
派與東本願寺派，共兩派而已。但，「眞宗西本願寺派」，爲何要自稱「眞
宗本派本願寺派」呢？這是有其歷史變革的。

其實，最原始的「眞宗本願寺派」，是由親鸞的小女兒覺信和孫如信
及部分親鸞弟子，於日本龜山天皇在位第九年（1722），在東山大谷親
鸞的墳畔建佛閣，閣內安置親鸞的影像以爲供奉。日本龜山天皇賜號「久
遠實成阿彌陀佛本願寺」，簡稱「本願寺」。這就是「本願寺」的起源。
而自此一「本願寺」關建之後，日本各地的親鸞信徒，也紛紛以此爲信
仰中心，於是逐漸被尊崇爲「眞宗」的本山。

但，由於這是按親鸞後代的血脈順序來傳承法統，所以她的女兒覺信
被尊爲第二代，孫子如信則被尊爲第三代，累世相傳。其中，尤以第八代
的蓮如，對本派的教勢擴張，貢獻最大，可說是奠定迄今持續隆盛的偉大
功勞者。因此，日後的「本願寺」各派所屬道場，將蓮如的影像供奉在內，
也成了常態。連臺灣眞宗的東西「本願寺」派道場，也不例外。

不過，隨著本派教勢的發展，做爲本山的「本願寺」，也幾經遷移，
先後在山科、鷺森、貝塚、天滿都建過新本山。正親町天皇在位時，由

10 大橋捨三郎編，《真宗本派本願寺臺灣開教史》，頁 89-91。

於豐臣秀吉（1536-1598）在京都六條捐獻了建寺土地，便又遷至京都的崛川建立新本山。以後，此地變成了「本願寺」派的永久本山所在。此處約當今天京都市下京區花屋町下本願寺門前町的「本願寺」內。

至於東「本願寺」派的出現，則是發生在此之後，是從原來的「本願寺」派分裂後，新開創的「本願寺」大谷派。分裂的原因，是第 11 代法主顯如死後，該派按其生前屬意的第三男懷如接第 12 法主之位。長子教如不滿，在德川幕府初期獲德川家康（1543-1616）的支持，另創「眞宗大谷派」。於是，「眞宗本願寺派」一分爲二。至日本後陽成天皇在位（1586-1611）時，東、西本願寺派的分裂成了定局。

東本願寺派以後在京都的烏丸七條，確立了永久寺基。因幾度被大火焚毀，所以迄近代明治維新之前，該派的主要精力，都是花在重建本山的大伽藍上面。不過，隨著明治維新的來臨（1867），以及本山的大伽藍重建完成，此派也順應時代的新潮流、以及配合明治政府對外擴張的需要，在日本北海道、朝鮮、中國上海、以及日本殖民統治下的臺灣，都有此派的傳教發展據點。甚至北美等地，也有此派的足跡。

而由以上所述，即知「眞宗本願寺派」，特指「眞宗西本願寺派」。原開創者的直接法統繼承者之故也。

二、有關日本淨土眞宗本願寺派的特有佛教名詞補充說明

在 1931 年出版的《新竹市要覽》中，有關「竹壽寺」的登載資料，曾提及一些特有的佛教名詞，若不稍做解說，同樣不易了解。故亦稍做解說如下：

1. 在供奉的佛像中，有所謂「七高僧」這個罕見名詞，是指——印度的龍樹、世親，中國的曇鸞、善導、道綽，日本的源信和源空。因這七位大德，都和親鸞所師承的淨土思想詮釋有關，並且以人爲主，所以稱爲「七高僧」。

2. 該宗信仰所根據的「三部妙典」,是指——《佛說無量壽經》、《佛說觀無量壽經》、《佛說阿彌陀經》。這三本是佛經,是淨土思想在法義上的最高依據,因以典籍為主,故稱「三部妙典」。

3. 在竹壽寺內的年度宗教例行儀式,除一般人較常聽說的「盂蘭盆會」之外,還有「春秋兩彼岸」是該宗特有的,是指——春秋兩季的分別一次連續七天的隆重該宗祭典活動。

參、日本淨土眞宗西本願寺派在臺灣新竹的初期發展概述

第一階段:初期「隨軍佈教使」的派駐新竹

僅次於日本曹洞宗僧侶來新竹傳教的日本佛教宗派,是在 1897 年夏季,淨土眞宗西本願寺派所派來的「隨軍佈教使」選義貫。他的勤務對象,是在新竹的日軍第二步兵聯隊。他的住處,也在營區內。

1898 年他才借到新竹在地豪族林氏家廟後,才有在駐軍以外的傳教活動。可是,當地日本民眾不多,在地新竹民眾及寺廟,又都簽約成曹洞宗的信徒或隸屬寺廟。因此,他的教務難以展開,績效不佳。眞宗本願寺派大本山,甚至一度考慮撤出新竹教區。最後,雖未撤出,但在 1899 年 11 月,就由新派來的藤本周憲所取代。

第二階段:淨土眞宗西本願寺派首次在新竹市郊自購佈教場地

淨土眞宗西本願寺派首次在新竹市郊自購佈教場地,是在 1900 年 7 月,以新到任的岡村繁藏名義,在郊外爾雅冢 191 號購得建物 9 坪建築用地 191 坪。房子雖小,但總算不用再寄人籬下了。

另一方面,此次淨土眞宗西本願寺派之所以要在新竹市開始自購屋

地，其實也是因應臺灣總督府民政局在宗教管理上的新要求所致。[11]因而，當時日本在臺的佛教各宗派，都不得不跟著配合，於是才逐漸走上自行購地建寺或佈教所的途徑。

此因截至當時為止，是處於日本殖民統治初期臺灣民眾以武裝激烈抗日的不安定時期，而有關財產掠奪與私宅被占用，又常是引起誤解而爆發衝突的重要原因之一。

所以，就官方而言，若要有效安撫臺灣民眾的不安反抗情緒，以便早日恢復正常社會秩序，除了用強大的武力鎮壓之外，就是儘量在法律的範圍內進行對攸關民眾的事務依法仲裁與管理。否則人心若依舊不服，反抗也同樣難以平息。

因此，在 1898 年 5 月 10 日，臺灣總督府在縣第 532 號文，即明確提到：「有關本島舊有的寺廟成內地各寺的分寺一案，各縣廳有陸續呈報上來的情形。本島寺廟雖都祭祀賢士、功臣等，惟若任意使其成為寺院，則可謂處置不當。縱使使其成為某某分寺，充其量也僅在揭櫫其成為某寺分寺的標誌而已。其實舊有寺廟大都不具寺院的體裁，本案畢竟是從事佈教之輩，因某方面產生的弊端。對此等不妥的情形，在於另行制定某種法規之前，有關此等寺廟成為分寺一案，則當予禁止⋯⋯。」[12]總而言之，臺灣總督府方面，對於初期臺日僧的胡作非為，其實是很清楚的，並有意加以抑止。

此外，當時雖有一些神廟，也被日本官方徵用，如下表所示：

---

11 見溫國良編譯，《臺灣總督府公文類纂宗教史料彙編──明治 28 年 10 月至 35 年 4 月》（南投：臺灣省文獻委員會，1999 年），頁 179、頁 187。

12 溫國良編譯，《臺灣總督府公文類纂宗教史料彙編──明治 28 年 10 月至 35 年 4 月》，頁 179。江燦騰，《日據時期臺灣佛教文化發展史》（臺北：南天書局，2001 年）。頁 42。

新竹縣寺廟用做兵營等之調查

寺廟名稱	寺廟所在地	現今使用官廳名稱
孔子廟	新竹城內東門堡	臨時派遣步兵第 20 聯隊第 3 中隊
文昌宮	新竹城內東門堡	臨時派遣步兵第 20 聯隊第 3 中隊
關帝廟	新竹城內南門大街	第 8 憲兵隊第 10 分隊憲兵主力部隊
龍王祠	新竹城內南門	新竹醫院
十標媽祖廟	新竹城內東門堡	新竹辦務所
地藏庵	新竹城內東門	新竹守備隊軍官會議所
天后宮	香山庄	香山警察分所

資料來源：[13]

　　但此一類用途，基本上是做爲公務如駐軍營社、醫療場所或警務辦公之用，而且都是屬於宮廟的情形，與徵用民產與私宅不同。

　　反之，在日本殖民統治時期，凡屬宗教的行爲，一概都視爲是私人的或適用私法規定的民間行爲。這不論對於在臺灣的所有日本僧侶或臺灣原有的「舊慣信仰」狀況，都一律適用。其間的差別只是，法律上規範並享有一定優惠的「佛寺」或「宗派僧侶」，是要申請通過的才具有資格。否則就只是臺灣原有的「舊慣信仰」而已，沒有法律優惠，例如外出時的車資或船票沒有折扣等。

　　而這一時期的新竹地區，雖有日本曹洞宗僧侶足立普明搶先，於1897 年來到新竹，藉用種種宗教權宜措施，逐漸有當地一百多間廟宇或齋堂等與他簽約成爲該宗的隸屬分寺，然而同樣在 1898 年 5 月 10 日，臺灣總督府在縣第 532 號文明令禁止後，遭到重大挫敗，而不得不開始走上自行在當地購地建寺之途。

　　同樣的，淨土眞宗西本願寺派首次在新竹市郊自購佈教場地，是在1900 年 7 月，也是出於同樣的現實官方宗教行政上的新禁令所不得不然

---

13 江燦騰，《日據時期臺灣佛教文化發展史》，頁 25-26。

的行為。只是，首次購到的場地實在不夠大，又地處偏僻的郊區，於是取代首次購地建佈教所的藤本周憲佈教使，是 1903 年 10 月新到任的岡藤常慚，尋覓新址的問題，便交由他來負責。

第三階段：第二次轉遷新竹西門街新址時期的活動狀況

新派任的岡藤常慚佈教使，感到原地址僻處市郊，並非理想的拓教地點。1904 年 9 月，他在新竹市的西門街，找到所中意的新佈教所所需場地，並照規定向官方提出建新佈教所建築許可。1904 年 10 月 12 日，此處佈教所，終於獲當時新竹廳長里見義正的許可，可以開始建築了。此一預計新蓋的新建築物，共有 36 建坪，附屬用地有 44 坪，又位於市區內，故信徒若來參加活動，將非常方便。但是，所需的經費沒有著落，於是要展開新的勸募活動。

從 1905 年 4 月起，岡藤常慚佈教使藉著舉辦「眞宗講」的相關系列講座活動，來訴求籌建新佈教所的必要性、迫切性與募款的困難問題。從 1906 年 2 月，更訂下要達成募足 2000 元的目標。期間，日本信徒有贊助的，包括：太田重助及新原龍太郎、黑執專支助、阪東政太郎、福島熊次郎、有田、平林等諸氏；新竹在地臺人士紳，則包括：鄭如蘭、陳信齋、黃鼎三、鄭嘉之等，都出過大力幫忙。

只是，建築的實際目標，最終仍未達成，岡藤常慚佈教使就被調職了。接替他的是 1909 年 11 月 28 日才到任的村上靈順佈教使。而新到任不久的村上靈順，又改在新竹南門街 237 號，購得大型民宅，做為新的建寺用地。這便是此後竹壽寺的正式建寺地址。於是，底下我們轉為討論這一新的改變狀況。

肆、日本眞宗西本願寺派的竹壽寺在新竹坎坷經營的滄桑史概述

第一階段：轉遷新竹南門街新佈教所至竹壽寺建立初期的活動狀況

在村上靈順佈教使尚未調派來新竹代替岡藤常慚佈教使之前，淨土眞宗西本願寺派把在新竹拓展的原「新竹支監」（分部監督）廢止。其職務上的變動是，在新竹的該宗佈教使，不再兼任監獄教誨師的工作。而村上靈順來新竹到任之前，是在臺中市擔任監獄教誨師的工作。1904 年 5 月，他改任駐臺中市的專任佈教使，不再兼任監獄教誨師的工作。其後，1907 年 5 月，他一度轉勤到臺東廳吳金城地區。1909 年 11 月 28 日，他才轉勤到新竹教區來。

村上靈順上任之後，便積極進行新竹市南門街新佈教所的工作。至 1910 年 7 月，在南門街 237 番地‧購得一處民宅，其中包括建築物三棟共 35 坪，預定以 21 坪半，做爲大殿（本堂）的建築用地，整個建築用地則預定爲 246.55 坪，購後將其修繕，面目爲之一新。

此次的經費開銷，初期靠日本的本部撥款 500 元補助之外，靠各方捐助及舉辦「眞宗講」的收入，也有 1300 餘元。1911 年 6 月，他又獲准成立「新竹佛教婦人會」，因此也從會員的捐款與入會費中，獲得新的一筆收入。

由於村上靈順的任期較長，活動力又強，所以到 1914 年 6 月，他邀得公共團長松木徒爾與區長陳信齋的共同聯名，先向官方提出創設「新竹救護團」的申請，再於 1915 年 2 月，由村上靈順具名正式向新竹廳的官方主管單位，正式提出建寺的申請。同年 3 月，村上靈順先徵得新竹當代信徒總代表新原、日向等人的認可，稍後又得到新到任的新竹廳長三村新平（1915 年 5 月 1 日 -1918 年 3 月 7 日在任）同意，於是開始建新正殿（本堂）的相關商討。此次商討的重點有二：一是由誰來擔任籌建委員？

二是擔任籌建委員的每個人，必須承擔多少建寺的捐款額份？等確定籌
建委員人選之後，包括本地臺人士紳鄭拱辰、陳信齋等有力人士計 12 名，
共同商議與承諾此次籌建新大殿的籌募款項，為 5000 元之多。這個金額，
幾等於初期購地和修繕舊建築物經費的兩倍半了。

此次預訂新建的正殿為 21.5 建坪，還差半坪才合乎規定。可是，因
寺院住持及家屬所住的「庫裏」，有 13 坪餘，故兩者的總坪數，符合官
方規定。境內地預定 246.55 坪，相當寬大。並且，西門街佈教所時期的
幾個大功德主，如：新原龍太郎、黑執專支助、阪東政太郎、福島熊次
郎等，此次也被列入信徒總代表的名單內。可是，建寺過程，經費困難，
籌湊不易。例如 1915 年 8 月 21 日，安東貞美總督（1915 年 5 月 1 日 -1918
年 6 月 6 日在任）才核准「竹壽寺」的「公稱」。亦即，從此才可以對
外以「靈泰山竹壽寺」的正式寺名了。

第二階段：第一任「竹壽寺」住持村上靈順的遭困與積勞病逝殉職

以竹壽寺當年在新竹市發展的情況來說，若相較於其他淨土真宗西
本願寺派在寺院或佈教所，其實並不突出。而對於此點的觀察與判斷，
亦只要從本山的對其罕有補助，或縱有補助數目也不大的這點來判斷，
即不難了解。

但，所衍生的問題是，既然預期的情況與現實落差太大，所以「靈
泰山竹壽寺」的正式寺名，雖在 1915 年 8 月 21 日，就獲官方核准的「公
稱」，卻直到 1918 年 3 月 7 日，才完成在本山的登錄手續。也直到當日，
大本山才讓他供奉本尊木刻阿彌陀佛像於其中。顯然，這不是好的徵兆。

1918 年 3 月 7 日，又要求他把原先的「庫裏」，充做「堂班」（按
身分坐堂）來使用。達成這些事情之後，才正式任命他為「公稱」後的
第一任「靈泰山竹壽寺」住持。但，新上任的村上靈順，因多年來為此
寺盡瘁奔走，積勞成疾，才過 4 個月，他在同年的 8 月 19 日就病逝了。

在本山方面，則謚號「寶滿院」，將其供奉在寺中，也算對他死後一種聊勝於無的補償罷了。

第三階段：第二任「竹壽寺」住持岩水哲章的再度受困　　　　與悲慘殉職

　　竹壽寺首任住持病死殉職後，接任人選是岩水哲章佈教使。他是在1919年5月20日奉命駐在新竹，但直到6月6日才上任。而且，要到三個月以後，他才於1919年9月24日晉升第二任住持。

　　可是，岩水哲章雖晉升竹壽寺的第二任住持，卻等於同時接到一份苦差事。並且，此後數年間，還讓他宛如遇到惡魔作祟一般地，將他帶入萬劫不復的悲慘重建狀況中，而難以脫身。最後他的結局，也同樣是被艱困的重建工作，一直折磨到1933年6月，悲慘地在任上殉職爲止。爲何會如此呢？

　　此因新竹地區號稱風城，聞名全臺，加上夏秋雨季，常有強烈颱風挾帶豪雨而來，破壞力極大。拔樹毀屋，災情不斷。特別是對木造或土造建築，極爲不利。因此，每次颱風過境後的災後重建，都是一場極爲傷神與耗財的嚴酷考驗。

　　問題在於，此種情況每年都可能發生，而前任住持已在此地積極經營多年，難道不曉得會有此種情況出現嗎？當然是知道的。只不過村上殉死之前幾個月，才剛升上首任住持，而他在當月對於大殿的建築，雖已商議到接近成熟的階段，包括大殿、忠魂堂、庫裏及其他開銷，已接近23000元之多，可是捐獻與勸募的許可申請，手續仍未完成。

　　因本山方面，對於如此大的支出款項並不同意，所以一直到村上本人死於任上，一切仍在擱置狀態，難以動彈。因此，空有「公稱」寺名的「竹壽寺」，只是名義上好聽，實際上卻是一處讓新住持岩水哲章必須因陋就簡、時時刻刻都要操心的危險建築工地。若遇到每年的強烈颱風來襲或遇暴風雨降臨橫掃一切時，便會造成建築物的進一步毀損，甚至會有

逐漸崩塌的跡象出現。

　　儘管如此，擔任第二任住持的岩水哲章，還是每天要進行身為僧職與「竹壽寺」住持的例行性宗教事務。而他除了必須維護既有的相關建築物，可以完整使用之外，更艱鉅的挑戰是，如何續完原先中挫的新大殿建築及周邊工程。他處在這種夾縫中的心理煎熬，他所面對的艱難與困頓的窘境，都不難想見。

　　但，由於原先預定工程所需的總預算，及其所要進行的募款和捐獻計畫，遲遲未獲本山的批准，如今要再繼續推動，若原先的困境又依然存在，有可能會不橫生阻礙嗎？

　　我們從此事其後的發展來看，岩水哲章顯然是採取能夠進行的相關部分，先行設法推動建築工程的進行。也就是岩水哲章在全部預定的整體新建工程中，只是實際將周邊工程部分，進行施工，因為這部分的經費不多，短期內可完工使用。而他的策略，就是將新完成的「庫裏」建築，先當作「新大殿」來權宜使用。

　　至於舊有的大殿建築空間，他騰出來，一方面當住家與辦公之用，一方面也可延緩新大殿建築的急迫性。如此一來，原有急需的龐大款項，就可不必在短期內籌出，大大降低了原有在短期內就必須募足所需款項的巨大壓力了。這不論對於等候大本山的批准或信徒代表的捐款困難等，都可以順利解套，使大家得以鬆口氣過來。

　　儘管如此，整個新建企劃，還是直到 1922 年 6 月，也就是自從岩水哲章上任以來，已經過了三年之久，才在信徒總代表：新原氏、永井氏、後藤氏、堀氏、日向氏、阪東氏、岩下氏等人發起之下，並獲新到任的第四任新竹州知事梅古光貞（1922 年 5 月 -1923 年 10 月在任）的幫助，而終於取得捐獻勸募的許可。

　　此次，大殿新編的預算，雖降至 10700 元，較之前被擱置的總預算少10000 元之多，卻仍只是虛編而已，根本沒有執行。實際被執行的，只是編 3700 元預算的新庫裏建築工程而已。如此一來，整個施工期，就大大縮短了。從 1923 年 4 月開始動工，到 6 月就完工了。落成啟用典禮是選

在 8 月 31 日，這是選在第四任新竹州知事梅古光貞離任之前的一個月舉行，好讓他參與此一與他有關的盛會。

不過，雖有了這一權充的大殿（「假本堂」）的「庫裏」，但在未來真正大殿完工之前，做為「庫裏」使用的建築物，實際上也耗費 4500 元的工程費才過得去。而這對岩水哲章的個人和家庭來說，真正的悲劇還在等候著他呢。

因自權充的大殿（「假本堂」）的「庫裏」舉行落成啓用典禮之後，原本應該接著推動新的正式大殿建築工程早日動工，而勸募捐獻的工作也應繼續進行。誰知，這一權充的大殿（「假本堂」）的「庫裏」才舉行過落成典禮的隔天，日本本土就發生關東大地震，災情空前慘重。當時日本稱此爲「東京大震災」。震後災情慘烈，日本舉國上下，都全力投入災後的重建工作。甚至西鄰的新中華民國的佛教界，都組團前來慰問，弔慰罹災者。而當時臺灣地區做爲日本帝國的殖民地，更需同心協力幫忙救災。因此，不可能有大筆的多餘捐獻，給並不急需的寺院建新大殿之用。當然，原計劃的勸募活動，也得暫時中止，等事情有改善再說。

如此一等，竟然轉眼過了六年。直到 1929 年 4 月，當岩水哲章決定重新展開募款工作時，事情已變得棘手難辦，他雖持續勉強又撐了四年多，情況依然沒大改善。有關這時期的相關原因，稍後我們會另做說明。岩水哲章本人則在心力憔悴之餘，導致疾病迅速惡化，在 1933 年 6 月，遽逝於任上。本山方面，特諡「專教院」以褒揚他，可是於事無補。他和前任兩人都爲建「竹壽寺大殿」的新工程，而相繼死在任上。這是令人傷感的悲劇。不過，岩水哲章本人的境遇，則更爲不幸。

總計岩水哲章在竹壽寺任職，前後有 14 年之久。雖上任即晉升第二任住持，其實是遞補第一任過世後的遺缺。因此，他上任的第一件事，就是料理前任住持的喪葬事宜。

但，緊接著是他的長男，長期臥病在家。雖已中學畢業，卻久病後死亡。所以又料理自己長男的後事。隨即厄運又降臨在他的繼室，她是在一次意外中死亡的。

　　如此接二連三的不幸，縱使身爲日本淨土眞宗本願寺派，在新竹市的竹壽寺，它的佛教事業，是僅次於日本曹洞宗新竹寺的佛教事業影響之大，也難免遭遇種種經營上的困難。故底下，我們就介紹其所經營的有關竹壽寺的「新竹佛教婦人會」及其事業沿革。

伍、有關竹壽寺的「新竹佛教婦人會」及其事業沿革

　　有關「新竹佛教婦人會及其事業」這個項目，原是大橋捨三郎在其書中所討論的一部分，資料其實不多。[14] 但，此處仍得根據這些少數的資料來進行討論。理由無他，目前筆者實在沒有其他的資料可補充的緣故也。

一、初期的創會者及其組織：村上靈順與「婦人會」及「日曜學校」

　　在竹壽寺公稱之前的「婦人會」，是村上靈順任佈教使時期，爲了佈教所從西門街轉到南門街現址後，急欲募得修繕的費用，才於 1911 年 6 月間設立，並取得徵收入會規費的許可。

　　但，以正式的「新竹佛教婦人會」向官方（新竹廳長高山仰）申請註冊許可，並獲得本山批准的時間，則是要到 1919 年 10 月，即第二任住持岩水哲章的到任初期，才促其實現。當時有登記的會員，爲 119 名。

　　不過，從「婦人會」到「新竹佛教婦人會」的持續發展，其間還經過「新竹本願寺日曜學校」這個過渡組織。

　　此因竹壽寺公稱後的首任住持村上靈順，儘管已於 1918 年 8 月 19 日病逝，但他首創的「婦人會」仍在隔年（1919）元月，創辦了「新竹本願寺日曜學校」，讓信眾在星期天來道場參與各種宗教活動。

---

14 大橋捨三郎編，《真宗本派本願寺臺灣開教史》，頁 485。

其後，第二任住持岩水哲章又進一步促成組織的定型化，並同時取得官方和本山雙方的正式許可，於是才有了「新竹佛教婦人會」這一名稱和正式組織。

二、「新竹佛教婦人會」的組織發展與活動經驗之參考典範：眞宗「臺北樹心佛教婦人會」的創會宗旨及活動方式之概述

其實，「新竹佛教婦人會」在眞宗本願寺派在臺的佛教婦女組織中，並不是最早，也不是規模最大，論其事業的活動內容，也無太特殊，或太重要的意義。

但如對照該派在臺最先及最重要的「臺北樹心佛教婦人會」的創會宗旨及其活動方式來看，就比較清楚類似此種附屬的外圍佛教婦女組織，究竟有何特性和重要功能？

此因「臺北樹心佛教婦人會」幾可說是像「新竹佛教婦人會」這樣地方性宗教婦女教會組織的原型，亦即後者是仿造「臺北樹心佛教婦人會」的方式來成立的地方性組織，兩者的同質性甚高，故可在此將兩者稍加類比，以方便後續的討論。

按大橋捨三郎的說法，「臺北樹心佛教婦人會」是濫觴於眞宗本願寺派「臺北別院」的「婦人會」，而所謂「婦人會」即「婦人教會」之意。「婦人會」的成立之前，更有一段重要的發展經驗，甚至可追溯至日本統治臺灣初期。因在臺灣改隸之初，即有眞宗佈教使隨軍來臺佈教，而因常與信徒往來，有攜眷隨行者，藉此機緣，兼或就近照料其生活起居，乃至協助處理相關會務等。此在初期人手不足時，助益尤大。其後，既已有男眾在臺北成立正式教會組織，而隨行女眷，除參加禮佛、聽法之外，也被視爲可加以組織和運作的外圍輔助團體，於是 1898 年 5 月 1 日，便假「最勝講」的弘法活動之名，成立了初期的婦人團體。

到了 1901 年 10 月 21 日，趁著臺北新起街的眞宗「臺北別院」獲得

公稱之際，負責別院事務的兩位知堂：紫雲玄範與田中行善，又新創設了
「佛教婦人會」組織。此一新組織，初期加入會員有42名，是屬於較年輕、
具現代意識的一群；但，此一新「佛教婦人會」的會員，仍可保有原先藉
「最勝講」的弘法活動而成立——老少兼有、以信仰活動爲主——的「婦
人會」身分，所以此兩者，是既並存又重疊的。

值得注意的是，若論此一新組織成立前的發展階段，固然較新竹「婦
人會」的創立大約早了 10 幾年；但若僅就此新組織來說，雖仍早新竹 10
年，卻也同樣是出現在 1899 年 6 月《府令第 47 號》的新宗教法規頒佈
之後。

並且，此一差距，事實上也等於臺北大都會區和城鄉小都會區的差
別。

例如早在新竹「婦人會」創立之前，即在「臺北別院」創立眞宗「佛
教婦人會」之一的紫雲玄範，平時即常叮嚀同仁道：「若往來寺院者漸少，
終成寺院荒廢之因。故身爲侍佛弘法者，當盡可能廣結善緣，多所致意，
不懈不怠，務期法燈永耀。」[15]

亦即他主張：平時就要廣招信眾來寺，參與各種活動，以光大眞宗的
門庭；不只在弘揚眞宗法義的「最勝講」時，要盡量設法招徠家庭主婦、
千金、妙齡婦女等，使其常預法筵，慣聞眞宗教理，還須讓其兼習各種
巧妙手藝，以達日常修養之功，進而促成彼等致力社會慈善之服務。除
了每月二次的定期演講之外，寺方還教導茶藝、花道、盆栽等技巧。於
是經過類似活動的激勵和口碑相傳，果然會務大有起色，不數年間，已
使組織規模大爲擴展。

到 1904 年 2 月時，值日俄戰爭爆發，局勢緊張，但同時也促使人數
眾多的臺北「婦人會」，訂定會務規則，並推選出該會的評議員及其他幹
事等。當時擔任幹事的諸如：木下、濱野、圖師、高橋、北條、橋本、小島、
三宅等夫人，在戰爭爆發後（1904 年 2 月），彼等組成後援會，爲前方

15 大橋捨三郎編，《真宗本派本願寺臺灣開教史》，頁 240-241。

戰士募集撫恤金、贊助勞軍行動；同年 3 月，又爲行路病死者舉行追弔會和前往該救護所慰問；同年 9 月也爲陸海軍戰死或病死者開追弔會。除此之外，同年 11 月，臺灣南部震災地區，彼等也捐款賑濟。類似的情況，如 1906 年 3 月，嘉義有震災；1908 年 1 月，澎湖出現飢荒，該會也都大力協助賑災，使臺北「婦人會」的活躍和非凡貢獻，都深受矚目。

也因爲這樣，該會在 1905 年 7 月，由本山批准該會的正式名稱爲「眞宗臺北婦人會」，此即意味著它將逐漸被納入，該派總部設在京都的「眞宗佛教婦人聯合會」的一員。1907 年 9 月 12 日，「眞宗臺北婦人會」正式加盟「眞宗佛教婦人聯合會」，除接受其統馭之外，也遵照總部所訂的規則行事。

然而，從 1908 年以後，就因眞宗「臺北別院」的負責人更迭頻繁，在臺教勢也跟著沉寂多年，所以臺北「婦人會」逐漸進入黯淡期，影響力銳減。特別是在 1912 年至 1921 年，眞宗「臺北別院」史上正處於院務「弛緩與沉滯」的低潮期，當時除了人事上的變動頻繁之外，還包括眞宗的在臺傳教已出現臺民信徒大量流失、信教理念差異等，因而是否要朝向「本土化」的待解決難題，也一直在觀察和嘗試中。最後雖決定以訓練臺籍本土佈教師來解決上述問題，但時間已是在大正中後期的階段了。

如此一來，儘管在 1918 年 4 月 28 日，已有小泉助勤夫人招集 20 歲至 40 歲的青年及少壯婦女，籌組「婦人親愛會」，企圖重振會務，然因「臺北別院」的環境仍未大改善，所以小泉夫人雖始終盡瘁，整個會務仍無大起色。

而在此之前，眞宗「臺北別院」的另一個領導心結，是南北領導權出現嚴重的對立，此因臺北和臺南兩地，同是眞宗在臺傳教事業最興盛之處；再來才是臺灣中部、高雄、嘉義等地區。至於新竹地區並非重點，其事業發展的程度甚至還比不上介於臺中和新竹之間的苗栗地區。其主要原因，當然是日本曹洞宗在新竹自初期就有獨霸的壟斷氣勢，所以連同屬禪宗的日本臨濟宗妙心寺派，雖在臺灣南北的發展氣勢如虹，卻自始至終未能打進新竹市的曹洞宗地盤內。這就是新竹市根本無臨濟宗妙

心派的寺院之最大原因。

　　當時若要一勞永逸地解決眞宗南北領導權爭執不斷的問題，就是先設法讓「臺北別院」升格爲「臺灣別院」，但在此同時，要如何才能讓臺南方面甘心接受此一彼升我降的新變革，又成了不易解決的另一問題。

　　因此，改名「臺灣別院」的問題，從 1920 年 11 月 21 日，由當時別院的負責人（輪番）片山賢乘，提出改名爲「本願寺派臺灣別院」的建議之後，一直未獲上級通過；直到 1929 年 1 月，再由當時的輪番芝原玄超檢具改名理由的文件，向臺灣總督府提出申請，當時的臺灣總督川村竹治（1928 年 6 月 16 日－1929 年 7 月 30 日在任）於當年 2 月 2 日，以《指令第 322 號》批准改名。此後，「本願寺派臺灣別院」的全島領導權，再無疑義。

　　但，原「眞宗臺北婦人會」，基本上是由「眞宗臺北別院」所領導的一個附屬組織，其代表性當然不受影響。其組織功能的有效發揮與否，主要是別院當任負責人的如何領導和動員。所以，到了 1922 年，別院輪番佐佐木芳照就任以後，便積極設法想重振原先停滯的會務，因而他請其夫人主導，邀約了片山高等商業學校的校長夫人及倉岡、安田、福留、眞室等各夫人，在同年 11 月新組了「臺北樹心佛教婦人會」，隔年（1923）2 月 20 日，召開盛大的首次大會。

　　然而，之前曾存在的「婦人親愛會」，是以年輕婦女會員爲主。所以同年 4 月，在「臺北樹心佛教婦人會」之內，又設一「婦人會青年部」。但此一「婦人會青年部」，卻與另一眞宗的「臺北樹心佛教青年會」有互相重疊之處，因而逐漸與「臺北樹心佛教婦人會」之間，隱隱然出現互別苗頭的分裂跡象。

　　相對於上述「婦人會」→「眞宗臺北婦人會」→「臺北樹心佛教婦人會」的發展情形，接著也有必要回過頭來，再看看除新竹市與臺北之外，其他道場所創辦「婦人會」的情形。一方面可以提供當時此類活動之間的相互比較，一方面也較易理解其創辦背後的眞正意義。

三、新竹「婦人會」與臺灣其他地區眞宗「婦人會」的 創會比較

對於此事，雖然之前我們曾提過：新竹「婦人會」的出現，是由於竹壽寺首任住持村上靈順，曾將佈教所遷到南門街現址，其後爲了籌募剛遷新址的房舍修繕費用及計劃改建之所需，才設法成立的。不過，若從另一個角度來看，也不盡然只是如此。

此因眞宗在臺成立「婦人會」，不但早有先例：臺北的情況最早，自不用說；除此之外，不只新竹市跟著仿效成立，該宗在臺灣其他佈教地區，也曾先後成立了多處「婦人會」的組織。例如：

1.　臺北「了覺寺」—1922 年 11 月創立該字所屬「佛教婦人會」。

2.　羅東佈教所—1925 年創立「羅東佛教婦人會」及「二結佛教婦人會」；1928 年 2 月成立「宜蘭婦人修養會」；同年 9 月又成立「三星佛教婦人會」。

3.　臺中「中尊寺」—1926 年 2 月成立「女子佛教青年會」。

4.　埔里「能高寺」—1920 年 6 月 20 日成立「埔里佛教婦人會」。

5.　嘉義「光照寺」—1910 年 4 月 7 日成立「嘉義佛教婦人會」。

6.　臺南佈教所—1904 年成立「臺南佛教婦人會」。

7.　高雄「寶船寺」—1909 年成立「婦人會」；1921 年 5 月 28 日成立「高雄佛教婦人會」；1925 年 3 月成立「高雄女子青年會」；1929 年 2 月 11 日成立「高雄女子裁縫講習所」。

8.　旗山「太平寺」—1919 年 1 月成立「旗山佛教婦人會」。

9.　屏東「大照寺」—1910 年 1 年 30 日成立「阿緱佛教婦人會」；1919 年 3 月升格爲「屏東佛教婦人會」。

10.澎湖馬公「光玄寺」—1913 年 4 月 26 日創立「澎湖島佛教婦人會」；1920 年 8 月解散前者，1921 年 1 月改名新創「馬公眞宗

婦人會」。

11. 吉野佈教所—1913 年 1 月成立花蓮街「佛教婦人會」。

12. 花蓮港佈教所—1917 年 9 月成立花蓮港「婦人會」；1918 年 4
月成立「女子青年會」。

13. 林田佈教所—1927 年 9 月成立「婦人會」。

14. 臺東佈教所—1925 午 7 月成立「臺東婦人會」。

從以上資料來看，我們可以知道三點值得注意：第一，眞宗的「婦
人會」到處都有，並非僅限臺北或新竹地區才有。第二，除了臺北之外，
比新竹市（1911 年 6 月）更早創會的，還有：（a）屏東「大照寺」—
1910 年 1 年 30 日成立的「阿緱佛教婦人會」；（b）高雄「寶船寺」—
1909 年成立的「婦人會」；（c）臺南佈教所—1904 年成立的「臺南佛教
婦人會」；（d）嘉義「光照寺」—1910 年 4 月 7 日成立「嘉義佛教婦人
會」。第三，各地在「婦人會」之外，也曾出現新的佛教女性組織，如「女
子青年會」或「女子裁縫講習所」，而這是新竹市從沒有的佛教女性組織。

另外，在此必須補充的一點是，首先在新竹市創立眞宗「婦人會」
的村上靈順，但他來新竹之前，除了在臺中服務之外，曾一度奉派（1907
年 7 月—1909 年 2 月）到東臺灣的「吳全城」（其後改稱賀田村，在花
蓮地區）去拓荒佈教，卻皆未在當地創設「婦人會」。所以新竹「婦人會」
其實是他個人的新經驗。

不過，新竹地區的佛教婦女活動，之後也出現極大的變化，若加上
臺民當地佛教婦女的活動狀況，則更將有凌駕全臺各地的趨勢；但因此
處的重點，只側重在竹壽寺的佛教婦女組織，故底下仍只繼續說明「新
竹佛教婦人會」的變遷情形，其餘的，將視情況再做說明。

四、「新竹佛教婦人會」的後續發展之一：新竹臺人婦女的入會資格與限制

首先，由第二任竹壽寺住持岩水哲章所重組並獲得官方正式認可的眞宗本願寺派「新竹佛教婦人會」，當時入會的女性會員人數爲119名，人數並不能算少，所以跟著才有同會所創設的「新竹本願寺日曜學校」[16]。

只是，在新竹地區的臺人婦女，當時不太有機會參與此類純屬日人佛教婦女團體的活動，現實環境所存在的兩者溝通阻礙，如：身分不同、語言難通、知識參差和觀念有別等，都是可能原因之一。

所以新竹市的臺人女性要想參與該組織所辦的「日曜學校」的話，不但遲至1924年5月，教育程度上還須就讀女子公學校5年以上才准。[17]

可見當時新竹市的臺人年輕女性，若沒受過至少5年以上的日語教育程度，連想參加眞宗特定星期日的宗教聚會活動，都不夠資格；而縱使資格夠了，也以年輕者居多，故就算彼此的觀念接近，仍乏無雄厚的經濟實力或重大的社會影響力，因此無論從何種角度來看，當時臺人的年輕婦女會員，在入會後的前幾年，對該會組織發展的幫助，其實不大。

加上竹壽寺的新大殿，一直用狹小的新「庫裏」代替，能活動的空間非常有限，無法容納太多的信徒，其活動的效果自然打折扣。

縱使在1924年11月，曾有本願寺派的管長事務處理大谷尊由，順途到新竹市，於公會堂演講，在俱樂部辦歸敬式，一時頗爲風光，但不利的條件依舊，所以之後的幾年，不論「佛教婦人會」或「日曜學校」皆

---

16 所謂「日曜學校」是眞宗於1903年11月29日，在臺北教會附設的少年教會活動。初期是於每月的最後一個星期日，招集信徒的少年子弟來寺，先講佛法，再進行唱歌以及傳習正信偈等。後來，此活動方式，亦被其他地方所仿效。

17 事實上，我們知道，《臺灣教育令》的頒佈（敕令第一號），雖是在1919年1月4日，但當時臺人和日人是採區隔教育制度的；直到1922年2月6日，新《臺灣教育令》（敕令第20號）頒佈，初等教育才採兩者可共學制度，不過，臺人就讀的公學校原爲5年畢業，卻又延長1年，須6年畢業。

面臨來者寥寥，活動難以爲繼的窘境。

五、「新竹佛教婦人會」的後續發展之二：「新竹新生舍」的保護事業之暴起與暴落

　　另一方面，值得一提的對外服務事業，就是於 1922 年 4 月 27 日創立的「新竹新生舍」。但此一事業，仍出現暴起暴落的情況。

　　雖然當時眞宗許多佈教所和寺院也都在辦類似的保護事業，可是才創立不久的「新竹新生舍」，雖於同年 12 月 16 日起，即開始展開有關出獄者、行旅病人及孤兒等的保護事業，但，經費來源不足的問題，終究成了最後宣告停辦的致命傷。

　　此因，初期所需的經費來源，其實是以成立「三成協會」來籌募的，而當時若加盟協會後只要能募得年度的贊助費達 200 元，即可由新竹街方面給予 50 元的相對補助款。因此，整個事業的開辦，在當時看來，似乎是榮景可期，應不至於出現辦不下去的窘境。

　　但，此一事業開辦後的發展，先是快速擴張，不久就出現逆轉和趨向沒落與中止。

　　這是因爲自「三成協會」開辦此一保護救助的善行之後，一時之間，其他聞風而來的要求保護者，便紛紛出現：其中有要求間接保護者，自不待言；可是，較難應付的，其實是必須加 2 人或 5 人的將其收容下來。

　　以 1926 年爲例，當時每次雖只收容爲 5 人，可是全年總人數便達 323 人之多，全部開銷則需 319 元。因此像這樣的龐大負擔，對一向經濟不寬裕的協會來講，自然大爲吃不消，所以在 1927 年 4 月，便不得不宣告停辦了。

　　當然，協會本身在面臨此項業務經費的嚴重不足時，也曾一度提出過彼等構想的挽救方案，並且儘管其結局終是失敗的，仍須在此稍做交代，才可以看出它在新竹市的前後發展經過。而其間的交涉狀況，亦頗值得了解。

事實上，「三成協會」經辦上述保護業務，前後共有 5 年（1922-1927），由於中途有監獄的擴張，致使收容出獄者的能力，也跟著嚴重不足，加上「新生舍」本身尚乏基本的財產為後盾，所以竹壽寺的信徒及「佛教婦人會」商議的結果，曾共擬一個解決財務困境的辦法，並於 1924 年 11 月 10 日，正式向官方提出申請。

其整個構想，原是想請求官方能同意彼等：先預行賣斷位於後壟庄大山腳的一處官有原野之開墾的收益許可。而當時此一官有原野，可供開墾的面積，約有六甲之大。故其申請要件及目的，即是以此待墾的官有原野之未來全部收益，都捐贈給竹壽寺為前提。

換言之，此項申請許可的構想，原本就是想對「新竹新生舍」的保護事業有所贊助。何況就其業務的本質來講，又很類似寺方面受官方委託來經辦的，故寺方可能也因而認為：既然本身已有財務困難，當有理由可向官方申請所需經費不足的紓困之道。

不過，此一申請，新竹州知事古木章光（1924 年 12 月－1927 年 4 月在任），於 1925 年 12 月 9 日，只給予「讓渡出租」的收益許可。

但，「新生舍」的主體事業，還未見到此開墾案有否成功，便完全中止，相當可惜。

六、「新竹佛教婦人會」的後續發展之三：1934 年後的會務中興與其功能侷限

有關「新竹佛教婦人會」在 1934 年以後的發展情形，我們可以根據大橋捨三郎的著作來觀察。[18] 而這已是第二任住持岩水哲章死後的隔年之事了。[19]

接替他的人選為佈教使瀧水晉雄，他是先在 1933 年 11 月 30 日被派

---

18 見大橋捨三郎編，《真宗本派本願寺臺灣開教史》，頁 486-487。
19 竹壽寺的第二任住持岩水哲章，是死於 1933 年 6 月 4 日。

駐新竹，再於 12 月 7 日晉升爲竹壽寺的第三任住持。

　　但他接任後，一時之間亦無能突破財務困境，以完成原定、但長期未建的新大殿工程。其後，幾經與該寺信徒商討，確定只是將現有權代大殿的「庫裏」建築修補及把內部加以整理就可以了。

　　然後在隔年（1934）1 月，他先設法把「新竹佛教婦女會」的組織恢復運作，以獲得佈教時所需的幫助。同年 3 月，他又重開「日曜學校」，讓其活動又如往昔的盛況。

　　此後，值得一提的，是他藉著新門主大谷光明（1911-2002）來臺巡教的機會，預備籌組「新竹佛教青年會」，以爲新的活動組織。

　　但，竹壽寺的整個問題在於，該寺所能發揮的空間，其實相當有限，例如新大殿至日本結束在臺統治時，依然空存計劃而未執行。所以日本殖民統治後期的新竹竹壽寺，其實只如被淡淡浮雲遮蓋的落日餘暉罷了，根本不可能有何太大的揮灑空間。

　　也因此，曾登在 1931 年刊行的《新竹市要覽》上有關該寺的建築坪數，雖記載爲 22 坪 8 合 4 勺，合乎官方關於總坪數的最低規定，但仍與實際狀況出入極大。

陸、結論與討論

　　以上本文做爲日本佛寺之一在日本殖民統治下，在臺灣新竹市（當時是新竹廳）的慘澹經營具體例子，說明並非所有的日本佛寺在日本殖民統治時期，都有足夠的優勢可以順利地擴展。

　　可是，這應該也與當時日本眞宗西本願寺派的海外發展太廣，以及全臺灣要發展的據點太多，未必有足夠的後援資金來源源注入是息息相關的。

　　此外，淨土眞宗的日本特殊淨土信仰的教義詮釋，以及宗派教主有婚姻家庭的世襲血脈繼承，對臺灣新竹地區的「漢傳佛教」信仰習俗來說，還是差異很大，不一定能在短期內就能無困難的全盤接納下來。

對於這個問題，當時其實是很嚴重出現的。因此，儘管本章並非討論眞宗信仰在臺灣新竹信仰的困難問題。可是在本書中，也沒其他章節涉及。所以此處轉述過去筆者在其他著作提過的相關問題，[20] 以供本書的讀者參考，它雖不是紀錄在當時臺灣新竹市的狀況，但，完全可以適用。

＊

對於此一問題，從眞宗西本願寺派初期來臺日僧的實際經驗，最可看出該宗被臺人接納的困難度與日臺佛教之間的本質差異所在。

因彼等在歷經初期來臺發展的快速成功與中途突遭重挫的嚴重打擊之後，即不得不坦白承認：該宗於「……明治29年（1896）開教當時，因值領臺未滿一年、民心惶惶然，故從事開教之際，既有來自官方（民政長官、辦務署長）的注視，又採用了勸誘方式使臺人成爲本宗門徒；而臺人方面亦喜加入爲信徒行列，因當時，彼等幾將呼六字尊號（南無阿彌陀佛）和持念珠一串，視爲良民證明，欲藉此確保免於遭受土匪和來自敗兵的掠奪，因而在短期內即可獲得數千信徒，於每月初八的宣教日，或遇有佈教使巡迴演講之際，皆欣然會集」。[21]

並且「自同年（1896）7月以後，所皈依者，不單臺北市內，近郊亦不必說，縱使遠至基隆、淡水、桃園、中壢等地，在當時交通不便的情況下，亦能設法儘量將佈教範圍擴展到彼處。這應歸功於懂幾分清朝官話的紫雲玄範佈教使（清韓語言研究所出身）和本地歸屬僧侶王岱修氏眞誠熱心的協助，方能奏效如此顯著」。[22]

不過，「自明治32、33年以後，儘管長期誇稱擁有信徒3千戶（內地人外僅500戶），實際上自「臺北別院」獲官方正式核可（公稱）之後，之前的皈依熱即漸次冷卻，未來甚至可能整個流失」。[23]

---

20 江燦騰，《日據時期臺灣佛教文化發展史》，頁129。
21 江燦騰，《日據時期臺灣佛教文化發展史》，頁129。
22 江燦騰，《日據時期臺灣佛教文化發展史》，頁129。
23 大橋捨三郎編，《真宗本派本願寺臺灣開教史》，頁130-131。江燦騰，《日據時期臺灣佛教文化發展史》，頁129。

　　針對此前熱後冷的情況轉變，據當事者之一的紫雲玄範本人所做原
因分析是這樣的：

　　……至明治 31 年，歸入信徒已達 3 千餘戶。而其中甚多信徒，
　　只希望能藉此來請求保護其財產和權利；然因伴隨地方警察制
　　度的完備，實際上已無向宗教方面請求者，如此一來，基於佈
　　教經費的考慮、以及別院創設後百端待理，故至 32、33 年左右，
　　不得不將地方的巡迴佈教演講暫緩下來，再加上別院的輪番（當
　　任佈教總監之謂）屢屢更動，所以有關對臺灣本島人的佈教設
　　施，遲遲未能重振。[24]

　　不過，從事後發展的歷程來看，眞宗本願寺派，雖在明治 32、33 年
間，出現了有臺人信徒大量流失的情況，仍再三試圖設法挽回，並且也
向官方表示此意。

　　例如首任該宗「臺北別院・輪番」龍口了信，在 2 年後，即 1902 年
8 月，在向臺北廳長的報告中，便曾提到：「爲期將來之目的，首先，臺
灣本島人佈教機構的欠缺，即非其本意。欲向本山（該宗日本總部）商
量後，再展雄圖。」[25]

　　但，接著第二任「臺北別院・輪番」大洲鐵也，在 1903 年 9 月，則
向官方解釋說：「當地的（日人）信徒，歸去、轉移者甚多，願長居者甚少，
致使佈教上的財務出現困窘。另一方面，臺灣本島人雖因處於匪徒蜂起
之際，欲以皈依做爲良民證明者，如今大多只是掛名信徒，致使（本宗）
葬儀佛事清淡至極。」[26]

　　可是，爲何臺人對眞宗的「葬儀佛事」絲毫不感興趣呢？據該宗後

---

24 大橋捨三郎編，《真宗本派本願寺臺灣開教史》。頁 130。
25 江燦騰，《日據時期臺灣佛教文化發展史》，頁 130。
26 大橋捨三郎編，《真宗本派本願寺臺灣開教史》。頁 132。江燦騰，《日據時期臺灣佛
　　教文化發展史》，頁 130。

來進一步分析後，認爲其根本可能原因如下：

> ……本島人士根本缺乏醒目的信念革命，在彼等未對眞宗教義的
> 眞髓有了悟之前，是不可能見到眞正成功的曙光的。彼等雖表
> 面上安置阿彌陀佛，卻另於後面鄰室向其他的神明禮拜燒金（燒
> 金紙拜拜，是舊有禮式），可以說使其原義盡失。這應是臺灣全
> 島佈教所面臨的根本問題……。
> ……本島人由於向來都從南中國（福建、廣東）移住此地的關
> 係，在佛教方面似大多屬於南中國系統的福州鼓山湧泉寺的末端
> 信徒。因信仰觀音者極多，連帶也常參拜阿彌陀佛，但精進研讀
> 經卷的僧侶很少，以及齋堂素食的尼僧、俗人固然很多，仍令人
> 感嘆彼等要進入眞實佛教正信的機緣，猶未成熟。總之，主要是
> 每個家中的老翁、婦女，都深中舊有迷信之毒，以致被極端現實
> 的利益或眼前的祈禱所縛綑了，此外亦因今日新進智識階級者，
> 仍未臻脫離之此桎梏的覺醒時機所致。[27]

對於這兩者的巨大差異，是很難由眞宗方面的僧侶來克服的。以長期任職的紫雲玄範來說，直到後來方逐漸了解到此一事情的解決之道，不能仰賴日本官方的協助，而最有效的方法，就是將佈教的重責大任改由該宗所培養的臺籍宗教師（包括蕃漢兩者）來承擔才行，他估計每年該宗的「臺北別院」應培植出五名以上的臺籍宗教師，方才夠用。

但紫雲玄範的此一新見解，經由該宗第 10 任「臺北別院・輪番」片山賢乘熱心地在臺北地區試辦一段時間後，因發現該宗日僧並無決志在臺久居之意，而辛苦學會了臺語，一旦離境又乏使用機會，因此皆不願熱心學習，於是他認爲最好還是改送臺人子弟，至該宗大本山的中央佛

---

27 大橋捨三郎編，《真宗本派本願寺臺灣開教史》，頁 132。江燦騰，《日據時期臺灣佛
　　教文化發展史》，頁 130。

教學院去留學。

並且，隔年（1921）9 月 20 日，他又提到：「針對本島人的開教而施行的教化手段，須使內地（日）人培養熟練本島人語言習慣的留學生成爲本宗僧侶，以教導本島人子弟。將來彼等勢須分散至各地開教的二途徑中：前者將來要到成爲本島人的墳墓地，可能有找不到人去的困難。」

「至於後者，因向來中國的風俗，常將青年男女當成人身買賣的標的，被父兄將彼等視爲財產，若欲收容小學畢業的程度者，使其將來能成爲本宗僧侶，但伴隨而來的困難是，基於過去在本島人間，僧侶的社會地位及待遇都相當低劣的慣例，很難有秀才或中產階級以上者願來；並且，本島人對於須接受義務教育的學齡兒童，有遲至 10、9 歲方讓其就學者，致使彼等在公學校畢業的年齡不一致，要再入日本內地的中學進修，亦會有種種困難。儘管如此，相較之下，若要在臺地開教能貫徹始終的話，還是寧可認爲後者優於前者。」[28] 可見該宗最後所能採取的，還是改以培訓「臺籍宗教師」，來做爲該宗最終能打入臺灣人宗教心靈深處的有效工具。

並且，在事實上，該宗仍得等待日後有臺籍佛教精英王兆麟和許林二人的歸入爲佈教師，才使其對臺人信徒的佈教活動，有了急遽的顯著發展。這在筆者後文的相關討論中，將會再觸及，此處只需證明其困難之處及其試圖解決之道。

＊

相對於眞宗本願寺派來臺日僧的自我評估，日本官方也有類似的觀察和事後的相關檢討，茲舉出現在臺灣總督府檔案中的幾條重要史料爲例：

A. 1900 年 12 月 28 日，臺北縣知事村上義雄在呈報臺灣總督兒玉源太郎的《宗教相關事項報告——明治 33 年 11 月份·附件》中，先是提到在轄區內的：

---

28 大橋捨三郎編，《真宗本派本願寺臺灣開教史》，頁 136-137。江燦騰，《日據時期臺灣佛教文化發展史》，頁 131。

……各派佈教師……若大致加以觀察,則仍可知除石井大亮、紫
雲玄範等少數 2、3 人之外,其餘任何人平素之行爲無不十分惹
人嫌惡,常將醜名流於世上,其結果成爲報上攻擊之題材者不
少。……彼等之素行……甚難符合一身爲佈教師所應有之資格。

接著又說:

無遑多論,各宗之目地均在開教新附之民,故據臺後各宗爭先擴
展開教領域,於各地設説教所,利用各種手段全力吸收信徒,導
致各宗皆暫時獲得多數,而互誇其多。惟此種佈教之結果並非所
謂精神上之皈依。進入本地人腦海裡者,卻誤以爲,只有成爲信
徒,即可受到特殊之保護且增進福利,而爭先投效於各宗門下,
惟此不外係一種形式上之皈依。[29]

因此,他認爲這些因素導致日僧在臺佈教成績逐漸式微。[30]

B. 臺南縣知事今井艮一,也曾在同年的 12 月 19 日,於呈給臺灣總
督兒玉源太郎的報告中,提到有關該地區臺灣佛教的狀況。

但他先點出臺灣的宗教問題說,當地的宗教師一向素質低落、普遍
遭社會歧視,而信徒亦過度仰賴神明決定人生禍福、不惜典當家產耗用
於取悅神明等。所以他認爲:「本縣轄下……一般而言,其稱寺廟者,
亦均鮮有服務於該寺廟中之神職人員、僧侶……或有住持或僧侶之類,
惟並非德高望重、學識淵博之輩,甚至於彼等於社會中之地位頗低,因
此絲毫沒有喚起民眾信仰心等高尙之觀念。民眾對於此等僧侶亦不信其
能傳播神佛之福音,寧可待之以劣等之種族,故其平素僅止於守護堂宇,

---

29 陳金田譯,《臨時臺灣舊慣調查會第一部調查第三回報告書:臺灣私法(第二卷)》。
　　頁 56。江燦騰,《日據時期臺灣佛教文化發展史》,頁 132。
30 江燦騰,《日據時期臺灣佛教文化發展史》,頁 132。

行點火、奉饌之事，時而列席儀式。」「如斯，本縣轄下一千多間之寺廟
中，雖無宗教上值得認可者，如統轄寺廟之宗派，亦或宗教上之領導者，
即率領大眾庶民之宗教家，惟彼等潛藏於腦海裡之那種宗教心卻頗爲頑
固、倔強，相信彼等之吉凶禍福全由神佛定奪，故平素似不吝嗇、汲汲
於爭奪錙銖之利。其於奉行祭祀之際，全家、全庄必傾全力，投下巨資，
狂熱奔走，典當衣物，變賣田園，以供其資，唯恐落他人後。」[31]

日本「內地佛教，其傳來亦因時日尚淺，未具感化力，故本縣轄下
97 萬人民依然爲迷信所支配，年度撒下鉅額財富。對此，一旦知之，縱
然其不欲成爲一井然有序之宗派，此豈無留意之價值乎」，而這也是當
時來臺日僧普遍的見解，但整個問題依然出在兩者的信仰內涵及方式，
在本質上即是截然不同的，很難克服。

因此，臺南縣知事今井艮一在同報告中，亦對日僧來臺後佈教方式
之得失，提出他個人很不客氣的批評說：

內地佛教之傳來，在於據臺以後，非但時日尚淺，且亦爲一佈教
勸化至難之事業，非一朝一夕所能爲也。

話雖如此，在原有之宗教中，或有純然之佛教，或帶佛教之氣
味，加上同文同種之故，是以若將此比較之與異文異種之傳道士
依然絕對排斥原先之宗教，而與彼等之迷信水火不相容者如耶穌
教，則佈教之難易已非同日而語。

從事者若能選擇得宜，堅忍不拔，孜孜不倦，善加利用其迷信，
漸次導之於法，則將來應大有可爲。現或有人試向各人進行說
教，或藉由國語知識傳習之便而節節得勢，惟因從事者未得其
宜，更迭頻繁，或寄寓日深，致使思想漸次薄弱，而忘卻初志，
僅欲與內地人相互往來，盼其多加捐獻香錢。

31 陳金田譯，《臨時臺灣舊慣調查會第一部調查第三回報告書：臺灣私法（第二卷）》。
　　頁 59-60。江燦騰，《日據時期臺灣佛教文化發展史》，頁 132。

比較之與耶穌教自開教以來即能忍受艱辛，十年如一日，以堅
定奉獻之理想致力佈教，則其頹靡之舉，實非言語所能形容，
如斯，從事者對於此一迷信頗深且又頑固之本島人，欲收感化
之實效，則如所謂緣木求魚。而試向佈教師本人質問其信徒數，
雖然答以本島人有數千百人，惟可謂爲宗教心發悟之起點，且亦
人生之最大禮，及本島人最重視之葬儀，卻未曾聞有以佛教之佈
教師擔任導師者。[32]

然而，假若以上臺南縣知事今井艮一對日僧的佈教不力有所批評，
但從其剴切的責備語氣中，猶帶有恨鐵不成鋼的期待，故並非全以絕望
的角度來評論。

C. 但，幾可稱爲「後藤新平殖民政策代言人」的竹越與三郎，則無
法如此樂觀。

因竹越與三郎除了贊同耶穌教著名的傳道士馬偕博士（George Leslie
Mackay, D.D.）在其《臺灣遙寄》（From Far Formosa）中批評臺灣民眾
有極端迷戀黃金之癖好外，亦認爲傳統臺灣社會中，上流者對腐敗之政治
絕望，轉而沉淪於酒池肉林的享樂生活；下流者既乏法律正義與政治保
護，故天地間唯獨手中所握黃金可以依靠，以致連應講究眞情的男女婚
姻，和應有倫理道德自覺的宗教信仰，皆從現實功利的經濟角度來著眼。

所以他認爲，處於社會底層的臺灣佛教僧侶，既被社會輕蔑和貶抑，
實不能仰賴彼等爲臺灣民眾解明人生的道理。此所以在此環境中，亦相
繼滋生許多含有毒素的新佛新神。因而臺灣雖有號稱佛教徒者，更不能
忘記彼等尚有其他的淫祠信仰這一事實。[33]

---

32 陳金田譯，《臨時臺灣舊慣調查會第一部調查第三回報告書：臺灣私法（第二卷）》。
　　頁 60。江燦騰，《日據時期臺灣佛教文化發展史》，頁 132-133。
33 竹越與三郎，《臺灣統治志 教育 宗教 慈善》（東京：博文館，1905 年），頁 478-
　　495。江燦騰，《日據時期臺灣佛教文化發展史》，頁 134。

D. 至於比較客觀持平的學務部長持地六三郎[34]，則認爲異民族不同生活習慣和宗教禮俗等，必須加以尊重，不能以政治力加以強制改變，因日治初期官方雖曾一度信誓旦旦，欲執行「急進的風化」政策，以達到禁鴉片、斷頭髮、解纏足的目標，但最後都決定暫緩嚴格執行，而採取漸進的改善方式。

所以，他認爲，雖然移易形而下的風俗習慣，可以見到急遽的進步出現，但對於改革形而上的思想及信仰之類，其能達到何種程度？只要看臺灣本地人對「大和魂」的感受如何？即不得不承認這並非輕易之舉所能獲致。[35]

---

34 持地六三郎，《臺灣殖民政策》（東京：富三房，1912 年。臺北：南天書局，1998 年），頁 400-402。江燦騰，《日據時期臺灣佛教文化發展史》，頁 134。

35 陳金田譯，《臨時臺灣舊慣調查會第一部調查第三回報告書：臺灣私法（第二卷）》。頁 178-179。江燦騰，《日據時期臺灣佛教文化發展史》，頁 134。

第 5 章

日本殖民統治時代臺灣新竹市青草湖靈隱寺的特殊雙元結構的眞相透視

江燦騰

壹、前言

在本章之前的兩章，我們是先介紹當時擁有實質殖民統治權的日本政府當局，對於同樣來自日本的佛教宗派寺院，在當時的新領地新竹地區的相關發展狀況。

讀者由此可知，之前我們曾以日本曹洞宗新竹寺與日本眞宗本派竹壽寺兩者，或獨霸拓展、或慘澹經營的盛衰差異狀況，來反映其不必然都具有相對發展優勢的歷史眞相。

可是，當時的新竹地區，被統治者的漢族人口，是居於絕對多數的，並且在日本佛教寺院與僧侶來到新竹發展以前，原有的漢族佛教信仰場所，雖在日本官方殖民統治的宗教法制上，被歸類爲臺灣的原來習俗信仰，以「舊慣信仰」跟日本法律上的「佛教」相區隔。但其中，仍出現允許流動變革的情況。

只要合法申請許可，經殖民當局相關權責單位核可之後，仍然可以變更爲正式的「佛寺」與「僧職」。

　　所以本章，我們即以當時最著名的新建佛寺「靈隱寺」，做爲實際轉型成功的樣本。透視其中的相關細節與手續，藉以了解日本殖民統治時期的新竹在地佛寺建立過程。

　　此外，有關新竹市青草湖著名的靈隱寺歷史與建築，在過去究竟有無被誤解或不清楚之處？答案當然是肯定的。因此，在本章中，我們將改採新的歷史透視角度，來試圖還原它的眞面目。我們雖不敢宣稱絕對正確無誤，可是絕對是用不一樣的觀察角度來理解的。

　　其次，對於這個題目，筆者讀過最新相關著作。[1] 其中由玄奘大學的黃運喜教授在 2007 年《竹塹文獻雜誌》第 38 期 4 月號，曾發表〈日據時期新竹青草湖感化堂的屬性初探〉專文，[2] 將原來新竹市民又稱「孔明廟」的「感化堂」，推定「齋堂」性質的。而筆者對於這一點，是不能表示同意的。於是，筆者在本章中，主要是根據日本殖民時代的相關宗教行政法律規定，[3] 以及在黃教授發表此文之後，新出現的一些相關著作或論文，[4] 來提出一些新看法。

1 我讀過有：1. 釋見豪、釋自衍採訪與編著，《魚趁鮮人趁早：明宗上人走過台灣佛教六十年》（嘉義：香光書鄉，2007 年）。2. 釋見豪、釋自衍採訪與編著，《樸野僧‧無上志：新竹靈隱寺無上和尚圓寂五十週年紀念》（嘉義：香光書鄉，2011 年）。

2 見《竹塹文獻雜誌》第 38 期（2007 年 4 月），頁 49-69。

3 溫國良，《台灣總督府公文類纂宗教史料彙編》（南投：台灣省文獻委員會，1999 年）。

4 例如：1. 釋見豪、釋自衍採訪與編著，《魚趁鮮人趁早：明宗上人走過台灣佛教六十年》。2. 釋見豪、釋自衍採訪與編著，《樸野僧‧無上志：新竹靈隱寺無上和尚圓寂五十週年紀念》。3. 大野育子，〈日治時期在臺日僧與臺籍弟子之關係初探：以新竹寺佐久間尚孝和朱朝明為中心〉，載《台灣學研究》第 15 期（2013 年），頁 67-94。4. 闞正宗，〈殖民時期獅巖洞元光寺修行者群像──兼論曹洞宗在獅頭山的活動〉，《玄奘佛學研究》第 15 期（2011 年 3 月），頁 99-152。5. 林欐嫚，〈由訪談玄祐尼（黃玉灼女士）中──論日治時期臨濟宗妙心寺派在臺之尼僧教〉，《圓光佛學學報》第 22 期（1993 年），頁 217-268。

貳、日本殖民統治下「特殊雙元寺廟」建構新例在竹塹：從「感化堂」到「靈隱寺」的辯證發展

雖然我們可以輕易查出新竹市青草湖靈隱寺，是 1932 年落成啓用的。可是，我必須說，假如沒有它還涉及更早期就已存在的「感化堂」與「靈壽塔」的歷史事實，我就不會用上「日本殖民統治下的特殊雙元寺廟建構新例在竹塹」這樣的字眼。它既可以說是超前的新潮流作法，也可以說是另類的反潮流發展。而有關這些，我在底下，都將會一一說明。

一、爲何早期新建「感化堂」是祭祀神廟而非「齋堂」性質？

首先，我們須知，根據日本殖民時期的官方宗教行政法規規定，日本殖民以前就存在的寺廟、或道觀祠堂等，若在日本殖民宗教法規適用期限內，從無存在過度的宗教迷信，[5] 也無妨礙治安或政治動亂，[6] 並且也不

5　1915 年 11 月 8 日，《臺灣日日新報》1 版的〈日日小筆〉，報導 1915 年 11 月 2 日起，一連三天，總督府召開的「全島宗教會議」說：此次宗教會議，將為發布宗教法令做準備。但報導中，還嚴厲指責臺民「迷信」說：「迷信在文明國不可避免，但在知識階級則可免，況且如本島人，其弊害之甚，尤不可不慎重注意。近年頻出的陰謀事件，多是藉迷信以鞏固其決心，畢竟見其原因是基於無智也是迷信的勢力。如此次陰謀事件的策源地西來庵即是證例也。本島這種社寺，是不能與內地所謂的社寺有同一待遇。迷信不可能絕對排除，若事屬無害，也不可強加於罪，不過像本島往往導致危險思想，必須嚴格取締，也是必然措施。像此次係極為重大之事，而其除了單是所謂的迷信之外，但其弊害及於社會風氣，是要斷然取締的。
所謂淫祠邪教荼毒世道人心之恐怖，往往在文明國亦不能保證絕無，況且是先天迷信極深的民族本島人哉。……聽說這次的會議，除了花蓮、臺東兩廳之外，全島社寺總數達七千多，實為驚人，對此採取適當的措施是緊要的問題。又另一方面，迷信以利導之，毋寧是有效果的，本島人迷信極深，在於利導之，用力於涵養一般之敬神思想。吾人一方面在嚴格取締社寺的同時，又切望不息於利導，而裨益於社會風氣，毋寧是最有效的社寺政策。」後來，負責宗教調查的丸井圭治郎，在其編著《臺灣宗教調查

圖 1　鄭保眞（1898-1975）

申請經過正式官方核准而變更爲享有法律優待與特殊地位的神社或寺院，則它就只是屬於臺灣人原有的「舊慣信仰」，而它存廢或新建，就只要地方政府進行相關的行政裁量即可。[7]

根據這一宗教行政原則，1924年時，也就是在日本殖民統治臺灣的第 29 年時，才由新竹市糕餅業所民間私自供奉的職業主神「孔明」，在有家傳看風水專業背景的鄭保眞（1898-1975）主導之下【圖 1】，以及幾位有志者，一起出資擇地興建「感化堂」。[8]它供奉的堂中主神，就是根據《三國演義》相關情節演化所形成的，已做爲新竹市糕餅業主神孔明，開始新建一間供奉孔明的傳統小神廟而已。在這種情況下，它絕不是與新竹當地已有很多間的齋教三派的任何一種「齋堂」類似性質。

至於被聘來「感化堂」當「顧廟」的魏阿樹，就是受僱來執行日常性的祭祀儀式與打理「感化堂」而已。[9]所以，在黃運喜教授的論文主張出現之前，沒有任何歷史資料與有任何學者認定，「感化堂」是「齋堂」性質。

報告書第一卷》（臺北：台灣總督府，1919 年），也同樣提到迷信的相關問題。原書，頁 5-6。

6　丸井圭治郎，《臺灣宗教調查報告書第一卷》，頁 6。

7　溫國良，《臺灣總督府公文類纂宗教史料彙編》，頁 183-187。

8　《南瀛佛教》第 13 卷第 6 號（1937 年），提到的共同發起者，有蔡神扶、鄭榮樹、林培祥、楊定波、湯江水等，頁 52。

9　釋見豪、釋自衍採訪與編著，《樸野僧・無上志：新竹靈隱寺無上和尚圓寂五十週年紀念》，頁 46。

圖 2

　　反之，像「感化堂」這樣的建廟方式，若將其放在全臺灣傳統形形色色的神廟祭祀中，也就是實質做爲糕餅業主神，有特建新廟來正式供奉的「孔明廟（感化堂）」，確是有新創意的。問題在於，它很可能並沒有被新竹市的糕餅業者所一致熱烈支持。否則，它就不必又陪祀觀音佛祖，然後又急著建設用以安置亡者骨灰、收取費用的「孔明廟（感化堂）」了。【圖 2】

　　根據後來這樣的發展狀況，我們可以推斷：像「孔明廟（感化堂）」這樣的祭祀神廟，由於是新創的，很可能無法促成新竹地區多數民眾來堂，進行常態性的香火祭拜。如此一來就意味著，它必然會沒有常態性的大筆宗教捐款收入可支用，它要長期維護下去，將會非常困難。

　　因此，論此發展的可能邏輯思維，就是推斷：當時鄭保眞等人就是根據鄭保眞曾學習到的一些佛教典籍知識，以及參考當時其他新竹廟宇的常見做法，在「感化堂」內，除主神孔明之外，又增列了陪祀的觀音佛祖。

　　如此一來，增列陪祀的神明——南海觀音佛祖之後，它既可增加「感化堂」所供奉主神孔明，做爲職業神的宗教神聖性，另一方面也方便帶來幾項後續的衍生效應。

　　例如：一是佛教徒可來拜南海觀音佛祖，或孔明。二是佛教宗教師，

圖 3

圖 4　1927 年新建的「靈壽塔」

可應聘來堂，充當廟祝之用。三是可以進一步興建靈骨塔。

這三者之中，尤其是最後這一點，其實是當時臺灣佛寺南北著名佛寺都在新建的水泥建築【圖 3】。[10]

而這是可以預期，將有常態性豐沛經濟收入的新宗教經營產業的。於是 1927 年新建的「靈壽塔」，便風風光光的正式落成啓用了。【圖 4】

另外，在「感化堂」南面的偏僻處，也建築一間簡陋的個人閉關靜坐自修精進之處，稱為「金剛岩」。可是，日後眞正在此苦修多年有成的是釋無上（1918–1966）一人而已【圖 5】。鄭保眞早期一度也曾在此靜坐自修過，但，更可能的情況是，此處其實是日後「靈隱寺」落成有豐沛財務收入後，他在此處金屋藏嬌，發生種種不倫負面新聞之處（有關這一點，稍後會再繼續提及，此處先省略不詳提）。

「感化堂」本質上，就是祭祀型的傳統神廟之一。所以，它根本不是任何齋教三派之一的「齋堂」。這就是我們先澄清的一點，也是我們與黃運喜之文所主張的最大不同處。

---

10 參考釋見豪、釋自衍採訪與編著，《樸野僧‧無上志：新竹靈隱寺無上和尚圓寂五十週年紀念》，頁 52-56。

二、特殊雙元寺廟建構新例在竹塹出現的歷史過程與眞相

（一）從「感化堂」到「靈隱寺」的辯證發展與日僧佐久間尚孝

在上述從「感化堂」到「靈壽塔」的辯證發展過程中，有一個關鍵性的熱心支持者出現了，她就是翁妙全（1867-1935），一位新竹市本地富有且資深的佛門女性。之後，要進一步提出建「靈隱寺」辯證發展過程中，另有一個關鍵性的熱心支持者又出現了，他就是一位當時在新竹市最有影響力的日本曹洞宗新竹寺住持佐久間尚孝（1895-1977）。

翁妙全與佐久間尚孝兩人，就是本文以下要說明的重點。

可是，基於涉及的相關宗教權力的支配性大小問題，很顯然是佐久間尚孝的社會地位更高、權力支配的實質影響力更大，所以我先說明佐久間尚孝的協助興建「靈隱寺」並出任住持的經過。之後，再回過頭來，說明翁妙全為何如此熱心支持建「靈壽塔」與「靈隱寺」？

首先，就當時的世界局勢或東亞的政經局勢來看，都無法不深受巨大時代影響的關鍵年代。那就是，新建的「靈壽塔」啓用兩年後的 1929 年，正逢世界經濟大崩潰之年。

而在此後的 16 年間，20 世紀前期所出現的世界大動盪，包括東亞全域在內，都加快節奏的陸續爆發。所以，這是一個少有的世界性不景氣持續擴散年代。當然，不能例外

圖 5　釋無上（1918–1966）

地，連臺灣各行各業也都會波及。因此，如何增加收入之法，就成爲優先考量。

　　此外，在 1930 年，日本殖民在臺當局，首次許可之前禁止的日本僧侶擔任臺灣神廟或佛寺的住持一職。因而當時，日本佛寺宗派與最具影響力的僧侶，是日本曹洞宗新竹寺住持佐久間尚孝。所以，直到 1945 年 8 月，他因日本敗戰政權轉移，也跟著交出寺院離臺返日爲止，大致上可以說，新竹地區的本地佛寺在他所長期活躍的所謂 14 年（1931-1945）戰爭時期內。主要都是透過他的從中斡旋，才能順利進行的。

　　不過，論述到此，你或許會問，爲何一位日本僧侶在新竹地區有如此大的影響力？其實，若你知道眞相的話。在佐久間尚孝來到新竹市擔任日本曹洞宗力大且經營已久的新竹寺第六任、也是任期最久的住持之前，他是日本曹洞宗合格僧侶，畢業於曹洞宗大學林，來臺擔任臺灣第一所佛教中學的教授，也是日本曹洞宗在臺最高領導僧侶的徒弟，又是合格的該宗佈教師。而他在新竹市出任第六任新竹寺住持之外，也有多項非僧侶的重要身分。因此在新竹的日本統治階層之間或臺人與日人上流社會之中，可以說他都是一位具有很大實質影響力的日本僧侶【圖 6】。[11]

---

11 有佐久間尚孝的資料以及他的多重身分等，在新竹市文化局官網上的「人物志：流寓」，
　　就完整提到：「佐久間尚孝，明治二十八年（一八九五）出生於日本國宮城縣遠田郡
　　涌谷町。一九二二年駒澤大學（曹洞宗大學）畢業後渡台，在台北曹洞宗中學校（今
　　泰北中學）擔任教職，一九二五年昇任爲新竹寺住持教誦日語經文，招收台籍僧人。
　　新竹寺當時約有信徒千名，是新竹地方宗教界重鎮，佐久間在任職期間致力於教務，
　　對台灣地區宗教改革、寺廟規範等方面尤爲關注。其間並擔任新竹州州會議員、市會
　　議員、方面委員、司法保護委員、南門町區區會長及昭和義塾校校長，兼任新竹州內
　　各寺院顧問等職，在新竹期間，對新竹州下的佛教護持有功，積極幫助鄭保眞創建靈
　　隱寺，力勸寺社課，中止將獅頭山勸化堂變爲神社，推介玄深、如學、勝光等尼師至
　　日本留學。宗教事務上，建樹頗多。在社會救濟及教化事業方面費心最多，亦最受人
　　愛戴。當時爲照顧未能入公學就讀的貧困子弟，有學習的機會，排除困難，設立昭和
　　義塾，免費提供教材、紙筆，幫助失學子弟就讀。一九四五年，戰爭結束後遣回日本，
　　擔任仙台梅檀高等學校學監、泰心院住持、宮城縣宗務所所長、東北教誡師會會長。
　　一九六四年擔任戰後第一任中日佛教親善特使，長年奔波於日本、台灣之間，致力於
　　促進兩地的親善工作，受到台灣地區空前的歡迎，佐久間在感激之餘，誓言他日渡化

他的主要任務，
一定要包括協助日本
在地官方的有效統治
與發揮在地安撫日臺
社會情感。所以，日
後，他被愛戴的程度，
甚至持續戰後很久。
例如，他不但是第一
位回來從事佛教交流

圖 6

的日本僧侶，也把他死後遺骨灰一部分，特別安葬在臺灣與他有關的佛
寺供養。[12] 這都是明確可考的歷史事實。

　　因此，當「感化堂」要進一步擴建成「靈隱寺」時，便直接涉及到
當時相關的宗教行政法律規定。這一巨大的官方手續難關，是不容易克
服的。[13] 所以當時身為「感化堂」這一新宗教事業體的代表性人物鄭保眞，
大勢所趨就是主動登門請求佐久間尚孝的協助。[14]

　　也因為這樣的背景與實質影響力，所以 1932 年落成的「靈隱寺」，
是為新建佛寺，大殿主祀為觀音菩薩【圖 7】。[15]

　　而且，管理的方式以及會計制度，是要按照相關的宗教法律規定來辦
理的。可是，當時在「感化堂」這一宗教事業體的宗教師，並無合格僧

後，必分骨於台灣，一九七七年去世，享年八十三。一九八○年，分骨後奉安於新竹
市大眾廟、獅頭山開善寺，並刻石以誌其事。註：資料來源，朱朝明：日本人塚の由
來に就いて。」

http：//www.hcccb.gov.tw/chinese/05tour/tour_f02.asp?titleId=359

12 同註 11。

13 這是根據 1922 年 7 月 30 日台灣總督府發佈的訓令第 157 號，第 6 條規定。見溫國良，
《台灣總督府公文類纂宗教史料彙編》，頁 131-135。

14 同註 11。

15 同註 11。

圖 7

尼可以擔任寺院住持。[16] 因此，從 1933 年開始，便委由佐久間尚孝本人，
親自擔任該寺住持一職。[17] 至於管理人以及實際住持，便是由翁妙全擔任。

　　其後，日本在臺灣殖民統治當局，於推行「皇民化運動」（1937-1945）
時期，乃至 1941 年大東亞戰爭爆發，不但，釋無上與其他多位臺灣宗教
人士，於 1941 年時，正式拜佐久間尚孝為師，因而具有日本曹洞宗僧籍，[18]
連「靈隱寺」也正式納入日本曹洞宗的「聯絡寺院」。[19]

　　可是，等到日本戰敗，臺灣統治權改由國府進行軍事占領與長期實
質統治時，釋無上既已身為該寺戰後首任新住持，便有極為敏感的去日
本化的疑慮與必要之舉。

---

16 同註 13。

17 同註 11。

18 這是根據新竹市存齋堂的黃魏章個人的回憶與親身經歷的談話記錄。見張綉玲，《新
　竹市佛教寺廟藝術之研究》（中國文化大學藝術研究所，碩士論文，1996 年），頁 46-
　47。另外，大野育子，〈日治時期在臺日僧與臺籍弟子之關係初探：以新竹寺佐久間
　尚孝和朱朝明為中心〉，《台灣學研究》第 15 期，頁 82-83，也提及此事。

19 大野育子，〈日治時期在臺日僧與臺籍弟子之關係初探：以新竹寺佐久間尚孝和朱朝
　明為中心〉，《台灣學研究》第 15 期，頁 83。

　　不過，有關這個部分，我們將會留到的本文第二部分，討論戰後的關鍵年代的靈隱寺歷史眞相時，再詳加說明。

（二）「靈隱寺」的早期紛爭歷史眞相還原試探

　　對於此一問題的眞相還原，可能的途徑或許還有。但是，我們此處提出一個關鍵性的問題，就是當時的「感化堂」與「靈壽塔」，雖是附屬於「靈隱寺」，可是「感化堂」的法定管理人之一，[20] 還是鄭保眞。換句話說，它的所有權，其實是獨立的。因此，才會有鄭保眞及其利益集團，得以持續挪用與勒索涉及「靈壽塔」的販售塔位與相關祭祀儀式活動的大筆收入的有力藉口。當然，在法律上是非法的。可是，實質上卻有灰色的操作空間。

　　因此，要直到鄭保眞有兩次由於挪用的款項過大，又在「感化堂」內私自與年輕美貌女性發生讓人強烈反感不倫風化事件。而他的重大醜聞，不但被當時的新聞詳細刊載，[21] 甚至日本刑警也正式介入調查與究責。[22] 所以，在此之後，直到二戰結束時，鄭保眞都無法再像從前那樣，爲所欲爲。

　　以上就是我們對「靈隱寺」的早期紛爭歷史眞相還原第一步。

---

20 日本殖民時代 1936 年 1 月 22-24 日與 1937 年 5 月 31 日、8 月 6 日的《臺灣日日新報》相關報導，都是稱他是「感化堂主人」，而非「靈隱寺主人」。參考釋見豪、釋自衍採訪與編著，《樸野僧・無上志：新竹靈隱寺無上和尚圓寂五十週年紀念》，頁 68。與此有出入的是，施德昌，《紀元二千六百年紀念台灣佛教名跡寶鑑》（1941 年），提到鄭保真是靈隱寺住持兼管理人，釋無上是信徒總代表。應該是錯誤的，因為當時，靈隱寺住持是佐久間尚孝。鄭保真應該只是感化堂的管理人兼廟祝。

21 有關日本殖民時代 1936 年 1 月 22-24 日的《台灣日日新報》相關報導，引述資料出處、學術討論，本文參考：釋見豪、釋自衍採訪與編著，《樸野僧・無上志：新竹靈隱寺無上和尚圓寂五十週年紀念》，頁 65-68。

22 有關日本殖民時代 1937 年 5 月 31 日、8 月 6 日的《台灣日日新報》相關報導，引述資料出處，本文參考：釋見豪、釋自衍採訪與編著，《樸野僧・無上志：新竹靈隱寺無上和尚圓寂五十週年紀念》，頁 67-68。

（三）從「感化堂」到「靈隱寺」的辯證發展與翁妙全關鍵作用的解謎

再往下繼續討論「靈隱寺」建築前後的相關過程中，必然會涉及幾個重要的歷史問題。因而，我們預備從另一種新角度，來直接切入問題的核心，並提出我的更深層的相關專業性歷史解讀。而此新透視法，又是如何實質展開呢？

首先是，我們要重新審視在 1935 年過世的翁妙全——這位新竹市著名吳家寡婦且擁有雄厚財力的佛教女性——的角色問題。

我們知道，在現有資料上，的確曾提到她是在「感化堂」開始增建「靈壽塔」的 1925 年，參與「感化堂」宗教事業體的。

可是，若只是這樣的話，我就會從另一方面來看，照理說，她當時已在佛教界多年歷練，豐富非常經驗，以及本身又擁有如此雄厚的繼承財力，以她所處的社會地位來說，她根本沒有必要介入區區一間新蓋的「孔明廟」事務——此因，她若要在任何一間「齋堂」或「佛寺」內長期居住，又可以有人服侍生活起居，按當時的規矩，她只要預繳一筆「安單」款項，就可以達成目的了。[23]

不過，我們也有所質疑，因為她雖號稱曾拜福建鼓山湧泉寺的著名古月禪師為師習禪，但我們不認為她以寡婦之身，會真正在福建鼓山湧泉寺長期習禪，目前也還沒有發現她實際長期在該寺習禪的文獻記載。當然只是前往短暫禮拜是可能的。因此，也不能排除有其他兩種可能：

一種是，她只交了相關規費，而不實際參與儀式活動的「寄戒」，[24] 所形成的師徒名份。

二是，她其實是參與從福建鼓山湧泉寺來臺發展並歸化日本臺灣籍

---

23 此種情況，台灣傳統寺院，從日本殖民時代開始，到戰後六十年代，依然如此。見釋見豪、釋自衍採訪與編著，《魚趁鮮人趁早：明宗上人走過台灣佛教六十年》，頁 32-40。

24 這是從清代，到戰後的 1950 年之前，一直都是如此的。

的大湖法雲寺派開派祖師——覺力禪師——的傳戒、或宗教講習活動。

於是，我們的論述主軸，便轉移到，與當時覺力禪師相關的佛教新變化、及其所發揮的對於新竹地區佛教女性，有實質巨大影響的歷史問題。

事實上，覺力禪師本人在 1933 年，因過勞致死之前，他是日本曹洞宗在北臺灣地區所大力扶植的臺灣福建曹洞宗僧侶，特別是在客家區與新竹市的主要本地曹洞宗佛教徒領導者。

因此，1925 年第一屆在日本東京增上寺舉行的「東亞佛教大會」，他就是做爲代表臺灣曹洞宗的出席僧侶。[25] 同時，在當時臺灣總督府於 1921 年，輔導成立的全臺性佛教組織「南瀛佛教會」中，他也是新竹州地區的理事與合格佈教師。

也因此，他才能在 1925 年 4 月 15 日至 9 月 29 日爲止，可以獲准特別專爲佛教女性首次舉辦爲期半年的佛教講習會，[26] 地點就是與新竹北門著名鄭家有關的香山「一善堂」。

如此一來，從明清以來，一直不能在社會公開活動的臺灣本土佛教女性，在新竹州各郡原有的三派「帶髮修行」的非尼齋姑，開始大量轉型爲現代性佛教女性知識份子；[27] 並在高度的自覺革新意識下，紛紛皈依

---

25 見《南瀛佛教會會報》第 4 卷第 2 期（1926 年 2 月），頁 37-39。易水編撰，《大雲法雲寺派（上）：覺力禪師時代》（台中：太平慈光寺，2012 年），頁 287-300。

26 易水編撰，《大雲法雲寺派（上）：覺力禪師時代》，頁 326-358。

27 有關這一轉變的歷史，此處略爲解説如下：我們一般所知道的佛教女信徒，是指經過皈依儀式（由出家並受過具足戒的僧尼主持）的女信徒，她有出家僧尼爲「皈依師」，領有成爲正式信徒的「皈依證」，證上載有皈依後新獲得的「法名」。因此，一般在家的佛教女性，她的「皈依師」一定是受過具足戒的出家僧尼。而這樣的女信徒，在印度早期佛教的創立時代，就已是如此了。這種形式的佛教女信徒，就叫做「優婆夷」或「清信女」。可是，「齋姑」的「皈依師」，往往是同爲「齋教」的在家修行者，如本文之前所提過的，早在清代中葉，台灣地區便有傳自中國大陸的「齋教」三派：龍華派、金幢派和先天派。此處可以歸納「齋教」三派的幾個共同特徵如下：（1）強調是禪宗六祖惠能的法脈真傳，並且是以在家修行者及弘法者的優越性自居。（2）批判出家僧尼的腐敗和能力的不足。（3）然而，1895 年，日本根據〈馬關條約〉開始了對台長達 50 年的殖民統治。除政權變革，還帶來日本式的佛教信仰，以及信教自由的擴大。因此，原先在清代曾長期被官方視爲「邪教」之流的「齋教」，如今只是民間

覺力禪師或其門下，並出現自行出資，或向社會募資，以興建新佛寺與
新研究佛學教學機構。[28]

　　而這一波大轉變新趨勢，事實上，也的確影響了原在香山「一善堂」
出入的翁妙全。換句話說，她之所以會轉爲參與「靈壽塔」的興建，以及
在日本曹洞宗長期駐在新竹市新竹寺的名僧佐久間尚孝的指導與協助下，
她幾乎投入所擁有的巨額財產建築新「靈隱寺」，[29]做爲自己的佛門生活
與宗教實踐之所，就不足爲奇了。主要的時代因素及其影響，就是來自
上述的大轉變新趨勢所促成的。

　　因而，順此發展的邏輯，假如我們從以上這個新角度來看，有相當
程度可與當時的歷史事實無太大出入的話，則我們便可以據以斷定：她
就是因此才會成爲新建「靈隱寺」的最大功勞者；而另一個大功勞者就
是捐出大筆土地給新建「靈隱寺」的何李鎰。[30]她也是當時新竹大家族的
護持新建佛寺熱情婦女之一。

眾多信仰方式的一種，不再有法律的歧視規定。婦女的自主性和社會地位，也隨著教
育機會的增加和社會觀念的開放，而跟著改變和提升了。當時在這種情況下，由於殖
民當局宗教行政法規的變革和允許，以及彼等在日本佛教各派的極力促成，便有很大
一部分齋教徒成員，從此即藉以順利轉型，成為傳統台灣佛教的正式僧尼，甚至還一
度成為當時台灣本土佛教發展的新主流。

28 例如因林覺力曾在香山一善堂，專為傳統的台灣佛教女性舉辦過六個月一期的佛教講
習會，而學員中有吳達智和許達慧兩位齋姑，在講習會結束後，因成績優良，立刻被
新任命為候補女教師，但立即在台灣佛教界引起巨大風波，彼等認為林覺力過度抬舉
自己講習會的女性學員。然而，吳達智和許達慧也不甘示弱，於是她們也結合十幾位
尼眾，就在大湖郡法雲寺附近辦一座「觀音山研究院」。此棟建築物是在昭和2年
（1927）6月起造，直到昭和3年（1928）2月落成啓用，並號稱彼等是走現代化知識
路線的女性修行團體，有報效社會的雄心。可見這是傳統台灣佛教女性的獨立自主性
已逐漸展露的跡象，縱使對戰後後台灣的新佛教女性來講，彼等的如此作為，亦稱得
上是影響深遠的里程碑。江燦騰，《二十世紀台灣佛教文化史研究》（北京：宗教文
化出版社，2010年），頁182-188。

29 她捐出一萬元。釋見豪、釋自衍採訪與編著，《樸野僧‧無上志：新竹靈隱寺無上和
尚圓寂五十週年紀念》，頁48。事實上，在此之前，新竹名佛寺淨業院當初投入的建
築資金，也只是一萬三千元。

30 見《南瀛佛教》第13卷第6號（1935年6月），頁62說明。

因此，在「靈隱寺」的開創史上，鄭保眞固然也算是最早參與的重要一員，但眞正名符其實的建寺開基祖，應該是翁妙全，而何李鎰就是最大的功德主代表。

由於翁妙全在寺內居住，所以她是實質的「靈隱寺」住持【圖 8】。只是 1935 年，她就過世了。不過，她其實是陳阿桶——自號「釋無上」——的五舅媽。因此，釋無上所以長期參與「靈隱寺」各項事務，不可否認的，與翁妙全也大有關聯。

圖 8　翁妙全

（四）日本殖民統治後期的釋無上：法名由來、各種歷練、操守狀況與師門批判意識

1. 法名由來

陳阿桶，自正式踏入佛門之後，自號「釋無上」。但是，我個人傾向於推斷並非鄭保眞給他命名的，最有可能其實是他自己取的這名字。

我的推論邏輯如下：

從傳統臺灣漢傳佛教僧徒，命名慣例角度來看，自號「釋無上」這名字，其實有些文法上錯誤的嫌疑。因爲釋迦是佛陀的姓氏，「無上」是「佛陀」或「大解脫者」的通稱之一。因此，通稱「釋迦牟尼佛」或「佛陀」，是可以的。若是改稱「釋迦佛陀」或「釋佛」是有點不通的或略有不精確的。因此，他自號「釋無上」，就難以形成自己日後收徒時做爲宗派輩分的傳序之用。

例如戰後，1955 年，他去臺中寶覺禪寺重新受戒，禮拜中壢圓光寺的著名妙果老和尚，做爲他的新剃度師。於是，那次《同戒錄》上，他的法名，便跟著改爲「今學」，法號則仍是原來常用的「無上」

圖9　釋無上

【圖9】。[31] 因而，我這篇文章，主要是用沒有括弧的釋無上來稱呼他，以便保持前後行文的一致性。

2. 各種歷練

至於其他方面，例如有關他擅長客家佛教儀式唱誦技巧，他是到新竹關西潮音寺拜師學來的。[32] 而他所了解《金剛經》或《心經》的相關知識，以及他在禪坐冥契的長期自修；或在大東亞戰爭期間，他到基隆月眉山靈泉禪寺，參加由留日的德融法師（1884-1977）所辦的三年一期禪訓班課程，[33] 都由於他能以全生命力眞誠的投入、能夠堅毅無比地持續堅持到底，所以才能有堪稱卓越不凡的體會與表現。

因而，我們也據此推斷，這又絕非是一直號稱其師的鄭保眞本人，所能眞正傳習給他的佛教經典知識啓蒙，或者是釋無上對其行爲上有所典範仿效，因而才習得的優質操守表現。

---

31 釋見豪、釋自衍採訪與編著，《樸野僧‧無上志：新竹靈隱寺無上和尚圓寂五十週年紀念》，頁 23-24。

32 釋見豪、釋自衍採訪與編著，《樸野僧‧無上志：新竹靈隱寺無上和尚圓寂五十週年紀念》，頁 73。

33 釋見豪、釋自衍採訪與編著，《樸野僧‧無上志：新竹靈隱寺無上和尚圓寂五十週年紀念》，頁 72。

3. 操守狀況

　　我們若實際去檢視釋無上的佛門全部生涯，也就是從他在「靈隱寺」開始其佛教禪徒生活以來，一直到他在 1966 年中離奇暴斃死亡為止，[34] 這一段期間，他的各方面行為狀況的話。那麼，我們可以明確地承認，他都能做到：不貪財，不揮霍，不犯任何情慾桃色糾紛，自始至終，是以簡樸勤儉的一貫作風，來安頓他日常性一己衣食住行的所需。

　　而他的最大個人喜好，就只是經常創作與佛教體驗或僧人自省的出色佛教詩歌。因此他才有大量作品長期發表在當時最重要佛教期刊《南瀛佛教》的各期上，[35] 被廣泛閱讀，詩名洋溢。

　　我們由此可知，他其實有很強的語文表達能力。例如他能說日語、客語、臺語，他的書法端正清雅【圖10】，他的佛法概念清楚正確，表達在創作的詩詞上，修辭精準，不濫俗套，而他個人的操守非常嚴謹。

　　因此，他自從在「靈隱寺」內開始其嚴謹近乎苦行的禪徒生活以來，他除了對於佛教界的團結、僧徒教育的注重，有廣大的願力去推動與大力呼籲各方響應之外，再來只是他對「靈隱寺」永續經營與維護可謂盡心盡力，直到他生命終絕之日為止，我們簡直難以有更多的其他描述了。

圖 10

4. 師門批判意識

　　不過，有一點，讀者須知，有關他的佛教改革構想，可以說，幾乎

---

34 釋見豪、釋自衍採訪與編著，《樸野僧・無上志：新竹靈隱寺無上和尚圓寂五十週年紀念》，頁 86。

35 所有的這些詩文，都收入釋見豪、釋自衍採訪與編著，《樸野僧・無上志：新竹靈隱寺無上和尚圓寂五十週年紀念》一書，頁 323-344。

一開始就追隨當時《南瀛佛教》有關臺灣佛教改革的主流意見。

因爲在 1932 年 8 月，《南瀛佛教》第 10 卷第 8 號（臺灣佛教改革號）的卷頭語，就如此提到：

> （前略）今日台灣佛教中的缺陷及弊害之主要事項，擇要來説，第一是，台灣在地理及歷史上與中國南方有很大的因緣，因而寺院之主要的情形，即福州湧泉寺或長慶寺等的後代弟子所開拓創建而成的寺院，其間並非有何等的本末寺院的關係，而且台灣的寺院互相之間，幾乎沒有聯絡關係，無管理地存在於各地方。<u>其次，是師徒關係。在大陸各宗的寺院，師父有教育弟子的責任，而在台灣有的只是形式上的授法，因而幾乎沒有關於對弟子將來的教育義務，以此爲主因，才會到達如今有力的佛教徒那麼稀少的地步。</u>第三是，如此缺乏管理的寺院及地位低的徒眾甚多的緣故，島內寺院有八、九成其實權不在住持，呈現出這種奇特的現象，所以住持在信徒（即管理人）的監督之下，這種奇規恐怕台灣以外看不到吧！職是之故，住持的活動受到阻礙，以至於造成今日的狀態。因爲是如此的狀態，所以社會上絕不會以現在的台灣佛教爲滿足了。亦即如今爲了台灣佛教的提升，斷然實行某種適切的改革已迫在眉睫了。這是這次推出台灣佛教改革號而重新呼籲的理由，這個若能成爲全部佛教徒的警鐘，不管多少即使能成爲打破固有的因習上及傳統上的弊害，照亮台灣佛教建設的第一步的話，則已經達到本刊的願望了。[36]

其中包括佐久間尚孝主張在內的整個構想。因爲當時，佐久間尚孝本人，也具名投稿一篇臺灣佛教的發展對策。

然而，唯獨在佐久間尚孝強調師徒情感的密切與專一這點上，他與

---

36 《南瀛佛教》第 10 卷第 8 號（臺灣佛教改革號）（1932 年 8 月），頁 1。

佐久間尚孝個人的主張，幾乎又是針鋒相對的。此事發生在 1932 年 8 月，也就是新建以觀音為主祀的「靈隱寺」落成之年。

不過，以下我們轉貼他的全文內容，除第五點外，各點的原長篇說明，我都省略，以免模糊焦點。他說：

臺灣佛教的發展對策

曹洞宗新竹寺住持　佐久間尚孝

一、首先必須要統一（說明省略）

二、團結一致吧！（說明省略）

三、努力培養人才吧！（說明省略）

四、認可人才並加以採用吧！（說明省略）

五、使師徒關係密切吧！

雖然在信仰上可以認為「我是佛一人之子」，但像「我為佛弟子」、「我是繼承釋尊教法之人」這種歷史的、現實的信念，則是身為現實的我以及身為佛教徒所強烈感受到的，那麼，傳授釋尊教法的師父也必然是很重要的。也就是說，有師父才有釋尊，雖有釋尊而無師父，則無法繼承，之所以會有身為佛弟子的我，是因為有師父的關係，就是這樣的信仰使佛者堅強的。此外，應該將我釋尊所傳授之法傳予何人呢？也就是將來能夠活用真正釋尊的後繼者是誰呢？這當然就只有弟子了。即使是佛弟子也絕不可輕忽師徒之關係，擁有師父的釋尊與擁有弟子的釋尊，若是輕忽釋尊、師父、弟子這三位一體的關係的話，就沒有資格宣傳真正的佛教。然而，臺灣的師徒關係雖然有其形式，其關係卻不密切，而且也不被重視，弟子雖有師父，卻三心二意地跟隨其他的師父，師父雖有弟子，卻不顧其弟子的將來，弟子也輾轉於乙師、丙師等師父之間，往對自己有利的地方去覓食，只是漫無目的地度過一天又一天，為報師恩而努力學習的弟子沒

　　有精力，又沒有師父來培養繼承重要法教的弟子，像這樣，
終究沒有獲得優秀人才之道，又如何能期待佛教之發展呢？
師爲父，徒爲子，唯有像這樣密切不離才會有努力、有活
動、有發展。

六、制定佛教制度吧！（説明省略）[37]

　　然後，我們再來看看，釋無上所發表的這一篇全文內容。這是刊登
在 1934 年《南瀛佛教》第 12 卷第 7 號：

臺灣佛教之興衰

靈隱寺　釋無上

（前略）

一、師長不負教育之責任

從來臺灣佛教凡爲師之收徒者。不過授以一句彌陀。或傳以數句
密語。即不論其悟與不悟。甚至談以數條因果説。或教幾款叮當
鏗。便堂堂皇皇居師之地位。遂安安然然受人之恭養。但知爭收
徒弟之多寡。而不負擔教育之責任。使一般愚徒。悾悾惘惘一
日過一日。悠悠忽忽一年空一年。成爲社會中之特種。脩作世
界上之異人。目不識丁。耳不辨聲。萬事都不曉。只曉幾句話。
或有人問及佛教之宗旨。及修持之目的。則無一言可應付。設
有答者。即非佛法。亦非佛經。今聞者心笑而厭聽。失了佛教
之精神。全無修士之模樣。致使一般認定教徒爲寄生蟲。而被
社會誤解佛教是迷信教。唉、豈眞如是乎。佛教在於宗教之中。
是爲頂極之宗教。其言論之精造。教化之材料。修養之方法。
入德之妙門。非儒道耶回之可企及也。故其教彌滿於全球。五
洲萬國無不沾被教化。是古人譯佛爲「自覺覺他覺行圓滿」之

大覺王。而吾人學佛。是欲破一切迷。而究一切覺。以期自利利他。如何今之佛教。反被稱爲迷信者乎。此即教徒無學佛之常識。以人而異教是也。因教徒無學佛之常識。不能宏揚法化。故社會有種種誤解之排斥。最可傷可惡者。就最一種無智之徒。平時已失教育。只知食飲穿衣。一至被外教。邪論正理。或聞人誹謗宗門。不但無一語可以答解。而表教門之精神。而心內尚不明自己之失學。速發憤研究教理。且悔之曰。修行持齋。無有見益。惟有聞人排斥。遂視學佛爲無用。以此而退道心者有之。此我耳有聞而目有見也。進而有一二被人辨問。有應對之難題。受了刺激。感悟學問之必要。悔從前之空過。思將來之當勤。奮發求學。追尋上進。而師長聞之。非但不嘉其志。且極力阻止之。或自己無藝。怕後進有能。而不受其愚制。起嫉心而阻止者有之。或因徒弟勉學。而不使其驅使。思不利而阻此者有之。盡皆以勢利是計。全不以德教爲重。其阻止之法。則曰達摩西來無一字。六祖當時不識文。而竟成佛道。一心修行。學問何用。種種無理之壓迫。唉、實大背吾佛之旨。嗟呼、在此愚徒政策之下。欲求學而不得者。實亦不乏其人。有深悟者識破此愚策。思不可坐以待斃。而誤空生。遂遠離求學又因原力不充分。致服被外界誘惑而背教。或被世風搖動而墜落者不少。哀、佛徒之損德。宗風之失墜。歸究在誰咧。惟願有心佛教者。關重注意之。速籌臺灣佛教教育之善後策以興振之。

佛教之興衰。即在佛徒之賢不肖。佛徒之賢。即在有相當之教育。又須師長委曲成之。勸勉獎勵。使其勤勞精進。種因修業。漸漸得成佳器才能。初學善根淺薄。又要種種培護之。有未悟之處。設法開導之。如阿難未全道力之時。世尊權引天堂地獄。以警勉之。遭摩登伽女之難。遂宣說神咒敕文殊師利往護之。不悟真心。則百般譬喻。以顯覺之。可見世尊教徒之用心。今之爲人師長者。豈可不負教育之責任乎。

二、教徒無自覺悟之精神（說明省略）

三、佛界無聯組織之創辦（說明省略）[38]

從此文開頭第一點，釋無上就突出師長的無學與不負責教育徒弟的種種惡質狀況，而這又與前文佐久間尚孝在其文第五點，才強調臺灣師徒情感不佳常有另拜他者爲師的狀況，恰好形成強烈對比。[39] 由此可知，我先前所提示的釋無上痛批之處，就不算是毫無根據的空穴來風之語了。

所以，此節的最後有關日本殖民時期的反潮流發展的靈隱寺歷史眞相論述，我主要就是透過釋無上的以上所強烈流露出來的批判角度，來理解他與鄭保眞之間的名義上的師徒雙方緊張史眞相事實及其歷史相關發展沿革。

並且，以上就是我們在本章所顯示的，將以新視野的透視，來探索戰前新竹市青草湖靈隱寺「特殊雙元寺廟」結構的眞相。

至於有關戰後的靈隱寺發揮極爲重要的佛教教育事業問題，則在本書的第 11 章，將會繼續解說。不過，本章之後，在中卷的這幾個章節，都是先行討論相關代表性的新竹市佛寺建築風格及其寺院現代功能的。讀者將可以看到比較具體與深入的現況運作實例。

---

38 此文也被收入此書。參考釋見豪、釋自衍採訪與編著，《樸野僧·無上志：新竹靈隱寺無上和尚圓寂五十週年紀念》，頁 279-285。

39 關於上述的釋無上文章的批評觀點，沒有像我如此全文內容與佐久間尚孝的主張，拿來對比。我特別指出當中是帶有針對性的。見大野育子，〈日治時期在臺日僧與臺籍弟子之關係初探：以新竹寺佐久間尚孝和朱朝明為中心〉，《台灣學研究》第 15 期，頁 80-88。這當中，只提到佐久間尚孝與台籍弟子朱朝明的師徒關係而已。

附記：

　　本章所附加的 10 張圖片，除第一張是複製《靈隱寺感化堂開山祖師釋明禪（保眞）祖師開山誌》，第三張江燦騰提供之外，都出自釋見豪、釋自衍採訪與編著，《樸野僧・無上志：新竹靈隱寺無上和尚圓寂五十週年紀念》（嘉義：香光書鄉，2011 年）。所以，各張出處不另一一說明。特此致謝。

中　卷

戰前vs.當代
臺灣新竹市現代佛寺多元建築風格

第 6 章

從戰前到當代齋堂延續型：[1]
臺灣新竹市淨業院建築風格

釋寬謙

壹、前言

本章開始，我們將討論戰前 vs. 當代的現代佛寺多元建築風格，而淨業院是第一個被介紹的實例，因為它最典雅，最具代表性。淨業院位於新竹市境福街中。依照日本殖民時期資料記載，淨業院是在 1902 年 7 月 2 日，由新竹富豪鄭如蘭之妻陳氏潤，以當時的 13000 元之資所設立。[2]

根據 1923 年《新竹州要覽》社寺中記載，淨業院原為齋堂，後來才改為禪宗派別。所謂齋堂，原是齋教人信仰修道之處，屬於民間信仰的一種，本來是蓄髮修行，佛教正式傳入之後，陸續改為剃髮出家的型態。

鄭夫人陳氏潤原與齋教龍華派關係匪淺，光緒年間陸續捐款參與了

---

1 江燦騰，〈新竹市淨業院及其佛門女性的百年滄桑史〉，《竹塹文獻雜誌》第 24 期（新竹：新竹市政府文化局，2002 年），頁 6-18。

2 江燦騰，〈新竹市淨業院及其佛門女性的百年滄桑史〉，《竹塹文獻雜誌》第 24 期，頁 10 照片。

龍華派一是堂、敬德堂的修建，[3] 齋教的法號爲「普慈」。

此外，鄭夫人虔誠奉佛主持寺務，其夫婿鄭如蘭也是齋教龍華派一善堂創建者之一。所以新竹地區人士，多稱淨業院爲鄭家菜堂，表示其私人佛堂的意思。

貳、歷史沿革

淨業院的第一任住持陳氏潤，屬中國大陸普陀山臨濟宗的法脈，法號根傳，與大陸普陀山三大寺之一的法雨寺關係密切。包括寺名與法雨寺所贈的開山紀念「修持淨業」匾一致，大殿上所奉的玉佛像，也是法雨寺所敬贈，這也是台灣早期供奉的玉佛之一。此外，根據早年住在淨業院的勝光法師所述，法雨寺法師早期常到寺院來教導梵唱與佛事，這些都顯示淨業院與普陀山往來密切之處。

第一任住持陳根傳因無親生子嗣，收養了永善、永修等兩位徒弟，在其歿後，住持之位傳給第二代的永善、永修師續任。兩位法師住持期間，已經開始展開弘法活動，早期可能有日本僧人來說法，不過因言語不通，沒有留下多少記錄。目前可以找到的資料是 1942 年，斌宗法師曾在淨業院講金剛經。斌宗法師是台灣首倡講經的名僧，詩、書齊名，與當時竹塹文人有許多往來。在淨業院講經期間，竹塹文人竹林七癡之一的許炯軒也在台下聽講，並做〈於淨業院聽斌宗法師講金剛經賦呈〉「妙諦空空竟不侔，院中淨業仰眞修，談來不讓生公法，頑石如吾亦點頭」，以尊崇斌老說法生動，斌宗法師隨即也以詩作相應，[4] 成爲僧、俗唱和的雅事。

淨業院從此與斌老結下法緣，1944 年斌老在古奇峰建立法源寺竣工時，永修、永善將普陀山請回西方三聖立像，贈奉法源寺，目前還供奉

---

3 江燦騰，〈新竹市佛教發展史導論〉，《竹塹文獻雜誌》第 21 期（新竹：新竹市政府文化局，2001 年）。

4 斌宗法師回以〈答炯軒詩友見贈原韻〉：「儒雅禪風絕俗侔，相逢講座話清修，道心不逐潮流便，瓶金隨緣到白頭。」

於大殿上，是台灣少數保存寧波風格的造像。而 1946 年，自日本留學返台的勝光法師，[5] 也常到法源寺聽法，並皈依斌老法號爲「慈心」，爲斌老著名五心弟子之一。

　　淨業院永字輩分法師住持的任務，先後於 1950、1953 年功德圓滿，繼由第三代智恭法師接任，此時對弘法、濟貧尤爲用心。[6] 智恭法師（1906-1987）是淨業院最後一任出家住持，[7]1983 年間擔任中國佛教會新竹支會理事長多年，1987 年圓寂，淨業院改由鄭紹棠接任，後交由其妻江如花（法號：廣敏）掌理。

　　由於淨業院系由齋堂轉變爲佛教道場，傳統上都是以在家人爲管理人，除了上述正式宗教活動之外，日本殖民時期，第三任管理者鄭拱辰之子鄭肇基等家族，與政壇關係密切，並常在淨業院宴請當時政要人物，包括新竹寺住持佐久間尚孝也常受邀之列。

　　淨業院雅致的庭園以及可口的素齋，成爲鄭家的另一種舞台。[8] 到了

5　勝光法師，1923 年生，1938 年依止淨業院智度師父（師公爲永修師父）剃度出家，隨即到日本「關西尼學園」讀書，他的老師是著名的禪師擇木興道先生。1946 年回台灣，在新竹市德高街闢建永修精舍。學了國語之後，有可能替來德高街證善堂講經的續明法師和仁俊法師翻譯講經的內容，也能讓客家信眾了解用國語講經的內容。再方面爲了加強漢語的能力及佛學的基礎，法師更是不辭辛勞，經常長途步行到古奇峰的法源寺，親炙斌宗法師學習了前後約 3 年，約爲 1951-1954 年法師閉關期間，故而斌宗法師特賜予法號慈心。但是直到 1958 年斌宗法師往生之前，勝光法師仍然經常上山受教於斌宗法師。1973 年才回來淨業院旁，買下現在「永修精舍」及「慈心幼稚園」的用地。法師到處應邀講經，連苗栗的苑裡都去，並且還應用幻燈片輔助，可算是不固守傳統的師父。教書方面，曾經在福嚴佛學院及曉雲法師的蓮華佛學院教過日文，也兼上佛教課程。在新竹地區，在同一輩中以講經弘法的女眾法將，勝光法師堪稱其中之佼佼者。

6　據張永堂主編，《新竹市耆老訪談專輯》（新竹：新竹市文化局，1993 年），頁258。

7　智恭法師俗家姓劉，名玉婉，出生七個月即被父母送來淨業院，改姓陳，先由開山陳根傳收養，五歲開山祖根傳過世後，才改由永善師收養。莊英章編纂，《新竹市志卷二住民志・下》，頁 890-891。

8　鄭肇基與其叔父鄭神寶（1880-1941）均與政壇關係密切，其叔父又任新竹州協議會會員、總督府評議會員，以其嫻熟日語與因應能力，在新竹地區頗爲活動。鄭肇基同期

智恭法師圓寂後，第四代管理人鄭紹棠曾請勝光法師接任第四代住持，法師沒有接受，所以改由其妻鄭江如花接任。不過勝光法師因從小生活在這裡，難以完全捨棄不管，所以還是就近幫忙看顧院內的一些事務。[9]

目前淨業院並無常住寺眾，所有的事務全靠勝光法師在淨業院旁設立「永修精舍」及「慈心幼稚園」裡的人手打理一切。永修精舍雖然寺眾無多，但仍然完整維護了的百年老寺的基業，無私的看護打理，讓淨業院至今依然維護完整。

參、建築特質

根據早年住在淨業院的勝光法師記憶「淨業院建築係由證善堂之住持監造，故其建築型式與證善堂一模一樣，但規模更爲宏大、精美」[10]，那是因爲證善堂之住持與鄭家有交情，所以才由其幫忙監造[11]。我們經由老照片的比對，也可比較出淨業院屋頂是採三川殿式，殿脊兩端起翹成「燕尾」，較證善堂顯得華麗而講究。

淨業院爲傳統四合院的木構瓦房，主體建築爲前殿、大殿、以及左右的護龍廂房所圍成的四合院體，院落四周留下若干大的空地，並植栽了許多花木，形成一個雅緻的庭園空間。前殿內安置了兩座蓮位，廊廳寬敞。大殿中供奉著西方三聖、送子觀音、地藏菩薩等七尊像等，爲宗教活動的主要場所。

則在商業殷實發展，並熱於公益，包括 1924 年修建北門城隍廟，1928 年報禁時期，通過以漢文出版《昭和新報》週刊等，顯示鄭家當時活躍的程度。因此在鄭肇基管理期間，淨業院的清幽景致與精緻素齋，成了鄭家私人社交場所之一，淨業院成為另一種活動的舞台。

9 江燦騰，〈新竹市淨業院及其佛門女性的百年滄桑史〉，《竹塹文獻雜誌》第 24 期，頁 8。

10 張永堂主編，《新竹市耆老訪談專輯》，頁 255-267。

11 江燦騰，〈新竹市淨業院及其佛門女性的百年滄桑史〉，《竹塹文獻雜誌》第 24 期，頁 7。

兩殿之間左右都有廊道連
接，單面有石牆封閉，隔開了
廂房與天井之間，使住眾生活
與大殿活動分開。院內中央的
天井寬敞，光線充足而明亮。

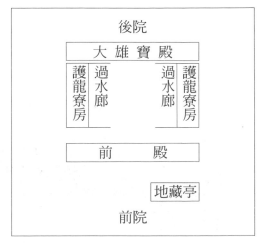

淨業院配置示意

　　兩邊的護龍廂房是住眾的
起居空間，北面廂房最近大殿
處是住持的寮房，為院中位階
最高身分者所居住，代表傳統
住宅中，輩分越高者越近大殿
的規矩。兩側廂房前各有長形
的天井，做為採光及生活上的方便，使整體空間兼顧了公眾修行與幽雅
居住的功能。

一、建築方式與配置

　　大殿則採歇山式頂，中脊兩端起翹成「燕尾」，是台灣祠堂廟宇常
用的型式，[12] 一般認為具有功名者才享有燕尾式家宅。大殿頂上的中脊，
還有一排十三個一組的鏤空綠釉花磚，兼具美觀及分散風力的效果。

　　內部屋身的樑架，採台灣寺院常用的三通五瓜的疊斗架構，以五個
垂直的瓜架及三道水平的橫樑，來升抬屋頂的支架。壽樑部分因為年久
受損，前年維修時，因為無法取得原來的福州杉木，改以現代的塑膠管
包鐵方式替代，外部再重新施繪，以求保留整體樑架原貌。其他屋架週
身也施予各種圖案彩繪，既是裝飾，也以漆液保護了樑木。

　　側面的山牆保持得很完整，牆基以卵石砌成，上接紅色薄磚的斗砌

---

12 林會承，《臺灣傳統建築手冊》（台北：藝術家，1995 年），頁 99。

淨業院建於明治 35 年（1902）

山牆頂端的懸魚如古樂器磬稱為磬牌

磚牆，具有隔熱、防潮的效果。[13] 山牆的頂端貼有石雕懸魚，改採古樂器磬形及吊飾取代，稱爲「磬牌」，取其擊磬與吉慶的諧音，至今依然保持完整而且精美。

二、彩繪與裝飾

彩繪則多施於樑架、牆面等空白處，淨業院以蘇式彩繪爲主。所謂蘇式彩繪是指園林及住宅中，以山水、人物故事、花鳥等主題，來裝飾於整體建築的方式。因此淨業院裡，有許多不同故事的畫作，包括樑面上的包袱畫面上，繪製了絲緞包捲樑身的形狀，做成包巾的摺角、巾面、巾結等各段不同樣式外，巾面上還繪製「佛伏醉象」、「佛降毒龍」等佛傳故事，同時配合許多花草題材，將各種圖案結成爲一體，成爲包裹樑身的「包袱」。

三、門窗與裝飾

前殿大門除了繪製門神外，兩旁還有六道隔扇，隔扇原是爲了方便打開所預留，以備法事需要時的活動門。但淨業院的隔扇，似乎裝飾之用並無法開啓。六扇隔扇上方的方形隔心，以鏤空方式雕出三對螭虎團，螭虎分別繞成「瓶」形與「壺」形，象徵平安與福氣之意。

前殿簷下的水車垛上，還有許多剪黏人物，剪黏是以鐵絲爲骨，塑成泥人花草景物等，再上釉彩低溫燒製而成，這些人物花草等安置於垛間，形成立體的敘述故事，有的應是出自廿四孝故事中的題材，人物排列寬鬆，但顯得精巧有趣。

此外淨業院還留有二對石堵軟團螭虎窗，分別在過水廊道，及右廂房的外牆上，六角窗形的「螭虎團字」，由四隻螭虎相互纏繞，成爲「福」

---

13 李乾朗，《臺灣古建築圖解事典》（臺北：遠流，2003 年），頁 74。

左｜淨業院山門與兩頁隔扇
中｜中門旁的隔扇以螭虎繞出壺形表賜福
右｜左右門旁的隔扇螭虎繞出瓶形表平安

字與「祿」字與「壺」形，除了添加不對稱的造型趣味，也帶有吉祥之意。

　　大殿前還有個小型御路，御路通常在大寺院較爲常見，主要供貴賓或神明使用，淨業院的御路面積小且高度低，裝飾意味濃厚，雖然上面亦刻有雲水龍紋，但經歲月侵蝕已模糊不清了。

四、文人書畫

　　竹塹的文風鼎盛，傳統文人書畫也常見於寺廟之中，讓寺廟增添不少文雅氣息。淨業院的第一任管理者鄭如蘭，[14] 家道殷富，而且本身喜歡吟詩，設有「北郭園吟社」促進詩人間的交流，可見其對詩詞的偏好。如今在大殿外拱門上的書卷壁飾上，還留有鄭如蘭以「香谷」字號所題的「江寒池水綠，山暝竹園深」等詩句，壁飾則以瓶花、如意及獻壽等圖案構成，是傳統民宅的雅緻壁飾。

---

14 鄭如蘭是竹塹文風提倡者鄭崇和之孫，開台進士鄭用錫之姪，本身也是禮部奏題的孝友，並曾練勇抗法，獲授候選主事等功名。見《新竹人物志，鄭如蘭條》。

鄭如蘭題字

　　大殿的對牆上各一幅字、畫，左側是張史傳所寫的「枕石待雲歸」詩句，不過張氏身分還待進一步查索。右牆則是一幅上彩的達摩圖，畫面左上角題有「一葦渡江揚佛法，九年面壁悟禪機」詞句，以及「己巳冬月重修」等重修年代記錄。達摩是當時文人喜好的畫題之一，包括妙禪法師、陳湖古等人常以此題材作畫。據勝光法師表示，達摩像是原來既有的舊畫，己巳年（1989）時重新上色，但重繪的風格與原畫已經不太相同。有趣的是對牆上的畫框的四隅，均繪有蝙蝠像，應該也是取其「賜福」的諧音之意。

　　己巳年所重修的彩繪，也包括前殿兩座蓮位上方的橫披窗。左側繪有「延年益壽」的松鶴圖，兩旁配上花鳥圖，右側蓮位上方繪有雙鹿所代表的「得祿圖」，兩旁輔以錦鯉，取其年年有餘等吉祥意。從上面圖繪內容，可以看出淨業院常做私人宅第的性質，處處顯露了希望家族平安興盛的願望。

　　另外在前殿中門外還有一刻在柱上的對聯：

「枕石待雲歸」張史傳書　　　　達摩像

　　淨瓶踢倒時不借澄懷花水
　　業障消磨後何需漱齒楊枝

　　淨瓶踢倒出典於《景德傳燈錄》溈山靈祐條，[15]這個公案是在說靈祐表示不落言詮，停止相對的意思。

15 百丈禪師想找靈祐當溈山的住持，但另一位華林和尚不服，於是百丈就測試兩人，指
　淨瓶問：「這不叫淨瓶，叫什麼？」華林答說不叫做木瓶。百丈不滿意，改問靈祐，
　靈祐回也不回，一腳踢翻了淨瓶，於是百丈稱是。《景德傳燈錄》溈山靈祐條，《大
　正藏》冊五一・二六四下。

殿外石柱下聯

殿外石柱上聯

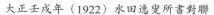

大正壬戌年（1922）水田逸叟所書對聯

前殿外的對牆有別號爲「水田逸叟」於 1926 年所書的對聯：

月在上方諸品靜
心持半偈萬緣空
水田逸叟書勗

「月在上方諸品靜，僧持半偈萬緣空。」[16] 原出於唐代詩人郎士元的《酬王季友秋夜宿露台寺見寄》詩中的佳句，因爲有「半偈」具有釋迦前世爲雪山童子時，捨身求偈的故事，而成爲佛教寺院時常出現的對聯，以比喻佛子追求萬緣寂滅的清靜境界。

書者水田逸叟即鄭樹南（1860-1923）晚年之別號。鄭樹南是鄭如蘭嗣子，譜名安柱，號拱辰；熱心公益，在新竹無論是造橋、修廟均可見其著力之處。據《新竹市人物志》記載日軍據台時，曾搜捕鄉民，致使民心騷亂，樹南以安寧爲重，向日軍委婉陳情，使遭日軍搜捕的數十人獲得釋放。

日人也委任他爲新竹辦事署參事、新竹廳參事、協議會議員、總督府評議員等職。[17] 樹南也熱中詩文，著有《水田逸叟詩文稿》等，壁上所記錄的「大正壬戌年修（1922）」，正是他在逝世前 2 年所書。

當年應該也是淨業院較大的一次修整。誠如彩繪師傅傅伯村所言，寺院經歷 20 年左右的香火煙燻後，大概就需要重新彩繪了。建於 1902 年的淨業院，歷經過 20 年左右，在鄭樹南的管理之下，重新修繪，並在入口處增加了第二代管理者的書跡了。

---

16 《全唐詩》248-36，全詩：「石林精舍武溪東，夜扣禪關謁遠公。月在上方諸品靜，僧持半偈萬緣空。秋山竟日聞猿嘯，落木寒泉聽不窮。惟有雙峰最高頂，此心期與故人同。」

17 張永堂總編纂，《新竹市志・人物志》（新竹：新竹市政府，1997 年），頁 124。

肆、結論

　　新竹齋堂在臺灣仍有不少，戰後許多早期的齋堂漸次轉型為佛教寺院，以致於 1960 年、1970 年時，曾有齋堂中的老中青祖孫三代共同受戒的景觀，此亦說明齋堂行者正式轉為佛教僧侶的現象，淨業院亦是其中之一。

　　不過由於淨業院寺產所有權為鄭家私人所有，僧人在此發展受到限制，以致於目前沒有僧伽住持，宗教活動已經近乎停止，僅靠鄰近永修精舍住持的維護百年的建築。

　　由於對老建築的保護良好，因此傳統寺院中的雕刻、繪畫等不同型式的綜合藝術體，在整體建築中呈現出豐富的視覺空間，雖然上文中分門別類地介紹了淨業院不同型式的作品。但不可忽略的是，這些作品同時配合著整體建築時，所產生的相互輝映效果，面對著傳統建築的優雅的型式，也為我們留下許多歷史見證，發覺民間建構寺院不獨以宗教為思考，加入更多元的生活趣味，使寺院呈現世俗及活潑的一面，與大眾生活更加趨近的一面。

附錄

從齋姑到比丘尼：
新竹北門鄭家淨業院
及其佛門女性的百年滄桑史

江燦騰

第一部分　相關訪談內容

訪問對象：釋勝光比丘尼（前淨業院齋姑、現任永修精舍住持）

訪問者：江燦騰

訪問時間：2001 年 5 月 27 日 16：00-17：25

訪問地點：永修精舍及淨業院

問：勝光師，我有一些有關新竹北門鄭家淨業院和你個人的事，想請教
　你，並希望你准許我錄音。因我今天的這些訪問內容，有不少只是
　你在談話中提到，其他書籍並沒有記載或記載不清，所以必須向你
　本人求證，才能瞭解其來龍去脈。
　我的第一個問題是：你在1992年1月20日和1993年1月9日，曾兩次接
　受王郭章先生的訪問，所談內容經王郭章先生整理後，刊載於清大
　歷史所張永堂教授主編《新竹市耆老訪談專輯》（新竹：新竹市政
　府文化局，1993年）的頁255-267。其中有一條提到：「淨業院為法

號傳根（按：正確應爲根傳）之鄭如蘭夫人所創，就其淵源而論，屬臨濟宗法脈。寺院建築係由證善堂之住持監造，故其形式與證善堂一模一樣，但規模更爲宏大、精美。」你這是聽人講的？還是有哪些根據？

答：我不是聽人講的。因證善堂我以前也常常去，並且較早的時候，我也在德高街住了二十幾年，離證善堂很近；所以印順導師早期在新竹時，我也曾介紹他到那邊去講經。我當時看到證善堂的大殿建築形式，和這裡淨業院的大殿建築，幾乎一模一樣，就問爲什麼是這樣？我是聽淨業院擁有者鄭家的人說過，當初要建淨業院時，證善堂方面和這裡的鄭家有交情，所以才……。

問：這個我瞭解。當時新竹地區的這些大家族互有往來，所以建築時，彼此借助對方的先例或既有經驗，當是很正常的。可是因以前沒有聽人這樣說過，只是你才首先提到，我才會親自再次向你本人求證。但，接著我的第二個問題即是：你在訪問稿中曾提及淨業院是鄭如蘭的夫人根傳所關建的，不過，鄭夫人的早期齋教背景，到底是屬於龍華派？還是先天派？

答：鄭夫人（按：名潤）法號根傳（按：其龍華派的法號爲普慈），早期她是與齋教的龍華派有往來，後來她就成了正式的佛教臨濟派，應該是這樣。

問：我是指她早期的齋教派別？

答：那，這個我就不知道了。

問：我所以會這樣問，是新竹地區的齋堂中，例如位於樹林頭的福林堂是屬於先天派，但先天派是沒有嫁娶的，所以鄭夫人要如何成爲先天派的齋教徒呢？可是，日本殖民統治時期在1937年的一則記載中提到，說淨業院早期是屬於先天派的，我才會向你求證到底是否確實如此？

答：那是不可能的。

問：其實，我知道清代新竹地區的齋堂，大多數是屬於齋教龍華派的

「一是堂」系統，和臺中後壠仔的慎齋堂是同一來源的。不過，我的另一個問題是，淨業院的開山是鄭夫人陳根傳，而訪問稿中曾提到，你是1923年10月7日出生於新竹縣新埔鎮石頭坑，俗名徐滿妹，5歲時由父母送入新竹市淨業院，家中姊妹三人皆被送入。但，收養者是誰？我指的是：當時在戶口上的資料，是如何記載的？

答：我是由陳智度收養的，她也是我的師父，但當時年齡太近，所以我的戶口有一度暫時登記在我師父俗家哥哥的名下，他姓林，我也姓林，因此我上新竹市第二公學校時，班上都稱我為林同學。後來我畢業了，才又重新登記在我師父的名下，改姓陳，所以我當時有兩個姓。我的師祖是陳永修，師伯為陳永善，她們都是被陳根傳收養的，同時也當她的徒弟和淨業院的繼任住持。我的俗家有六個姊妹，其中的老三、老四（本人）和老六共3人被淨業院收養。三姊是由師伯陳智敬收養，出家法號為廣禪，現已過世了；妹妹則已還俗了。

問：你們被收養進來後，主要是負責宗教方面的事吧？因淨業院的管理人，一直是由鄭家負責，住持則是由被收養者負責。為何會這樣？

答：住持方面，開山之後的兩位住持是永善、永修。其後則是智敬、智度、智悟、智恭輪流擔任。智恭過世（按：在1987年2月18日）之後，第四代管理人鄭紹棠要我接任住持，我沒有接受，所以改由其妻鄭江如花接任。但我因從小生活在這裡，難以完全捨棄不管，所以還是就近幫忙看顧院內的一些事務。

問：你是十六歲（1938）那年在淨業院出家，為何隔年就到日本去讀「關西尼學林」？

答：我當時答應出家的條件，就是讓我到日本去讀書，所以前往日本是先前就計畫好的，並不是臨時起意。

問：你當時會進日本曹洞宗的「關西尼學林」？是因為當時在新竹地區很活躍的日本曹洞宗僧侶新竹寺住持佐久間尚孝（於1924年來新竹任職）為你推薦所致嗎？

答：並非如此。佐久間尚孝是常來淨業院，他和當時的「關西尼學林」的林長是舊識，所以他一知道我計畫到日本去讀「關西尼學林」，他就表明願意替我寫一封介紹信，請林長照顧我，只是這樣而已。

問：佐久間尚孝是1894年生，畢業於曹洞宗的私立駒澤大學，於1922年來臺，為當時該宗「臺北別院」院主大石堅童的傳法弟子。大石堅童為該宗的臺灣佈教總監，與臺灣佛教的本島僧侶非常親近，幫助良多。所以佐久間尚孝於1924年到新竹寺，接替前任（第五任）住持松本宏道（1915年4月至1924年12月在任）的職務之後，直到1934年3月30日返回日本仙台寺泰心院任職之前，在新竹地區非常活躍，除了曾為新竹一同寺的玄深尼師等人寫介紹信之外，在皇民化運動時期他也一度擔任新竹州的靈隱寺（1933-1945）、元光寺（1935-1945）、勸化堂（1941-1945）的住持，原靈隱寺第二任住持無上法師也因而曾拜他為師。他可以說當時新竹地區最具影響力的日本僧侶了。請問你和他還有其他的往來嗎？

答：我是戰後第二年才回來，當時他已返回日本了，所以沒有見面，也無其他往來。

問：既然你是戰後初期回來，並且一直住在新竹市，我想請教你另外一個問題。王郭章先生曾兩次（1990年10月29日及1991年3月3日）訪問鄭煌老先生說，「政府遷臺後，內地高僧卅多人來臺，及至新竹靈隱寺駐錫。其間一度受謗而全數身陷囹圄（印順法師因是訪翠碧岩而倖免），後經李子寬居士協助，很快即被釋回。」
我想此一敘述有兩點不可能：（一）因印順法師首次來臺是在1952年秋天，而新竹市的逃難僧被逮捕是發生在1949年夏季，當時印順人還在香港，所以當時不可能出現在新竹市的翠碧岩。（二）被逮捕的中國大陸逃難來臺僧，至少被關半個月以上，所以不可能很快被放出來。我擁有這方面的詳盡資料，所以我認為鄭煌老先生的記憶可能與事實有出入。你認為如何？

答：你是這方面的專家，又有當時的記載可參考，當然還是你講的對。

他（印順法師）那時的確還未來，我記得是這樣。後來印順法師來新竹，每次應邀講經，我也都有去聽。連他蓋福嚴精舍的那塊用地，也是我幫他介紹的，所以我不會記錯。

問：你從小在淨業院居住，你所知道的院內宗教活動有哪些？

答：回想起來，當時院內除早晚課誦之外，並無其他宗教活動，也不鼓勵多從事這方面的活動。而且，日本殖民統治時期，他們（日人）也怕我們求學問，所以員警常常來，查看我們有無偷學臺灣書否。

問：你可能把皇民化運動時期的一些特別官制措施，當做日本殖民統治時期的教育常態。其實不然。我的博士論文就是討論這個時期的佛教狀況，你看看，就瞭解了。另外，我再請教你一個問題，你認識一個新竹地區的航運老闆吳武夫先生？
他是新竹名人吳朝綸先生的兒子，現在他已經過世了。不過，他多年以前，曾要我來訪問你勝光師，並為你撰寫傳記。所以，我此次來，可以說也是和吳武夫先生幾年前的建議有關。他原住在新竹市的水田街一帶，不知你和他的關係是如何？

答：也許吳武夫先生認識我，而我的確不認識他，也無往來。至於他的母親吳朝綸夫人，倒是常常到我這裡來，現在好像她已到美國去了。

問：再請問你一個問題。因法源寺的斌宗法師，是你戰後回到臺灣後所拜的師父，所以你的法號是慈心，屬於心字輩。你曾隨斌宗法師研讀儒學經典《孟子》和《析疑論》等佛學，前後約三年。所以法源寺中所供奉的三尊三尺高的西方三聖（按：即阿彌陀佛、觀音菩薩、大勢至菩薩），也是淨業院所送。可見你和斌宗法師的師徒淵源很深。但，我從聽斌宗法師的大弟子慧岳老法師說，斌宗法師的剃度師，其實是德禪法師而非妙禪法師，你認為呢？

答：慧岳法師的講法一定有根據，因他是跟斌宗法師最久的，所以比我清楚。

問：既然你拜斌宗法師為師，而他是屬於中國天臺宗的傳承法脈，那麼

你是否也跟他學習天臺宗的佛學思想呢？你現在的永修精舍裡，有無講授天臺宗的教理？

答：我是有聽他講經，但不是天臺宗方面的，所以我對天臺宗的佛教思想無特別的認識，現在我的永修精舍中，我也不曾對信徒講天臺宗的教理。至於淨業院這裡是禪宗臨濟宗的法脈，早期和浙江普陀山法雨寺的關係很密切，常常有來往。

問：臺灣的佛教僧尼或寺院，通常都自稱自己是屬於臨濟宗的法脈，這不稀奇。但淨業院的開山陳根傳本人難道曾到過普陀山？不可能才對。淨業院的佛像是由普陀山僧侶製作和運來的，這我相信。院中有1906年的題字，也證明了這一點。但，去普陀山的人，應是開山的孫女鄭玉釵住持才對。

　　當時她年輕，家族有錢，在日本殖民統治時期又有一定的社會地位，若要坐船前往，也很來去自由，不生困難。更重要的是，在時間上，約等於鄭玉釵當住持的時間，所以一般人可能將鄭玉釵去普陀山的事，說成開山本人去的。你認爲我的推論還合理？

答：我是不太清楚，現在也無人能知道。也許要問鄭家的人才知道。我師伯智恭法師過世後，我看到一份資料的，是淨業院是1894年，也就是在日本殖民統治之前的清末建的。

問：1894年，時局很緊張，似乎不太可能建築。而我看到的日本殖民統治時期記載，大多是以1903年建的爲主。這在當時宗教法律上的新規定，也才對得起來。這在我的博士論文裡，也有很多的相關資料，你可以看看。

答：你有下工夫去找出這些資料來，當然是你的說法比較準確。

問：你來淨業院時，第二任住持鄭玉釵還在麼？

答：已經不在了。她是20幾歲很年輕就過世了。她過世之後，住持才改由永善和永修兩位尼師接任。

　　不過，鄭玉釵本人確曾到過普陀山，還帶一個當地的小男孩回來，叫鄭大明，所以開山過世時，鄭大明爲其穿孝服，但當時他的兄長

要殺他，兩人常吵得很厲害，所以鄭大明也很早就過世了。這些事，我有很多也是聽來的。

問：照這樣看來，去普陀山的人，應是鄭玉釵無疑了？

答：對對對。當時普陀山的和尚，也到淨業院來教誦經和做法會。

問：陳根傳開山，原先在香山的一善堂時期，是屬於齋教龍華派的一是堂系統，日本殖民統治時期他在淨業院開山初期，應也是香山齋堂方式的延續。可是到他的孫女，已是完全不同的新宗教環境了，新時代來臨，又有錢，因此由他前往普陀山來改變這一信仰方式，即改向正規傳統佛教靠近，也是說得通的。再說鄭玉釵接淨業院第二住持時，日本國勢正強，臺灣有錢的民眾要坐船外出，前往中國觀光，應不太困難才對。你說是不是？

答：是、是、是。

問：你去日本念書前，是公學校畢業，你有無念過高等科？

答：沒有念過高等科。我去日本「關西尼學林」是第二學期，因我的英文沒有基礎，跟不上進度，第二年又和我剛到日本的姊姊一起讀，重新學習，所以我一共讀了五年半才畢業。我讀的是本科，我的老師，是著名的禪師澤木興道。

問：比你早去的如學法師，中學畢業後，就前往駒澤大學的佛教科，讀到畢業。難道你當時沒有這個打算？

答：這不可能。我畢業當時，已空襲得很厲害，完全無法正常讀書，所以不可能去駒澤大學就讀。只有保姆養成所上課，其他的都跑掉了。老師也不敢教，大家都疏散了。

問：你在「關西尼學林」曾被澤木興道教過，他是當時被認為大修行者。而臺灣去的如學法師、圓通寺妙清法師的俗家之女李金蓮，也都被澤木興道教過，你的印象如何？

答：他是非常親切的人，很照顧學生，學生也很敬愛他。他沒有結婚，也沒有子女，可是到處都有學生視他如父，所謂「全捨即全」得，他就是最佳榜樣。但他因曾參加日俄戰爭，被火炮所傷，喉部發音

有點困難，所以第一句話往往要很用力，才擠得出聲音，講出來是
很大聲的，不知道的人會嚇一跳，不過再講第二聲就正常了。

問：你在戰爭中，如何取得生活費？有誰接濟你？

答：戰爭中，原來的接濟都中斷了。當時在保姆養成所，有提供我們吃
的，我也有兼一些幼稚園的教書工作，這部分是有酬勞的，每月是
五十元日圓，待遇極佳，所以能維持生活之所需。

　　當時的日野老師非常照顧我們，這些都靠她的幫忙，我很感謝。我
的老師在戰後也有住持一間佛寺，我在那裡曾住了半年，然後才由
日本政府安排坐軍艦送我們回來。

問：你回來後，爲何有一陣子是到德高街去發揮，並且一去就是二十幾
年，這是爲什麼？

答：呵呵呵，去外面比較好發揮。我在德高街關建了自己的永修精舍，
到1973年才回來淨業院旁，以一坪1000元的代價，買下了現在永修
精舍和慈心幼稚園的用地。其實，我是因爲在日本學英文一年之
後，學校已不准再教英文，所以我很想學英文。

　　另外，戰後回來臺灣，我一句國語也不會講，所以曾和一位外省太
太學了兩年；但她不會注音符號，所以我自己訂國語日報來自修，
足足念了兩年才講得通。

　　當時，若不懂國語，就無法聽懂外省法師講經，也無法向不會講閩
南語的客家信徒開示，所以學了國語之後，有時能替來德高街講經
的續明法師和仁俊法師等翻譯他講經的內容，也能讓客家信眾瞭解
用國語講經的內容，可見語言的學習，的確很重要。

問：你的俗家和宗教的關係如何？

答：我的兄弟姊妹共有10人，其中有7個出家。我父親因我大哥有一次生
重病，陷入昏迷兩天，曾許願若能恢復健康，即願全家出家以報佛
恩。所以，我從日本回來的第2年，房子都讓給別人。哥哥先去關西
的潮音寺出家，然後再搬到南投的靈山寺。不過，我哥哥現在已過
世了。我三哥雖結婚，但他的兒子也是出家爲僧，現在是當住持。

問：淨業院的佛像，是脫胎製成的，相當精美，其法爲何？

答：我是聽說先用泥土塑型，再以絲綢覆蓋其上，並逐層塗膠漆，以形成堅固的外殼，然後去除泥材，只存塑像外殼，又塗以金箔粉和亮光漆，使其外貌莊嚴雅緻，於是搬運至所預定的寺院大殿來隆重供奉，甚罩以透明的玻璃佛龕，以隔塵灰積落其上。所以是很精細的功夫所做成的。不過，這些我也是聽人說的，自己不曾親眼看人做過。

問：法源寺斌宗法師從淨業院請去的三尊，是大的還是小的？是立像？還是坐像？

答：是小尊，立像。原先佛龕裡還有一些小尊的，但已被小偷偷走了。不過小偷偷走之後，還用另外的幾尊不同的佛像放回去。但，不知是何來路的？大概是用來補償被偷走的佛像。

問：這些佛像，算起來，應該是快百年了？

答：我聽說，開山祖師當初要蓋淨業院之前，她的兒子恰因吸食鴉片，被逮捕下獄，所以這一年若知道，就知道正確的建造時間。當時，聽說曾聘請風水師來鑒定，認爲時機恰當，不可再延，方能致福久遠，因而開始動工興建。像這些線索，可能要再請教鄭家的人才知道。

問：你現在的宗教活動情況是如何？

答：我有兩個出家徒弟，一個是自己剃度，一個是從別處來的。在家信徒也有一些。我以前是到處應邀講經，連苗栗的苑裡都去。教書方面，我在福嚴和曉雲法師的華梵學院都教過日文，也兼上一些佛教的課。不過幾年前我開過刀，耳朵變得重聽，身體也變差了，所以講經的活動，我這幾年已暫停了。此外我每年會在精舍做法會，所得捐款，我轉送給香山的玄奘大學做爲教育基金。宗教的活動，大概就是這樣。

問：你戰後曾回日本的母校去看嗎？

答：回去過幾次，探望老師和拜訪昔日的一些同學。我的老師目前還健

在，已九十幾歲了，她還建議我去日本教幼稚園。有一個在日本做
生意的印度人，聽我講日語，還驚訝我為何可以說得如此流暢呢！

問：他居然不知道你原本是受日本教育的？真有趣。時間不早了，今天
就訪問到這裡，若有其他的問題，我會再來請教你。至於你要送我
的斌宗文集，因我家裡已有，就不客氣了。

答：有空再來。

第二部分　相關背景變遷的概略解說

讀者可能對上述所提到的佛教專門術語和所指的現象不易理解，所
以在此也對其中一些術語和相關臺灣佛教女性的出家背景，稍做近百年
來與其相關發展的概略說明。

首先，何謂「齋姑」呢？最簡單的說法，就是指「帶髮持齋（吃素）
信佛修行的女性」。可是像這樣的講法，現在很多未出家的佛教女信徒
（也吃素和經常參與共修），不就是「齋姑」了嗎？其實不然。

因為一般我們所知道的佛教女信徒，是指經過皈依儀式（由出家並受
過具足戒的僧尼主持）的女信徒，她有出家僧尼為其「皈依師」，並領有
成為正式信徒的「皈依證」，以及其證上載有皈依後新獲得的「法名」。

可是，「齋姑」的「皈依師」，往往是同為「齋教」的在家修行者。
因此，「齋姑」不等於「優婆夷」。

這是由於清代的臺灣，普遍缺乏受具足戒的僧侶，因此不但要設立
「尼寺」不易，僧侶的無知、社會地位低落和行為上的污點（娶妻者很
多），也迫使佛教婦女只好選擇「齋教」的信仰型式，甚至進一步成為「齋
姑」。

然而，1895 年，日本根據〈馬關條約〉開始了對臺長達 50 年的殖民
統治。除政權變革，還帶來日本式的佛教信仰，以及信教自由的擴大。

雖然如此，直到第二次世界大戰結束初期，維持原有的「齋姑」信
仰型式，還是占絕對多數。

在此之前，因日本總督府主導的「南瀛佛教會」經常舉辦講習和發行佛教刊物；以及特別針對女性講習和培訓，促成許多女性學員改「齋堂」為「佛寺」，或者新創本派「法雲寺派」的專屬「尼寺」。

可是，1949 年，中國大陸僧侶大批逃到臺灣，更在戒嚴體制的權力結構之下，長期由出家男性藉傳戒特權，壓制實際人口占多數的出家女性。不論「齋姑」或日本化的新佛教女性，都得參與新的傳戒活動和在頭上燒戒疤，否則中國佛教會是有權力撤銷其出家資格的。

這種情形，一直持續到 1971 年臺灣退出聯合國，才逐漸有了改變。由於本土意識的興起，以及政治運動和社會運動的相繼展開，為各種在野勢力提供了更大的揮灑空間。

臺灣傳統威權支配的統治形態，亦被形勢所迫而不得不退讓及推動改革和開放。多元價值觀的社會開始落實了。以援助東部弱勢醫療體系佛教慈善團體，也在西部的原罪意識上起了強烈的道德共鳴。而 1991 年，麥格塞塞獎頒給證嚴尼師，即是代表了這一發展浪潮的高峰呈現。

對臺灣社會來說，出家僧尼已不再是無知、無能和卑微的可憐形象了。在這種情況下，高學歷女性的出家，或原有出家僧尼到外國深造，以求更高的資歷和學養，在 1981 年以後已開始慢慢增加了。

1984 年俗名李三枝的釋恒清尼師，在美國威斯康辛大學獲博士學位，旋即在臺大哲學系任教，是此一趨勢的最佳典範。而 1989 年 2 月，如學尼師邀請恒清尼師創辦「法光佛教文化研究所」，象徵臺灣佛教出家女性新（恒清，代表戰後）、舊（如學，代表戰前）兩代的結合。

因而，當代臺灣佛教界，所以出現許多高學歷和社會性活動強的佛教女性，其主要因素，實可歸納為如下的三點狀況：

一、臺灣社會如今已是高等教育普及的時代，公私立高中或職業學校畢業以上學歷的女性人數很多，所以稍有名氣的佛教道場每次剃度都有高學歷的女性參與。

二、臺灣的兩性關係已在大調整期，未婚、晚婚或選擇單身生活的女性，比過去要多得多。所以，臺灣新一代的高學歷女性，選

擇剃度出家，顯然遠比傳統尼眾，更有自主性。但，一般而言，正在發展中的道場，由於制度較為鬆弛、發展的機會相對較多、並且充滿著希望，所以因此較容易吸引新的大量剃度者。

三、由於當代臺灣的佛教道場經營，已高度企業化，各種商場上的行銷手法，也普遍用來說服信眾和提高知名度。因此，誰能掌握媒體和能成功地塑造宗教偶像，誰即能對信徒有極大的吸引力。所以，當代臺灣很多出家的現代女性，其實有不少人，是受到此一風尚的影響，才走入一些社會知名度相對較高的大佛教道場的。

第 7 章

從戰前到戰後：新竹市首創
天臺法源講寺的佛教藝術文化道場

從傳統走向現代多變的
創新佛寺建築風格

釋寬謙

壹、前言

　　法源講寺建於 1944 年，也就是在日本殖民統治時代的晚期，迄今（2018）歷經多次改建或增建。它是臺灣佛教史上第一座弘揚中國天臺宗的「講寺」，與臺灣其他的禪寺性質大不同。它也沒有各寺廟中很常見傳統民俗佛教祭祀道場的各種彩繪裝飾。

　　儘管如此，它在另一方面，卻已是臺灣佛寺中的佛教藝術重要傳播中心、新佛寺建築理念的實驗場、以及現代佛教生活化與新人間佛教思想的推廣基地，堪稱風格獨樹一幟。

　　再者，法源講寺的建寺地點，在古奇峰，原是新竹八景中「古奇遠眺」的勝景之地，所謂「天外波濤何限闊，眼中城郭自然圖」是也。[1]古奇峰周圍，遺留下竹塹文人諸多的人文歷史遺跡，還是人文薈萃之地。

　　尤爲難得的是，這一大自然的傑作，與俗世（城市）不即不離，不遠

1　王松，《台陽詩話》上卷：古奇峰（臺北：臺灣銀行經濟研究室，1959 年），頁 14。

不近。爲此，臺灣著名的詩僧——斌宗法師（1911-1958）擇此奇峰勝景，建立了出世修心與入世度眾兩相宜的法源講寺。

佛教建築不同於一般建築，甚至迥異於其他宗教建築，對環境有著佛學義理上的特殊要求。

佛陀當年走出鬧市、成道於伽闍山尼連禪河畔的菩提樹下，因此無論是早期印度的石窟佛寺（例如西元前 2 世紀建造的做爲僧院和支提堂的印度比塔爾柯拉石窟），還是後來中國歷代占盡名山大川之勝的佛寺，都座落於清淨的遠離城鎮俗世的大自然中。這才是僧眾靜悟成道的最佳氛圍。

然而，現代興起的人間佛教之義理，其旨在俗世締造淨土，那麼，佛寺當然又應該盡量貼近信眾所在的城市。修行和度眾這兩種義理要求，就構成了現代選擇建造佛寺地址上的兩難困境。

法源寺開山祖師斌宗法師在新竹的一次遊歷中，以他詩僧的慧眼，敏銳地發現新竹的古奇峰，是能化兩難爲兩全的建造佛寺的寶地。

所以，本文就是從法源寺開山祖師斌宗法師，如何來新竹開創上述這樣的一座具有現代多重佛寺面貌的歷程、以及在他之後幾代繼承者的陸續改造創新，展開以下的相關解說。

貳、新竹法源講寺的建寺地理位置與開山祖師其人其事

一、新竹法源講寺的建寺地理位置

法源講寺的建寺地點古奇峰，是位於新竹東南方的丘陵地上，海拔120 公尺，既是新竹名勝，又只離街市 2.5 公里之遙。

古奇峰屬於客雅溪流域所經。[2] 在清代的古地名中，這個地方有多種

2　洪敏麟，《台灣舊地名之沿革》冊 2（上）（南投：臺灣省文獻委員會，1984 年），頁 132。

稱呼，或稱為「土地公坑」、「虎兒岡」、「狐狸岡」等類似發音的俗名，[3]
而以「土地公坑」最為普遍流行，到了日本殖民統治時期王松的《台陽詩
話》中描述：「竹城南門外有古奇峰，建廟祀福神；環山面海，景趣頗佳。」[4]
可以發現此時文人已將此地改稱為「古奇峰」，而沿用至今。

　　在新竹的開拓史上，此地區開發時間較晚。主要是因為竹塹南門外
的山地崎嶇，土地瘦瘠所致。所以直到乾隆年間，才由劉光裕等開墾南
門外，包括土地公坑、蜈蚣坑頂（高峰里）一帶，1807 年有了轉賣土地
的證明，此處才陸續成為漢人開墾的範圍。[5]

　　南門外土地公坑附近等山地，最早曾被規劃為塚地，因為清代的市郊
山地，一般是任人隨處埋葬，因此南門外的丘陵最早是當作墳園來使用
的。道光年間，當地的郭、陳、蘇三姓人家，為了墳園地權，而纏訟不
休，因此淡水廳同知李慎彝就在道光 7 年間命人籌款購買，將土地公坑以
東之雙溪、大崎、金山面、十八尖山腳、蜈蚣窩等橫直各三千丈的範圍，
劃規為義塚之處，提供流寓、貧苦無依等無主孤墳使用。[6] 這塊山地的大
部分就成為官方所有，保持著原有的天然蔥鬱林木。

　　不過，隨著移民墾地的需求，民眾不顧官方禁令，不斷有種植相思
樹、放牧等情況發生，所以在咸豐、光緒年期，官廳發出多道不得隨處
濫墾、保持義塚墳地的告示禁碑，並將之立於竹塹城的南、北門前示眾。[7]
可惜官方的地界碑常被民眾他移或毀棄。如今我們看到此地的相思樹、荔
枝等經濟樹木，乃是前人違令墾植的遺跡。不過官方禁令畢竟還是讓此
地保住了一大片自然林木。晚近新竹市政府將此建設為中正（山）公園，

3　黃旺成主編，《新竹縣志》卷八（臺北：成文，1984 年），頁 3546。

4　王松，《台陽詩話》上卷：古奇峰，頁 13。

5　張永堂總編纂，《新竹市志‧住民志下》（新竹：新竹市政府，1996-1999 年），頁
　　406。

6　淡水同知李慎彝，命令城工總董曾青華等籌款置買該處，成為義塚，見《新竹縣采訪冊》
　　卷五碑碣（下）（南投：臺灣省文獻委員會，1984 年），頁 208。

7　竹塹義塚的禁碑共有咸豐元年、光緒 2 年、7 年、11 年等多道禁碑，見《新竹縣采訪冊》
　　卷五碑碣等篇。

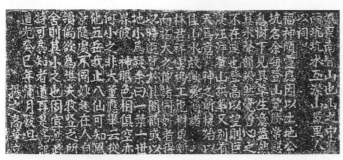

福泉碑
泉甘且冽
鄭用錫先生

重修土地公坑福德祠碑，道光十三年（1833）高華立

1995 年更開闢了環山公路，成爲市民郊遊踏青的好去處。

早在清領時候，此處已經是文人雅士群聚之地。晚清陳朝龍（1859-1903）所撰的《新竹采訪冊》中，已將此處評爲竹塹的古蹟名勝，在文獻中記載著土地祠古蹟的由來：

> 土地公坑在縣南三里許土地公崎山中，兩坑之水互灢。山麓有福
> 德祠一所，祠前後環植果木，頗稱幽勝。祠前有古樹一株，殆
> 數百年物，坑泉自樹根流出，相傳開闢之初，此樹每夜發火光，
> 即而視之，寂然無有；數日內，必有生番出草‧居民常視此樹火
> 光以爲趨避；殆菁華蘊蓄，有神靈呵護之歟？[8]

從上述可看到，土地祠及百年的老樹之景，除了老樹發出火光的傳說之外，樹根還湧出了泉水，是茗茶煮菊的甘泉。開臺進士鄭用錫（1788-1858）爲此還立下了「福泉」石碑一座，碑文上有對泉水甘冽的評價，讓人有飲之沁涼的想像。

土地公坑以「眞福地福德祠」出名，本來僅是個小廟，道光 13 年（1833）由林祥雲拓大整建[9]，高華等文人在福德祠的石壁上，留下了「重

---

8 陳朝龍，《新竹縣采訪冊》卷一，頁 53。

9 林祥雲（1814-1846）即林紹賢第五子，是新竹殷商「恒茂」商號派下，曾與父親大力
 重修竹蓮寺，見《新竹市志‧人物志》，頁 251。

修福德祠碑」。碑文爲：

重修土地公坑福德祠碑

城東南皆山也。山之中有兩坑、坑水互瀠山麓。里人以祠福神頗
靈應，因以土地公坑名。余每登山覽勝，常憩息樹下，見其草生
意盎然、其水聲韻鏘然，覺會心之不在遠也。登高以望，則巨浸
汪洋、群山拱翠，又別有天焉。意神之所棲，殆以佳山水故歟！
爰商諸林君祥雲，鳩工庀材，更新而拓大之；俾諸同好者，得以
時遊覽於其間，顧或以地小爲疑。余曰：一葉一世界。彼神眼色
相俱空，亦何小之非大！董應舉云：「從他五岳，我止八仙」；
可知風景隨處不同，妙趣在人自領。倘欲爲樵夫牧豎之所舍，則
其小之也固宜，然此特可爲知者道耳，是爲記。道光癸巳年蒲月
穀旦，揚之高華立 [10]

　　從以上碑文中可以瞭解，此地原爲登山覽勝之地。道光年間，竹塹城
殷商林恒茂商號的林祥雲，擴大修建了福德祠，以餐同好成爲覽勝之處。
林祥雲及立碑的高華等人，也正是新竹爽吟閣主人 —— 林占梅的叔叔及
表叔輩，可知此處早爲竹塹名士流連之地。

　　曾經遊歷大江南北，借景抒發詩興的林占梅，常常遊覽土地公坑而留
下詩文。其《潛園琴餘草》詩集中，記有遊覽此地的詩句若干。如 1858
年 9 日，林氏偕友人葉松潭、陳性初（應元）茂才等人，登高遊覽土地
公坑後，即做了數首即興詩：

1. 攜朋得得共登臨，無數啼禽競好音；路轉板橋重拾級，羊腸徑繞
   白雲深。

---

10 據載此碑位於福德祠門前，高 40 公分，寬 82 公分，楷書二十四行，行十字，見何培
　夫主編，《台灣地區現存碑碣圖誌》82 條（國立中央圖書館臺灣分館），頁 169。

2. 危巖萬仞瞰平阿，海甸秋清氣候和；一帶雲林環雉堞，望中城闕
   失巉峨。

3. 回首兒時一刹那，雪泥鴻爪漸消磨；構亭親友今何在？獨對西風
   起浩歌。（山上有亭，係先叔靄亭公所構，先岳黃公雨生水部、
   表叔高揚之司馬題額立石以紀之。迄今數十年，老成凋謝，能無
   觸目神傷）！

4. 亂插山花枕石眠，敢將落帽慕前賢！醉來不管牛童笑，狂態隨他
   到處傳。

5. 長嘯臨風醉半醒，狂歌唱與座賓聽；此遊不亞神仙樂，直把山亭
   作幔亭。

6. 題罷新詩興未休，一聲「去也」唱清謳；山靈若不嫌奴放，攜酒
   明朝訂再遊。[11]

　　從以上詩句看出，登古奇峰是由拾級而上的羊腸小道，登高後可俯
視竹塹城城門景象。同時從第三首詩句中，林氏註解此處曾是其叔父林
靄亭（祥雲的字）、表叔高華等造亭立碑等事蹟，詩人遊此更添緬懷故
人的情懷。

古奇峰石階古道（引自新竹市志）

　　清代詩人寄情詩文，以
描述此地風光，而日本殖民
統治初期的第一任知事櫻井
勉，同樣在此地盤桓流連不
去。櫻井勉於 1897 年，成為
新竹首任的行政首長。櫻井
氏具有漢文修養，同時雅好
詩詞，閒時會邀集竹塹文人

---

11 林占梅，《潛園琴餘草》，收於徐慧鈺校記《林占梅資料彙編》冊一（新竹：新竹市
　立文化中心，1994 年），頁 474-475。

唱和詩文，遊覽新竹名勝。

　　櫻井勉基於對此處的喜愛，就在山腰處籌款修築了大觀山館，做爲登高臨眺，覽看竹塹城及海岸風光的處所。而大觀山館的舊址，正是斌宗法師建立法源講寺的所在地。舊館的樣貌我們已經無從得知，但當時王石鵬爲了宣傳本地風光，做了古奇峰八景的詠景詩。讓我們從詩中領略一些山館的樣貌，同時瞭解日本殖民統治時期古奇峰一日遊的參考景點：

1. 福泉試茗：

奇峰之麓有兩坑，坑水涓涓，自石間出，甘而且冽。淡北偉人鄭用錫，曾與其弟用鑑，及進士黃驤雲，試茗於此，石上鐫有福泉二字。

2. 古廟聞香：

廟在福泉之左，道光十三年林祥雲建此以祀福德神，門前額曰「眞福地」，又一曰「壺天十笏」，分外清幽，匾額皆當時名人所題，中有一聯云：「無地容僧蹳客至，有山供料倩詩評。」爲鄭用錫所書，年年香火頗盛。廟之前後，遍植佳果名花，向夕聞天香，殊令人淹留不能去也。

3. 寒溪垂釣：

寒溪兩道，互繞於奇峰之下，傳劉省三爵帥南巡時，駐節竹城，嘗微服遊古奇峰，垂釣於溪畔，有詩云：「山泉脈脈透寒溪，溪上垂楊拂水低，釣罷秋光閒覓句，竹竿輕放斷橋西。」今此溪已被流沙壅塞，水涸石磷。然遺跡猶存，懷古者不禁有滄桑今昔之感。

4. 竹屋聽琴：

循福泉之上流，竹林深處，別成小窩，隱士李逸樵，編竹爲屋。

署曰「樵桐逸韻之廬」。每次花晨月夕，彈琴其中，饒有高山流水之致。

5. 憩亭納涼：

亭名「小憩」，在奇峰之東。狐狸岡（又書虎兒岡，乃土地公之諧音）崎上。光緒二十二年郭墻所建，新竹月眉行旅往來必經於此，亭外樹木頗多，雖夏間酷暑，小憩其中，清風徐來，被襟以當，殊覺涼然，善也。

6. 雲岩對奕：

岩高百尺，俯瞰寒溪，光緒三十二年，鄭蘊石開闢，岩下有石，署曰「漾雲岩」，亦鄭氏自題，其間竹木蕭，幽邃閒雅，又有天然美石，可以寄足，騷人逸士，對坐以作手談之樂，亦可謂此間得少佳趣。

7. 山館尋詩：

建於奇峰山腹，雖僅闢地數弓，然勢頗雄壯，在竹城市上遙遙可以望見，（《新竹縣志》註：已坍塌多年，建法源講寺）其間泉石安閒，蟲吟鳥語，皆得天機活潑之趣。且城郭盡歸簷下，湖山只在目中。許多詩料，俯仰皆是，雖素不解吟詠者，到此亦覺詩興勃然生也。

8. 雲碑遠眺：

（《新竹縣志》註：此碑初爲日人所建以宣揚其帝國主義，故二戰後已經拆除。）[12]

---

12 黃旺成主編，《新竹縣志・藝文志餘》冊九，頁 4017-4018。

　　雖然福泉、竹屋、憩亭、山館等今都已不復舊跡，但從 7. 山館尋詩，可尋覓法源講寺前址 ── 大觀山館的原有的氣象。大觀山館詩文描述，山館處於背山面海，氣勢壯闊，是遠眺時的最佳視點。此外，周遭生機盎然，泉石、蟲鳥出入其間，處處皆是詩人吟唱的詩懷。

　　詩僧斌宗法師後來來此雲遊觀景，與前輩詩人共鳴而詩興勃發，毅然選定此地做爲開山之寺的位址，那是「情所當然」的了。

二、新竹法源講寺的開山祖師：釋斌宗法師其人其事

　　每個佛寺的選址和建築風格，均是開山僧人的學養和人格的投射。爲此特闢出篇幅，介紹法源講寺開山高僧斌宗法師（1911-1958）的道品和文品。

　　法師生於 1911 年 2 月，俗姓施，名能展，鹿港人氏。父親從事醫業，亦以文學及德行稱世。[13] 少時聰穎並通詩文，14 歲時讀佛書，深悟世間無常，自此發出家學佛、濟渡眾生之願。1924 年夏，於苗栗獅頭山金剛寺披剃，禮閑雲妙禪法師（1886-1965）出家。

　　1927 年，結茅獨居於汴峰六年，在大自然中自研《法華》、《楞嚴》等諸大乘經典。研經之餘，並與文人詩文相應。詩友曾憶念說：「這個『時鐘』（詩僧）不來，弄得大家不知時（詩）。」[14] 法師是當時臺中詩友中的靈魂人物。

　　法師的個性乃特立獨行與潔身自好。他以授課所得維持生計，不願受友人或信士的供養，不接受任何饋贈。有時柴米皆盡，就先向學生借用，待束脩時，照數退還。那時有一信士金山夫人（即後來獅頭山海會庵第一代住持比丘尼達明師），曾以大量米糧供養，上人卻謝辭，不肯受之

---

13 釋果玄，《臺灣天臺教學》（新竹：玄奘大學碩士論文，2003 年），頁 11。
14 釋果玄，《臺灣天臺教學》，頁 13。

斌宗法師法相

而退還。[15]

　　法師在佛學上堅持漢傳佛教。日本殖民統治時期的臺灣佛教，有傾向日本佛教的趨勢，但法師還是心繫漢傳佛教的根基。

　　尤其對於日式佛教改革戒律不能苟同，即便在其後來參訪日本各大本山之後，[16] 也闡述中、日佛教間主要存在著戒法執持的差異。

　　為博采眾家，1933 年法師為學習天臺教法，隻身轉赴中國大陸。先至福建遊學，參訪虛雲老和尚（1840-1959）。翌年春於天童寺受具足戒於圓瑛法師（1878-1953）而後發足雪竇寺，步行九華山道場等三年的參訪遊歷，期間並留下許多遊吟的詩篇。

　　法師自雪竇寺訪太虛大師（1890-1947）未晤，轉至寧波四明山的觀宗寺。觀宗寺是民初期間由諦閑大師（1858-1932）主持，設有「觀宗學社」，專研天臺宗教義，後來改為「弘法研究社」。

　　斌宗法師到觀宗寺時，為寶靜（1899-1940）法師主持「弘法研究社」期間，並聽講寶靜師的《教觀綱要》。[17] 寶靜法師對斌宗的戒行精嚴，成績優異頗為器重，欲聘為研究社之副講。但斌宗法師為進一步遊學而婉言謝絕，轉往國清寺的「天臺佛學院」中，跟從靜權法師學習。靜權法師的儒學造詣深厚，能詩善文。當斌宗法師到此，被編入了進階程度的專修部中研習。[18] 在名師指導下，斌宗法師經過三年焚膏繼晷，熟讀大藏精義，繼而於天臺佛學院中擔任副講之席。

　　1927 年全面抗戰起，法師離開中國歸臺，旋即南下龍湖庵弘法，首

---

15 于凌波，〈台灣佛教人物〉比丘篇：斌宗法師。見 http://ccbs.ntu.edu.tw/formosa/people/1-bin-zong.html#ASEC001

16 1940 年，法師訪遊日本各大本山，見《斌宗法師遺集》，頁 16。

17 于凌波，《民國高僧傳》（臺北：聯經，2000 年），頁 204。

18 于凌波，《民國高僧傳》，頁 198。

開臺灣僧人研究佛學經典之風氣。上人講經弘法，依遵天臺家法，說理精闢，深入淺出，每每座無虛席，各地邀約不斷，講席遍佈全臺。

1941 年斌宗法師講經於桃園大溪齋明寺，中央雙腳交叉者爲斌老。
引自《跨世紀的悲欣歲月：走過臺灣佛教五十年寫眞》（佛光山，1996 年）

1941 年 2 月，斌老應桃園大溪齋明禪寺之請，講般若心經。在法會第三天，該寺住持孝宗師偕曾秋濤居士等，向上人要求說：「臺灣向乏講經機會，佛法罕聞，教義茫然，今賴師以開風味，此未曾有之法會，在座大眾雖皆踴躍傾聽，惜未盡明瞭，弗獲全益，若如風過耳，不免有負法師一片苦口婆心呢！我們雖曾事筆記，然皆記一漏十，不成全璧，敢懇法師不惜辛苦，牖誨後學爲懷，每日編成講義油印分給聽眾，……不知法師以爲如何？」是故在這次弘法期間，法師著成《心經要釋》一書，也爲這次的弘法會，留下彌足珍貴的鏡頭。

講經遍及全臺，與竹塹的緣起來自 1942 年，信徒鄭肇基妻蔡秋霞，請其佈講《金剛經》於竹林頭之淨業院，講期一個月。在淨業院講經期間，竹塹文人號爲「竹林七癡」之一的許炯軒也在臺下聽講，並做〈於淨業院聽斌宗法師講金剛經賦呈〉：「妙諦空空竟不侔，院中淨業仰眞修，談來不讓生公法，頑石如吾亦點頭。」以尊崇斌老說法之生動，[19] 這是法師與竹塹關係的緣起。

後來，法師因爲弘法操勞，心臟衰弱，受新竹檀信之請，掛錫新竹法王寺中靜養。當時周敏益居士導遊古奇峰，法師遊覽古奇勝境，見其依山面海，寬闊幽雅之處，遂有結茅終老之志，希望在「大觀山館」舊址建法源寺。當時地主陳新丁本無意出讓，因感母示夢：「新丁，我處境

---

19 斌宗法師回以〈答炯軒詩友見贈原韻〉：「儒雅禪風絕俗侔，相逢講座話清修，道心不逐潮流變，瓶金隨緣到白頭。」

很苦，希望有大德高僧救拔我，聽說新竹的善信們欲請高僧在此山建寺，你當答應他……」遂獻其地建法源寺。

法源寺起建時費日幣九千餘元，皈依信徒：鄭根本、鄭純、唐妹珠（道心比丘尼）、蘇明志（明心比丘尼）、鄭林劍華（雪心）諸居士等人發起擁護，[20] 並由鄭根本、鄭純、吳變三人自動捐獻三千外，餘爲斌宗歷年各地講經，信徒供養而成。[21] 斌宗法師平素不喜濫向施主募款，故發願一生除了信眾自己誠意供養外，絕不向人募化。[22] 所以後來法師只接受幾位皈依弟子的發心，其平生也不多收弟子。

斌老與弟子護法等留影
上左起：印心師、斌宗法師、覺心師
下左起：陳清秀姑、周府某姑皆護法

斌老與寺眾留影
前排左起：廣心、聖心、某老居士、斌老、印心、覺心、慈心
後排左起：演華、不詳、如專、不詳

1944 年 4 月，坐落於萬木叢中既出世又入世、並透著空靈生動建築風格的法源講寺大殿竣工，舉行佛像安座大典。淨業院之永修、永善兩位尼師，將自普陀山請回的西方三聖立像，贈奉法源講寺，從此開始弘法度眾。後來自日本返臺的淨業院勝光法師，也常到法源寺聽法，並皈

20 于凌波，〈台灣佛教人物〉比丘篇：斌宗法師。見 http://ccbs.ntu.edu.tw/formosa/people/1-bin-zong.html#ASEC001
21 黃旺成主編，《新竹縣志》卷八，頁 3546。
22 黃旺成主編，《新竹縣志》卷八，頁 3546。

依斌老，法號「慈心」。

　　駐錫法源寺後，斌老只專注於佈教弘法，素少會客。1948 年起，長期在新竹南門日本舊的佈教所「東本願寺」，講地藏經、楞嚴經、彌陀經等，並對民眾舉辦一般通俗的演講，原訂三年的講期，直到會場被軍方徵用後才停止，1951 年又在東門白水館開講。[23]

　　法師本身弘法講經外，也特別重視僧才教育，1948 年，中壢圓光寺妙果法師籌辦「臺灣佛學院」，聘請慈航法師來臺主持，法師為此高興地說：「臺灣佛教快要發展了，我的弘法工作有人幫忙了。」[24] 爾後，政府遷臺，大陸諸多法師隨之來臺，上人至感安慰，認為寶島佛教的黃金時代來臨，並特關照臺籍弟子信徒，勿因語言不便，而失去聞法的好機會。對於來臺僧人的愛惜，不遺餘力，乃至慈航法師遭到牢獄之災時，斌老也大力奔走、保舉，並收容當時許多的青年僧人。慈航法師因此曾感恩地向法師的弟子印心說：「臺灣的僧界中，可說你們尊師上人是我慈航的唯一知己了⋯⋯」[25] 可見當時僧俗心中對斌老崇深的敬意。

　　此外，法源寺也設置「南天臺佛學研究所」，並在臺北設置「南天臺弘法院」，做為養成青年弘法講經的僧徒。[26] 從這些單位的成立，也可看出斌老早年在大陸天臺山學習的一貫的傳承。斌老的教學方法尚有漢學私塾的遺風，最被稱頌的是要求弟子要「複講」一項，以確實掌握學僧程度。所謂「複講」，在清代私塾課程中，除了研習詩文外，多會有

水彩畫家李澤藩先生畫法源寺（1963 年）

23 黃旺成主編，《新竹縣志》卷八，頁 3546。
24 釋果玄，《台灣天臺教學》，頁 25。
25 釋果玄，《台灣天臺教學》，頁 26。
26 黃旺成主編，《新竹縣志》卷八，頁 3546。

「複講」一課。[27] 大致是複習前一日老師所講的大綱或心得，以讓師長瞭解學習的情況。因此讓我們瞭解到，傳統漢文的教育方式，被斌老引用做為講經時的方法，這也是現代講經教育中漸漸失去的部分。

斌老長期南北講經，弘法過勞，於 1958 年觀音成道日，果滿示寂於臺北弘法院，春秋 48，僧臘 34，戒臘 25。荼毗獲舍利百餘，內外瑩澈，咸嘆稀有。

上人是「解」、「行」並重之高僧，一生戒行莊嚴，弘法利生。著有《阿彌陀經要釋》、《般若波羅蜜多心經要釋》、《山居雜詠》、《雲水詩草》、《煙霞吟稿》、《雪竇遊記》等著作行世。

特別是上人又是一位擅長於建築設計營造、書法、書畫、塑造佛像的高僧，為法源講寺開創了佛教建築與佛教藝術相結合的在臺灣開先河的風範。

參、在佛教建築中注入現代藝術新生命的法源講寺變革歷程

一、第二代住持覺心時期（1958-1987）的佛教建築藝術化

（一）建設華藏寶塔與前棟大殿

覺心法師（1923-1987），臺南鹽水人。早年遊學日本，1940 年巧遇斌宗大師於日本歧阜縣美濃清泰寺。因欽佩仰慕上人莊嚴德相，同年 7 月隨之歸臺，之後皈依為上人弟子，得以賜號覺心，1941 年赴福建鼓山湧泉寺受具足戒。此後印心（慧嶽）法師、覺心法師二師未嘗遠離上人左右，追隨上人到處說法，親炙大師受業學習，佛學基礎奠定相當深厚。1958

---

27 黃美娥，《清代台灣竹塹地區傳統文學研究》（輔仁大學中研所博士論文，1999 年），頁 28。

年斌宗大師圓寂，覺心法師殷念師恩，遂建斌宗上人舍利塔，又名「華藏寶塔」。

（二）引進藝術大師楊英風先生的佛雕

　　覺心法師本就雅好美術，爲繼承開山法師定調的將佛教建築藝術化，殫思竭慮於華藏塔之美化。法師遍訪名師，終於與楊英風大師於 1961 年相遇於日月潭教師會館，懇切邀請楊教授爲法源講寺塑造佛像。兩人年齡相仿（法師長 2 歲），皆生長於日本人統治下之臺灣環境，都曾留學日本，並又都曾參學於中國大陸，並且是正值壯年期之社會中堅而精英分子。由相遇相知而相惜，相互吸收、學習對方之所長，進行著佛教與藝術融合的實踐。

　　1960-1963 年間，覺心法師建築「華藏寶塔」，建築營造的風格精緻。接著法師聘請楊英風雕塑大師在塔內造像。1963 年楊先生完成寶塔二樓的「文殊師利菩薩」浮雕，以瘦高型之蓮花瓣爲外框。此特殊造型亦可由寶塔之三樓頂之女兒牆之鏤空部分見其同樣之造型。文殊師利菩薩之座騎爲一半抽象圖案之獅子頂著蓮花座，咧著長長的嘴，嘴角向兩邊上翹，非常可愛，從此圖案亦可見到楊先生從寫實到意象間之變化的痕跡。

　　華藏寶塔三樓的「釋迦牟尼佛像與菩薩、飛天背景」相當有創意，主尊釋迦牟尼佛像顯得少壯、自信、福慧均等

覺心法師法相（引自法源講寺檔案圖片）

1963 年，華藏寶塔落成

二樓文殊師利菩薩像　　　　　　文殊菩薩像（局部）

之相，略有印度之意味，但其衣之褶紋卻具中國風味。背景菩薩及飛天浮雕均以中國特有之線條，勾勒出優雅之北魏仕女造型為菩薩與飛天，顯得飄逸灑脫，配以大圈圈的背光與小圈圈頭光，重疊出無盡深遠的法界空間，實乃精彩而不可多得之藝術作品。

三樓釋迦牟尼佛像與菩薩、飛天背景

寶塔興建完成後，1963-1972 年，覺心法師繼續進行前棟大殿之興建。由於經費拮据，蓋蓋停停，前後達九年之久。儘管如此，卻從不忽略對材料、品質之講究。

由楊教授的岳母發心，楊教授在義務完成了華藏寶塔內二樓「文殊師利菩薩像」水泥浮雕，及三樓「釋迦牟尼佛像與菩薩、飛天背景」水泥雕塑與浮雕之後，又創作了大殿水泥仿銅「釋迦牟尼佛」像及彩色磨石子地面「法界須彌圖」。這是

1972 年大殿落成

「釋迦牟尼佛」，其右手持說法印，左手
持降魔觸地印

在佛教建築中引入藝術家創作的佛雕、佛畫的開先河之舉。作品融合了
覺心法師的佛法思想和楊教授的獨特藝術造詣。

　　楊教授自幼深受大同雲岡大佛影響甚深，創作佛像皆具有其風格：
簡練、雄健、有力。1972 年完成之
大殿「釋迦牟尼佛」像最具典型，其
右手持說法手印爲表達「法源講寺」
之特有道風：講經說法的特色。左手
持降魔觸地印，爲釋迦牟尼佛成佛前
接受諸天魔外道之脅迫考驗，內心仍
如不動，還以降魔觸地印，大地歸於
一片寧靜，此降魔觸地手印乃是釋迦
牟尼佛所特有之手印。釋迦牟尼佛本
身之塑造，塑其福相容易，而慧相困
難，但成佛必然是福慧圓滿，這就是
楊先生之最大功力，既要雄健有力，

大殿正中央地面「法界須彌圖」

又要充滿慈悲、智慧，呈現出高遠的意境。這便是藝術品不同於民間匠人工藝品之所在。佛像頭部後之頭光，呈現既方又圓之中國式特有曲線，其中光環部位以山水系列之刀法表現，亦是特殊之創作。

大殿正中央地面「法界須彌圖」，表達佛教的宇宙觀念：以聳入雲霄的須彌山爲主軸，雲下兩旁日、月甚至還不及須彌山的高度，並鋪以七香水海，轉動由蓮花爲軸心的法輪，遍佈圖中四個角落象徵的四大部洲，外框黃色的中國式圖案圍繞代表中國佛教，可見佛教法界何等浩瀚、聖潔、靜謐。

二、第三代住持（第一任）仁慧時期（1987–1999）的過度期狀況

仁慧法師（1928-）剃度出家於新竹萬佛寺達果法師，是一座臺灣典型保守而傳統的寺院。法師生長在臺灣早期經濟貧困的年代，雖然世俗學歷不高，但是一直非常努力學習，在萬佛寺即練得一手好字及唱念，有著樸素的藝術氣質。這將使法源講寺佛寺建築藝術化的傳統得到進一步的發揚。仁慧法師 50 歲時毅然決然承接法源講寺的當家重擔，搭配眞理法師的理念與得力輔佐，爲法源講寺的發展打下了厚實的經濟基礎，完成了大殿後的法堂建築。

（一）闢建「覺園」以紀念先師

1987 年覺心法師往生，仁慧法師與寬謙法師（即筆者）爲紀念家師，特將通往「華藏寶塔」之幽境及廣場闢建爲「覺園」。園中石階石牆花圃皆砌以厚重的觀音石塊，擺設兩百餘噸花蓮玉里之綠色蛇紋庭石，種植多棵松、柏及梅樹，更顯古意盎然。庭中並設置楊大師不鏽鋼藝術品「三摩塔」、「天地星緣」，聳立其間，觸目清涼如臨淨境，而其抽象的佛教藝術造型，體現了「色即是空，空即是色」的奧妙佛學。

1987 年時值仁慧法師 60 大壽，法師特設置楊先生之「天地星緣」

不鏽鋼作品，以茲永久之紀念。「天地星緣」以中國人天圓地方的觀念，用方圓代表天地，以虛實代表陰陽、日月，將宇宙星球融攝於不鏽鋼鏡面、毛絲面、凹凸面中，呈現緣起性空之真理法則於曠遠深奧的天地之間。

　　1988 年，「三摩塔」設於通往「覺園」的石徑旁小廣場，以花蓮太

覺園，後方為華藏寶塔　　天地星緣

三摩塔　　　　　　　　　寶塔一樓「地藏王菩薩」花崗石金線雕

魯閣渾厚壯闊的山水氣勢，造型雄健優美，高約 10 米，又稱爲「禪定之塔」，象徵著修持的三昧境地，抽象的表達形式風格，與古典的寺院建築交融，構成一幅莊嚴而活潑的現代 VS 傳統的畫面。

（二）重修「華藏寶塔」

　　1987 年中，「華藏寶塔」一樓重新整修，將原本木製大門改爲不鏽鋼格子門，室內地面改鋪印度帝紅花崗石磨面，室外鋪設印度帝紅花崗石龘面。並於主要牆面增設一幅楊先生「地藏王菩薩像」花崗石壁面金線雕，以流暢的書法線條勾勒出地藏菩薩無盡之大悲願力，於雕鑿的線條中，安貼金箔閃閃發光，顯示其簡潔而有力的畫面。

（三）建設後棟「法堂」

　　1984 年，仁慧法師禮請楊英風教授完成後棟法堂三樓之水泥仿銅之「毘盧遮那佛」及背光。「毘盧遮那佛」爲法身佛，供奉於禪宗道場的法堂中。傳統寺院所尊奉的「釋迦牟尼佛」爲化身佛，一般供奉於大雄寶殿。法源講寺的法脈爲禪宗臨濟脈，而學脈則爲天臺宗。故將後棟最高層闢爲禪宗之法堂，自然應供奉毘盧遮那佛。既爲法身佛則是無礙地盡虛空遍法界的，沒有任何具體形相可言，但又必得具相供人膜拜，爲了不失其法身之特色，特以背光下加塑萬丈之光環，將佛之法身像以四射之光

三樓法堂之「毘盧遮那佛」

三樓法堂之「天人禮菩薩」

芒化爲無量無邊盡虛空界。

　　1986 年底，後棟法堂三樓東壁，裝置楊先生「天人禮菩薩」銅浮雕乙幅，作品之整體架構由一大片銅浮雕爲主軸，呈現觀音菩薩說法之自在法相，及樂神奏樂之瑞相，兩旁輔以四個中片銅浮雕，各片中呈現比丘、宰官將相、護法神、善男信女等之聽法眾，及天女散花，信眾虔誠供養之盛況，片片之間留白，讓觀賞者發揮更大的思想空間。

（四）設立「財團法人覺風佛教藝術文化基金會」及「法源講寺別苑」，致力於佛法與佛教藝術文化活動之推廣

　　法源講寺除了庭園之硬體建設及藝術品之設置，爲實踐覺心法師以藝術涵養弘揚佛教之心願，加強推廣佛法與佛教藝術文化之活動，與社會中堅善信人士，於 1988 年共同發起成立「財團法人覺風佛教藝術文化基金會」，不斷舉辦各種文教活動、展覽會、冬夏令營、佛教藝術研習營、佛學講座等活動，並主動與社會人士、學者、學生做密切之互動交流。此外，並於 1991 年在新竹市區，設立「法源講寺別苑」，長年不輟地舉辦佛學及佛教藝術講座，盡分於佛法與藝術的融合。

三、第三代住持（第二任）寬謙時期（1999-2007）的現代轉型

（一）新建法源蘭若園（永續建築型）

　　2002 年 4 月，法源講寺因緣際會購買了鄰地（已核可之別墅用地）6000 坪。5 月份決定舉辦 6-9 月三個月的「結夏安居」禪修活動，立即動手興建臨時齋堂及 4 棟組合屋於這塊土地上，以因應活動期間人口眾多之生活需求。

　　原來法源講寺的建築物以大殿、法堂及僧眾寮房爲主軸，生活方式及活動以傳統修行爲主，例如：僧眾生活、出坡、法會、共修、禪修、竭摩、誦戒等。過去爲因應廣大的眾生，所舉辦過多種的青少年佛學冬夏令營、

藝術營、展覽會、研討會、專題講座、長期佛學課程等現代化活動，曾經勉強地擠在原來有限的傳統空間，結果造成寺眾本身的諸多困擾，後來也才設法將這類活動移師到市區的「法源講寺別苑」或另借場地舉行。

現在擁有這塊 6000 坪的處女地，自然應該將這類活動再移師回來統籌辦理，因此建設佛教藝術專業圖書館、佛教藝術展示館、專業教室、多用途視訊會議室、佛教建築諮詢研發中心以提升佛教生活品質，成為勢在必行的建設；另外，建設居士居住的「蘭若園」，並配合基本的醫療設備，讓在家信眾也有個能夠安頓身心的場所；所有建築群的連結，將以大自然樹林、花木為主，並以佛教雕塑公園的方式呈現；而這兩大塊土地的交會處，正是新齋堂，將以嶄新的造型與理念呈現，屋頂平面以淺的水池隔熱，並可收集雨水，建築體內將設中水（再生水）與雨水回收系統。當然，整大片土地最重要的基礎，就是以「永續綠建築」的理念來進行建設，這也就是落實現代、指向未來方向的最佳指標。

（二）法源禪林 —— 開啓回歸佛陀的現代禪林木屋群

結夏安居初期，參與者於前棟大殿參禪打坐，一來頗受外眾干擾，二來夏季燠熱不得不以冷氣應對。使用冷氣對禪修並不理想，既耗電又易於感冒而且聲音干擾不休。本寺五師父想起後山尚有一大片樹蔭成林的荔枝園，帶著主法的禪師上山考察，禪師覺得很不錯。經過簡單而克難的整理，一片與大自然緊密結合的簡易的戶外禪林於焉誕生了。禪修者鎮日

最初設計之齋堂

沐浴於森林中，上山下山練就好體力，更能體會靜中動、動中靜的意境。
每天中午禪師帶領禪修者下山到齋堂托缽，再依序一步一步上山，佛陀時
代的原始生活方式似乎重現於此時此地，令所有護持者莫不深深感動。

　　為了保有原來的林相及地貌，還兼有三、四十門墳墓共存，因此在設
計規劃前必須有非常周詳的現地實際測量，本來八師父以為可以在 8 月
中完成測量，可以帶出去邊旅行邊設計的，結果為了等待測量人員，9 月
底才總算定案。

　　接著便從臨時建築走向永續建築的觀念。設計師沈先生根據筆者的
回歸佛陀、靈根再植的新佛學理念擔負起這次工程的繪圖及設計。工程
於 10 月底動工，由駱先生開始進行小木屋基礎工程。11 月 10 日小木屋
鄧師傅進場木屋工程開始進行。每天木工、水電工、土水工、鐵工、雜
工……四、五十個人同時進進出出，工程進度緊急，重疊性很高。在「腳
路」很不好的情況下，好在天公作美，幾乎很少下雨，而在地下的墓中
先靈們也似乎歡迎禪修者，工程進行得異常順利，一片祥和，實在非常
難能可貴。

　　11 月中旬，後棟法堂後的駁坎動工，為連接法堂與禪林間的聯繫空
間。12 月初工程大體雛型底定，過程中每天都呈現不同的相貌，隨時都
在做現場的修正。最後一週內，油漆工日夜趕工，終於如期於 12 月 13 日
開始進行為期 35 天的冬季禪修。共計完成 24 間小木屋（其中 8 間套房）、
佛堂、公共浴廁、玻璃屋、涼亭、走廊等等，因緣不可思議，短短不到

禪林中的傘幛

禪修中的經行

一個半月的時間，由原來空無一物的樹林，搖身一變為設備齊全的原始現代禪林。

　　12 月中旬完成禪林的建設，整座山的地貌完全保持原來坡度，一棟棟小木屋經過基礎抬高，躲藏在樹與樹之間；廊道串連木屋穿梭在樹林間，所有的樹林依然保持原樣，只做小幅度的修剪。另外，為因應天氣的晴雨問題，特以山間小道連接後棟法堂的駁坎平臺，直接進入三樓室內法堂，而完全不干擾底下一二樓之僧眾寮房。後山禪林自成循環體系，與前棟大殿亦無任何干擾，造就出一個獨立完整戶外室內兩相運用的禪修空間，更重要的是禪林朝著永續綠建築的理念邁進。

　　因為有「永續綠建築」的觀念，握有精確的現場地形及大樹、墳墓位置測量圖，所有建築物皆穿梭於樹林間，並抬高於高低不平的地貌之上。我們沒有摧殘任何一棵大樹，我們完全保留大地的原貌，這也造就了這片風格獨特的禪林。

　　法源講寺主軸建築是以修行為主之道場。前棟大殿住持三寶，以化導眾生為主。後棟法堂一、二樓以安住僧眾為主。三樓則為禪宗之至高法堂，以參悟佛法為主。法堂往後接著一片平臺為通往戶外庭院的轉折區，再往上又有一花架為通往禪林前之緩衝區，經過一座壯碩的禪林山

禪林的山門

半圓形的佛堂與圓形的傘帳是同一種語彙

禪修中的托缽　　　　　　　　　　　享受生命中的寧靜

門，再沿著山勢拾級而上。首先迎著的即為一座寬大可兼做教室的涼亭，從涼亭往下眺望則見一片樹林下，一張張木製禪座椅，上面還頂著一頂頂的傘帳，這就是以禪修為主的「法源禪林」區域。

　　再沿著小木屋的走廊向前走，豁然是一個半圓形的佛堂。佛像上端迎著來自天窗的光線，自然而柔和。原來以為禪林中的佛堂只是個禮佛及請法的小參室，結果經過冬安居期間，法師的開示及雨天的禪坐，大夥都歡喜齊聚佛堂，佛堂確實不夠使用了。冬安居結束後至農曆過年前短短半個月，趕緊擴建佛堂，既不能破壞原來質樸的佛堂，又要能容納更多的群眾，於是增建出了一個半圓的佛堂，頂著半圓的傘蓋屋頂，可容禪坐及開示眾生就更多了。

　　再走過一排男眾寮房，穿過一個象徵性的門，來到一個可以曬曬太陽、喝喝茶的小廣場，往左通往女眾公廁衛浴及洗衣晾衣場，屋頂上裝有太陽能熱水系統。往前及往右則是女眾寮房區，而走廊的端景則為一個晶瑩剔透亮麗的玻璃屋，進入屋內放眼望出，盡是一片綠林，連屋頂上都不例外。雨天冷天時，此屋是最佳禪修場所，一個個禪修面向外境綠油油一片，與雨絲如此接近而不受影響，寒氣不入侵的快感，只有親身體驗才能理解。

　　一棟棟小木屋，每棟僅有三、四坪大，但是都擁有最佳的採光及通風，望出窗外皆是綠景，平日僅住一人非常舒適，但是面臨禪修活動則

可以住兩人至三人，則人數相當有彈性，便於平日及活動時的彈性運用。平日只要願意禪修，並遵守禪林規約者，皆可申請短期住林，但以出家師父優先。目前常住禪林者總計六位出家師父，每天按照時間起板、打板、安板，分秒都不差。每天早上八點至十一點，下午兩點至五點，可以開放給居士大德隨喜參加禪修，還可以隨時於額外時間向駐林師父請法，歡迎居士大德善加運用。禪修本是日積月累、年復一年的累積功夫，法源禪林將長期提供修行人禪修場所，孕育及培養禪修的法門龍象。

如今法源講寺爲提升更恢弘的包容力與視野，讓佛教深旨走入生活、開拓新的生命力，將以寺旁空地規劃一塊理想的人間淨土——「蘭若園區」，期望建立修行、養生、藝術文化的園地。融合佛教的修行理念及健康的生活理念，與建築藝術的特質於空間與造型設計中，讓廣大的佛弟子們藉由「佛法度假村」的方式，在輕鬆、自在的休憩、充電的生活中，體驗佛法的眞諦。並結合「永續健康綠建築」的理念與工法，從事這項願景深遠的工程，包括：

大自然的法源禪林

視訊教室

國際會議廳

佛教藝術展示館

佛教藝術圖書資訊館

佛教建築研究發展中心

優雅而禪意的單位居住空間

戶外佛教雕塑公園

（三）藝術交流——藝術品介入，提升環境空間品質

法源講寺擁有楊英風先生的佛教藝術品，計有：

年 代	作品名稱	設置地點	材質
1963 年	「文殊師利菩薩」像	華藏寶塔二樓	水泥仿銅
1963 年	「釋迦牟尼佛」及菩薩與飛天」浮雕	華藏寶塔三樓	水泥仿銅
1972 年	「釋迦牟尼佛」像	前棟大殿	水泥仿銅
1972 年	「法界須彌圖」地畫	前棟大殿	磨石子
1981 年	「覺心法師」銅像	後棟法堂二樓	鑄銅
1985 年	「毘盧遮那佛」像	後棟法堂三樓	水泥仿銅
1987 年	「天人禮菩薩」銅浮雕	後棟法堂三樓	鑄銅
1987 年	「天地星緣」景觀雕塑	覺園	不鏽鋼
1987 年	「地藏王菩薩」金線條壁雕	華藏寶塔一樓	花崗石線雕安金
1988 年	「三摩塔」景觀雕塑	覺園	水泥
1995 年	「善財禮觀音」銅雕	後棟一樓	鑄銅

　　除此之外，法源講寺尚擁有楊先生數十件藝術作品，及妙禪法師數幅書法、書畫作品及斌宗法師數件書法作品，堪為佛教藝術殿堂。

　　總之，法源講寺開山和尚為一代高僧斌宗大師，大師禮拜當代佛教藝術宗師妙禪法師出家，傳弟子覺心法師（楊先生之摯友），再傳弟子寬謙（楊先生之女），可說不愧為一脈佛教藝術傳承，而形成本寺佛教藝術之特殊風格。

法堂一樓之藝術品

法堂二樓之藝術品

肆、建築特質

一、各個區域的建築細節與心靈的相契相應

（一）前棟大殿建築

1. 能產生靈動感的立面造型

　　大殿是整個寺院的精神指標，生活重心。所有僧俗大眾一踏入佛門的第一件事就是到大殿禮佛三拜，因此大殿也是寺院重要的門面。法源講寺的大殿建築為盂頂式屋頂，卻只圍了正立面而已，屋頂面卻是平臺。這樣的屋頂細節是因地制宜的富有靈性的原創。

　　大殿的正立面最大的特點，就是以講究的花格鐵窗當做整片外牆，這片外牆既可採光又可通風，還可以防盜。比起山上的清泉寺用鐵捲門處理，當拉開鐵捲門可以暢通無阻，為了安全，平日將鐵捲門拉下時，簡直

前棟大殿建築

暗無天日。法源講寺覺心法師則不然，他為了配合這片立面，兩邊的僧寮外牆易用磚塊疊出花格磚牆，既能通風又能採光，並且比鐵窗更安全。

　　大殿因為依山勢而建，只有東西兩邊寮房的樓下房子，與外面道路是同一層高度，所以由路面進大殿則可以透過左右兩邊的樓梯上去，或者從兩邊的建築物進去。與路面層同高度的第一層外立面以埔里黑石片鋪設，亦宛如大殿建築物的基座一般，再上一層則以黃色琉璃瓦配紅柱子，通透的立面則漆上白色油漆，穩重而不失莊嚴。

　　如此立面造型，能使來佛門的信眾在第一眼的仰望中，產生既莊嚴又靈動的禪悅感。

2. 大殿內部色彩 —— 影響情緒

　　大殿裡的佛像與建築內粉刷色彩，都是沉著的、穩重的，走入者的心情也跟著是沉靜的、安然的。特別是大殿地板上獨有的「法界須彌圖」—— 楊先生根據覺心法師所描述的佛教宇宙觀而創作的磨石子鑲嵌繪畫，其下方滾滾苦海的冷色彩在警示著紅塵中的人們，那一念的執著會捲起無邊而沒頂的苦海漩流。此時信眾會油然而生對圖畫中轉法輪的渴求。

3. 佛樂 —— 梵唄唱念與法器音質

　　佛教法會的主要目的是啟發信眾的宗教情操，使之能長久學佛，並且能融入到生命當中。因為眾生的耳根最利，也最能攝受人心，所以音聲佛事的梵唄唱誦，往往就是營造法會中宗教氣氛的最重要關鍵。法源講寺大殿的大磬及大木魚是特別講究的，不僅是外型巨大體量與大殿相匹配，更重要的是本身音質更是極品。大殿落成於 1971 年，當時臺灣製造大磬的技術很不成熟，該寺是向日本訂購來的。那個時代的價格高達二十多萬新臺幣，與房子等價，但是法源講寺執意要買最好的。這裡雖沒有所謂「暮鼓晨鐘」的鐘鼓，但是高質音效的大磬，也把佛教音樂推到了震撼人心的極致。

大殿中舉辦法會

4. 佛教建築中的佛教供花

　　中國插花在佛寺出現的最早記載是晉代「有獻蓮華者，眾僧以銅罌盛水，欲華不萎」，就是爲了供奉諸佛菩薩而開始的。經隋、唐的黃金期，五代李後主主辦最早的插花展，宋朝以插花、焚香、掛畫、點茶而爲文人四藝，元代因外族統治，插花淪爲沉滯期，到了明朝，爲插花史的文藝復興期，出了幾本重要的插花專書，尤以 17 世紀初《瓶史》問世，17 世紀末譯爲日文，影響日本整個插花發展，奉爲圭臬，並發揚光大。到了清朝爲插花史的衰微期，清末民初國勢衰弱，民生凋敝，中國插花幾乎消失無蹤。

　　直到 1970-1980 年代，有學者黃永川教授，透過古籍文獻之考察，逐漸拾回中國插花之文化。1985 年成立「中華花藝基金會」，彙集專家學者、同好，編定教科書，以有次第而嚴謹的態度，逐年栽培插花老師，

並且每年都有不同主題的中國插花展，以推展中國插花。

　　法源講寺在佛事活動中復興中國插花，營造活潑的佛學美的斑斕情景。為了推廣，法源講寺還於 1985 年在新竹文化中心發起舉辦了「佛教插花展」，中國插花與佛教藝術的展現相得益彰，沐浴在佛光之下。

（二）廊道寬敞通透

1. 大殿的延伸

　　大殿外的走廊比一般的走廊寬敞許多，一方面是因為它又正是整個寺院的大門入口，再方面它又能提供大殿的延續空間。有時候大法會人很多，大殿容納不下，還有外部走廊空間可以緩衝。因此我們大殿的落地門窗仍然保持原木框，並且是橫拉的，可讓落地門窗集中，而不障礙內外空間的連接。

1995 年於新竹文化中心，由覺風基金會舉辦的佛教插花展

大殿外的通廊　　　　　　　　　　宛如大殿的延伸空間

2. 花窗通透

再往外的隔間牆，是以鐵柱花窗的方式，不完全隔離內外又能連通裡外，空氣流通，視線也是流通的，遠比整個密閉的好得多。鐵花格窗又做得堅固耐用，似乎比現代用鏡面不鏽鋼做格子窗亮亮的，還覺得好一些，因爲仍保有古色古香之味。

（三）客廳古雅明亮

1. 火頭磚壁面

兩邊客廳的底牆，是一片令人印象深刻的、古樸的火頭磚牆面，似乎留有歲月的痕跡。

古色古香的火頭磚牆壁　　　　　　滿壁的書香

2. 明亮天窗

　　客廳的天花板，開了個天窗，白天時光線自然由頂上下來，好多人以為是開著日光燈。天窗兼具通風採光的功能，尤其位居四周都是房間的客廳，那是很好的設計，早在 3、40 年前，不可能長期開燈、開電扇或是冷氣，這樣處理更顯得重要。

3. 滿壁書香

　　兩邊客廳的主要牆壁，都釘有整面的雙層圖書櫃，充分善用這片牆，而且滿壁的書充滿了佛院的書香氣息。

4. 氣氛親切

　　西邊客廳擺了幾套現代的明式家具，顯得古色古香。原本最靠外面的和室已經拆除，釘成一間方便喝茶聊天，接待客人的精緻客廳。每天早

小客廳

大客廳

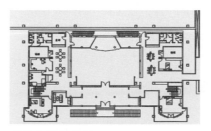

前棟大殿平面圖

上，寺眾們早齋完，出坡打掃完畢，大夥必定聚集在這個小客廳，喝茶、喝咖啡、聊天、看電視，是相互溝通聯誼的最佳去處。

（四）僧眾寮房

僧眾寮房 A　　　　　　　　　　　　　　另一角度

僧眾寮房 B　　　　　　　　　　　　　　另一角度

　　前棟僧眾寮房 A 及 B，位於前棟東西兩邊八角型的鐘鼓樓，早期還未蓋後棟法堂僧眾寮房時，即是住持及當家寮房。設備特別木質化，宛如住在木屋裡。再加上空氣流通採光良好，真是居住的好環境。出家人奉獻一輩子，所獲得的就是居住空間的回饋，住在良好的生活品質中，亦較能安頓身心，對修行的生活也是一大幫助。

（五）後棟法堂

1. 一、二樓僧眾寮房

僧眾寮房 C

僧眾寮房 D

僧眾寮房 E 之小佛堂

僧眾寮房 E 之書房

僧眾寮房 E 之臥房

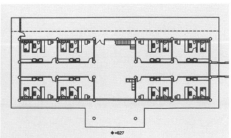

後棟法堂貳樓寮房平面圖

僧眾寮房 C、D 屬於後棟法堂一樓清眾的寮房，所謂清眾即還未承擔重責任的僧眾，所以寮房較為儉樸，但是一人份的寮房，依然具全書房、臥房及衛浴的設備。僧眾寮房 E 則為退休的老住持房，面積等於清眾寮房的兩倍大，除了書房、臥室、衛浴外還加上客廳及起居室，設備更加周全，也是回饋老住持一生奉獻給常住，讓老人家能安心終老於此。

2. 二樓祖師堂

二樓祖師堂即是利用兩邊寮房剩餘的大客廳空間，特地以一塊紅色地毯界定出祖師堂的空間。因為沒有做隔間，反而擁有更寬闊的整個空間，並且與大客廳和展示空間連接起來，可以同時具有多重的用途。一、二樓大客廳都轉換成楊英風先生作品的展示空間。

二樓祖師堂   三樓法堂

3. 三樓法堂

後棟法堂建築物原本就是充滿中國傳統佛教的風貌，顯現悠悠之大乘佛法之風範，所以氣勢宏偉，內容更含納百川匯歸大海。三樓法堂的毘盧遮那佛代表了佛陀的法身，盡虛空遍法界，無所不包亦無所不容地週遍一切。三樓法堂代表了北傳的禪堂，而步出法堂後面的門，出去後可見到一座延伸出去的木質大平臺，再接著一座對稱的鋼條木作樓梯，拾級而上又是一木質大平臺，再往上望，穿過一座木質山門，沿著窄窄

的石梯上去就是南傳風味的法源禪林。

（六）華藏寶塔

華藏寶塔

壹樓「地藏王菩薩」花崗石金線雕

貳樓「文殊菩薩像」浮雕

參樓「釋迦牟尼佛」佛像及浮雕

塔具有南北傳結合的風貌，不似純中國傳統富麗堂皇的塔型。塔本身樸實無華，又與大自然密切結合。塔的四周都是華木叢林，繞塔緬懷親人心境很清涼，也能啓發修行道業的宗教情操。塔，靜靜地躲在寺院中的一角，默默地承受、含納著眾生的生離死別，迎來送往。本來是開山祖師斌宗法師的紀念塔，終究爲了更多的眾生，它再度獻給了眾生。

1. 塔院庭園

（1）石頭山門

在我們橋頭墩上，放置一個大大的、渾然天成的綠色石頭，上面刻了「法源寺」三個大字，這就是法源寺的山門。因爲入口在斜坡上，無法做山門，就利用一顆大石頭，做一個象徵性的山門。

石頭山門

（2）蛇紋庭石

蛇紋石，大都是雄渾厚重型的，呈現綠色花紋。少部分呈白底黑紋，

很像國畫中的山水畫。橋頭墩的那顆山門石頭最大，重達二十多噸，其餘在前庭院裡的石頭也不小，約都在七、八噸以下。中國人有禮拜巨石的情懷，在這裡引伸出對佛境的憧憬。

觀音石階

（3）觀音石塊

觀音山石塊，到達現場還得一塊一塊修整，排於地面或者立面，顯得厚重有力，厚度大約有三寸厚，可以算是庭院中最好、最貴、最自然的鋪面建材。由於石塊逐漸禁採，二來石塊工匠的傳承已瀕臨消失，以後或許成爲絕響了。因此，法源講寺庭院的觀音石塊，已經成爲臺灣佛教庭院的絕唱。

（4）雕塑作品

在道路的引導上，做了很多與建築物方向上的調整，使人不知不覺中，經過幾個轉折，幾個高低起伏間，又見了兩個楊教授的作品：「三摩塔」及「天地星緣」後，才終於到達紀念塔前，會以爲庭院很寬廣，其實是利用中國庭園的手法，多做了些迴旋的空間，而將空間變大了。

（5）圍牆概念

只是概念，也就是透過專業的設計，可以保有概念的執行。圍牆轉了個九十度的方向，讓水池也與拜塔的人共用，並且形成一個小廣場，還設置了作品「日月星緣」，牆角還藉高低起伏的方式，登上下來，做個心情的轉換。牆面還配合作品的造型，挖了個圓洞，使牆有一點擋，又不太擋的效果，呈現很美的面向。

二、整體配置

（一）歷經三代，逐漸擴充版圖：面積

法源講寺之沿革

常住	華藏寶塔	法源別苑	法源禪林	養生文化園
1944 落成。建立講經說法及研究佛法之宗風。	1958 斌宗法師往生，覺心法師接任住持，特為建塔紀念。			
1962 重建大殿 1971 落成	1959 興建寶塔引進楊大師 1962 落成			
1982 建設法堂 1986 落成 1987 覺心法師往生，仁慧法師接任住持。	1987 重新整修			
1988 設立覺風佛教藝術文化基金會。	1988 建設覺園為通往寶塔之庭院。1990 起擔負經濟重任。	1991 設立，以講經弘法為主，並出版雜誌、書籍、錄音帶。		
1999 寬謙接任住持。		2002 結盟新竹佛教團體，發行雜誌與電子報。寬謙開始電視弘法。	2002 年底啟用	2002 購買土地
2003 打開大門 2004 敦煌展		2003 架設網站 2004 設中部護持會。	2003 起舉辦各類禪修課程，及結夏安居。	2003 進行規劃 2004 確立目標 2006 開始興建 2008 預定落成

常住	華藏寶塔	法源別苑	法源禪林	養生文化園
◎臺灣佛法的活水源頭。 ◎早晚兩堂課誦。 ◎年度大法會、浴佛節、每月消災法會 ◎半月誦戒。 ◎培育僧才：在傳統生活中，再繼續進修。 ◎由傳統邁向現代化。	◎建立斌宗法師為精神主軸 ◎擔負常住經濟重任。 ◎穩定常住信眾基礎。	◎舉辦課程活動弘揚佛法專題講座 ◎以教育文化理念推展佛法與佛教藝術。 ◎利用現代媒體傳布佛法：網站、電子報出版雜誌、書籍、電視弘法。	◎發揚教觀雙美之天臺精神： ○教：印順導師之人間佛教。 ○觀：南傳原始佛教禪修次第。	◎現代化之契機。 ◎建設弘揚佛法與佛教藝術之教學與研發空間。 ◎建設佛教藝術展示空間及專業資訊圖7-書館。 ◎建設契合現代人之養生文化村。

經過三代住持的精心建構，法源講寺已經形成了一個從傳統走向現代的貫通著佛教藝術氣韻的佛寺建築群。

（二）平面特質：寬廣而呈現不規則格局

由於法源講寺歷經三代經營，土地逐漸累積增加，自然呈現不規則的形狀與格局。但是，亦可以由平面配置圖看出，呈現兩個主軸發展。

第一個主軸由大殿開始，後接著法堂，再接著通往山上禪林的平臺，最頂上的就是法源禪林區，從法堂側面往右邊，經過庭園的終點就是精神堡壘——斌老紀念塔「華藏寶塔」。這個主軸是傳統的以修行、信仰、深解義理的道場。大殿及法堂以行菩薩道的方式接引信眾踏入佛門。禪林則以禪修解脫法為主的聲聞道。而以講經弘法、深入經藏的功能，則由位於市區的「法源寺別苑」承擔責任。

法源講寺主軸建築地形之等高線

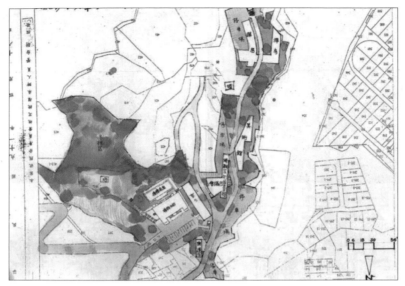

法源講寺全區配置圖

　　第二個主軸區域則是新近購買進來的大片土地，以發展佛教藝術為主。這塊土地目前還充滿各種可能性、可塑性、擴充性。但是可以預知的是，這塊土地將提供廣大的居士群享用的空間，以精緻的、文化的、教育的、藝術的、輕鬆的、心靈的方式切進學佛的領域。不同於第一個區域是以質樸的、嚴謹的、精進的方式，那是以出家師父修行為主的空間。但有共同點，那就是兩個區域都以文化、教育、藝術的方式進行。

（三）山勢高低起伏，因地制宜

1. 主要平面

　　法源講寺以常住大殿為主要平面及主要入口。入口的庭院廣場提供停車空間。大殿與庭院差距一層樓。以第一層樓為整座建築物的臺基，利用高差，左邊配置大寮，右邊配置一庫房。透過雙邊對稱樓梯拾級而上至主要樓層——大殿。大殿外有一較寬廣的走廊。現今因來訪信眾日益增多應實際需要，改變成為接待客人之處。東西兩廂房所圍繞出的公共空間，

西邊客廳展示場所　　　　　　　　　　　東邊客廳展示場所

為原本的東西單客廳。今年初亦改變成為展示佛教藝術品的空間。天花板開有天窗，光線相當充足。僧眾寮房圍繞於三邊（ㄇ字型），卻也不顯得幽暗。東西邊各計有七間寮房及衛浴廁所，配置使用尚稱合理舒適。

　　向後通往後棟法堂，亦須拾級而上，約又有一層樓之高差。前棟大殿與後棟。

　　法堂之間，以原木鋪設之廊道相連，免除穿梭於期間所遭風雨之苦。法堂一樓穿堂之處，置有一件楊教授的大件「月明」不鏽鋼作品。法堂一樓內部中央為一個大空間，展示多件楊教授的不鏽鋼作品、鑄銅作品、石雕作品，還有其他名家作品。兩邊各有一條寬大的廊道通往住眾寮房，左右各四間，每個寮房都各有書房、臥房，中央置有衛浴一間，貫徹了現代佛教精舍的理念──既不奢華也不苦行。

　　二樓為開山祖師斌宗法師的紀念堂，牆上掛有師祖妙禪法師的書畫作品，及多件楊教授不鏽鋼作品。兩邊亦是僧眾寮房，格局與一樓完全一樣，不過前排原本為四間寮房，兩間合併為一間，共安排了兩間長老寮。長老寮呈一字排開長條型房間，分別有小客廳兼書房、臥房、浴廁，最後就是小廚房及小起居室。因為考慮長老師父長年奉獻給常住，逐漸年老力衰，亦得妥善照顧使其安養晚年，盡量以方便使用為主，並顧及將來萬一需要侍者照顧，亦預留起居空間。

　　上了三樓，就是寬廣挑高的法堂空間，供奉著法身毘盧遮那佛。從室

法堂後雙層陽臺通往山上禪林　　　　　　拾階而上第一站就是涼亭教室

內往外眺望相當遼闊，新竹市區盡收眼底。東西兩邊亦是長老寮。東邊
為方丈寮，西邊為退任住持寮，各約二十坪左右的大小，格局比較方正，
更加舒適方便使用。客廳、書房、臥房、廚房、餐廳、浴廁一應俱全，
為了讓曾經一輩子奉獻於佛教的住持長老，安享晚年。

　　總之，法源講寺尊老慈少的理念，在建築平面布局上得到了體現。

　　法堂三樓後面陽臺，連接一大片平臺，經過左右對稱的雙樓梯，上
面仍有一片大平臺，這都是為了銜接開始往上急速攀升的樓梯之前的緩
衝空間，這是可以獨立提供法堂三樓舉辦禪修活動時的主要通道，也解
決原本使用三樓法堂，必須經過一二樓寺眾居住空間的困擾。

2. 上層禪林平面

　　經過 108 階的石階，來到一個與下面截然不同的世界。下面是現代
的、文明的、細緻的、熱鬧的世界，上面卻是原始的、自然的、粗曠的、
寧靜的世界。首先第一站是與大自然結合的涼亭，有時候也把它充當教
室，或者提供參訪者佇足的地點。由此地往下即可俯瞰整片山坡林地中
的禪修環境。禪林的建築物等於是蓋在兩邊下坡的最高稜線上，也就是
所謂「山脊線」上，真有空中樓閣的妙趣。

　　保持好原先的樹林，即是最好的水土保持方式。所以設計前先進行了
精密的土地測量，標示出等高線及大樹位置，還有三十多門的墳墓位置。

大眾在涼亭教室上課　　　　　　大眾在佛堂聽法師開示

設計方案做到了盡可能不破壞原來的地形地貌和一草一木，閃過了所有的大樹及墳墓。建築群的地平位置隨著等高線起伏，群組之間再以樓梯調整連接，甚至小木屋群與群之間，亦以茶水間相連，形成一個以廊道把整群小木屋連接在一起的建築群體。這讓使用者在雨天也不必撐傘即可到任何角落。小木屋的基礎，僅以鋼筋水泥柱深入地表以下，周邊繞以鋼骨做地板的結構基礎，上面才接小木屋結構體。所有的小木屋掩藏在樹林之內。

　　山脊線上的小佛堂，呈現半圓形的造型。其建築語彙與山坡樹林下禪修者所使用的傘帳一致。佛堂前半圓形平地板下因有高差，利用下面空間設置儲藏室，其半圓外牆做一循環式瀑布。再往裡面又設一公共用的衛浴及洗衣空間還有停車用車庫。以方形空心磚堆砌牆面，兼具通風及採光效果。由此有一通往外面的便車道。

　　再沿山脊線前行，便有兩排寮房，最後的「句號」是一座通透的玻璃屋。玻璃屋以不鏽鋼建材做為結構構架，外牆完全以強化玻璃圍繞。四面各設八個窗戶，以利通風。此玻璃屋是一接待客人的好地方，四面完全與外在的樹林景色融為一體，給人似在非在的特殊佛境感受。

　　這裡經常舉行定期與不定期的禪修活動。禪修期間有七、八十人供處在禪林。因為禁語，只有鳥語花香，不聞人聲喧囂，體驗那份涅槃寂靜的法味。

以半圓佛堂爲背景的順坡而下的禪修環境　　玻璃屋內景

每天常住僅提供早、午兩餐，住在禪林的禪修者依序排隊下來齋堂托鉢，再依序上禪林用齋。其餘時間則一小時、一小時不斷地參禪打坐，或經行，或小參，或開示，完全過著南傳原始佛教佛陀時代的生活方式，相當攝受忙碌、緊張的現代人根基。

3. 下層文化養生園平面

從主要大殿平面層，有兩條通路通往下層文化養生園。一條是從大殿前廣場邊鳳凰樹下，沿著階梯步行下去；另外則開車到境外馬路，從下面財神廟的對面直駛進去。文化養生園的地界內 6000 坪地坪，於 2002 年 5 月份購買進來，給予法源講寺很大的發展空間。再加上該寺原有周邊的土地約 2000 坪地，具有了 8000 坪的規模。目前正委託建築師進行規劃、設計、評估，將來以佛教藝術研究中心爲發展的主軸，成爲臺灣佛教藝術的重鎮。再配置以相關設施，以求達到以藝術美化人生的「預約人間淨土」的宏願。

佛陀在竹林精舍說法，本是佛寺最早的緣起。寺院也是安置佛像、僧人止息修行的處所，本來就是清淨道園、遠離惡處、親近善處等人間淨土。法源講寺歷經一甲子、三代四任住持的苦心經營，稟承著講經弘法的傳統到佛教藝術轉型期到現代結合 e 世紀特質將佛法推向無遠弗屆的遞變，所造就出的佛教建築空間必然是多樣化與現代化的，是對人間淨

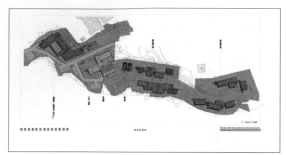
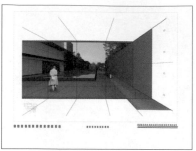

佛教藝術的養生文化園　　　　　　　　　　　佛教美術館的入口

土思考的實踐，大眾也能在參與時代思潮變化之下，經歷佛教文化生活所帶來義理的、修行的、藝術的、建築空間的衝擊與轉化。

伍、設立「佛教建築研究中心」

　　1997 年，法源講寺發起成立「佛教建築研究發展中心」。

　　1998 年，因爲舉辦兩回「印度尋根之旅」——朝聖及石窟藝術參訪，因而停辦「大專佛教藝術研習營」，轉型爲更專業的「1998 佛教建築設計與發展國際研討會暨當代佛教建築展」及「佛教建築的回顧與前瞻專題講座」。

　　這些學術活動，推動了建築界對臺灣佛教建築的研究，以及對臺灣現代實驗性佛教建築的批評，反響熱烈。

　　同年有鑒於舉辦「大專青年佛教藝術研習營」及「高中生佛學多夏令營」，必須動員的大量志工及輔導員，還得聘請多位師資，並且因爲常住住宿設備不足，活動空間不夠，引起寺眾諸多困擾，決定停辦轉型爲「三日尋燈」——佛法專題講座，可能是一整部經典或者論典，三天內約 21-24 堂課程講授完畢，最初由筆者一人擔綱（幾年後才陸續聘請其他師資，每次亦以一位師資爲主）。招生對象以當地爲主，少數來自臺北或其他縣市學員，僅須提供少量住宿，只要常住大寮配合午餐，不須大量志工，反而希望志工參與課程的學習，不須外聘師資、輔導員，以最

經濟的規模服務等量的參與者（約百位左右），提供最純度的佛法饗宴，
不須準備任何其他動態性、團康性的活動。

一、舉辦佛教藝術展旨在佛教建築的藝術化

1991 年，覺風基金會參與「京華藝術中心」合辦「第二屆佛教藝術
創作展」，展於新竹市文化中心。翌年於新竹市社教館，又合辦「第三
屆佛教藝術創作展」。1995 年於新竹市文化中心，舉辦「佛教插花展」，
透過建築空間設計融合佛教書法、國畫、佛菩薩像，配合中國花藝，營造
佛教建築空間美學的展現，可以說盛況空前。文化中心還特地延長展期與
時間，使每位參訪者既可禮佛朝聖，又可觀花論藝，於心靈中引起一份激
盪。翌年，筆者應邀於彰化市文化中心，協助空間設計，又成就了一場
「佛教插花展」。

2004 年法源講寺與「鹿野苑藝文之友會」臺灣收藏家合作，在該寺
舉辦「敦煌藝術暨佛教雕塑展覽」，深受好評。被聯合國教科文組織評定
為世界文化遺產的敦煌佛教藝術，被「拷貝」到法源講寺的佛教空間中，
產生的心靈回響空前，讓人享受一份清淨的美感，並領受到清涼菩提的種
子。尤其大殿牆面重現與敦煌等大尺寸的三大幅經變圖——「東方淨土經
變」、「西方淨土經變」及「維摩詰經變」，透過筆者講解《阿彌陀經》、
《藥師琉璃光如來本願功德經》及《維摩詰所說經》還原經變圖本來的
經文內容與精神，參觀者反應，此時的法源講寺大殿，比起敦煌石窟來，
多了一份經藏的靈性。

二、出版佛教藝術和佛教建築的學術專著

佛教藝術的生根，重要的是出版品，因此覺風基金會以出版佛教藝
術專書為志業，至今出版多本專書。

自 1989 年開啟經典之作《中國古佛雕》專書起，收錄了魏晉迄唐宋

出版雜誌

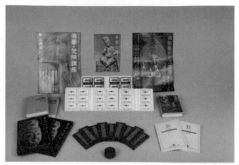

相關出版品

的資料，內容遍及雲門、龍門、天龍山等重要佛教石窟藝術珍品。

1992 年發行《覺風季刊》，將法源寺及佛教藝術普及性地介紹給大眾，是近年來推廣佛教藝術最力之期刊。

1998 年出版李玉珉教授編《中國佛教美術論文索引》，成為第一部中國佛教藝術工具書，提供認識中國佛教美術研究成果的管道，如今資料庫繼續延伸更新，將在網站提供研究學者查詢之用，將來可成為研究佛教藝術中不可或缺的工具，這也是經由基金會與學者長期合作下來的成果之一。

1990 年出版殷光明研究員著《北涼石塔研究》，1991 年出版馬世長教授著《中國佛教石窟考古文集》、2002 年出版李崇峰教授著《中印石窟之比較研究──以塔廟窟為中心》，2002 年底出版賴鵬舉醫師著《絲路佛教的圖像與禪法》。

2002 年與福嚴佛學院、玄奘大學宗教研究所、新竹佛教青年會合作發行《風城法音》季刊及電子報，除了推廣印順導師的思想外，廣泛報導新竹寺院藝術與教界人士採訪，再次累積佛教文化厚實深植社會的現象，未來也將成為文化傳播的重要期刊，也是大眾認識新竹佛教界的重要管道。

三、共謀佛教建築的現代化

　　佛寺建築，規模小的往往是出家師父自我想像自行建築，規模大的由建築師自行設計規劃，無法充分配合佛寺的需求，當中似乎缺乏適當的溝通。

　　更因爲每一間寺院的建築物使用少則數十年，多則屹立上百年，它甚至會是地區性文化的代表之作，影響之巨不可不愼。因此建築物若是內部空間配置合理，外觀莊嚴做爲無言的教化，才能適巧地提供信眾心靈休憩之處，又能提供良好的弘法、自修場所，如此堪是將十方信施的資金使用得宜，成就眾人的道業，使信施檀越、使用者、設計者三方面皆能續佛慧命，獲得無量福報智慧資糧。反之，設計不當則未來之展望受侷限，使用不便而徒增人熱惱，無法營造出信仰空間，也就不堪名之爲「佛教藝術」的佳作。

　　正因這份對創造良好寺院空間的投入，十多年來筆者參與了福嚴佛學院、慧日講堂、花蓮聖覺寺、羅東幸夫愛兒園、天冷東林學苑、法源講寺等重建工程，從規劃、設計、監造、管理工程等等，始終扮演著設計者與使用者的「雙重角色」，將現代的設計理念轉移到傳統的僧團中。

　　1998 年期間，法源講寺籌備舉辦「1998 佛教建築設計與發展國際研討會暨當代佛教建築展」，也結集成書出版。並且兩度造訪印度佛教聖地與石窟，有感於佛教石窟的宏偉，深思爲佛教建築的現代化尋出一條路。依此機緣是故興起進修之願，筆者於 2001 年進入國立成功大學建築研究所就讀，開展新的學習旅程，爲未來行菩薩道長遠資糧奠基，並且爲佛教建築藝術開啓另一面向。

　　921 大地震後，法源講寺邀請國立成功大學建築研究所學者專家投入「921 震災地區佛寺建築損害調查及重修建計畫」。中華佛寺協會配合此計畫，1990 年初亦於通霄福智寺舉辦「佛寺建築災後重建」專題研討會。與會的佛教人士反映獲益良多，對寺院建築有了重新體認，並且記取活

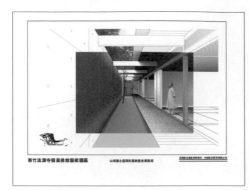 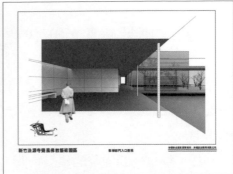

從傳統邁向現代　　　　　　　　　　從思想邁向實踐

生生的教訓，不要再重蹈覆轍。會後並集結爲專書，分送佛教界、建築界等相關單位，成爲日後進行寺院建築設計、結構、設備、工程中重要的參考資料。

陸、結論

　　我們知道，佛陀在竹林精舍說法，本是佛寺最早的緣起。寺院也是安置佛像、僧人止息修行的處所，本來就是清淨道園、遠離惡處、親近善處等人間淨土。

　　法源講寺歷經一甲子多、三代四任住持的苦心經營，稟承著講經弘法的傳統到佛教藝術轉型期到現代結合 E 世紀特質將佛法推向無遠弗屆的遞變，所造就出的佛教建築空間必然是多樣化與現代化的，是對人間淨土思考的實踐，大眾也能在參與時代思潮變化之下，經歷佛教文化生活所帶來義理的、修行的、藝術的、建築空間的衝擊與轉化。

　　不過，如上所述，法源講寺的佛教建築，雖從闢建迄今（1945-2018），已走過了從傳統走向現代實驗的漫長歷程。但，在這個過程中，有幾個理論問題很值得討論：

　　一、在現代主義藝術（包括現代主義建築）的創生過程中，各流派的代表人物，都宣稱要對傳統進行徹底顛覆。

畢卡索就直言不諱：「創造乃是（對傳統）破壞的總和。」在他們看來，現代和傳統是絕對的不共戴天的關係。爲此，巴黎的現代城市規劃，就把現代建築群移到了凱旋門外的拉德方斯區，以遠離第三帝國時期的奧斯曼傳統城市建築。

然而，法源講寺的佛教建築在走向現代的過程中，沒有、也不可能採取顚覆的機制，因爲不可能將原有的傳統大殿和法堂拆掉重建。於是法源講寺的幾代主持，選擇了別有法門的傳統與現代對話的路線。這個被實踐證明是可行的路線，對所有傳統寺院建築走向現代，可能有著普世的參照意義。

二、無可諱言，現代確實與傳統有著尖銳的對立，如何使它們的「對話」變成大地上諧和的有意味的「和聲」？

法源講寺實驗成功的方法是，在傳統寺院建築內和外，布局雕塑大師楊英風的現代景觀雕塑和佛雕，成爲傳統與現代建築中的「中間聲部」。傳統的大殿與覺園的現代抽象主義景觀雕塑相輝映；傳統的靈塔內涵容著現代韻味的佛雕；禪林在理念上回到了原始佛教，但木結構建築與禪修傘帳，卻「訴說」著現代建築話語。

由於楊英風現代佛教藝術的介入，這裡處處是傳統、面面皆現代，現代即傳統，傳統即現代。

可以推論，即便正在規劃中的佛教藝術館等現代建築群聳立在傳統的大殿近旁，因爲有著楊大師現代景觀雕塑的圓融，仍然不會有突兀牴牾。

三、在法源講寺中，無論傳統與現代的佛教建築，還是楊英風的景觀雕塑和佛雕，全都有佛教義理貫穿，沒有爲傳統而傳統，更不存在爲現代而現代。

離開了佛學義理的任何現代建築樣式，無論其設計多麼富有原創性，都是沒有意義的。

法源講寺全部建築和內外設施，都是佛教義理的感性顯現。佛學的「編碼程序」，是法源講寺使傳統與現代佛教建築和諧對話的根本的內在肌理。

第 8 章

串起臺灣佛教的歷史長流：
新竹市永修精舍建築風格

釋寬謙

壹、前言

　　本章嘗試解讀臺灣兩位傑出比丘尼：勝光法師（慈心法師）與寬謙法師，藉由二位經歷的道場：淨業院、永修精舍、法源講寺、覺風學院，梳理兩位比丘尼的弘法事業與心路歷程。

　　本章先從歷史脈絡了解法脈傳承，以及一代高僧斌宗法師如何深遠地影響他們，從而串起臺灣佛教史八十多年來的演繹軌跡：從齋教、日式佛教、從傳統漢傳佛教到現代化之人間佛教。接著說明他們如何在傳統與現代的矛盾中，內修與外弘並蓄中，不斷地與時並進，規劃營造寺廟的建築型制及道場功能，而新竹永修精舍正是擔起承先啟後的關鍵道場。

貳、歷史傳承

一、斌宗法師的法脈傳承

斌宗法師法像

斌宗法師（1911-1958）是臺灣首開研究經典及講經弘法的僧人，在日本殖民統治時代臺灣還存在濃厚的民間鬼神信仰，對於佛法的教理多有誤解，因此法師於1933-1939年毅然遠赴中國大陸參學求法，奠定了深厚紮實的佛學教理基礎。更是第一位將漢傳佛教的天臺宗引入臺灣的一代高僧。

法師回臺後即馬不停蹄地於各地講經弘法，1942年曾在新竹淨業院講《金剛經》，講經期間，竹塹文人竹林七癡之一的許炯軒亦在臺下聽講，並做「妙諦空空竟不佞，院中淨業仰眞修，談來不讓生公法，頑石如

淨業院西方三聖

吾亦點頭。」的詩賦，以尊崇斌老說法生動，斌宗法師隨即也以詩作相應，
成爲僧俗唱和的雅談，故有「詩僧」之雅號。在創建新竹法源講寺落成
之時，1944 年淨業院也將普陀山請回的西方三聖立佛，奉贈法源講寺，
這是臺灣少數保存寧波風格的造像藝術。

　　淨業院與斌老的法緣，也開啓了勝光法師追隨斌老學習佛法的因緣，
勝光法師回憶說：「每次要去女子監獄弘法前，都要在斌公面前試講一
遍，緊張程度比在日本數百人前演講還要緊張。」由於敬仰法師的德學，
決定皈依斌宗法師，法號慈心。

　　斌老的徒弟覺心法師爲紀
念恩師，於法源講寺後山建造
華藏寶塔，特邀楊英風教授爲
華藏寶塔塑造佛像，1963 年楊
大師完成華藏寶塔二樓的「文
殊師利菩薩浮雕」，三樓的「釋
迦牟尼佛與文殊普賢菩薩」。
因建築之緣，覺心法師與楊教
授成爲無所不談的方外之交。
寬謙法師爲楊教授之三女，回
憶兒時常隨父母外婆到法源講

寬謙法師與家人合照於華藏寶塔前（1963 年）

寺，長大後依父親摯友覺心法師披剃出家，雖然只有一年不到的師徒之
緣，但就法源講寺的法脈傳承，寬謙法師自不敢懈怠，效法先人，精進
自學，講經不輟。

　　永修精舍勝光法師早在 2000 年，就非常關注寬謙法師的弘法活動，
經常向人表示斌宗上人如果還在，看到徒孫寬謙法師承襲講經弘法衣鉢，
將是何等欣慰！長老尼擔心後繼無人，曾多次盼望寬謙法師能到永修精
舍。彼時寬謙法師一再表示已經擔任法源講寺住持，擔子沉重，恐無法
勝任而婉拒。然 2007 年 4 月勝光長老尼摔跤住院，在親姪致中法師積極
協助執事會議下，6 月 21 日一致通過由寬謙法師接任永修精舍的住持。

二、勝光法師 —— 走過齋教、日式佛教、漢傳佛教

　　勝光法師俗名陳滿妹，於 1923 年出生在篤信齋教的家庭中，6 歲時由父母親送入淨業院出家，智度法師收為養女。淨業院位於樹林頭，建於明治 35 年（1902），由新竹富豪鄭如蘭之妻陳氏潤所設立，原為齋堂型式。所謂齋堂是齋教信仰的修道場所，原為帶髮修行的民間信仰，光復後許多早期的齋堂漸次轉型為佛教寺院，以致於民國五、六十年間，曾有齋堂中的老中青祖孫三代共同受戒的景觀，此亦說明齋堂修行者正式轉為佛教僧侶的現象，淨業院亦是其中之一。

　　從小就好學不倦的勝光法師從新竹第二公學校第 32 回卒業，先後曾向樹林頭謝水柳，北門李仕學習漢文，常常遭日本警察取締，難以安心求學而被迫中止。由於嚮往日本留學，在其「不去日本，就不剃頭」的堅持下，得到永修師公護持，放棄基隆靈泉寺進修計畫，前往曹洞宗在名古屋關西尼學林（現稱尼學堂）本科求學。感於師公的厚愛，臨行前對師公許下承諾：「等我從日本回來後，我會設一個佈教所來講經說法。」日後他真的實踐諾言，建立「永修精舍」以表達對師公的懷念與感恩。

　　二次大戰結束，勝光法師由日本政府派軍艦送回臺灣，即追隨新竹法源講寺開山斌宗和向學習佛法。此時正是他由日式佛教轉型到漢傳佛教的關鍵期。1949 年許多大陸高僧來臺在新竹講經，勝光法師常因聽不懂國語而苦惱。在聆聽孫立人夫人講演後，決心學習國語。先跟來自北京的老太太學講國語，繼而向任教於國小的妹妹學習注音符號，再研讀國語日報，兩年後學會一口標準國語，一度在翠壁岩寺教授國語，也是新竹第一位為大陸法師講經內容翻譯為臺語的法師，曾先後為印順、續明、道源、仁俊、印海等法師翻譯，日後亦在福嚴佛學院及華梵學院教授日文及佛學課程。

　　在多變的世局裡，勝光法師見證百年古寺淨業院的齋堂型式，走過勤學辦道、枯淡嚴寒的日本佛教，回臺後受教於斌老的天臺宗思想及為

大陸籍法師講經的臺語翻譯者，更是直接接收漢傳佛教的思想，可以說是一位走過齋教、日式佛教到漢傳佛教歷程的僧尼。

三、寬謙法師 —— 漢傳佛教的傳統到現代化

　　寬謙法師生於 1956 年，俗名楊漢珩，生於藝術氣氛濃厚的家庭，在耳濡目染下，自是培養出過人的藝術涵養與眼光。法師不只有成功大學建築研究所的背景，更具有學佛性向，因父親工作關係與出家人接觸頻繁，早已萌生出家念頭，然以爲要等事業有成，年紀稍長才出家，經人指正：既要出家就應趁早，年輕力壯好學習、好修行。於是排除障礙，1986 年披剃於父親的方外摯友覺心法師座下，在佛教藝術氣氛濃厚的法源講寺中安身立命。1987 年覺心上人圓寂，爲紀念恩師與父親二十多年來悠遊於佛教與藝術領域，特於 1988 年結合社會中堅菁英分子，成立「財團法人覺風佛教藝術文化基金會」：以講經說法、深入經藏爲主，佛教藝術的推動爲輔，相輔相成地承傳起佛教文化的社會教育使命。

　　法師出家那年，正逢眞華老院長發心重建福嚴佛學院，法源講寺就在附近，法師又是建築系畢業，正好發揮所長，一方面參與整個建築設計與規劃，包括請父親楊英風先生設計大殿佛龕及華嚴三聖佛像、擔任業主與建築師溝通上的橋樑、協調包商工程上的相關細節。另一方面蒙老院長提攜，同時在福嚴佛學院授課。1991 年福嚴佛學院落成後，特別舉辦五戒、菩薩戒的戒會，寬謙法師也應邀參與盛會，成爲戒場戒臘最小的引讚師父。同年，擔任住持的如虛長老發心重建慧日講堂，寬謙法師又繼續協助建築，1994 年底動土，直到 1997 年初落成，1998 年還在慧日講堂舉辦「佛教建築國際學術研討會暨佛教建築模型展」，可以說是與印順導師創辦的道場，結了很深的佛教建築緣。

　　1991 年法源講寺市區的「法源別苑」啓用，法師開始規畫佛法專題課程，以印順導師思想爲主。佛教藝術文化專題講座，則每年以大專研習營方式進行，平日亦請專家學者開課，期許以教育文化理念推展佛法與

佛教藝術。1992 年開始發行季刊，繼之以現代媒體傳布佛法：建立網站、電子報、出版佛教藝術專業書籍，1999 年起海外弘法、2002 年起電視弘法迄今。

1986-2007 年，寬謙法師在法源講寺、法源別苑、法源禪林的建設與課程活動等，因為傳統邁向現代的因緣不具足，對傳統的衝擊太大，而暫告一個段落，讓傳統回歸傳統，現代化只得另尋出路。2007 年寬謙法師移駐新竹永修精舍，勝光長老尼經歷時代的變遷，適應漢傳佛教現代化的能力可能比較強，可惜勝光長老尼同年捨報，來不及見證漢傳佛教的現代化。

2007- 迄今，寬謙法師擔任永修精舍住持，依然堅守漢傳佛教的傳統部分，稟承在法源講寺辦學的經驗，進而善用現代的傳播媒體，出版刊物、架設網站，2009 年更開設「覺風全球網站電視臺」無遠弗屆地散播

寬謙法師與安藤大師會面

佛法的種子。2010 年購買北投 10 甲土地做為「覺風佛教藝術教育園區」，雖然過程諸多磨難，但一塊完全沒有傳統包袱的新道場，正是寬謙法師弘揚佛法與佛教藝術的自主空間。2012 年草創「覺風佛教藝術學院」，2017 年結合永修精舍與覺風學院的基礎，再設立「覺風書院」。相信將來北投由安藤大師設計的「覺風佛教藝術學院」，建築與庭院的完成後，對漢傳佛教推向現代化，必定有更大的揮灑空間！

參、建築型制

一、百年珠玉 —— 新竹淨業院

　　淨業院為傳統四合院的木構瓦房，主體建築為前殿、大殿、以及左右的護龍廂房所圍成的四合院體，院落四周留下若干大的空地，並植栽了許多花木，形成一個雅緻的庭園空間。前殿內安置了兩座蓮位，廊廳寬敞。大殿中供奉著西方三聖、送子觀音、地藏菩薩等七尊像等，為宗教活動的主要場所。兩殿之間左右都有廊道連接，單面有石牆封閉，隔開了廂房與天井之間，使住眾生活與大殿活動分開。院內中央的天井寬敞，光線充足而明亮。兩邊的護龍廂房是住眾的起居空間，北面廂房最近大殿處是住持的寮房，為院中位階最高身分者所居住，代表傳統住宅中，輩分越高者越近大殿的規矩。兩側廂房前各有長形的天井，做為採光及生活上的方便。

二、寬謙法師以建築手法改造永修精舍

　　勝光法師於 1976 年回到淨業院，於旁邊購地建設永修精舍，方便就近照顧淨業院，曾經三度整修維護淨業院。法師建設永修精舍，翌年設置慈心幼稚園，1978 年開始招生。在那個年代，勝光法師經濟能力有限，短短兩年內完成建築，實屬不易，所以建築物本身只是一般 2 樓民房的蓋法，人數不多時尚可使用，但人數逐漸增加時，空間配置上就略顯不

中間者即永修精舍

　　足與不便。2007 年寬謙法師移住永修精舍，盱衡其他客觀因素，淨業院
及慈心幼稚園仍維持現況，而從永修精舍舊有建築空間進行改造。

　　　空間規劃與設計，一直以來都為寬謙法師所熱愛，出家以後也沒有
放棄建築所學，除了經常擔任佛寺與建築師之間規劃設計的溝通橋樑。
2007 年更考進成功大學建築研究所博士班繼續深造，法師讀了一學期，
由於經常出國弘法，不得已只好放棄學業。來到永修精舍，面對原本不敷
使用的空間格局，寬謙法師正好利用此專長，開始改造庭園與建築空間，
不只美化環境而已，讓它更符合現代化的使用功能。

（一）大殿、前庭、文書室

　　　2007 年首先拆除大殿佛龕的玻璃罩與光明燈，還給佛像一個自在的
空間，並將兩邊豎起牆壁裝置光明燈，數量增加卻不刺眼。在大殿外的水
泥空地鋪設南方松地板，再放置玻璃桌及休閒椅，整個戶外空間更顯得

大殿的佛龕改變為下圖

皈依儀式

悠閒自在。2008年將原本窄小的寺務室、客廳及通道一起合併規劃，成為一個完整又多功能的使用空間，它同時是寺務接待的櫃檯也是辦公室，更是大客廳及會議室。

（二）庭園造景與仿敦煌石窟

2008年改造地藏亭前的庭園，除去原來的木麻黃，改種茄苳樹及羅漢松等，並加蓋了吳文成居士提供的仿敦煌石窟，尺寸完全一樣。石窟的佛龕放置諸佛菩薩及弟子與天人等立體原雕像，東西兩側的牆壁是東、西方淨土經變圖，出口處的兩邊牆面，是維摩詰經變圖。覆斗式天花藻井是敦煌最美的飛天圖像，覆斗的斜面則畫滿了千佛，地面圖樣則是蓮花磚，整個石窟呈現盛唐佛教的氣勢，令人撼動，十年來，驚艷而流連忘返於其中的訪客不知凡幾。

永修精舍仿敦煌石窟外觀

永修精舍仿敦煌石窟

（三）圍牆與藝術作品

2008 年底，圍牆重新設計，雖然換以平凡的空心磚材料，卻能善用其材質的粗細面及鏤空特質，呈現不同層次的空間變化，同時也改善了入口大門的交通動線。2009 年於大樹下陳設楊大師的「善財禮觀音」大型銅鑄作品，還有「龍賦」不鏽鋼作品，及「聞思修」大件銅鑄浮雕，加上早期印心法師「法濟寺」大殿的「釋迦牟尼佛」銅像，讓整個庭園的每一個角落都充滿著藝術氛圍。

（四）二樓、三樓寮房

原本幼稚園三樓屋頂是搭鐵架的曬衣與儲藏空間，2008 年將鐵架升高，加上外牆與隔間，修改為 7 間僧寮與客廳、公共浴廁及洗衣、曬衣空間，都以木料做裝潢，就像小木屋，生活機能與品質都算是相當舒適。2010 年修改二樓空間，由 6 間寮房修改成為 9 間寮房與客廳，並以曬衣場貫通通往二樓法師寮的廊道，總共完成 16 間寮房與 1 間倉庫。

圍牆的設計

永修精舍庭園中放置善財禮觀音、釋迦牟尼佛、月明 3 件作品

永修精舍龍賦作品

（五）齋堂、大寮

　　原本的大寮就在大殿旁，大寮的吵雜聲與烹飪的味道很容易干擾大殿法會與佛學課程的進行。通往淨方的走道設有洗菜的水槽，地面經常是濕漉漉的，非常危險，深怕不小心滑倒。2012 年將後面的車庫重新改頭換面，成為一應俱全的現代化廚房，並且齋堂就在旁邊，使用上非常便利。2013 年齋堂完成，自此終於有一個通風採光俱佳的室內齋堂，尤其面對著綠樹成蔭的後花園，非常賞心悅目，一改多年來在大殿前廣場用齋的場景。

（六）成立影音室

　　寬謙法師從 2002 年錄製 DVD 流通及電視弘法迄今，累積了 30 多套，共約 1300 集。早期完全委託外製，每套都得發行 1000 套，既得花費大量成本，又得備有足夠空間存放。後來隨著影音製作上的進步，慢慢由自己

原來大寮前濕漉漉的走廊

原來狹小的大寮

改善後的大寮

改造後的齋堂

清爽的走廊,變成畫廊

拍攝錄製，後製作業比較複雜還是委外，但是拷貝製作就自行小量生產，
既省成本又節省庫存空間，2013 年終於成立影音室。

（七）淨業院整修

2014 年淨業院的西廂房外牆，呈現局部倒塌現象，此事曾引起新竹
市文化局的高度重視，但終歸並非市定古蹟而愛莫能助，然而就住在同
一圍牆內，不忍心見其逐漸崩塌，還是出資整修維護。

（八）慈心幼稚園轉型為覺風書院

慈心幼稚園因為臺灣普遍少子化，招生不易，逐漸呈現入不敷出的財
務狀況，遂於 2015 年停辦。2016 年覺風基金會董事玄奘大學黃運喜教授，
提出因應社會人口老化，退休人口眾多，建議成立「覺風書院」，提供

綠色蛇紋石桌椅

寬謙法師爲林市長介紹楊教授的石雕作品

地藏亭前的庭園與石雕作品

社會人士一個身心靈充電與休憩的場所,把原本覺風學院的佛法專題與
文化課程併入書院。

　　於是 9 月中旬開始規劃,擱置一年的幼稚園內部空間及戶外庭院,整

個工程在兩個月內中如火如荼地進行，室內則整修出大講堂和 3 間地板小教室兼通鋪寮房。講堂外的庭園空間也重新做了大幅整理，緊鄰講堂搭建屋頂，增設半戶外休憩空間。戶外庭院部分，拆掉部分原來的木圍籬，延續地藏菩薩涼亭前的庭園，整體性視覺效果，不但擴大庭園面積，閒步在曲徑的碎路中，令人不覺生起思古之幽情。而楊大師的石雕作品：綠色蛇紋石桌椅，從外部庭院大門邊搬到書院庭院中，更增添其藝術風采。此石桌椅乃約四十多年前，蔣經國先生委託楊英風先生創作，送給日本天皇的禮物，保留下來的乙套藝術品，顯得相當珍貴。

　　書院外圍牆壁，則由學院學員宏眞畫家設計畫稿，2016 年底由僧俗二眾約 20 位共同彩繪完成。2017 年 2 月宏眞再度爲書院二樓高的正面大牆設計，以「佛陀八相成道」爲主題，另一小牆面則以「八大聖地」爲主題，大寮及後院的外部牆面，則以《維摩詰所說經》的香積品爲主題，畫出大寮香積菩薩的天廚妙供，總寬度大約 40 米長，成爲覺風書院的現代壁畫特色。

學員們參與書院外牆壁畫的彩繪

天廚妙供外牆壁畫

鹿野苑外牆壁畫

肆、道場功能

一、勝光法師

（一）為報師恩，弘法利生

　　勝光法師感恩師公永修法師無私的護持，讓他能夠到日本讀書，回國後他實踐對師公的承諾：「等我從日本回來後，我會講經說法，就設一個佈教所」。因此西元 1959 年，先在德高街創設永修精舍，後來因故搬離了德高街，因緣牽引下勝光法師又回到小時候成長的地方──淨業院，西元 1976 年起建了永修精舍。表達對師公的懷念與感恩。1978 年設立「慈心幼稚園」以紀念斌宗上人。

勝光長老與三位小朋友合影

（二）講經說法，無有厭倦

　　勝光法師除了在永修精舍講經弘法外，也經常到女子監獄去弘法，過程中都用很文雅的臺語來闡述因果故事，往往讓受刑人忍不住潸然淚下。

法師不只講經很生動，擅長譬喻，引用故事信手拈來，毫不費力。除了講授《心經》，也修持淨土法門，曾經講過《無量壽經》、《佛說阿彌陀經》、《華嚴經·普賢行願品》等淨土經典。法師一輩子講經弘法，無有疲厭，直到86歲捨報之前，仍為信眾講授《彌陀四十八大願》，此未完的經文，由寬謙法師在其百日之期主講《彌陀四十八大願》，一滿長老尼未竟之業。

（三）學以致用，創辦幼教

勝光法師在尼學堂的課業，一週練習講故事，一週練習講法，並請鄰近兒童前來聽講。法師除了法義深研之外，也勤學書道，為日後弘法講經絮下深厚基礎。因為他「覺得自己一生必定要有個特殊專長」，所以經常跳牆外出，跟隨老師學習書法，每每練習至深夜為止。經五年半後畢業，因空襲頻繁，無法至駒澤大學繼續深造，就近在保母養成所就讀，同時兼任幼稚園教學工作。

慈心長老墨寶.

法師受到日野老師鼓勵：「要對社會有所貢獻，就要讓小孩子種下佛種。」因此慈心幼稚園的特色，主要是融入佛教故事演說，讓小朋友及早認識佛陀。辦學期間也常帶領老師與日本幼教機構進行交流，並常請教日本的老師，希望能跟上先進國家的辦學理念。法師到了晚年仍然不斷地為小朋友講故事，經常見到他拿著放大鏡，用功地準備著第二天的教材。他的親姪靈山寺住持致中法師回憶說：「他在佛教界辦幼教很投入，而且肯在教材上改變，當時就用幻燈片講故事。」

只可惜被當時保守的警政機關沒收。

二、寬謙法師

（一）寺廟辦學道風

　　永修精舍延續著法源講寺與法源別苑的辦學道風，每個月第三週週六，固定一整天的寬謙法師佛法專題講座，計有《大乘妙法蓮華經》、《佛遺教經》、《四十二章經》、《八大人覺經》、《菩提資糧論》、《方便之道》、《中觀論選頌講記》、《大乘廣五蘊論講記》、《大樹緊那羅王所問經偈頌講記》、《往生淨土論》等課程，週日特別安排水懺、藥師懺消災法會，讓遠地而來的信眾在聽完課程後，可以參加隔天的法會，體現解行並重的修行功課。另外還有禪修及週一到週六常態的課程：佛學課程、書法、篆刻、中華花藝課程、茶藝、共修會、兒童讀經班等等，內容豐富可以說是寺廟學院化的具體表現。

（二）「百年古寺展風華」展覽會

　　2008-2011 年，最初 4 年的農曆年過年時，寬謙法師總是以「百年古寺展風華」的方式，將傳統的梁皇寶懺新春法會與永修精舍舉辦的書法、茶藝、花藝等文化課程以成果發表會的方式，展現在百年古寺淨業院當中。寬謙法師大概一週前開始設計佈局，然後安排書畫作品，中華花藝班進行插花供佛及佈置會場，過年時除了新春法會外，還可以參觀書畫，喝茶、聆聽古琴，過一個充滿人文藝術氣息的新春假期。

百年古寺展風華

百年古寺展風華

（三）北投覺風學院 —— 佛法與佛教藝術園區的誕生

1. 因緣際會

　　2009 年底，覺風學苑茶藝班同學來到精舍舉辦日本茶席預演，席中告知北投有一塊法拍地。幸得上海張洹賢伉儷的挹注，順利的取得荒廢四十多年的土地。在幾次召開土地規劃會議中，有人提起如果能夠邀請日本建築大師安藤忠雄來設計，必能讓這塊土地發光發亮。於是伯庭居士透過好友郭先生幫忙，幸運地得到安藤大師首肯，承諾為北投覺風佛教藝術園區做設計規劃。2011 年初趁安藤大師抵臺，為霧峰亞洲大學美術館開工之便，在桃園機場租借會議室，與安藤大師完成簽約儀式。

與安藤大師簽約

　　2011 年開始整理園區內臺灣工礦所留下來的舊舍，同年 9 月位於臺北市松江路「覺風學苑」遷回北投「覺風佛教藝術教育園區」，寬謙法師終於有一塊能自主深耕的園地。經過近一年的運作與籌辦，2012 年 9 月「覺風佛教藝術學院」正式開學。

2. 覺風學院兩大主軸專題課程

　　覺風佛教藝術學院於 2012 年開學後，每個月的第二個週六整天 6 堂課，由寬謙法師開講印順導師《妙雲集》中的《攝大乘論講記》5 個學期，《中觀論頌講記》7 個學期，每一回總是近 200 人聽講，簡陋的講堂容不下，則到外面的帳篷內看轉播，不論颱風下雨或艷陽高照，求法若渴的學員都甘之如飴。

　　每個月的第四個週六整天 6 堂課則為佛教藝術課程，2012 年起開始安排印度、中國、日本、韓國等佛教美術專題，並搭配課程安排印度佛教

寬謙講課圖解風格

中觀課程戶外轉播

寬謙法師課程講堂盛況

覺風學院講堂轉向變成大殿的法會狀況

2016 年開學典禮

日本直島美術館之旅

十方普賢金像前合影

五臺山朝聖之旅

九華山普陀山朝聖之旅

聖地與石窟、中國四大名山、日本、韓國、吳哥窟等朝聖的旅行，可謂「讀萬卷書，行萬里路」。

3. 日新又新的北投覺風學院

　　2013 年進行周邊環境初次整修，搭建臨時大寮及前庭帳篷，延伸使用空間。鄰地第三號公墓經過 20 多年的期待，7 月份由臺北市殯葬處開始進行搬遷。2014 年底，再度進行大門及停車場與大庭園綠地的環境整修，2015 年初呈現井然有序的自然綠地風貌。年底鄰地由臺北市政府編列為第 22 號公園預定地。2016 年過年時，在高低兩層的大片草地上，舉行拾得法師書畫展的茶會與餐會，隨後又整理山上的「覺風小築」，2017 年 4 月底般若橋樑竣工通車。

拾得法師展覽會的戶外茶會

般若橋動土典禮

4.「覺風網路 2.0」手機改版與課程直播

　　2002 年寬謙法師開始在慈悲衛星電視臺弘法，從來沒有中斷過，2008 年正值金融海嘯，慈悲電視臺的捐款銳減，無法支應全台各縣市龐大的電視衛星轉播費用，全台少了大約三分之一地區的播放，於是電話不斷，紛紛詢問原委。因應來自各方聽眾求法需求，於是 2009 年委託通泰資訊公司，建立「覺風全球網路電視臺」，2010 年重新建構「覺風佛教藝術文化基金會」官網，整併「覺風全球網路電視臺」，成為佛教界最早運用網站弘法的道場之一，因此寬謙法師也常受邀約做這方面演講。

　　2016 年隨著網路和行動手機的普及，「覺風網站」也將隨著科技的推展進行全面性的改版，期許網頁設計能更貼近大眾的需求，不僅在家中以電腦觀看課程，更能方便大家和更多朋友分享學習心得和覺風的點點滴滴，以及跟著覺風朝聖行旅日誌，使用行動電話觀看直播課程、查詢課程，也能隨著師父做早晚課，並可即時關心每日實體課程的進行，

2016 年亞洲佛教藝術研習營

2017 年期許在覺風佛法薰陶之下，讓每位學員藉由網路分享，達成「人人皆可弘法」、「個個都是菩提種子」的願景。

5. 出版《覺風年鑑》

覺風佛教藝術文化基金會今年（2017）步入第 30 年，每一年一度的盛會——從早期（1990-1996）的大專佛教藝術研習營 7 屆，由林保堯教授籌劃開始，直到（2007- 迄今）的亞洲佛教藝術研習營，由顏娟英教授再度籌劃而恢復舉辦，今年為第 20 屆。

1996-2007 年期間，則尚有藝術與建築的研討盛會：

（1）覺風基金會在臺北市慧日講堂舉辦「1998 佛教建築設計與發展國際研討會」暨佛教建築模型展。

（2）寬謙法師擔任「楊英風美術教育基金會」負責人，1999 年於國立交通大學成立「楊英風藝術研究中心」，翌年舉辦「2000 人文、藝術與科技——楊英風」國際學術研討會。

慧日講堂 1998 佛教建築設計研討會

寬謙法師於交通大學國際會議廳，舉行楊英風國際學術研討會

（3）法鼓山 2005 年落成，聖嚴法師邀請寬謙法師，為法鼓山舉辦「2006 當代佛教建築的時代意義——傳統與創新」國際學術研討會。

（4）楊英風基金會，歷經 12 年完成《楊英風全集》30 巨冊，於臺

法鼓山佛教建築研討會，聖嚴法師及漢寶德建築師

楊英風北藝大研討會議

　　北藝術大學國際會議廳，舉辦「2011 百年雕塑——楊英風藝術
及其時代」國際學術研討會。

　　2017 年出版《覺風年鑑》，對覺風基金會三十年來做全面性的回顧，
雖然整個僧團很小，工作人員也不多，卻是很努力地竭盡所能，結合專
家學者及志工舉辦各種課程活動。目前大約分爲六大部分：

（1）總共二十屆佛教藝術研習營。

（2）佛教藝術與文化課程與旅行活動。

（3）寬謙法師暨其他法師、老師之佛法專題。

（4）寬謙法師受邀之海內外弘法專題課程。

（5）覺風基金會暨楊英風基金會出版之書籍、雜誌，文宣暨電視弘
　　　法、DVD、網站、手機改版。

（6）佛教藝術文化課程外的研討會、展覽會、建築設計、建築整修、
　　　仿敦煌石窟與創辦人簡介，總共 6 大部。

　　總之由《覺風年鑑》，可以清晰明確地認識覺風佛教藝術基金會，貫
穿了從法源講寺到永修精舍，到覺風學院、覺風書院一路走來的軌跡。

（四）新竹覺風書院——傳統文化與佛學的融合

1. 吸收北投覺風學院經驗

　　北投覺風學院的佛法及佛教藝術專題課程活動，包含：印度、韓國、
日本及中國四大名山的朝聖之旅，多次佛教藝術的展覽會、學術研討會等
充實活動內容，在在都影響著永修精舍僧眾與信眾、聽眾的參與。2012
年 9 月開始配合北投覺風學院的成立，改制爲覺風學院的分院，所有課程
學制都是共用覺風學院的學分制度，上下學期及寒暑假的方式，學分課
程納入智慧門學分。傳統的法會與共修會，亦由永修精舍常住法師主辦，
納入覺風學院的信願門學分，不常各種志工的發心協助，也都依時間的
長短計入慈悲門學分。寬謙法師希望覺風學院培養出的是智慧、慈悲與
信願三門並進的菩薩。

覺風學院聽課盛況

永修精舍大殿即講堂

2. 覺風書院的開展

　　2017 年 3 月 1 日，由慈心幼稚園轉型的「覺風學院」啓用典禮，李香蘭居士擔任主持人，在覺風書院外的大壁畫前，由太鼓隊擊鼓表演揭開序幕，寬謙、傳妙與慧璉法師與覺風基金會黃運喜及詹裕保董事，覺風書院老師及 3 位市議員與 10 多位中小學校長等貴賓，同時拉下紅布幕，呈現完整的覺風書院招牌及大壁畫。接著大眾進入覺風書院聆聽致詞，最後由古箏老師演奏樂曲，圓滿開幕儀式。北投覺風學院約 100 人前來，加上新竹當地信眾等，共約 400 多人參與盛會，場面精彩而溫馨。當天不克前來的新竹市林志堅市長、許明財前市長、謝文進議長及立法院柯建銘總召等，事後也都前來致意。

　　覺風書院的課程，希望建立在覺風學院原有的基礎上，因爲擁有充裕的教室空間，除了原有的《俱舍論》、《中阿含經》、《中國佛教史略》等佛學課程及共修會外，還有書法、篆刻、太極拳、中華花藝等課程，並增加更接近普羅大眾的課程，例如：廣式點心、佛曲教唱、開心農場、

覺風書院啓用典禮

覺風書院啓用典禮

覺風書院前庭

覺風書院古琴班

覺風書院烹飪班

覺風書院上課情形

覺風書院阿毘達摩營

覺風書院迦帝臘禪師主持禪七

太鼓、古琴、古箏、二胡、聽書說書、易經與正念學、美容保健、人體自
癒療法等等精彩課程，以及中國佛教美術史等專業課程，每週當中 20 多
門課程，從週一到週五的早上到晚上，不斷地進行著，加上每個月第三
週六、日兩天的大課程及法會，平均每個月都約有 2000-2500 人次。寬謙
法師希望書院能為這個社會貢獻一點力量，讓逐漸老化的高齡社會，提
供一個陽光的、正面能量的心靈休憩之處，將來希望還能為青少年提供
溫馨的場所，這些都還有待於更多人的發心參與。

伍、結語

　　清末民初以來，佛教在西方思潮的衝擊下，面臨外部存續發展的意識
危機及內部自我的反省。此後，陸續的改革路線不斷的發生，這種情形有
發生在寺院管理上，也有發生在思想上，從實質層面來講，就是佛教團體
對於社會關懷的實踐，以及佛教弘法的理論依歸。雖然這段歷史的發展錯
綜複雜，但以目前臺灣佛教界的角度視之，就是「人間佛教」的發展歷程，

也是目前臺灣佛教發展的主流。

　　同承法脈的勝光法師與寬謙法師，在臺灣創新開展的格局中，秉持佛法紮根之使命，以弘法利生報答法乳深恩。以永修精舍僧團爲中心，隱隱中串起並相合於臺灣佛教八十多年的歷史發展軌跡。勝光法師可謂開創者——向現代化走近，致力於佛教辦學的幼兒教育；寬謙法師則是延續法燈的開拓者——善用現代化，盡心於佛教教育事業及佛教藝術的推廣。一路行來，積聚點點明光，如此璀璨了永修精舍，璀璨了覺風，更璀璨菩薩大道。

參考資料：《新竹市耆老訪談專輯》、《竹塹文獻》、《風城法音》、《覺
　　　　　風季刊》

附錄：永修精舍串起臺灣佛教的歷史軌跡

淨業院	永修精舍	法源講寺	北投覺風學院	轉型
1902 鄭如蘭之妻陳氏潤所設立之齋堂				齋堂 ↓
1938 勝光法師出家，隨即留學日本，1946 回臺 1944 永修、永善法師奉贈西方三聖予法源講寺		1944 落成斌宗法師建立講經說法及研究佛法之宗風		日式佛教 ↓ 傳統漢傳佛教
1947 勝光法師開始跟隨斌宗法師學法，賜號慈心 1971 勝光法師首度重修淨業院	1965 勝光法師於德高街設立永修精舍 1976 回淨業院旁建永修精舍 1978 設立慈心幼稚園	1958 斌宗法師圓寂，覺心法師接任住持，為建塔紀念，結識楊英風大師 1962-70 建設大殿		傳統漢傳佛教 ↓ 轉化
1989 勝光法師再度重修淨業院	1979 勝光法師擔任福嚴佛學院、蓮華佛學園日文教師	1986 寬謙法師出家，1987 覺心法師圓寂，仁慧法師接任住持 1987 設立覺風佛教藝術文化基金會		傳統漢傳佛教 ↓ 現代化 I
2003 勝光法師三度重修		1999-2007 寬謙法師擔任住持	1999 起海外弘法	
	2007 勝光法師圓寂，寬謙法師接任住持、慈心幼稚園園長	2007 真理法師擔任法源講寺住持	2002 起電視弘法 2009 起建立覺風全球網站電視臺	傳統漢傳佛教 ↓ 現代化 II
2008-2011 過年期間，寬謙法師舉辦「百年古寺展風華」，結合法會與書、畫、	2007-2012 寬謙法師延續於法源講寺、法源別苑的辦學道風		2010 購買土地 2011 與安藤大師簽約 2012 覺風佛教藝術學院開學	傳統漢傳佛教 ↓

茶藝、花藝 2014 進行整修	2012 起永修精舍採覺風學院學制，共同管理	2013 真理法師擔任新竹市佛教會理事長	二大主軸課程：佛法與佛教藝術專題課程	現代化 III
2015 鄭德宣進駐鄭家宅院	2015 慈心幼稚園停辦，轉型	2017 真理法師蟬聯新竹市佛教會理事長	2017 般若橋樑通車	2017 覺風書院啓用

第 9 章

新竹市佛寺建築風格三態：
金山寺、法寶寺、福嚴佛學院

釋寬謙

壹、前言

本文介紹的是在當代新竹寺佛寺建築中的三種功能不同的建築風格。

第一種建築風格是內政部核定爲列入新竹市三級古蹟的金山寺：這是一種新竹傳統寺廟與現代社會交融的建築風格。

第二種建築風格是法寶寺：這是一種當代新竹都市街區中的佛寺建築風格，由原來的無量壽圖書館改建擴大成多層樓的多功能現代佛寺，它同時也是隸屬於總寺在高雄市佛光山的新竹市分寺。因此在寺院業務經營或相關宗教活動方面，除有地方性的特色之外，基本上也須配合它的上級佛光山總寺所統籌規畫的相關年度例行活動等。

第三種建築風格是福嚴佛學院：這是一種佛教教育機構型態的建築風格，由原來的福嚴精舍擴建而成的，這是戰後由一代義學高僧印順導師（1906-2005）來臺灣新竹市東郊創立的佛學教育機構，不是一般供佛教信徒朝拜與辦各種宗教活動之用的佛寺建築風格。

讀者須知，當代的新竹寺佛寺種類是多元的，可是這三種類型的建

築風格，從其佛寺的現有功能來看，可以說它已概括了現今存在的三種
主要不同類型。這種建築風格的出現，是因應現代社會快速變化的外在
大環境，所不得不進行調整的。從佛寺建築藝術文化來看，它與早期新
竹傳統寺廟的彩繪外觀裝飾，幾乎完全改觀。它有現代性與當代性和本
土性的綜合特徵

貳、金山寺：新竹傳統寺廟與現代社會交融的 建築風格

金山寺目前是內政部核定之三級古蹟，[1] 位於新竹科學園區，因為建
寺至今已歷經一百多年了。雖然日本殖民統治時期曾經衰退一段時日，
但晚近在有心人士提倡廟會文化及古建推廣上，呈現蓬勃之發展，加上
其位於園區之間，象徵出傳統融合於現代化間的微妙結合。金山寺也是
臺灣難得的客家建築及佛道相容的寺廟，展現多重文化意涵，這也是本
文從其建築、宗教活動發展來看觀察其活動及保存的意義。

一、金山寺的歷史沿革

清朝乾隆年間，粵籍人士林特魁開墾金山面一帶，在 1785 年蓋小庵
奉祀觀音菩薩祈求平安。1853 年墾戶郭家獻地，因此創建茅舍小庵，稱
為香蓮庵，到了 1858 年才正式建寺。1864 年先民改建，由於冷水坑清泉
甘美，沁人心脾，而改稱為靈泉寺，同時，金山寺也因此成為竹塹一帶
文人墨客禮佛品茗的勝地。

1890 年士紳林汝梅捐款重修，寺容煥然一新，取名為長清禪寺，由
於所在地是金山面，改稱為金山寺。根據舊有記載重修後的金山寺規模

未修復以前的金山寺（吳慶杰攝）

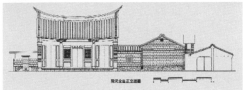

現況全區正立面圖（引自：《臺閩地區第
三級古蹟新竹市金山寺修復研究》）

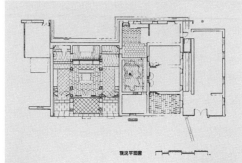

現況平面圖（引自：同上）

金山寺現況

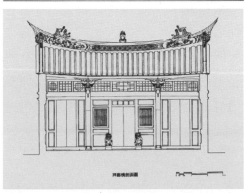

拜廊橫剖面圖（引自：同上）

頗大，約有 99 庵之多，[2] 與現在的記載地基 150 坪，廟宇建物 100 坪，茅屋九間的分別，可見其規模在不同時期的演變。

金山寺外竹林環繞，寺前有一棵百年的古榕樹，樹下放置了十幾顆大石頭給遊客、村民休憩。寺的右邊有新竹仕族鄭氏的「冷泉別墅」，而別墅右方則是舊的放生池，因為自然風景幽雅，所以成為新竹地區名勝，而在 1894 年納入為新竹八景之一。

金山寺古區

1895 年日軍占據臺灣，金山面一帶為抗日義軍的根據地，義軍據廟為營，在與日軍進行數次攻防戰後，金山寺遭日軍焚毀。但是，由於金山寺是金山面一帶的信仰中心，所以次年便有當地人士楊標集資重建，即今日金山寺所見之樣貌，然而規模已不能與鼎盛時期相比了。[3] 二戰後的臺灣新時代，住持莊添居（楊標後代）又做了一些修補和增建的工作，金山寺才成為目前所見的面貌。

廟背之古井靈泉

以上，由史料等資料推測，以及發現金山面一帶土地的開發，都是在清末與日本殖民統治時期，由於該地地勢高亢、土地貧瘠、戶數少加上生活艱苦，要維持一座寺廟的支出實在不易。

因此從 1888 年正月〈捐建長清禪寺序〉面世，對日的乙未戰爭時，寺廟遭日軍焚毀，次年由閩人楊標集資興建，可以看出，金山寺的修建工作，幾乎是由竹塹仕紳出資重建的。

武關門神彩繪

目前金山寺的名稱和懸掛的「開臺金山寺」匾額，可能是由各方信徒集資重建，到大致恢復原貌後，改稱為金山寺。金山寺重建之後，風貌雖略遜

2　林會承主持，《臺閩地區第三級古蹟新竹市金山寺修復研究》（桃園：中原大學建築研究所與理論研究室，1987 年），頁 30。

3　同上，頁 30-31。

色，然而風光不減，依舊是詩人遊憩的勝地。

從鄭家珍的癸丑重陽 1913 年〈九月九日與諸同人遊金山寺歸途口占〉[4]七律一首中提到「余與家養齋、俊齋、世臣、邦紀及李秋香五人，同女校書寶仙、挈，提往金山頂上作重九……」以及鄭家族人的相關詩作，可以發現即使在日軍據臺初期，寺廟經焚毀重建後，盛況不復存在，但依舊有文人雅士前往憑弔，並作詩抒發感慨心懷，如：

鄭如蘭詩：「當年色相現曇花，此日淒涼感靡涯；聽罷山僧說興廢，斜陽一抹亂棲鴉。」

鄭幼珮詩：「可憐一炬咸陽火，餘燼還教到佛家；惟有寺前泉水在，聲聲嗚咽伴啼鴉。」

鄭毓臣詩：「靈泉勝地冷繁華，劫火曾經遊興賒；聊把新詩題古佛，山門落日聽啼鴉。」[5]

可以看出文人對金山寺的緬懷，依然是詩人墨客遊行詩作的主題之一。

日本殖民統治臺灣之後，重整了臺灣宗教的政策，從此金山寺的組織漸趨式微。臺灣光復後金山寺又被徵為臨時監獄，監禁犯法的中國兵，持續將近十六、七年之久，對金山寺的打擊很大。直到晚近注入新的經營方式，與社區文化活動相互融合，成為古蹟以及社區信仰中心後，金山寺才又再度興起。

新竹科學園區於 1979 年成立時，也曾經想要徵收金山寺做為工業區，由於當地民眾強烈抗議，又因為唐榮開發公司僱請怪手整地，開挖時發生

4　〈九月九日與諸同人遊金山寺歸途口占〉：是日清晨，余與家養齋、俊齋、世臣、邦紀及李秋香五人，同女校書寶仙、挈，提往金山頂上作重九。車出東郭，柳風拂面，雜以微雨，遊興益豪。頃之，到金山佛殿隨喜後，借吳氏草蘆憩午。世臣、邦紀二君，偶為酒困，扶翼登車，寶仙亦舍肩輿，而就輕便，與余同載，抵寓時，夕陽已在山矣。冷泉煙樹望離迷，乘興登臨酒共攜，謝傅多情頻展蹻，劉郎有句靳糕題，可人步屧清如玉，狂客飛觴醉如泥，得得閒吟歸去晚，車塵輕轆夕陽西。

5　徐陳康撰，《新竹開臺金山寺》（新竹：開臺金山寺印，1999 年），頁 3。

了一連串的怪事。司機無緣無故的突然受傷，送醫治療後繼續開挖，卻又發生車子毀壞的怪事，而且司機當夜夢見菩薩告知：如果不再挖廟地，病痛自然會痊癒。

1980年園區成立時，新竹市政府民政局召集金山寺的善男信女開會，還想把菩薩移走，只留下廟宇做為古蹟。

當時與會人士陳坤火先生坦率直言：「中正紀念堂是紀念先總統蔣公的，那裡有他的銅像才叫中正紀念堂；國父紀念館因為有國父的銅像在裡面才叫國父紀念館。而金山寺是廟宇，如果沒有菩薩，那合理嗎？」

由於在場人數約一、兩百人大家都附和贊成，所以寺內這尊土捏的觀音菩薩才沒有被移走。一直到1985年，內政部正式公告金山寺為國家三級古蹟之後，整座寺廟及文物才被保存下來。

住持莊添居家族，很艱苦的經營將近一世紀，其退出金山寺後，由竹南的葉宏基夫婦，引入新的經營方式，與關東民俗技藝促進會陳文正、徐萬乾、蘇昌隆等人，連續幾年在金山寺舉辦迎神遶境廟會活動，帶來了新的進香客，重新營造寺廟氣象。大約半年時間，廟務漸漸興隆，對金山寺的發展貢獻頗大，直到1986年11月29日，廟方組成64人的信徒代表做為管理委員會，取代了由附近鄰長組成的管理委員會為止。

不過，遭歲月侵蝕風化的金山寺，由於右廂房倒塌、牆壁脫落殘破。

初一、十五廟會

新竹市政府及科學工業園區管理局，在1986年委託中原大學建築研究所，規劃金山寺的修護研究工作，依據1896年原樣重修，1990年4月動工，次年6月完成了寺廟原來的建築形態。恢復舊觀後，加上廟會活動的舉辦，目前香火鼎盛。每逢初一、十五，廟方還備有粢粑、麵食供善男信女享用，廟埕上攤販麇集、熱鬧滾滾，有如廟會市集。不過位於廟後著名的靈泉，以公共安全著想，目前在井上建一石板密蓋以防意外，令人感覺往日

風采不再。

綜觀金山寺在歷盡滄桑後，現在又成爲新竹市東區人氣最旺的信仰中心，也是各方人士旅遊觀賞的好去處，這也是我們觀察寺院從沒落到再生的一個典型的案例。

二、金山寺的建築特質及其相關建築風格

金山寺位於新竹市仙水里，爲在新竹科學工業園區內，舊時此地地形因爲如一「金」字，所以稱爲金山面，廟宇的座向稍微呈現座東南向西北的方位。

金山寺的建築格局是單進三間及左、右廂房的護龍的合院式建築，只有前院沒有後院。寺廟以正殿做爲建築的中心，兩邊以過水、翼房和廂房連接，並且由翼房、正殿、過水及廂房共同圍繞成爲小日、月天井，除了正殿和左、右廂房是原來建築外，其餘大致上保持楊標重建時的格局。

此寺建築以磚、土埆、卵石做爲基礎興建而成，俗稱「斗子牆」。由於建材大量採用紅色磚瓦，簡單樸實的磚牆、磚柱及木樑疊磚，呈現暖色系的色調，屋頂也全部採用紅瓦覆蓋，只在屋脊以琉璃瓦做裝飾，不同於一般寺廟的雕樑畫棟，華麗俗豔的色感，給人自然親和的傳統民居感覺。

金山寺其間內部配置圖如下，新大雄寶殿：

功德蓮祿尊位者	普賢菩薩供桌 斗位 斗位	阿彌陀佛供桌　釋迦牟尼佛供桌　藥師佛供桌 木魚　　磬 拜墊	文殊菩薩供桌 斗位 斗位	地藏菩薩 功德祿位

天公爐

走道

前殿圖：

廚　　房	觀世音菩薩					置物間	
	斗位	內殿供桌			斗位		
九玄七祖香位　香爐	十八羅漢[6]　斗位	香爐			斗位　十八羅漢	香爐	註生娘娘
		大鼓　外供桌　大鐘					
	五方斗位　星君神位				太歲鄭祖　星君神位		
空屋		藥籤　香爐　外供桌				空屋	

天公爐

　　從金山寺內部的配置可以看出，前殿供奉著與大眾生活息息相關的諸神格，包括生子、安太歲、拜斗等傳統民間信仰，大雄寶殿則供奉佛教的三佛以及菩薩等，反映出佛道融合的信仰方式，接近俗民信仰的內涵。

　　整修後金山寺的內部木架結構形式，屬於大木樑柱和磚土混合之結構系統，但是作法樸實簡潔，只有拜廊部位有「抬樑式」的構架，而且屋架上另有暗房，是典型而樸素的客家廟宇。

　　至於金山寺的裝飾與組合，基本上都屬於精緻而且樸素的作法，尤其是彩繪及石雕是本寺的兩大特色，在彩繪方面，用色以朱紅為主色，黃色和藍色為輔色，用色素雅、構圖簡樸而純熟。

　　在石雕方面，主要為石獅、石佛柱、柱珠和櫃臺腳，但是石材使用花

6　左面：伏虎尊者、目蓮尊者、獻花尊者、悟道尊者、梁武帝、伏心尊者、戲笠尊者、獻果尊者、執杖尊者。右面：降龍尊者、達摩尊者、獻香尊者、彌勒尊者、誌公尊者、長眉尊者、洗耳尊者、獻燈尊者、飛鈸尊者。

山門塀投細部

山門簷口處垂蓮吊筒　金山寺側邊（廂房側）
及牡丹鳳雀

金山寺前的石獅

新竹金山寺拜廊的蓮
花短柱、洞口爲彈痕

新大雄寶殿

崗石，雕工講究，尤其是石獅的造型，比例對稱，線條完美，生動活潑，可以看出雕師手工精細，堪稱佳作。此外，金山寺前庭右牆角有一石碑，[7]左牆邊有一建寺功德祿，[8]另外山門入口有一石碑亭，[9]是記載 1996 年新大雄寶殿樂捐芳名錄。

　　前殿中門外上方，有一匾額題名「開臺金山寺」。此外，前檐柱及入口正面的格扇材料都是木質，左檐柱前有一八角形石佛柱（施食臺），

7　《開臺金山寺解說碑文》：「開臺金山寺，始自乾隆五十年（公元 1785 年），有鄭陳蘇三姓先民開墾金山面，設隘防番。時蓋有小庵奉祀觀音佛祖，稱為香蓮庵。至咸豐三年（公元 1853 年），郭家獻充地基，編茅為廟。至同治年間再由先民改建（右側有小坑溝泉清至前川流），易名為靈泉寺。光緒十五年（公元 1889 年），信徒林汝梅捐款重建廟宇，因其所在地金山面地理毓秀，改稱為金山寺，並懸掛開臺金山寺牌匾。光緒二十一年六月，日軍據臺時，適遭軍火回祿，延後由各方善信士捐款重建，並添釋迦、阿彌陀佛、註生娘娘，迄今相延有一百九十八年歷史，各方信士進香默拜者眾。中華民國七十三年四月三十日」。
8　建寺功德錄寫：「開臺金山寺佛祖等修容及環境美化樂捐名錄………歲次辛未年立。」
9　石碑亭寫著：「中華民國八十五年歲次丙子十月廿五日，開臺金山寺大雄寶殿新建樂捐芳名錄……。」

是清朝咸豐 10 年所遺留之古文物，也是金山寺的鎮寺之寶之一，是清代所見觀音廟僅存之例。

石佛柱下方柱面原有個深洞，是 1895 年日軍在臺灣戰役初期，乙未年戰爭之後留下來的彈孔痕跡，為金山寺滄桑史的忠實佐證，很有歷史價值。而且成對的石獅立於簷柱之後，是少見的作法，可能是後人遷移的結果。正殿內是木樑疊磚的作法，充分發揮了桃、竹、苗和高屏地區客家建築的特色，是一般廟宇少見的實例。

現今，在 1996 年新建的後殿大雄寶殿中尚有以靈泉為題的對聯刻於石柱之上：「靈氣護金山赫濯神功麻赤子，泉聲揚寶島奔流仙水濟蒼生。」顯示出早先靈泉寺的由來。

三、新竹金山寺的歷史存在及其相關意義解說

（一）傳統神佛像保存

新竹金山寺主祀觀音菩薩，是屬於佛教的龍華齋教系統，附祀釋迦佛、阿彌陀佛、註生娘娘、九玄七祖，正殿左、右兩旁的神龕上也供奉泥塑的十八羅漢像，各個造型生動活潑、栩栩如生 [10]。

新竹金山寺正殿神龕

到了 1989 年又加上安太歲及拜斗神位，但是只立香位沒有神像。1985 年，被內政部公告為臺閩地區第三級古蹟。根據古蹟專家林衡道先生考證，金山寺觀音菩薩像造型莊嚴典雅、慈悲肅穆、手法細緻，是罕見的國寶級極品，也是金山寺的鎮寺之寶。

另有中國文化大學藝術研究所碩士論文《新竹

泥塑觀音菩薩像

---

10 據鄭茂灶先生所述，泥塑的十八羅漢像由於年代已久，已經風化腐蝕了，所以，目前前殿兩旁所供奉的十八羅漢像，是二十年前由信徒捐獻重刻的。

市佛教寺廟藝術之研究》，研究生張綉玲小姐考證：由於新竹市佛教寺廟
創建年代的關係，現存造像屬於清領時期的不多，金山寺的觀音菩薩像，
塑於 1950 年珍貴難得，應該善加維護保存。此外十八羅漢的雕造也是臺
灣工藝的呈現。

（二）在地傳統融合宗教的祭祀功能保存

即便金山寺位於高科技的園區當中，但人們延續傳統祀奉的功能依
然濃厚，因此廟中的祭祀仍爲主要的活動，因爲祭祀而聚集人群、進香、
參觀、抽籤等，年度安太歲、點光明燈、拜斗等，甚至有了販賣紙錢、
香燭、攤販等商業活動，使整個廟會結構的社區活絡而完整。

目前保留下來之佛、菩薩、神誕日做來集會祭祀，這些時間也是寺
院最爲活絡熱鬧的時節，從這些祭祀日當中，同樣也可發現其佛道相容
的俗民信仰特質，不論太上老君與釋迦佛祖都在民眾信仰下，合爲一家，
表現民間信仰的特色。

　　註生娘娘　　　　　　　九玄七祖　　　　　　　門前香爐

（三）傳統客家建築的保留

經過改建後的金山寺雖然以前較樸拙的客家廟宇的味道，已漸漸淡
去，開始轉變爲剪粘較多，型式較爲華麗的閩式廟宇。但由於此廟爲全
臺僅存的客家廟宇，所以政府更要有保持它的原貌的必要。

不但如此，金山寺是從沒落到再興的寺院，由此可見，即使雖然是

金山寺祭祀節日表

	祀菩薩、佛、神名稱	誕日（農曆）	備註
祀菩薩、佛、神類別	彌勒尊者	正月初一日	
	天官賜福	正月十五日	許斗、安太歲日
	觀世音菩薩	二月十九日（聖誕）	本寺法會
	普賢菩薩	二月二十一日	
	註生娘娘	三月二十日	
	媽祖	三月二十三日	
	文殊菩薩	四月初四日	
	釋迦牟尼佛	四月初八日	
	伽藍菩薩	五月十三日	
	韋陀菩薩	六月初三日	
	觀世音菩薩	六月十九日（成道）	本寺法會
	太歲星君	七月十九日	
	地藏王菩薩	七月三十日	
	北斗星君	八月初三日	
	太陰星君	八月十五日	
	南斗星君	九月初一日	
	斗姥星君	九月初九日	
	觀世音菩薩	九月十九日（出家）	本寺法會
	藥師佛	九月二十九日	
	達摩祖師	十月初五	
	阿彌陀佛	十一月十七日	

科技發達的現代，精神的信仰還是不可或缺。

格窗鳥踏

加上新竹金山寺面臨人工湖美景，規劃成科學
園區休閒遊憩場所等，都使未來觀光休閒遊憩活動
與寺廟相結合，這也是我們看到寺廟從傳統到現代
的一個代表性的典範，更有保存的價值。

屋脊燕尾

金山寺位於科學園區內，然而在發展尖端科技
的現代，歷史與文化也需要我們努力去建構。同時
古蹟和宗教的保存，也帶給快速發展的社會一份豐
厚的遺產，供後人追憶與祈福，而唯有維護與傳承
的工作做得好，才能讓史蹟淵源流傳下去。

金山寺雖是清領時期就已經存在、在現代卻仍充滿著宗教活力的古
老寺院。歷經日治時期、中國佛教奠基時期到臺灣佛教鼎盛時期迄今，
可以說是資歷悠久，見證著臺灣佛教發展中，佛道結合的典型案例。因
為處在新竹科學園區境內，成了現代科技人民間信仰的重要據點。

它的寺廟建築風格與相關宗教信仰活動，正典型象徵著：新竹傳統
寺廟金山寺與現代社會交融的建築風格。所以，它目前已是內政部核定
之三級古蹟了。

參、法寶寺：當代新竹都市街區的佛寺建築風格

臺灣近年來佛教興盛，不能不歸功於許多法師推展佛教的努力，而
聚集大眾，共同造就許多名揚世界的道場，其中高雄佛光山更是個中的
翹楚，不但在全台各縣市設立分院，甚至擴及到世界各地。

因此位於新竹分院的法寶寺，如何受到本山的指揮作業、或者地區
性功能的發展，也是本文探索的內容，藉此瞭解大道場分支機構的推展
法務的方式。

一、相關的建寺歷史沿革

　　佛光山新竹法寶寺，最初叫做「無量壽圖書館」，成立於 1973 年，爲獅頭山元光寺性梵法師所創辦，提供新竹市民免費借閱佛書、閱讀的空間，是新竹市第一個成立圖書館功能的佛教團體，也是佛寺投入社教服務的體現。原館除了藏書、閱讀的空間外，也保留成爲弘法、法會等場所。

　　經營 10 年之後，性梵法師有意潛修閉關，並希望圖書館能進一步發揮社教功能，讓更多人接受文化薰陶；乃於 1983 年改組董事會，禮請星雲法師爲董事長，[11] 依清法師爲首任館長，因此「無量壽圖書館」成爲佛光山的新竹分院，1984 年並更名爲以藏書爲特質的「法寶寺」。

　　無量壽圖書館原爲水泥磚牆的二層樓的民家住宅，後增擴齋堂、廚房及三樓佛堂，除了圖書館功能外，也舉辦例行之共修、光明燈消災法會。

　　1987 年舉辦首屆都市佛學院、八關齋戒，及四季的法會。由於信眾不斷地增多，文教活動也日趨頻繁，因此當時住持永祥法師 [12] 於 1991 年增購圖書館左方二百多坪土地，並於 1992 年 6 月 29 日破土重建，成爲

性梵法師主持無量壽圖書館破土

無量壽圖書館動土典禮

---

11 星雲法師曾在 1957 年間，在新竹靈隱寺的臺灣佛教講習會中擔任教師，與新竹地區結緣甚早。

無量壽圖書館弘法活動

無量壽圖書館舊觀

星雲法師接無量壽圖書館管理

今日 5 層樓高的佛寺，充分發揮了都市佛寺的空間運用。

二、新竹法寶寺的相關建築特質與建築風格

　　傳統佛寺占地廣大，以低層樓建築的爲主，但法
寶寺位於新竹市區，也受到土地的限制，因而發揮了
往空中發展的可能性，規劃了地下一樓，地上五層的
高樓建築。每一層樓空間上，除了延續原有圖書館的

法寶寺五層樓建築

12 永祥法師畢業於中興大學中文系，文化大學印度文化文學碩士，曾任佛光山大藏經編
　修委員會編輯、《覺世旬刊》主編、佛光山文化院院長、臺灣新竹法寶寺住持、美國
　德州奧斯丁香雲寺住持，著有《佛教文學對中國小說的影響》。

法寶寺正門

功能外，在各層樓兼顧法寶寺其他宗教社教功能，融合不同活動而規劃
各層樓不同功能。

（一）地下一樓做爲原無量壽圖書館

　　無量壽圖書館是佛光山分院中唯一具有附設圖書館功能的，目前圖書
收藏達二萬多冊。除了佛教書籍爲大宗外，也包括國學、歷史、文化藝術、
商業、休閒等與民眾相關等資訊。

　　此外，閱覽室也提供青少年考試前的閱讀空間，另有書報、期刊等提
供民眾每日閱讀，全館提供空調設備並有專人管理，不但是學子的讀書
空間，也是社區居民休閒、親子閱讀教育學習的場所。館內開放時間到
下午六點，提供社區活動的公共空間，但對於夜間使用量大的年輕族群，
卻因時間限制，而有使用不上的可惜。

　　除了圖書館的設施外，館內還闢有抄經堂。佛教抄經的歷史非常久
遠，早期爲了流布教法，信徒以抄經做爲廣布佛法的方式，抄經並成爲專
心致志的修行方式，歷代的抄經書體，也成爲中國書法史上的重要史料。

　　因此抄經堂的設立是一般圖書館中所沒有的設施，讓現代人不必遠尋
僻靜之所來抄經，可看出佛教成立之圖書館，除了照顧一般社教功能外，

B1 無量壽圖書館

B1 無量壽圖書館圖書間

B1 抄經堂

B1 抄經堂內部

B1 兒童閱覽室外部

B1 兒童閱覽室內部

也照顧宗教需求的空間設施。

另外，圖書館還規劃了兒童閱覽室，內藏兒童圖書，並兼顧親子一起使用的規劃，包括軟墊鋪設等，成爲兒童遊戲閱讀的空間。從圖書館電腦化的管理以及藏書性質，都可看出其經營現代圖書管理及照顧不同年齡讀者的規劃。

（二）新竹法寶寺一樓爲視聽中心、會議室及佛光出版社門市，以及知客室等

現在的新竹法寶寺第一層樓，是法寶寺對外聯繫的窗口，並提供大眾聚會的空間。例如，知客室是供外來民眾與法師會客的地方。視聽中心中則是可容納 150 人左右的演講廳，提供一般性演講，如心理學、財經等與民眾生活相關的專題演講，還可做爲播放電影、藝術表演的舞臺等多功能用途。

另外有容納一百人的中型會議室，提供常住或佛光會信眾開會所用。一旁則設有佛光書局門市部，舉凡佛光山各項書籍、影音出版品，都可在此販售流通。從上述的空間配置可以看出，在大樓型態的寺院中以一樓做爲迎接、對外等社教活動的空間，但往上越高的層樓，宗教功能則越趨濃厚。

1F 中型會議室

1F 視聽室

1F 中型會議室內部

1F 佛光出版門市

1F 佛光出版門市內

1F 知客室

1F 服務臺

2F 齋堂兼大教室

（三）新竹法寶寺二樓備有講堂、齋堂、香積廚房

　　現在新竹法寶寺二樓以上，是屬於傳統寺院的弘法、修行的宗教空間。因此周邊的裝飾，也都以佛教雕塑與圖案為主，正面以 10 尺半的臥佛為中心，營造寺院核心的印象，照顧信仰需求的一面。

　　二樓目前是充做齋堂使用，也就是餐廳。齋堂是佛教籌辦大型活動時非常必要的空間，必須符合佛教飲食禮儀及文化等訴求，因此可容納幾百人共同用餐的空間，甚為重要，信眾一起煮食、用餐的活動，也可讓婦女信眾發揮烹飪才能，使團體活動中在寺中進行不輟。

2F 齋堂前玉佛

2F 廚房

3F 大眾寮房

（四）新竹法寶寺三樓是寮房，住宿的空間

為因應遠行信眾參與多天期或閉關活動需求，信眾生活食住問題亦需同時考慮，因此除了二樓齋堂外，三樓則提供住宿空間，大眾寮房最多可供一百人住宿，因此在空間規劃上，盡量符合簡單方便為原則。

（五）新竹法寶寺的四樓是如來殿

如來殿即是現在新竹法寶寺主要

的大殿，據常住師父表示，法會可容納
300-500 人進行，屬於大空間的佛堂、禪
堂。由於法寶寺定期提供各種法會、齋
戒、禪修或佛七禮拜等活動，信徒便在此
一起修行。佛殿上奉有 4500 公斤、高八
尺的玉佛，兩壁飾以四大菩薩及千佛等，
成為佛殿上的視覺中心。四周牆壁刻有
《心經》、《千手千眼陀羅尼經咒》，及
東西兩旁的護法韋馱、伽藍二菩薩鎮守，
引領大眾在此進行宗教活動，也是僧眾早
晚課誦處。

3F 寮房前

4F 如來殿

4F 如來玉佛

4F 如來殿壁面佈滿一組組低溫陶燒五方佛

4F 如來殿天花板上八葉佛燈

5F 活動廳

（六）新竹法寶寺五樓爲活動中心

空間廣大，可同時讓五百人齊聚活動，像兒童夏令營、舞蹈班等需大型空間的活動，即在此處進行。甚至法會人數眾多時，也做爲呑吐人數的預備空間。

滴水坊外部

（七）新創的滴水坊是對外營運的　餐飲休閒事業體建築

除了上述空間之外，法寶寺在寺旁也開設「滴水坊」餐飲處。滴水坊是星雲法師取其「滴水之恩」意思，希望提供民眾方便簡餐、午茶等消費，不過因新竹使用的人數不多，使得經營打了相當的折扣。

從以上佛光山新竹法寶寺的空間性結構，顯示寺院自單一功能的圖書館兼寺院，經過改建後，各種現代化設施進駐，成爲社區居民活動及信仰的地方。

滴水坊內部

這種轉變的理念以及方向，也是來自佛光山宗長星雲法師引導，以及信眾響應才付諸具體實踐的。

我們從佛光山臺北分院的例子，也可以看到法寶寺不斷複製的歷程，比如：佛光山於 1994 年在信義區一棟大樓中的幾個樓層，集臺北道場、中華佛光會總會、佛光緣美術館、佛光緣滴水坊於一處，成爲佛光山臺北分院，實現了星雲法師多年來對於現代佛教建築的四個理想：包括傳統與現代結合、僧眾與信眾共有、修持與慧解並重、佛教與藝文合一等理念。[13]

---

13 《普門》第 239 期。

　　當然這不只是臺北與新竹分院的類似性，而是佛光山分院標準化的特色。這些佛光山分院造成對今日的佛教的影響，也被歸類爲以下特點：

01. 從傳統的佛教到現代的佛教；　　02. 從獨居的佛教到大眾的佛教；

03. 從梵唄的佛教到歌詠的佛教；　　04. 從經懺的佛教到事業的佛教；

05. 從地區的佛教到國際的佛教；　　06. 從散漫的佛教到制度的佛教；

07. 從靜態的佛教到動態的佛教；　　08. 從山林的佛教到社會的佛教；

09. 從遁世的佛教到救世的佛教；　　10. 從唯僧的佛教到和信的佛教；

11. 從弟子的佛教到講師的佛教；　　12. 從寺院的佛教到教團的佛教；

13. 從宗派的佛教到尊重的佛教；　　14. 從行善的佛教到傳教的佛教；

15. 從法會的佛教到活動的佛教；　　16. 從老年的佛教到青年的佛教。

　　另外我們從法寶寺六月份課程當中，開出了「財經系列講座」「水陸法會」、「人間生活禪」、「在家五戒戒會」、「星雲法師皈依典禮」、「佛光兒童夏令營」、「敦煌舞蹈課」、「插花」、「抄經班」、「國樂二胡」、「唯識學」、「佛畫班」、「兒童讀經班」、「法寶佛光童軍團」及共修法會等，這些課程也同樣在佛光各地分院複製進行，這一套系統的運作，也成爲佛光山分院社教化的特色。

　　此當我們看佛光山現代化的過程時，發現其運行與大眾生活是如此貼近，在大家對經濟與財富關心，對生活藝術有所期盼時，佛光山社教課程就開出了菜單，再引導信眾進入信仰的核心。

　　而這些表現，如果我們理解星雲法師對佛教發展的看法：「佛法之深，不在玄理奧義，而在與時惟移弘法之難；不在路途艱險，而在隨緣解辯。」[14]

1955 年福嚴精舍鳥瞰全景

14 符之英，《普門》第 92 期。

其所傳達出建立人生佛教理念，實踐在佛光山分院的作爲，便一覽無遺。

　　身爲法寶寺的住持不論其身分爲何，其理想與方向，也就是在實踐佛光山的理念，也許從此一例，也可稍微理解臺灣各地各種不同的分院，也以同樣的態度實踐其本山的理想吧！

肆、福嚴佛學院：現代新竹佛教僧衆教育重鎭的建築風格

　　印順導師是近代佛教中，對佛法具有獨特思想的一位大師，不論是教內大德，乃至教外一般愛好佛法的廣大知識群，無不對之具有高度的崇敬與尊重。

　　印順導師在〈論僧才之培養〉一文中說：「身爲宗教師的出家眾要想眞正能夠攝受廣大信眾，給予佛教的眞利益，除佛教知識外，必須要有高尙的德行、和精勤的修持」。於是乎新竹市創建福嚴精舍以佛學院僧伽教育爲主，成爲臺灣佛學教育之重鎭。[15] 本文就是追溯：從福嚴精舍到福嚴佛學院：現代新竹佛教僧眾學教育重鎭的建築風格。

一、一代高僧印順導師與福嚴佛精舍的創建

（一）福嚴精舍在新竹的創建緣起

　　印順導師出生於 1906 年，1930 年依清念法師剃度出家，1933 年起開始著書立說，與佛教教育結下不解之深緣。

　　1949 年赴香港，1952 年應中國佛教會代表來臺，1953 年，決定在新竹市壹同寺的後山觀音坪創建福嚴精舍，同年 9 月落成。

　　迄今已經走過了 66 年的福嚴精舍，在導師的引領及諸位長老辛勤的耕耘之下，爲僧伽教育打下了良好的典範，成爲培育法門龍象重鎭的基

---

15 悟因法師，《臺灣佛學院志 1 福嚴佛學院》（嘉義：香光書鄉，1994 年），頁 36。

礎。對於弘化十方，或住持一處服務人群的歷屆校友來說，福嚴無疑是
學僧們往來集聚處，也是讓大家汲取法源的寶地。

（二）福嚴佛學院在新竹的沿革 [16]

　　福嚴佛學院在新竹市郊成立的緣起，是由於導師在 1953 年來臺安住
以後，看到當時社會的不安，教團也未完全安頓，爲了讓中國大陸來臺
的學僧一起共住，安頓在教義研究中的清淨處，導師決定在新竹建立一
處讓大家修習的地方，這也是福嚴精舍興建的緣起。[17]

　　導師有感於僧才培養之不易，深切瞭解培育佛教人才的重要，他曾說
過：「爲今之際，唯從培育人才著手，其餘熱烘烘都不過粉飾門面，無
裨實際耳。」因此在當時經濟匱乏之際，遂克服種種難關，將原擬在香
港興建的福嚴精舍，移建到臺灣來。並在新竹現址（俗名觀音坪），購
了一甲多的山坡地，開工興建福嚴精舍。6 月從香港運回玉佛一尊及《大
正新修大藏經》一套，9 月竣工，舉行落成舉行開光典禮，遂開創一座至
今海外仰慕的名刹。

　　福嚴精舍初創時，雖然沒有佛學院之名，實質上由於學僧聚集，研
經風氣熾盛，已成爲小型的佛學僧團。爲了多讓一些學僧來供住，導師
復又擴建了關房、講堂、寮房等房舍。肇建之初的精舍，從老照片看來，
僅是幾棟平房似的磚構瓦房，大殿前有一大片空地，但並非我們心目中
叢林寺院的規模。

　　但即使是簡陋的房舍，卻欲孕育許多傑出的法師，當時即有許多大
陸法師追隨導師研習佛學義理，因而造就不少教界棟樑，弘法於海內外，
如演培、續明、印海、常覺、仁俊、妙峰、幻生、唯慈法師等，都是當
代弘化法義的重要推手。

---

16 參考闞正宗，〈福嚴精舍簡介〉，《風城法音》創刊號（新竹：法音雜誌社，2002 年），
　　頁 21-25。

17 臺灣佛學院志編纂組整理〈訪談于新竹圓光寺〉（網路刊文，1994 年）。

1961年3月正式成立「福嚴學舍」，是福嚴精舍正式辦學的開始，學制為三年，是當時臺灣唯一的男眾僧教育機構。課程內容強調解行兼顧、事理並重等。1964年元旦舉行畢業典禮，有18名畢、結業生，如如虛、超定、仁同等法師，不過學院在1964年至1969年之間停課。後來精舍中雖無學院正式的型式，但仍然薈集了許多有心求學的學僧青年一起研經。

1969年，收容了太虛學院40多名學生後，福嚴招生正式開啓第一屆「福嚴佛學院」。成立之初，以印順法師為導師，演培法師任院長，印海法師任副院長兼教務主任，訓導主任則由常覺法師擔任。 建設方面，也興建了位於東序的二層樓的鋼筋水泥房，做為教室及寮房使用，在師資及設備整齊下，第一屆福嚴佛學院也就正式開課了。不過1971年第一屆佛學院畢業以後，又停辦下來移作他用。

1972年，由沈家楨居士主持的美國佛教會，在臺成立譯經院，商借福嚴精舍的空間，做為興辦漢文佛經英譯事業，這段時間福嚴權為譯經院的性質。直到1977年譯經院遷往臺北，福嚴佛學院才又有空間並累積人才得以續辦。

1978年福嚴恢復辦學，以能淨法師為首發心，讓第2屆福嚴佛學院復學，至此開啓純女眾在福嚴修學之門。能淨法師連辦了兩屆共計6年，擔任副座統籌院務，院長一直都是由眞華法師擔任。

1979年，眞華法師接任福嚴精舍住持，發願重建道場。1987年，開始重建福嚴佛學院。開始以招收女眾為主，其間培育出甚多優秀女眾法師，1993年6月，第6屆福嚴女眾佛學院畢業後，停止招收女眾。9月續招第7屆學僧，以招生男眾為主，恢復成純男眾佛學院至今。

1996年，第7屆畢業，眞華長老卸下7屆佛學院長職責，由大航法師接住持及院長。

1996年，大航法師興建男眾寮房樓。

1999年，第八屆畢業，大航法師卸任，由厚觀法師接任住持及院長。

2002年，第九屆畢業，厚觀法師連任住持及院長，續辦第10屆佛學院。

　　大航法師及厚觀法師都是大學畢業後出家，出家後就讀於中華佛學研究所，畢業後留學日本，分別得到碩士學位及準博士學位，是臺灣現代不可多得的僧伽教育之法將。

　　福嚴佛學院院長係採選舉制度，這是依導師理想所立下十方道場的規制，依例由福慧道場（印順導師創建的福嚴精舍和慧日講堂合稱）成員推舉人選，目前已屆十四任院長，如下：

第一屆：演培法師（1969.9 至 1972.6）。

第二屆：眞華法師（1978.9 至 1981.6）。

第三屆：眞華法師（1981.9 至 1984.6）。

第四屆：眞華法師（1984.9 至 1987.6）。

第五屆：眞華法師（1987.9 至 1990.6）。

第六屆：眞華法師（1990.9 至 1993.6）。

第七屆：眞華法師（1993.9 至 1996.6）。

第八屆：大航法師（1996.9 至 1999.6）。

第九屆：厚觀法師（1999.9 至 2002.6）。

第十屆：厚觀法師（2002.9 至 2006.6）。

第十一屆：淨照法師（2006.9 至 2010.6）。

第十二屆：厚觀法師（2010.9 至 2014.6）。

第十三屆：厚觀法師（2014.9 至 2018.6）。

第十四屆：長慈法師（2018.9 至 2022.6）

福嚴舊建築大殿前，1955 年

福嚴東序建築舊觀，1967 年新建

福嚴大門　　　　　　　　　　　　大殿前景

二、相關建築的特質及其建築風格

　　福嚴精舍由導師開山，但木構瓦房經歷了數十年風吹雨打，房舍皆有損壞，不堪使用，1967 年，接收臺北慧日講堂中太虛學院的學生 40 多人，因此年負責院務的常覺法師乃在院內東邊，添建一座二層樓的水泥房樓，充為講堂及學僧宿舍，可容納 5、60 位學僧住宿。1969 年成立佛學院時，就成為當時學僧寮房使用，東單建築並在 1971 年加蓋第三層石綿瓦房，但還是不敷使用。[18] 再加上使用年限增長，屋舍逐漸壞損，後來遂由真華法師於 1986 年起擔起重建的重任，在財力、物力窘困的情況下，歷經五年完成了福嚴精舍重建工程。

（一）福嚴精舍與福嚴佛學院重建的過程與功能

　　福嚴精舍與福嚴佛學院新建時，筆者適時趕上協助真華長老規劃重建，當時因為福嚴佛學院全體師生到法源寺烤地瓜，適巧聽到老院長提到福嚴佛學院的重建計畫。老院長知道筆者學的正是建築，家父又正好不約而同來到了法源講寺，於是老院長就乘此因緣委託協助重建事宜。

　　從建築設計、監工、發包、庭園、裝潢歷經五年，並由楊英風先生塑製大殿「華嚴三聖像」、「印順導師像」、「續明法師像」。這段期間，

---

18 悟因法師，《臺灣佛學院志 1 福嚴佛學院》，頁 36。

眞華長老續辦第 5 屆、第 6 屆。1991 年 10 月，舉行重建落成典禮。

（二）福嚴佛學院的硬體建設

　　然而佛學院與傳統寺院最大的差異是什麼呢？這是筆者首先想到的問題，於是思考將學校建築與寺院結合起來的構想油然生起。再者，當時並非將所有的舊屋舍全部拆掉，尚且必須保留一部分，做爲建設期間上課及生活上的空間。

　　於是，在建築上的配置上，就不以傳統佛寺對稱的原則出發。因此聯想到佛學院不必是對稱的，也不能是對稱的，否則保留的部分，不管將來重建不重建，必然好像是長出個腫瘤似的。再加上，佛學院的建築機能是多功能的，應該先安排好使用機能之後，再自然形成什麼樣的配置即可，那麼型式就自然會依隨機能出來了。

戶外樓梯

　　當然還是不能忽略以大殿爲主軸是必然性，但是所謂的主軸，並不一定是在整個平面配置的正中心，而是視覺焦點的中心即可，因此以庭園中心的位置來安置大殿。行政空間則是緊接著大殿與舊建築物之間的，較易於聯絡外部，外面的院子則小一些，因爲接洽行政業務，同時出入的人數並不多。

　　另一邊則是教室的空間，齋堂緊接著教室，圍出的是一塊較大的院子，因爲此處同時出入的人數較多。齋堂與大寮則連接在一起，但是相互往內

一樓書館外的大廊道

大殿外的大廊道

大殿內的佛菩薩像

圍出一個屬於洗菜、揀菜及洗滌的生活空間，但從外面是看不出來的，同學們可以很安心自在裡面工作。大殿外圍是屬於同學們的，而內圍靠山的一面則屬於老師及師長的寮房，內部屬於院內師生的安靜、親切空間，加上山坡上的花園，以及保留下來的一排印順導師最喜愛的桂花樹，可說是別有天地小花園。

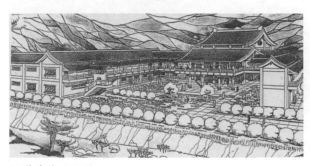

福嚴建築透視圖

福嚴精舍前方緊鄰壹同寺，後為山坡園林，重建後以米色牆搭配鐵灰色屋瓦，顯得清幽靜穆，中庭以大片的草皮園林也是大殿前預留的空間。

中棟橫置的二層

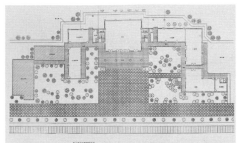

福嚴地面層平面圖

福嚴二樓平面圖

福嚴正立面圖

福嚴背立面圖

福嚴左側立面

福嚴右側立面圖

樓，密接東西兩序的房舍，二樓做爲大殿是大眾共修的地方，一樓則是做爲院務辦公室及圖書館之用，中央位置放置一尊由楊英風先塑造的印順導師全身坐姿銅像；大殿後方則爲法師寮。東序一樓依次爲寮房、會客室、福利社、儲藏室、教室。二樓有導師寮房、院長寮房、學生寮房。另外保留了一棟舊式三樓，還是學生寮房以及佛堂等。西序一樓爲依序是教室、齋堂、廚房、學生寮房，二樓則是閱覽室、續明法師紀念室、學生寮房等。

建築物本身雖是傳統的中國建築物造型，但是簡化、樸實，不需要多餘的斗拱、瓜筒等，而以鋼筋混凝土的工法所呈現出特質。色調則採取與出家人最爲搭配的灰色系，鐵灰色的屋瓦，配上淡淡的米灰色牆面，

欄杆簡化

福慧塔院

庭院的鋪面也是灰色的觀音石塊，呈現出樸實無華。走進這樣的空間，心情不沉靜下來也難。就這樣，臺灣的佛學重鎮的重建於焉誕生。

　　福嚴精舍乃是印順導師爲培養僧才而創起，秉持此一辦學宗旨，福嚴精舍的設計也依辦學理念而起建，與一般寺院精舍有所不同，這亦是因應功能需求而作的硬體調整，也是傳統寺院新的轉換型態。也由於福嚴精舍的辦學聲譽日隆，學生也漸次增多，原來規劃空地也逐漸增設新建築，延續原來設計風格漸次增加當中。

　　後院的福慧塔院，以傳統中國的盂頂三開間建築爲主，但是仍留有日據時代遺風，愛奧尼克柱式柱頭。更特別的是在屋頂的平臺上加了印度佛教式的塔身及塔刹，可說集合中、日、印、歐特色，而形成安置諸大師舍利的福慧塔院。

（三）福嚴佛法推廣班的設立

　　1990 年底，壹同寺幼稚園停辦後，住持如琳法師願意將教室空間無償提供福嚴佛學院做「福嚴教育推廣班」30 年。厚觀院長經導師同意後積極籌備，過程中院長也爲講堂空間的使用與安置佛菩薩像而費心。

　　本來，規模較小的講堂與佛堂的空間配置的特質是不一樣的，講堂就像一般教室，以短邊爲講臺，牆壁需要一大片上課用的黑板，而佛堂的主要牆面的正中央就是擺置佛像的位置，這是與放置黑板的位置是衝突的，如果是必須在同一個空間中重疊使

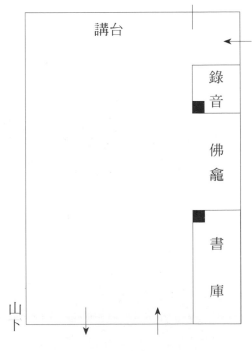

福嚴佛法推廣班講佛堂的配置圖

用，只好犧牲黑板的位置擺到另一邊。佛法推廣班的使用是以講課爲主，但是佛像又必定是在中央位置的，如此一來對講師的使用是不方便的，對聽眾來看主要牆面的黑板是不對稱、不穩定的。

爲解決這個衝突，特將整個矩形的空間，短邊的主要牆面做爲講臺、黑板之用，而長邊因爲尚有兩個柱子，在整體空間來看是衝突的，但是利用兩個柱子間形成佛龕，將佛像供置於橫向牆面的兩根柱子之間自成一格，以壹同寺爲背景直接眺望山下，恰好不會與講課的黑板方向相衝突，可說各得其所。同時解決兩個柱子的問題，因此而顯得自然而不突兀，靠前面講臺也可另外隔出而成錄音室，後面再設計成出入口及書櫃，如此一來空間就能有良好的使用規劃。

我提議從我們寺內「華藏寶塔」三樓之佛像及背景翻鑄乙尊到推廣班，則可保留原先壹同寺舊的大供桌，將它修理後桌尺寸大小正好合用，

福嚴推廣班的外部

推廣班內講堂與佛堂融合

後面再配合此尊佛像的背景即可，並以導師墨寶之法語而延伸。

　　經過院長帶領著廣淨法師、齋因法師、淨照法師等前來「華藏寶塔」實地考察及討論，最後決定依照我的提議方式進行。於是很順利地於 4 月 8 日浴佛節開始啓用，福嚴佛學院開始有一個專門弘揚印順導師思想的講經說法道場，而出家師父及居士也能依佛學院的師資聽經聞法。

　　2001 年過完農曆年，本常住舉辦悟殷法師「10 日慧學」「印度之佛教」的課程，結束前的一天傍晚，我們帶著學員散步過去福嚴佛學院參訪。

　　厚觀院長在大殿中爲大家開示後，問我大殿的佛像，與下面推廣班的佛像有何差別？我靈機一動，回答院長：「推廣班的佛像如同導師的著作《印度之佛教》，而大殿的佛菩薩像則猶如導師晚期的《印度佛教思想史》！」導師於 37 歲完成《印度之佛教》，而家父也於 37 歲完成「華

福嚴大殿的佛像

推廣班內的佛像來自法源講寺的華藏寶塔

藏寶塔」三樓的佛菩薩及飛天像。

　　兩位大師分別致力於佛學及藝術的領域中，他們都於少壯年代即完成這輩子創作的雛型架構，其後的所有作品都是這雛型的再延伸及擴大。我有機會親炙兩位大師，從他們的修養中，發覺到大師生命中必備的特質就是：隨緣而淡泊，寂靜而平實，謙虛而宏觀！

　　新竹地區福嚴佛學院及本寺常住及別苑，另外玄奘大學宗教研究所前所長黃運喜教授，還有新竹市佛青會現任會長理群法師及前任會長黃嵩修老師，我們四個單位平時即有良好之互動，並且都願意以集思廣義的方式為佛教的未來而努力。2002 年 3 月間即開始共同發行《風城法音》季刊，大約三個月後（2002 年 6 月）又共同發行了《風城法音》電子報。報導印順導師思想以及新竹地區佛教發展的雜誌，這種與其他單位結合，推陳出新的傳播方式，同時吸引青年佛子藉由科技性媒體而同參法義，這也是整合資源並分享成果的成績之一。

　　隨著季刊及電子報的出版，這幾個單位討論的機會增加了，大家秉承資源共享的原則，各單位各發揮所長而互補不足，更由於大家皆受到導師的法乳深恩，因此也都隨緣而盡份地，致力於導師人間佛教理念的推展，導師思想成為我們平時溝通的最佳共識。

　　導師在臺灣與新竹的地緣最深，2004 年 4 月底正值印順導師百歲嵩壽，就以我們新竹地區結盟的四個單位合作經驗，進而共同籌辦「導師嵩壽聯合弘法會」，也為未來互相合作奠定信任的基礎。

　　福嚴佛學院稟承印順導師的德威，在當代佛教界豎立起不可撼動的佛學重鎮地位，從最儉樸、傳統的修行生活，經過世間無常的考驗，重建重修的過程中，加入了新的空間、造型、材質、工法等等，在在使人從建築外表已經可以嗅出結合現代的意味。

　　然而就如同從傳統佛學院，畢竟保留了傳統出家人的修行生活，基本的早晚課誦及午供、出坡、過堂等等，佛學課程亦逐漸由傳統的方式，結合現代學術研究方法，以期對佛學的深入探討，但是最大的目的還是與修行是合一的。

　　福嚴佛法推廣班算是走出佛學院的殿堂，進入社會人群當中，協助眾生面對現實人間，學習如何藉由佛法跳脫生老病死、悲歡苦惱的束縛，學習如何發揮無盡的生命力行菩薩道乃至圓滿成佛。

　　因此，推廣班還得借助現代媒體，深入社會各個階層，將佛法傳佈各個角落，這也是由傳統結合現代的典型綜合體。

下　卷

戰後臺灣新竹市現代佛學
翻譯、著述與相關教育啟蒙

第 10 章

戰後李世傑享譽全臺的多面向
佛學譯述與相關翻譯

江燦騰

壹、前言

　　在臺灣新竹市佛教三百年來的發展過程中，除了信仰的層面與信仰場所的相關介紹之外，有關佛學思想現代學術研究的概況，又是如何？是值得介紹的。因為新竹不但有臺灣第一義學高僧印順導師（1906-2005），也有聞名國際的佛教哲學家傅偉勳教授（1933-1996），更有戰後享譽全臺佛教界數十年的重量級在地佛教學者李世傑（1919-2003）。

　　可是，在現有的新竹市相關的著作及大量論述中，從未有關這位新竹在地佛教大學者李世傑的相關介紹。本文此處所選定的在地佛教學者標準是，確曾在新竹市出生，15 歲以前也都在新竹市居住與求學，才稱之為在地佛教學者。而本文所將要介紹的，就是這位對新竹市民眾多數仍很陌生的佛教學者李世傑。

貳、戰前與李世傑佛學知識學習相關的臺灣現代 佛學研究史概述

一、何謂「現代性佛教學研究」？

不過，在論述之前，我們有必要先說明，何謂「現代性佛教學研究」？否則讀者將不明白，我在本文以下，所據以進行析論的認知角度爲何？和所指出的學術評鑑基準或相關指涉的主體標的何在？

簡單來說：所謂「現代性佛教學研究」，應具有以下幾大特徵：

（a）它是非以信仰取向爲主的相對客觀性學術論述或相關探討。

（b）它的研究的方式，是以有根據的知識材料，先進行最大可能的鑑識比較、再繼之以必要的分析與批判、歸納和組合，而後才據以提出系統性的專業報告，以供學界對其進行公開的檢視、批評、或參考、引述。

（c）它是類比於近代科學研究的方式，當其在正式專業期刊發表之前，會先被設有匿名的雙審查制度所嚴謹檢視，並且必須多數同意之後，才能正式刊載。

（d）它的論述的邏輯，必須是無前後矛盾的一貫性陳述、和非由主觀性或非「內證式」的所形成的任意性雜湊結論。

（e）它的歷史性的宗教現象或具體殘存的古文物證據，實際構成近代以來國際相關學界長期致力探討的最大聚焦之處和絕大多數的論述主體。

（f）它的傳統佛教聖言量的權威性，除非先透過精確的研究和檢視，並能證明其合理性和來源性，否則在形成現代佛學研究的論據上，毫無可採信的價值。

也因爲有以上這樣的學術研究環境的存在，所以新衍生物：「專業佛教研究學者」和「專業佛教研究或教育機構」，以及相關的研究方法學或相關論述，才可能大量出現（雖不一定全然合乎專業佛教學術研究

所需的各項標準和相關條件）。

二、李世傑早期的新竹佛教經驗與其可觸及的臺灣現代佛學研究概況

首先，1919 年，在新竹出身的李世傑，早在他 24 歲那年，即 1943 年，就開始在當時最重要的佛教期刊《南瀛佛教會會報》，連續發表他對於世界文化或佛教解脫論的見解。[1]

而他當時並未出國，也還未有機會進入原戰前臺北帝國大學（即日後的臺灣大學）的圖書館服務。所以，他當時所能接觸的在臺灣地區的現代佛學研究資源，又有那些呢？

在以下詳論戰後李世傑在臺灣佛教界享譽數十年的事蹟之前，我們此處先就目前已知，有關臺灣官方出版的著作，或在當時《南瀛佛教會報》、《南瀛佛教》、《臺灣佛教》等期刊上的學術資料等等，來進行相關的學術史簡明回顧。以便本文讀者可以對照理解。

臺灣在 1895 年起，即由日本進行統治，前後達 50 年（1895-1945）之久，就臺灣地區的現代性佛學學術研究的開展來說，也早在 1900 年初期，就已逐漸展開了。

但，這不是基於純學術的需要而展開的現代佛學研究，而是伴隨殖民統治的宗教行政措施的需要、與基於臺灣民眾屢屢藉宗教號召其他民眾大規模反抗殖民統治的慘痛教訓，而展開的基礎性資料調查與彙整的現代性宗教（包括佛教在內）的資訊精密解讀和法制化定位與分類的優

1　李世傑，〈「佛教と輪迴」に就いて〉，《南瀛佛教會會報》第 21 卷第 7 期（1943 年 7 月），頁 18-21。〈「佛教と輪迴」に就いて（二）〉，《南瀛佛教會會報》第 21 卷第 8 期（1943 年 8 月），頁 18-23。〈「世界の文化」に就いて〉，《南瀛佛教會會報》第 21 卷第 9 期（1943 年 9 月），頁 2-11。〈「世界の文化」に就いて（二）〉，《南瀛佛教會會報》第 21 卷第 10 期（1943 年 10 月），頁 2-9。

秀學術成果。[2]

這也是亞洲地區的華人宗教研究，在荷蘭著名的漢學家高延（ John Jakob Maria de Groot ） 已 先 後 發 表 其 The Religious System Of China （《中國宗教制度》）的第一冊（1892）和 Sectarianism And Religious Persecution In China（《中國的各教派與彈壓》）（1901）等劃時代的巨著之後，[3] 在中國宗教法制史或臺灣宗教法制史上的空前嘗試，其艱鉅和重要性，自不必說。

因而，若純就宗教史學史的角度來看，負責此事的岡松參太郎博士（1871-1921）的專業，與之相較是稍有遜色的，但若從落實在具體的「法制化」層面來說，則岡松參太郎博士的解讀和重新定位，堪稱當代獨步，遠非日後負責全臺宗教調查的丸井圭治郎（1870-1934）的相關調查撰述所能比擬。

不過，當代學者對於日治時期的宗教研究論述，除大量引自《臺灣日日新報》、各期《臺法月報》、各期《南瀛佛教》、各期《臺灣佛教》、《宗報》和臺灣總督府宗教類公文檔案彙編[4]的資料性記載之外，最常被引據的著述，就是由丸井圭治郎在 1919 年，向當時臺灣總督明石元二郎（1864-1919）所提出《臺灣宗教調查報告書》第一卷。[5]

---

2 為了達到此一目的，所以 1901 年成立了「臨時臺灣舊慣調查會」，由民政長官後藤新平兼任會長，但實際的調查工作和資料學術解讀——「法制化」的定位基礎——則委由京都帝國大學的法學專家岡松參太郎博士和織田萬博士兩位來負責。這其實是中國法制史或臺灣法制史上的空前嘗試，其艱鉅和重要性，自不必說。必須注意的是，負責此事的岡松參太郎是以「法學家」而非以「宗教學家」來加以解讀和重新定位。

3 高延對傳統中國的儒家禮俗制度和歷代——特別是有清一代——所謂民間教派或眾多秘密教派，做了極深刻的探討，特別是 John Jakob Maria de Groot 的相關著作不同於日後韋伯式的理念型比較論述，他是貨真價實地奠基於大量漢文原典或原始資料的純歷史詮釋，故雖無驚人偉論，但容易做相關文獻還原和具廣泛參考價值。

4 從現有日治初期的官方公文書來看，在宗教行政實務上，除頒布新的宗教法規之外，其實還留有官方對駐臺各宗日僧行為操守的秘密調查報告，也建立了初步的臺灣社寺臺帳的登記資料。

5 這是因余清芳發動「西來庵事件」以後，丸井歷經將近四年（1915-1919）的辛勤調查，

　　但是，有關佛教和齋教的如何定位問題，是關鍵性的所在，所以，丸井圭治郎於 1918 年 3 月起，即曾以〈臺灣佛教〉為題，發表長篇論文於《臺法月報》的第 12 卷第 3 號和第 4 號。在日治時期 50 年當中，丸井的這篇是首次專以「臺灣佛教」為論述的中心。但，丸井的文章一登出，就被柴田廉投書在同刊物加以質疑：（一）是否可以單獨抽出「臺灣佛教」來論述而不兼及其他？（二）丸井對「佛寺」的分類似乎有問題？（三）丸井對臺灣宗教盛行祭祀的批評，似乎缺乏同情的理解並容易招來本地人的反感。丸井當然一一加以否認和反駁。事實上，戰前有關到底要「朝向日本佛教化」或「仍舊維持臺灣佛教本土化」的爭論，即由此時正式展開。

　　柴田廉是日治時代少數以社會心理學角度研究臺灣宗教信仰特質和

所誕生出來的新結晶。可是，除了較詳的統計數字、較細的內容解說之外，基本上丸井的全書論述模式（包括分類和架構），都承襲了岡松參太郎的上述從第二回到第三回的研究成果。但是，丸井圭治郎對臺灣舊慣寺廟的管理人制度，曾有兩段重要的批評，他說：「雖然住持原應是做為管理寺廟的代表，但在臺灣，寺廟財產的管理大權，幾全掌控在管理人的手中，住持的權力反而很小，和顧廟差不多。這大概是因臺灣大規模的佛寺，為數極少，只有臺南開元寺、臺北靈泉寺及凌雲寺數所而已，故通常一般寺廟僅安住幾名僧侶，專供做法會之用，其他方面，諸如宗教知識、禮儀應對等方面，只有少數有住持的水準，絕大多數是沒甚麼程度的。管理人，以前原稱董事或首事。管理之名，是日本領臺以後，若有董事，就以董事，若無董事，就以爐主或廟祝為管理人。因要申報寺廟的建地、附屬田園，才開始以管理人做為寺廟的代表，可管理財產，任免和監督廟祝、顧廟，以及掌理有關寺廟的一切事務。管理人通常是自有財勢的信徒中選任，其任期不確定。一般的情形是，其祖先若對該寺廟有特別的貢獻，則其管理人之職為世襲。又寺廟田園的管理和寺廟一般法務的經手，是分開管理的，因此管理人若有數人，而其祖先曾捐田產給該寺廟者，則其子孫按慣例，代代都管理田園。不過，當前所見，名實相符的管理人甚少。此因舊慣土地調查之時，匆促間，雖有管理人名目的設置，而不少奸智之徒趁機上下其手，以管理人之名，暗圖私利。等到此管理人過世以後，其子孫又再專斷的自任為該寺廟的管理人之職，並且對管理人的職權又不清楚，往往廟產都散盡了，還不聞不問。此類管理人，每年能明確提出寺產收支決算賬目的，為數極少。通常是將廟業田園，以低租長期佃給他人耕作，甚至有管理人為謀私利，居然自己跟自己簽約佃耕者。像此類的管理人，不但稱不上是寺廟產業的保護者，反而應該視為盜產之賊才是。」（原文日文，筆者中譯）。見臺灣總督府（丸井圭治郎）編著，《臺灣宗教調查報告書（第一卷）》（臺北：臺灣總督府，1919 年），頁 77-78。

民族性心理的宗教行政人員，其《臺灣同化論──臺灣島民の民族心理學的研究》（臺北：晃文館，1923）一書中的相關論點，在其出版不久後，即深刻影響剛渡海來臺，並受命展開全島第二次宗教調查臺灣宗教的增田福太郎（1903-1982），所以他也和柴田廉同樣認爲：「若將臺灣人的宗教僅就形式上單純地分爲道教（Tao-kau）、儒教（Zu-kau）、佛教（Hut-kau）等，則不能完全理解其本質，而是應當全面的掌握這由道、儒、佛，三教互相混合而成的一大民間宗教。」[6] 因此，有關當時臺灣佛教史的研究，除部分田野調查筆記之外，無專著探討。在增田福太郎的調查報告中，齋教方面，尤其令他困惑，[7] 幾乎全靠其主要助手：臺籍學者李添春（1898-1977）的資料提供。

到了皇民化時期的「寺廟整理」，日本學者宮本延人雖保留了最多的資料，並且戰後宮本又出版了《日本統治時代臺灣における寺廟整理問題》（奈良：臺灣事情勉強會，1988）增訂版。但是，基本上，是缺乏研究成果的。

反之，臺籍學者李添春，在 1929 年時，曾受總督府文教局社會課委託調查的《本島佛教事情一班（按：應爲「斑」）》爲初版手稿和其先前曾在 1925 年時，因參與在日本召開「東亞佛教大會」，並替臺灣代表之一的許林擔任現場發言的翻譯，而從許林處獲悉不少臺灣齋教的掌故和史料。於是，在其駒澤大學的畢業學位論文，即以《臺灣在家三派之佛教（按：即齋教三派，先天、金幢、龍華）》，而獲頒「永松獎」。此後，李添春又結合先前岡松和丸井這兩者提出的相關宗教調查資料，[8] 除在日

---

6 見增田福太郎，《臺灣之宗教》，頁 3；而本文此處索引的中譯文，是由黃有興先生主譯，見原書中譯本（2003 年，自印暫定本），頁 2。

7 增田福太郎的相關論述觀點問題，可參考江燦騰的兩篇論文：（一）〈增田福太郎對於媽祖信仰與法律裁判的神觀詮釋〉，《臺灣文獻》第 55 卷第 3 期（2004 年 6 月），頁 231-248，和（二）〈增田福太郎與臺灣傳統宗教研究：以研究史的回顧與檢討為中心〉，《光武通識學報》創刊號（2004 年 3 月），頁 211-242。

8 這是李添春首次將臺灣齋教與出家佛教合併觀察的整體思維，可以比較其在戰後論述的觀點。見李添春，〈臺灣佛教特質（上）〉，《南瀛佛教》第 18 卷 8 月號（1940 年

治時期發表多篇臺灣佛教的相關論述之外，[9] 在戰後更成爲其編纂《臺灣省通志稿卷二：人民志‧宗教篇》中，有關臺灣佛教史論述的官方標準版內容，影響至爲深遠。[10]

　　由於時值大正昭和之際的日本現代佛學研究的高峰期，所以，當時的留日佛教學者如高執德（1896-1955）、李孝本、林秋梧（1903-1934）、曾景來（1902-1977）[11] 等人，都深受忽滑谷快天批判禪學思想[12] 和社會

---

1 月），頁 8-17。〈臺灣佛教特質（下）〉，《南瀛佛教》第 12 卷 9 月號（1940 年 9 月），頁 13-21。

9　見李添春，〈寺廟管理人制度批判（1）〉，《南瀛佛教》第 12 卷 1 月號（1934 年 1 月），頁 6-9。〈寺廟管理人度批判（2）〉，《南瀛佛教》第 12 卷 2 月號（1934 年 2 月），頁 7-11。〈寺廟管理人制度批判（3）〉，《南瀛佛教》第 12 卷 3 月號（1934 年 3 月），頁 2-5。

10　過去從事臺灣史的研究者、或想研究臺灣宗教的人，從李添春編纂的《臺灣省通志稿卷二：人民志宗教篇》中，獲得關於書中第三章第三節對齋教（在家佛教）三派的詳細說明（幾占全部佛教篇幅的一半）。以後王世慶於 1971 年增修時，幾未更動。直到瞿海源於 1992 年重修時，才根據宋光宇、鄭志明、林萬傳三位有一貫道背景的學者研究，將「齋教」搬家到「其他宗教」，和一貫道並列，似乎又回到岡松在第二回報告時的「雜教」立場了。但，不論如何，李添春畢竟是戰後官修文獻的主要奠基者，應無疑義。而由中國學者王興國提出的最新研究，〈為臺灣佛教史研究奠定基礎的李添春〉的專文，是根據江燦騰先前的研究成果和觀點，再細分為：一、〈臺灣近現代佛教發展的親歷者〉，二、〈開臺灣齋教研究先河〉，三、〈提出了研究日據時期臺灣佛教的一種思路〉。但是，新意無多，參考價值不大。王興國的此文，是載於其著的《臺灣佛教著名居士傳》一書（臺中：太平慈光寺，2007 年），頁 415-442。

11　有關曾景來的本土客家籍農村的生活背景、日治時代最早科班佛教中學教育與留日高等佛學教育、最先從事原始佛教佛陀觀的變革、探討道德倫理思想的善惡根源、大量翻譯日本禪學思想論述和建構臺灣傳統宗教民俗的批判體系等，都是臺灣近代宗教學者中的重要指標性人物，卻長期被臺灣學界的相關研究所忽略了。迄今有關曾景來事跡的最清楚討論，是大野育子的最新研究所提出的，因其能提供曾景來留日時的學籍資料、留日返臺的婚姻、工作和家庭，以及曾景來著作中的反迷信研究與批判等。見大野育子，〈日治時期臺灣佛教菁英的崛起 —— 以曹洞宗駒澤大學臺灣留學生為中心〉，頁 53-54；頁 136-137；頁 161。但是，她對曾景來 1928 年的重要學位論文《阿含の佛陀觀》，並未做具體討論，對曾景來的倫理學著述，也完全忽略了。此外，于凌波在其《現代佛教人物詞典（下）‧【曾普信】》（新北：佛光文化，2004 年），頁 1167-1168 的有關說明，是迄今最詳細和能貼近戰後臺灣佛教史經驗的。至於釋慧

主義思潮的影響，[13] 不但開始探討非超人化的人間佛陀，也強烈批判臺灣傳統宗教迷信、主張純禪修持與積極敦促改革落伍的臺灣宗教崇拜模式，並激烈辯論如何面對情慾與婚姻的相關現實改造問題。

嚴對於「曾景來」，其說明內容如下：「曾景來（年代：1902.3 - ？），亦名曾普信，高雄美濃人，是李添春表舅曾阿貴的三男。禮林德林師為師，1928 年 3 月畢業於駒澤大學，次年 3 月 18 日任特別曹洞宗布教師，勤務於臺中佛教會館。1931 年任曹洞宗臺灣佛教中學林教授，1932 年至 1940 年以總督府囑託身分，勤務於文教局社會課，負責《南瀛佛教》的主編工作。1949 年任花蓮東淨寺住持，至 1965 年退任。1973 年視察美國的佛教，回臺後著有《日本禪僧涅槃記》。而留日期間（1921~1929），先就讀於山口縣多多良中學林二年，畢業後，繼續在駒澤大學研鑽 6 年，其間師事忽滑谷快天，與其師德林師皆心儀忽滑谷快天。1938 年著有《臺灣宗教と迷信陋習》一書，是一部體察國民精神總動員的旨趣為一新風潮，提倡打破改善臺灣宗教和迷信陋習的著作，時逢徹底促進皇民化運動的時期，故此書的出版，頗受當局的重視。」見《臺灣歷史辭典》（臺北：遠流出版社，2004 年），頁 0884-0885。可以說，相當簡單和欠完整。因于氏已明確指出：曾景來是 1977 年過世的，但是，釋慧嚴的說明，則對此事無任何交代。再者，在《南瀛佛教》的各期，曾景來除撰述佛教或臺灣宗教的文章之外，可能是擔任多期該刊的主編，必須增補版面和增加趣味，所以譯介不少佛教文學或非佛教文學作品，值得進一步介紹其業績，也可為臺灣近代文學史增加部分新內容。至於他的有關善惡問題與宗教倫理研究，也可見曾景來，〈善惡根源之研究（一）〉，《南瀛佛教》第 4 卷 5 號（1926 年 9 月），頁 22-23；〈善惡根源之研究（二）〉，《南瀛佛教》第 4 卷 6 號（1927 年 12 月），頁 17-20；〈善惡根源之研究（三）〉，《南瀛佛教》第 5 卷 1 號（1928 年 1 月），頁 29-38；〈善惡根源之研究（完）〉，《南瀛佛教》第 5 卷 4 號（1928 年 5 月），頁 38-41；〈戒律底研究〉，《南瀛佛教》第 6 卷 4 號（1928 年 8 月），頁 26-38；〈罪惡觀〉，《南瀛佛教》第 8 卷 7 號（1930 年 8 月），頁 39-42；〈自我問題〉，《南瀛佛教》第 11 卷 4 號（1933 年 4 月），頁 10-11；〈人為財死鳥為食亡〉，《南瀛佛教》第 11 卷 8 號（1933 年 8 月），頁 10。

12 關於「批判禪學」的研究問題。忽滑谷快天的大多數禪學著作，除了與胡適有關的《禪學思想史》在海峽兩岸分別出現中譯本之外，可以說只在臺灣佛教學者討論日治時期的臺灣佛教學者如林秋梧、林德林、李添春等時，會一併討論其師忽滑谷快天的禪學思想，但僅限於出現在《南瀛佛教》上的部分文章而已，此外並無任何進一步的涉及。自另一方面來說，日治時期的臺灣佛教僧侶曾景來和林德林兩人，大正後期和昭和初期，彼等在臺中市建立「臺中佛教會館」和創辦機關刊物《中道》雜誌，就是直接以其師忽滑谷快天的禪學思想，做為推廣的核心思想。所以曾景來曾逐期刊載所譯的《禪學批判論》（附「大梵天王問佛決疑經に就て」一冊，明治 38 年東京鴻盟社）一書。而林德林則翻譯和出版《正信問答》（原書《正信問答》1 冊：（甲）、大正 15 年東

　　此外，由於新僧與在家佛教化的新發展趨向，在當時的傳統儒佛知識社群間，曾一度產生彼此認知角度和信仰內涵差異的集體性強烈互相激辯的宗教論述衝突，[14] 此種影響的相對衝擊，也迅速反映在當時留日佛教

京光融館；（乙）、昭和 17 年臺中佛教會館）。

但是，迄慧嚴法師 2008 年最新的研究《臺灣與閩日佛教交流史》（高雄：春暉出版社）出版為止，在其書的第四篇第三章〈臺灣僧尼的閩日留學史〉（原書，頁 504-578），雖能很細膩地分析忽滑谷快天的《正信問答》和《四一論》，可是，仍然未涉及有關之前思想源流的《禪學批判論》與《曹洞宗正信論爭》。

13 大野育子的最新研究〈日治時期臺灣佛教菁英的崛起——以曹洞宗駒澤大學臺灣留學生為中心〉，是定義「佛教菁英」為：「所謂『佛教菁英』是指日治時期由臺灣前往日本，在日本佛教系統大學內深造的臺灣人，他們是臺灣佛教史上首次出現具有高學歷的佛教知識份子，由於具備相當深度的佛學素養，流利的日文能力，因而成為日治時期佛教界的佼佼者。」大野育子主要是根據《駒澤大學百年史》的相關資料，來論述該校佛教學科的「佛教菁英」，前往日本學習佛學的意義之所在，以及彼等返臺後所呈現的宗教思想與其在日本所受教育之關聯性。

可是，在思想上源流，她很明顯地是忽略了忽滑谷快天的「批判禪學」之思想的重要啟蒙和影響，甚至於她也忽略了 1926 年由河口慧海所著的《在家佛教》（東京：世界文庫刊行會）一書和 1924 年由豐田劍陵所著《佛教と社會主義》（東京：重川書店）一書的重要影響。因前者所主張的「在家佛教」理念和後者以社會主義思考佛教思想的新課題，都是當時臺灣留學生的主要課外讀物之一，這只要參看殘留的《李添春留學日記手稿》內容，就不難明白。此外，釋宗演的《佛教家庭講話》（東京：光融館，1912 年）一書，更是林德林和曾景來師徒，做為彼等製訂《在家佛教憲法》的重要依據，但是，此一事實，也同樣並未被大野育子的最新研究所提及。

14 參考江燦騰，〈日據時期臺灣新佛教運動的開展與儒釋知識社群的衝突——以「臺灣佛教馬丁路德」林德林的新佛教事業為中心〉，載《臺灣文獻》第 51 卷第 3 期（2000年 9 月），頁 9-80。此外，翁聖峰，〈《鳴鼓集》反佛教破戒文學的創作與儒釋知識社群的衝突〉，其主要論述觀點如下：「……論述《鳴鼓集》除精熟其文獻，尚須配合崇文社所有徵文、徵詩與傳媒，才能充分掌握問題的全貌。《鳴鼓集》反佛教破戒文學的創作與其維護倫常規範是一體兩面，互為表裡的，論者或以『色情文學』稱之實未允當。詮釋《鳴鼓集》固然不容疏離當前的生命處境與價值觀，然亦須注意儒學與佛學的核心價值，方不致使問題流於以今律古，才能較周延闡釋儒釋衝突的文化意義。」《臺灣文學學報》第 9 期（政大臺灣文學研究所，2006 年 12 月），頁 83。此外，釋慧嚴，〈推動正信佛教運動與臺灣佛教會館〉一文說明，是其新著《臺灣與閩日佛教交流史》中的一小節內容。但此文其實是據江燦騰先前的相關研究成果，再另補充新材料，故其新貢獻有二：（1）討論林德林接受忽滑谷快天「法衣」的拜師經過。（2）

學者如高執德、李孝本兩者所撰寫的反排佛論學位論文內涵[15] 和林秋梧對朝鮮知訥禪師的經典名著所作的《眞心直說白話註解》（臺南：開元寺，1933），都相繼展現出和當時日本佛教學者新研究成果發表幾近同步的有效吸收，[16] 並能具一定新論述特色的優秀表現。

但是，由於中日戰爭的爆發和其後官方的高度管制與過度干預或介入，所以，現代佛學的研究，直到戰爭結束時爲止，除「皇道佛教化」[17]

討論林德林在臺灣佛教會館，從事社會救助的「臺中愛生院」經營狀況。這些資料説明，都出自《臺灣日日新報》的各項報導，所以頗有新意。見釋慧嚴，《臺灣與閩日佛教交流史》（高雄：春暉出版社，2008 年），頁 579-584。

15 舉例來説，高執德在駒澤大學的 1933 年學位畢業論文《朱子之排佛論》，資料詳盡、體系分明、批判深刻，應是臺灣本土知識份子所撰批判儒學論述的前期鼎峰之作。可惜的是，臺灣當代的諸多儒學研究者，甚至於連高執德有此巨著的存在，都毫不知情。事實上，繼高執德之後，同屬駒大臺灣同學會的吳瑞諸在 1933 年的「東洋學科」由小柳司氣太和那智陀典指導的〈關於大學諸説〉和同校「佛教學科」的李孝本，也在小柳司氣太和境野哲的聯合指導之下，於 1933 年撰寫了另一長篇《以明代儒佛為中心的儒佛關係論》的駒大學位論文。另一方面，我也觀察到：在當代臺灣學界同道中，雖有李世偉博士於 1999 年出版《日據時代臺灣儒教結社與活動》（臺北：文津出版社）、林慶彰教授於 2000 年出版《日據時期臺灣儒學參考文獻（上下）》二冊（臺北：學生書局）、陳昭瑛教授於 2000 年出版《臺灣儒學：起源、發展與轉化》（臺北：正中書局）、以及金培懿的〈日據時代臺灣儒學研究之類型〉（1997 年「第一屆臺灣儒學研究國際研討會論文集」，頁 283-328）等的相關資料和研究出現。可是，此類以儒學為中心的專題研究和相關資料，共同的缺點之一，就忽略了同一時期還有臺灣佛教知識菁英群（知識階層）的思想論述或文化批判。

16 例如久保田量遠，《支那儒道佛三教史論》（東京，東方書院，1931 年）和常盤大定，《支那に於ける佛教と儒教道教》（東京：財團法人東洋文庫刊行，1930 年）兩者出書時，都是和高執德與李孝本在日寫相關論文的時間接近。

17 關正宗在其博士論文，稱日治時期的臺灣佛教為「皇國佛教」，所以關正宗在其博士論文的標題全文，即書寫為《日本殖民時期臺灣「皇國佛教」之研究：「教化、同化、皇民化」的佛教》（國立成功大學歷史研究所博士論文，2010 年）。可是，我不能同意他的此一論文名稱的，因為在當時日本殖民政府的國家體制中，只有跟天皇統治正當性有關的國家神道，才是官方施於全民的教育目標和崇拜對象，所以皇民化時期所改造的臺灣佛教，才正式被稱為「皇道（化的）佛教」。但，這種特殊時期的「皇道（化的）佛教」名稱，就其性質和適用範圍，並不能等同於「皇國（化的）佛教」，因佛教只是全日本官方統治下各轄區中的眾多民間宗教之一，所以，稱其為「皇國（化的）

的數種新「佛教聖典」編輯與出版之外，即全告停滯和無重要的成就。

參、戰後與李世傑佛學譯述相關的臺灣現代佛學研究史概述

　　李世傑在戰後出版的第一本譯著，是他與當時臺大哲學系教授巴壺天（1904-1987）合譯，前日本東京帝國大學名教授木村泰賢（1881-1930）原著的《人生的解脫與佛教思想》（臺北：協志工業叢書），時間是1958年。第二本譯著，是他獨譯的近代日本世界聞名的禪學大師鈴木大拙（1870-1966）原著《佛教禪學入門》（臺北：協志工業叢書），時間在 1970 年。

　　至於他自己寫作出版的佛學著作，是《中國佛教思想史（上卷）：漢魏兩晉南北朝佛教思想史》（臺北：臺灣佛教月刊社），時間是在 1964 年。

　　而當時還是處於戰後強烈去日本佛教影響的時代，爲何他會從事此一翻譯？以及他何以出版《中國佛教思想史（上卷）：漢魏兩晉南北朝佛教思想史》一書？相關的時代佛教學術研究究竟眞相爲何？以下，本文也就此疑問，進行相關的戰後臺灣現代佛教學術史發展的簡明介紹：

　　戰後臺灣地區，在整個戒嚴時期（1949-1987），可做爲現代性佛教學術研究典範的薪火相傳最佳例證，[18] 從中國大陸到臺灣胡適（1891-1962）禪學研究的開展與爭辯史之相關歷程解說。

　　此因戰後臺灣佛教學術的發展，基本上是延續戰前日本佛教學術的

佛教」，並不精確，也與真正的歷史事實不符。此書最近出版時，雖內容略有刪減，並易名爲《臺灣日治時期佛教發展與皇民化運動：「皇國佛教」的歷史進程（1895-1945）》（新北：博揚，2011 年）。但其書名中「皇國佛教」的用語，與真正的歷史本質不符，則與未出版前無異。

18 龔雋在〈胡適與近代型態禪學史研究的誕生〉一文中提到：「如果我們要追述現代學術史意義上的禪學史研究，則不能不說是胡適開創了這一新的研究典範。」見龔雋，《中國禪學研究入門》（上海：復旦大學出版社，2009 年），頁 7-8。

研究的學風和方法學而來。而這一現代的學術潮流是普遍被接受的，這與戰後受中國大陸佛教影響佛教界強烈的「去日本化佛教」趨勢恰好形成一種鮮明的正反比。

儘管當時在來臺的中國大陸傳統僧侶中，仍有部分人士對日本學界出現的「大乘非佛說」觀點，極力排斥和辯駁，[19] 甚至出現利用中國佛教會的特殊威權對付同屬教內佛教知識僧侶的異議者（如留日僧圓明的被封殺事件即是著名的例子）。[20] 但是不論贊成或反對的任何一方，都沒有人反對開始學習日文或大量在刊物上刊載譯自日文佛學書刊的近代研究論文。

這種情況的大量出現，顯示當代佛教學術現代化的治學潮流，足以衝破任何傳統佛教思維的反智論者或保守論者。具體的例子之一，就是印順（1906-2005）門下最傑出的學問僧人演培（1917-1996），不但是為學習佛學日文才從香港來到臺灣新竹靈隱寺，並且他才初習佛學日文不久之後，就迅速譯出戰前日本著名佛教學者木村泰賢（1881-1930）的《大乘佛教思想論》（1954），並加以出版。

然而，戰後偏安於臺灣地區的佛教學術界，其學術研究的業績，雖有印順傑出研究出現，但僅靠這種少數的例外，仍缺乏讓國際佛學界普遍性承認的崇高聲望和雄厚實力，加上當時來臺的多數大學院校、或高等研究機構的人文社會學者，仍帶有「五四運動」以來濃厚的反迷信和反宗教的科學至上論學風，因此不但公立大學的校區嚴禁佛教僧尼入內活動，相關佛教現代化的學術研究，也不曾在正式的高等教育體系裡被普遍接納或承認。

唯一的例外，是由新擔任南港中央研究院的院長胡適博士，所展開的中古時代中國禪宗史的批判性研究，不只其學術論點曾透過新聞報導，廣泛地傳播於臺灣社會的各界人士，連一些素來不滿胡適批判論點的臺

---

19 闞正宗，《重讀臺灣佛教：戰後臺灣佛教（正篇）》（臺北：大千出版社，2004 年），頁 140-152

20 闞正宗，《重讀臺灣佛教：戰後臺灣佛教（正篇）》，頁 148-169。

灣佛教僧侶和居士們，也開始藉此互相串連和大量撰文反駁胡適的否定
性觀點，其中某些態度激烈者，甚至以譏嘲和辱罵之語，加諸胡適身上
或其歷來之作爲。[21]

　　其後，又由於胡適和日本著名的國際禪者鈴木大拙兩人，於 1953 年
間在美國夏威夷大學的相關刊物上，曾有過針鋒相對的禪學辯論，更使
反胡適者找到強有力的國際同情者，於是趁此機緣，鈴木大拙的多種禪
學相關著作，也開始被大量翻譯和暢銷於臺灣的知識階層之中，且風行
臺灣地區多年，影響至爲深遠。[22] 因此，胡適和鈴木大拙兩人，都對戰後

---

21 樂觀法師曾特編輯，《闢胡說集》（緬甸：緬華佛教僧伽會，1960 年），在其〈引言〉
　　有如下激烈批胡之語：「查胡適他原本是一個無宗教信仰者，在四十年前，他主張科
　　學救國，與陳獨秀領導五四運動，打倒『孔家店』，破除迷信，即本此反宗教心理，
　　現刻，他對《虛雲和尚年譜》居然公開提出異議，若說他沒有破壞佛教作用，其誰信歟？
　　分明是假借「考據」之名，來作謗佛、謗法、謗僧勾當，向青年散播反宗教思想毒素，
　　破壞人們的佛教信心，一經揭穿，無所遁形，……。（中略）　護佛教，僧徒有責，
　　我們這一群旅居緬甸、越南、香港、菲律賓、印度、星洲的僑僧，對祖國佛教自不能
　　忘情，自從胡適掀起這個動人的風潮之後，全世界中國佛弟子的心靈都受到震動！覺
　　得在當前唯物主義瘋狂之時，玄黃翻覆，群魔共舞的局勢情況之下，胡適來唱這個『反
　　佛』調兒，未免不智，大家都有『親痛仇快』之感！」頁 1。

22 當時，是：一、鈴木大拙著，李世傑譯，《禪佛教入門》（臺北：協志工業社，1970 年），
　　先行從日文本譯出。其後，則是以志文出版社的【新潮文庫】為中心，先後從英文原
　　著中譯出的鈴木禪學作品，就有：二、鈴木大拙著，徐進夫譯，《禪天禪地》（臺北：
　　志文出版社，1971 年）。三、鈴木大拙著，劉大悲譯，《禪與生活》（臺北：志文出
　　版社，1974 年）。四、鈴木大拙著，孟祥森譯，《禪學隨筆》（臺北：志文出版社，
　　1974 年）。五、鈴木大拙、佛洛姆著，孟祥森譯，《禪與心理分析》（臺北：志文出
　　版社，1981 年）。六、鈴木大拙著，徐進夫譯，《歷史的發展》（臺北：志文出版社，
　　1986 年）。七、鈴木大拙著，徐進夫譯，《開悟第一》（臺北：志文出版社，1988 年）。
　　八、日文傳記，是秋月龍珉著，邱祖明譯，《禪宗泰斗的生平》（臺北：天華出版社，
　　1979 年）。九、禪藝方面，鈴木大拙著，劉大悲譯，《禪與藝術》（臺北：天華出版
　　社，1979 年）。十、鈴木大拙著，陶陸剛譯，《禪與日本文化》（臺北：桂冠出版社，
　　1992 年）。十一、基佛類比方面，鈴木大拙著，徐進夫譯，《耶教與佛教的神祕教》（臺
　　北：志文出版社，1984 年）。十二、淨土著作方面，鈴木大拙、余萬居譯，《念佛人》
　　（臺北：天華出版社，1984 年）。

臺灣教界的禪學思想認知，產生了幾乎不相上下的衝擊和影響。[23]

　　另一方面，必須注意的，是胡適的這種處處講證據的治學方式，在佛教界同樣擁有一些同道。他們不一定完全贊同胡適對佛教的批判，但是不排斥以客觀態度來理解佛教的歷史或教義。而其中堅決遵循胡適禪宗史研究路線的是楊鴻飛。他在 1969 年 5 月投稿《中央日報》，質疑錢穆（1895-1990）在演講中對胡適主張《六祖壇經》非惠能所作的批判，[24]

---

23 有關這方面的研究史回顧，有兩篇較完整的論文，可供參考：（一）莊美芳，〈胡適與鈴木論禪學案——從臺灣學界的回應談起〉，1998 年 1 月撰，打字未刊稿，共十一頁。（二）邱敏捷，〈胡適與鈴木大拙〉，收錄於鄭志明主編，《兩岸當代禪學論文集》（嘉義：南華大學宗教文化研究中心，2000 年），頁 155-178。此外，邱敏捷在另一篇論文中，又提到說：「首先，陳之藩於 1969 年 12 月 9 日在中央副刊上發表〈圖畫式與邏輯式的〉（《中央副刊》，1969 年 12 月 9 日，第 9 版）；翌年底，楊君實也撰文〈胡適與鈴木大拙〉（《新時代》10 卷 12 期，1970 年 12 月，頁 41）。1972 年元月，英人韓巴壺天對「禪公案」的詮釋。此外，針對鈴木大拙的禪學觀點有所批判，並就「禪公案」提出詮釋觀點的代表人物應首推巴壺天（1905-1987）。他與當時之釋印順有所交往，其在「禪公案」的論著對後輩晚學產生不少影響作用。巴氏認為「禪」是可以理解的，他不苟同鈴木大拙《禪的生活》（Living by Zen）所提「禪是非邏輯的、非理性的、完全超乎人們理解力範圍」的觀點。他指出：「自從日人鈴木大拙將禪宗用英文介紹到歐美以後，原是最冷門的東西，竟成為今日最熱門的學問」。不過，禪宗公案是學術界公認為最難懂的語言，參究瑞福（Christmas Humphieys）蒐集鈴木大拙有關禪的七篇文章，編為《Studies in Zen》，由孟祥森譯，臺北志文出版社以《禪學隨筆》列為新潮文庫之一發行問世。鈴木大拙的〈禪——答胡適博士〉，即係書中一篇。從此以後，鈴木大拙的禪學作品，自日文或英文本相繼譯成中文版。半載後，《幼獅月刊》特刊出「鈴木大拙與禪學研究專輯」，除了將上述的楊文載入外，又有邢光祖的〈鈴木大拙與胡適之〉。再過一個月，胡適用英文寫的〈中國的禪——它的歷史和方法〉由徐進夫譯出，刊在《幼獅月刊》總號 236 號。至此，胡適與鈴木大拙兩人所辯難的問題，才漸為國內學者所關注，陸陸續續地出現了回應性的文章。1973 年朱際鎰〈鈴木大拙答胡適博士文中有關禪非史家所可作客觀的和歷史性的考察之辨釋〉、1977 年錢穆〈評胡適與鈴木大拙討論禪〉、1985 年傅偉勳〈胡適、鈴木大拙、與禪宗真髓〉、1992 年馮耀明〈禪超越語言和邏輯嗎——從分析哲學觀點看鈴木大拙的禪論〉，以及夏國安〈禪可不可說——胡適與鈴木大拙禪學論辯讀後〉等數篇，均是回應胡適與鈴木大拙論辯而發。」見邱敏捷，〈巴壺天對「禪公案」的詮釋〉，《臺大佛學研究》第 16 期（臺北：臺灣大學文學院佛學研究中心，2008 年 12 月），頁 230-231。

24 見張曼濤主編，《六祖壇經研究論集》（臺北：大乘文化出版社，1976 年），收在「現

因而引起臺灣地區戰後罕見的關於《六祖壇經》作者究竟是誰？神會或惠能的熱烈筆戰。

不過，1969 年在臺灣展開的那場禪學大辯論，主要的文章都被張曼濤（1933-1981）收在《六祖壇經研究論集》（臺北：大乘文化出版社，1976），列爲由他主編的「現代佛教學術叢刊」一百冊中的第一冊。而張曼濤本人也是參與辯論的一員。[25] 他在首冊的〈本集編輯旨意〉中，曾做了相當清楚的說明。尤其在前二段對於胡適的研究業績和影響，極爲客觀而深入，茲照錄如下：

> 《六祖壇經》在我國現代學術界曾引起一陣激烈諍論的熱潮，諍論的理由是：「《壇經》的作者究竟是誰？」爲什麼學術界對《壇經》會發生這麼大的興趣，原因是《壇經》不僅關係到中國思想史上一個轉換期的重要關鍵，同時也是佛教對現代思想界一個最具影響力的活水源頭。它代表了中國佛教一種特殊本質的所在，也表現了中國文化，或者說中國民族性中的一份奇特的生命智慧。像這樣一本重要的經典，當有人說，它的作者並不是一向所傳說的六祖惠能，那當然就要引起學術界與佛教界的軒然大波了。這便是近四十年來不斷繼續發生熱烈討論的由來，我們爲保存此一代學術公案的眞相，並爲促進今後佛教各方面的研究，乃特彙集有關論述，暫成一輯。列爲本叢刊之第一冊。
>
> 胡適先生是此一公案的始作俑者，雖然他的意見，並不爲大多數的佛教有識之士所接受，但由於他的找出問題，卻無意中幫助佛教的研究，向前推展了一步，並且也因是引起了學術界對《壇經》廣泛的注意，設非胡先生的一再強調，則今天學術界恐怕

　代佛教學術叢刊」，第 1 冊，頁 195-204。

25 張曼濤的文章有 2 篇登在《中央日報》的副刊上，一篇是〈關於六祖壇經之偈〉；一篇是〈惠能與壇經〉。其中後一篇，已收入《六祖壇經研究論集》，頁 245-51。他用筆名澹思發表。

對《壇經》尚未如此重視，故從推廣《壇經》予社會人士的認
識而言，我們仍認胡適先生的探討厥為首功，故本集之編，為
示來龍去脈及其重要性起見，乃將胡先生有關《壇經》之論述，
列為各篇之首。[26]

從張曼濤的說明，可以看出 1969 年的《六祖壇經》辯論，正反雙方，
都是接著胡適研究的問題點而展開的。這一先驅性的地位，是無人可以
取代的！但這場辯論的展開，已在胡適逝世後的第 7 年了。

所以，雖然胡適本人在 1962 年春天，即已病逝於臺灣，但其禪學研
究所點燃的巨大學術諍辯的烈火，依然繼續在佛教界熊熊地燃燒著。

而印順的《中國禪宗史》（臺北：正聞出版社，1971）一書，就是
因為那場因胡適禪學研究論點所激起的諍辯，所引發的最新研究成果。
日本大正大學在其頒授文學博士學位的〈審查報告書〉，其最後的結語
是這樣的：

本論文對舊有的中國禪宗史將可以促成其根本而全面的更新。於
是，本論文的問世對於學術界貢獻了一部而卓越的精心創作。[27]

這也是 20 世紀以來，唯一以禪宗史研究，獲頒日本博士學位和擁有
如此高評價的國人著作。可以說，由胡適發掘新史料和提出新問題開始，
經過了將近半個世紀，才有了如此卓越的研究成果。播種者胡適和收穫
者印順，都各自扮演了重要的角色。

當然，張曼濤和印順兩者的學術貢獻，並不只在上述的中國禪宗史
研究的文獻編輯和專書論述這一點業績而已。

---

26 見《六祖壇經研究論集》，〈本集編輯旨意〉，頁 1-2。

27 此報告文，由關世謙中譯，改名為〈《中國禪宗史》要義〉，收在藍吉富編，《印順
　導師的思想學問》（臺北：正聞出版社，1985 年），頁 333-340。

　　事實上，張曼濤於 1974 年，在中國佛教會的道安（1907-1977）大力支持之下，曾克服巨大文獻資訊的艱難，而彙編出《中華民國六十年來佛教論文目錄》，蒐錄相關資料達十五萬七千多筆，並附有索引和相關作者查詢線索，是其在 1978 年彙編和出版「現代佛教學術叢刊」的重要前期預備工作。至於他在大谷大學的碩士論文《涅槃思想研究》（臺北：大乘文化出版社，1991），也是戰後臺灣關於印度佛教思想史現代性學術研究的上乘之作。

　　不過，戰後最優秀的關於印度佛教唯識學思想的現代性學術研究論述，是來自南臺灣的葉阿月（1928-2009）。她曾於戰後初期，受教於高執德的「延平佛學院先修班」。其後，因高執德橫遭「白色恐怖」下的政治冤獄而慘遭槍決（1955），葉阿月深感內疚，[28] 為報師恩，特矢志前往高執德昔日留日時期的駒澤大學深造，專攻唯識學，於 1963 年畢業。其後，考入東京大學印度哲學研究所，於 1966 年，以〈中邊分別論三性說之研究：以眞實品爲中心〉的畢業論文，獲頒碩士學位。這是歷來第一次由臺籍本土佛教學者，獲日本公立佛學研究所頒授關於印度唯識學研究碩士學位的現代性專業學術論述。

　　受此鼓舞，於是，同年（1966）春末，葉阿月再入同校的博士班攻讀，由該校著名學者中村元（1912-1999）親自指導，並於 1972 年以《唯識學における空性說の特色》，獲頒博士學位；旋即返臺，從此長期任教於臺灣大學哲學系。[29]1975 年，葉阿月在臺出版其日文版《唯識思想の研究：根本眞實としての三性說を中心にして》（臺南：高長印書局）一

---

28 此為葉阿月親自告訴我的內情，時間在 1994 年春天，地點在其研究室。

29 事實上，根據〈故董事長葉阿月博士行狀〉一文，所提到的詳情如下：「1969 年，葉阿月博士課程修畢，先受臺大哲學系主任洪耀勳教授聘為講師，1972 年獲得東大 PH.D. 文學博士回臺大復職時，被當時系主任成中英教授聘為專任副教授，並於 1979 年成為教授。在臺大講授「唯識」、「印度哲學史」及梵文等課程。任教期間，頗受前輩學者，哲學大師方東美教授之器重提攜。葉博士教學之餘，仍研究不斷。」http://fgtripitaka.pixnet.net/blog/post/29019424。

書，是其生平學術論述的最高峰之作，一時頗獲學界的高度稱譽。但因其日文版全書，始終未能譯成中文出版，且其生平，雖能持續治學嚴謹，但孤傲難處、中文論述又非其所長，所以終其一生，都未能產生巨大的典範性研究效應。[30]

至於印順的現代性大量佛學著作，已如綜合佛教思想大水庫般地，在當代華人的佛教學界間廣爲流傳和被研究，因此有「印順學」的研究顯學現象，正在當代佛學界開展。[31] 此外，他對「人間佛教思想」的倡導與推廣，也有大量的追隨者出現。但，在此同時，來自不同立場的教界批判者，也相繼出現。[32] 所以，這是正在發展中的未定型但非常重要的思想傳播潮流，值得今後繼續對其關注和探索。

由於儒佛思想的互相交涉，長期以來，即是研究中國思想史的主要傳統論述與思惟內涵的組成部分，因此，延續民國以來歐陽漸、梁漱溟和熊十力以來的儒佛思想的相關論述傳統，戰後以熊十力北大高徒自居的牟宗三（1906-1995）其人，不同於馮友蘭（1895-1990）、方東美（1899-1977）、唐君毅（1909-1978）和勞思光（1927-）四者的佛學論述，而是以《佛性與般若》（臺北：學生書局，1977）兩巨冊（這是牟氏受印順相關佛教論述的研究影響之後），立足於當代新儒家的立場，來進行脫離歷史相

---

30 根據〈故董事長葉阿月博士行狀〉一文，雖也曾提到葉阿月於「1987 年，翻譯中村元博士著作《印度思想》，並於 1996 午在臺灣由幼獅出版社出版。1980 年，將其著作《超越智慧的完成──梵漢英藏對照與註記》在新文豐出版社出版。1990 年將《心經》從梵文原典譯成口語中文。1974 年 12 月發表佛學著作《以中邊分別論為中心比較諸經論的心清淨說》。另曾在臺大哲學評論（1985/1-），發表有唯識思想的十二緣起說以中邊分別論為中心的論文，（1987/1）發表中邊分別論之菩薩「障礙」與「能作因」之學說的論文，（1989/1）發表窺基的「心」與「行」之學說的論文，以及以「心經幽贊」為中心等文章，其他論文及在中外學會發表之論文不計其數，無法一一介紹。葉博士學識深厚，可說是著作等身，令人欽佩」。http://fgtripitaka.pixnet.net/blog/post/29019424。但，筆者的上述論述，仍與事實接近。

31 參見邱敏捷，《「印順學派的成立、分流發展」訪談錄》（臺南：妙心寺，2011 年）。

32 參見釋禪林，《心淨與國土淨的辯證──印順導師與人間佛教思想大辯論》（臺北：南天書局，2006 年）。

關脈絡性的中古佛學精義的新解與新判教的自我建構。

因此，嚴格而論，牟宗三這兩巨冊書的相關內容，其實是一種異質的新佛教思想體系的現代書寫，所以其書雖能在析論時，邏輯推論相當精嚴、和在進行相關概念詮釋時，也表現得相當深刻和極富條理性，但是全書如此詮釋，是否會有流於過度詮釋的嫌疑？以及是否能與原有歷史的發展脈絡能夠充分符應？卻是大有商榷餘地的。[33] 但無論如何，牟宗三的此一《佛性與般若》兩巨冊的全書內容，仍算具有現代學術研究的大部分特質，所以也堪稱是戰後臺灣現代佛學論述的高峰成就之典範著作之一。

戰後臺灣在專業的現代佛學研究期刊方面，張曼濤在編《華崗佛學學報》之前，於 1976 年為主編《道安法師七十歲紀念論文集》（臺北：獅子吼月刊社）的相關內容，集當時張氏所邀集的國內外諸多著名學者所合刊的內容，已達堪與現代型國際專業佛學研究論述相比肩的最高水平。

此後，不論張曼濤所編的《華崗佛學學報》或釋聖嚴的中華佛學研究所長期支持的《中華佛學學報》，其研究主題內容的多元性與豐富性，雖有高度成長，但，若要論其是否有專業性的重要突破表現，則包括《中華佛學學報》在內的多種佛學研究學報，可以說從未在超越過 1976 年出版《道安法師七十歲紀念論文集》時的最高水平。

以上這些戰後的臺灣現代佛學研究發展時間，是與底下將要論述的李世傑佛學著作、翻譯、教學課程，是息息相關的。而他當時所扮演的

---

33 例如賴賢宗就曾嚴厲批評牟宗三的此書論述，他說：「牟氏認為天臺的『一念無明法性心』並未能如陽明心學之真正的『存有論的創生』，只是『縱貫橫說』，而非陽明心學之『縱貫縱說』，而天臺的『縱貫橫說』的目的只在『作用的保存』（作用的保存則來自儒家的良知心體，而非佛智），天臺的『不斷斷』和『圓』最後表現為一連串的『詭詞』（弔詭之言詞），牟氏認為這就是天臺『不斷斷』的『圓教』的實義和歸趣。極其明白的是，牟氏認為佛教之究極和歸趣只是『團團轉的圓』和『一連串的詭詞』，這樣的論斷雖然在牟氏自己的論說中也自成體系，但卻帶有對佛教的極大的偏見，和佛教的自我詮釋之距離太大了，充滿了儒家護教的封閉心態。」見賴賢宗，〈論吳汝鈞《天臺佛學與早期中觀》所論的中觀學及佛性取向的詮釋〉，《東吳哲學學報》第 3 期（臺北，1998 年），頁 43-51。

歷史角色又是如何？

肆、新竹在地佛教學者李世傑（1919-2003）的崛起及其相關譯述概況

一、李世傑的傳記及自學佛學過程

　　李世傑是新竹市北門人，1919 年生。這年恰當日本殖民統治的第 24 年，是臺灣民眾以「武裝抗日」結束之後的第 5 年；[34] 也是震驚全臺的「西來庵事件」爆發後，[35] 臺灣總督府展開首次全臺宗教調查，歷經數年後提出正式的《臺灣宗教調查報告書（第一卷）》。[36]

---

34 王育德在《苦悶的臺灣》（臺北：鄭南榕，1979 年），將武裝抗日分為 3 期。第三期從 1907 年起到 1915 年，即「西來庵事件」是最後一次。而之前的一次，是 1913 年的羅福星事件。

35 日治初期，在「西來庵事件」爆發之前，臺灣民眾對日本殖民統治當局激烈地武裝反抗運動，雖自領臺以來一再發生，但幾不曾有藉宗教組織、或宗教理由為起事的號召者。因此對於臺灣宗教應該如何處理的問題，日本的在臺殖民統治當局，基於維持統治的穩定考慮上，其實大多將其定位為屬於民俗改革或傳統文化的現代傳播，所以在施政的優先順位上，如何處理傳統臺灣宗教和民宿信仰的問題，始終是居輔助性的角色，而非以其為主要的施政考量對象。然而，「西來庵事件」的突然爆發，既是發生於臺灣民眾的武裝抗日運動已漸趨消沉之際，卻又是不折不扣的與宗教團體結合的大規模臺灣民變，這一事實無疑是對日治在臺當局已構成治安上的一大威脅，必須及時有所因應以避免類似事件的再度爆發或一再重演同樣激烈的官民衝突。

36 日本統治初期，所進行的舊慣調查依岡松參太郎，在《臨時臺灣舊慣調查會第一部調查第三回報告書——臺灣私法》第 1 卷（臺中：省文獻會，1990 年）的〈敘言〉所說，從 1900 年 2 月開始，到 1903 年 3 月完成。原書，頁 1。所以大規模的宗教調查報告，是繼此而進行的。當時負責督導此次宗教調查事務的人，是日後擔任社寺課長的丸井圭治郎。丸井圭治郎原為臺灣總督府囑託的調查主事者。見同氏著，〈序〉，《舊慣に依ける臺灣宗教概要》（臺北，1925 年）。大正 8 年，丸井由臺灣總督府編修官兼翻譯官轉任地方部社寺課長，大正 9 年再移任為內務局社寺課長。承慧嚴博士指正，特此誌謝。他從 1915 年開始督導。1919 年 3 月，他依據多年來調查完成的資料，撰《臺灣宗教調查報告書》第一卷。

　　臺灣歷史上第一次出現（在 1917 年 4 月 10 日開學）的「私立臺灣佛教中學林」，[37]也才在臺北市開辦二年餘。第一屆的畢業生，要到隔年

---

37 日本曹洞宗在臺創立的「私立臺灣佛教中學林」，是臺灣佛教史上第一所正式的佛教學校。根據村上專精（1851-1929）在《日本佛教本史綱》的說法，日本本土自宗制、寺法於 1884 年規定後，各宗都劃分區域，辦理學校，其中曹洞宗除有「大學林」外，以「中學林」設 30 個為最多。但「私立臺灣佛教中學林」，則是曹洞宗「臺北別院」第 7 任（1913-1920）佈教總監大石堅童，在任內極力促成者。大石堅童在 1907 年至 1911 年，已擔任過同一職務，是為第 5 任總監，與江善慧結緣甚深。因此「私立臺灣佛教中學林」的創辦，他自任「林長」而委由江善慧任「學監」。但，「私立臺灣佛教中學林」的創辦，其最重要的功能是，臺灣本土佛教僧侶從此「似乎」有了較正規的現代養成教育之所在，亦即藉此中學教育的知識培養，往後的下一個階段，所謂高水準的宗教師或宗教學者，才有陸續出現的可能。此因之前臺灣僧侶的社會地位甚低，學養嚴重不足，常遭來臺的日僧和日本官員的鄙視。而其中能通日語者，極為罕見，更不用說有進中學就讀的機會了。故事實上，若未經歷中學階段的正規教育，縱使有機會到日本國內深造，也不可能越級進入正規的大學就讀，更不用說再入研究所攻讀高等學位了。為了進一步了解其在臺灣中學教育史上的地位，底下所列出的是迄 1922 年，「由於『臺灣教育令』改正各中等學校實施『共學』制度」，導致臨濟宗的「鎮南學林」被併入「私立曹洞宗臺灣中學林」為止，全臺相關中學設置名稱、年代及法令的列表資料：

中等校名稱	創立年代
1. 私立臺南基督長老教會中學	日治以前
2. 私立臺南基督長老教女學校	日治以前
3. 私立淡水中學（長老教會）	1914 年
4. 公立臺中中學校	1915 年
5. 私立鎮南學校（臨濟宗）	1916 年
6. 私立靜修女學校（天主教）	1917 年
7. 私立臺灣佛教中學林（曹洞宗）	1917 年
8. 私立臺灣工商學校（東洋協會）	1917 年
9. 私立臺南商業學院（淨土宗）	1918 年
10. 公立臺北女子高等普通學校	1919 年
11. 公立彰化女子高等普通學校	1919 年
12. 公立臺北第二中學校	1922 年
13. 公立臺南第二中學校	1922 年
14. 私立淡水女子學院（長老教會）	1922 年
15. 私立曹洞宗臺灣中學林（改制）	1922 年
16. 私立苗栗中學園（真宗苗栗佈教所）	1923 年

才會產生，並影響深遠。

這也意味著，日本現代殖民教育，從語文學習到國家認同到現代佛學教育，都逐一躍上臺灣現代的歷史舞臺。

而李世傑，在當時出生新竹市，從小隨母親出入在地佛寺齋堂，直到他青年時期，在新竹讀完中學，並開始長期自學。1945 年，日本結束在臺灣長達 50 年之久的殖民統治，而李世傑也已 26 歲了。

李世傑在戰後初期，也就是在他 27 歲之年，透過國際的函授課程，選擇與臺灣佛教界關係特別密切的日本曹洞宗私立駒澤大學，註冊有關西洋哲學、中國哲學、印度哲學的函授課程，持續學習數年之久，奠定他日後有能力閱讀與消化日本現代佛學專業著作的各種哲學或歷史的內容。

1953 年，李世傑經由朋友的推薦進入臺灣大學，從事圖書館的服務。這一來，他正好可以藉著工作地點與工作性質的雙重便利，大量接觸臺灣大學圖書館內的豐富日文佛學著作。戰後在印度哲學或印度佛教哲學方面的中文著作編寫，幾乎很少其他學者，在數量與範圍上，能超過李世傑。

他日後回憶說：在臺大圖書館服務時，同事間常戲稱他，是介紹印度哲學到臺灣的第一個人。如：印度奧義書、六派哲學、原始部派佛教、大乘佛教思想等印度哲學思想，都是在李世傑的個人研究、翻譯論著下，

説明：1. 佛教界專為臺灣人子弟而辦的中學，最早是 1913 年 3 月提出的「私立臺灣真宗中學校」，但未辦成。2. 臨濟宗辦的「私立鎮南學校」初辦於 1916 年，但非中學，1917 年才改中學課程；一直到 1918 年才獲「公稱」，可是至 1922 年，即被裁撤、併入「私立曹洞宗臺灣中學林」。3. 因「臺灣教育令」是 1919 年頒佈，故從此年開始，臺灣民眾子弟才能進公立的各工、商、農中學校。特別是公立女子中學對臺灣女子教育開闢了新途徑。並且，一般「公學校」的 6 年制義務教育，也確立下來。4.「臺灣教育令」頒佈後，新增臺灣學生須定期朝禮臺灣神社的條款。5.1922 年，「臺灣教育令」修訂，各中學開始施行共學制度。但培養有關僧侶的教育，亦被禁止在正式體制內的學校中實施。（資料來源：《真宗本派本願寺臺灣開教史》（臺北：芝原玄超，1935 年），頁 302-303）。從以上的資料來看，「私立臺灣佛教中學林」的創辦，除西洋教會學校所辦的中學之外，僅次於臺人首創的「臺中中學校」，但早於「臺灣教育令」頒佈之前 2 年。換言之，幸好是處於過渡的階段，才能允許此種培養佛教人才的私立中學存在，否則就必須在體制外的道場培訓或到大學去就讀佛教學科了。

引進臺灣佛教界。[38]

　　而他最先與戰後臺灣佛教界的接觸，是接受當時的國民大會代表兼佛教界大學派的實質操控者李子寬（1882-1973），他當時已購下臺北市日本淨土宗留下的名剎善導寺，除擔任董事長之外，也在寺內附設「太虛佛教圖書館」。因此，李子寬邀請當時已在臺大圖書館任職的李世傑，到寺內附設「太虛佛教圖書館」兼差。

　　他主要負責的工作，就是分類編目。鑑於佛學書籍日漸增多，卻未能有一套適用於佛學典籍的分類法可以適用；所以在公餘之暇，李世傑以「太虛佛教圖書館」的館藏為依據，參考各種資料，將所需之類目一一寫下，約一年左右，整理完成一份「佛教圖書分類法」的底稿，並於 1962年 6 月底出版發行。這就是日後臺灣佛教界普遍使用的「佛教圖書分類法」。他在「太虛佛學圖書館」，還曾編製了書名、著者、期刊論文等多套卡片目錄，因乏人管理，現在已不知去向。而當時，他也在兼差三年後，就終止雙方的委任關係了。

　　李世傑專任臺大圖書館的工作，長達 25 年，1978 年退休，才 60 歲。但，做為戰後臺灣新竹本土著名佛教學者「李世傑」，從 1960 年代中期，至 1990 年代初期，是長期活耀於臺灣許多佛教學院中，幾乎所有佛學課程都教的著名佛學教師。他更是臺灣佛教界長老淨心法師（1929-），倚重最久的重量級佛學教師。2003 年，李世傑年老病逝，享年 84 歲。

二、李世傑的相關佛學著作目錄

（一）編寫類

1.　《中國佛教思想史（上卷）：漢魏兩晉南北朝佛教思想史》，臺北：

---

38 釋自衍，黃惠珍，〈臺灣地區佛教圖書分類法的前輩——李世傑居士〉，載《佛教圖書館館刊》第 1 卷（嘉義：香光尼眾圖書館，1995 年），頁 20。此文承蒙侯坤宏教授提供，特此致謝。

臺灣佛教月刊社，1964 年。

2. 《奧義書哲學》，臺北：臺灣佛教月刊社，1965 年。

3. 《印度奧義書哲學概要》，臺北：慈航佛學院，1965 年。

4. 《印度部派佛教哲學史》，臺北：臺灣佛教月刊社，1967 年。

5. 《印度六派哲學綱要》，臺北：正聞出版社，1969 年。

6. 《因明學概論》，臺北：中國佛教學院，1970 年。

7. 《原始佛教哲學史：印度佛教哲學史》臺北：慈航佛學院，1971 年。

8. 《中國佛教哲學概論》，臺北縣：中華佛教文獻編撰社，1973 年。

9. 《俱舍學綱要》，臺北縣：中華佛教文獻編撰社，1977 年。

10. 《華嚴佛教哲學要義》，臺北：佛教出版社，1978 年。

11. 《印度佛教哲學史》，臺北縣：中華佛教文獻編撰社，1979 年。

12. 《印度大乘佛教哲學史》臺北：新文豐出版社，1982 年。

13. 《杜順》，臺北：臺灣商務印書館，1987 年。

14. 《吉藏》，臺北：臺灣商務印書館，1987 年。

15. 〈天臺哲學原理〉，載《華岡佛學學報》第 4 期。臺北：中華佛教學術研究所，1980 年。頁 167-186。

（二）翻譯類

1. 木村泰賢著，巴壺天、李世傑譯，《人生的解脫與佛教思想》，臺北：協志工業叢書，1958 年。

2. 宇井伯壽著，李世傑譯，《中國佛教史》，臺北：協志工業叢書，1970 年。

3. 鈴木大拙著，李世傑譯，《佛教禪學入門》，臺北：協志工業叢書，1970 年。

4. 川田雄太郎等著，李世傑譯，《華嚴思想》，臺北：法爾出版社，1989 年。

5. 高崎直道等著，李世傑譯，《唯識思想》，收入藍吉富主編，《世

界佛學名著》67，臺北：華宇出版社，1985 年。

6.　高崎直道等著，李世傑譯，《如來藏思想》，收入藍吉富主編，《世界佛學名著》68，臺北：華宇出版社，1985 年。

7.　梶山雄一等著，李世傑譯，《中觀思想》，收入藍吉富主編，《世界佛學名著》63，臺北：華宇出版社，1985 年。

8.　藤田宏達著，李世傑譯，〈印度的淨土思想〉，《佛教思想：在中國地展開》第 2 卷，臺北：幼獅文化出版社，1987 年，頁 1-30。

9.　金岡秀友著，李世傑譯，〈中國的密教思想〉，《佛教思想：在中國地展開》第 2 卷，臺北：幼獅文化出版社，1987 年，頁 88-98。

三、有關李世傑佛教學術著作的特色及其佛學成就

（一）相關特色

根據以上所述，我們知道：李世傑是出生在新竹市，日治時代讀到中學畢業。戰後 1953 年，有人介紹他到臺大圖書館服務，直到退休·他利用工作的地利之便，又能閱讀日文佛學著作，所以他是戰後日文佛學資料，編成大量佛教哲學著作的一位。不過，他中文表達能力不佳，所以著作都由他人幫忙修改，才能流暢可讀。而他翻譯日文佛學著作多種，很具參考價值。

只是，他過去很少被詳細研究，[39] 在評論他時，也非常空泛簡單。[40]直到他在 77 歲那年，接受一位來自嘉義縣竹崎鄉著名香光寺的比丘尼釋自衍的採訪，並由黃惠珍整理後，以〈臺灣地區佛教圖書分類法的前輩——李世傑居士〉的文章標題，發表在《佛教圖書館館刊》上，[41] 我們

---

39 王興國，《臺灣佛教著名居士傳》（臺中：太平慈光寺，2007 年）

40 如藍吉富、于淩波

41 釋自衍，黃惠珍，〈臺灣地區佛教圖書分類法的前輩——李世傑居士〉，載《佛教圖書館館刊》第 1 卷，頁 20-22。

才可以根據他本人的口述資料，來進一步理解他。我此處摘錄幾段相關重點，做爲我們後面討論與批評基礎。在該文一開頭，就說：

提到「李世傑」三個字，臺灣地區的佛教學術界，幾乎無人不知，無人不曉。因爲他的撰著如《印度哲學思想史》、《印度部派佛教史》，擴展了學子們學術領域視野，不再侷限於中國佛教的範疇；更透過他的譯著，讓我們領略到日本學術界如高楠順次郎（1866-1945）、木村泰賢（1881-1930）等的研究風格。這些事蹟歷歷鮮明烙印在佛學者的心目中。再從佛教圖書館界來說，那更是親切。因爲多年來臺灣地區很多佛教圖書館一直使用他編訂的「佛教圖書分類法」做爲圖書分類的依據。

但是近些年來，我們很少聽到這位長者的訊息，大家幾乎忘掉這位老人家了。[42]

在提到李世傑致力於佛學的研究問題時，則提到：

在佛學研究方面：李居士認爲最有興趣的是佛教思想的研究，其次是史學、哲學方面。他認爲做學術研究者，倘若沒有史料的依據，那麼思想研究必然掉入玄談。所以，史料是檢擇思想的利器，無論中外學者都是如此。也因爲這個原因，思想必須配合歷史進程才會有基礎，也才信實可徵。[43]

（二）相關成就

至於爲何會去教佛學呢？李世傑本人回答是：

---

42 釋自衍，黃惠珍，〈臺灣地區佛教圖書分類法的前輩——李世傑居士〉，載《佛教圖書館館刊》第 1 卷，頁 21-22。

43 釋自衍，黃惠珍，〈臺灣地區佛教圖書分類法的前輩——李世傑居士〉，載《佛教圖書館館刊》第 1 卷，頁 21-22。

由於當時佛學師資缺乏，而自己在史學、哲學、佛學有點心得。
因此當文化學院（今文化大學前身）開立佛學課程時，就有人來
找我去授課。

（中略）此後他也在五、六所佛學院兼課。約莫八年前（1986 年）
礙於體力關係，逐漸中止佛學院的授課，而淨覺佛研所的教學也
在五年前停止。

（中略）曾經在佛學院開過的課程差不多有十幾門課。但他認為
以俱舍、唯識、大乘起信論、因明學、華嚴要義、三論玄義等課
程，算是比較有特色。[44]

對於他的佛學著作，他在採訪時，所作的回答如下：

最早的著作是在 1947 到 1960 年之間出版的《中國佛教哲學概
論》，此書是將他自己所學及參考文獻整理發表，該書的出版對
佛學、思想都有很大的啟發。在著作歷程上早期多為創作，約有
五、六冊；晚期則多為翻譯性作品，約有十多冊。問及最得意
的著作是《印度大乘佛教哲學史》。較遺憾的是《印度哲學史》
之第一冊約二十一萬字，內容含奧義書、原始佛教史，卻因經費
因素而無法再版付梓，僅以講義稿之形式存在。[45]

最後，在提到最景仰的佛教人物，並影響他一生的，有如下這幾位：

對他一生有重大影響的人。在日本方面有高楠順次郎（1968-
1945）、木村泰賢、鈴木大拙等。因為他們研究佛學的態度及

---

44 釋自衍，黃惠珍，〈臺灣地區佛教圖書分類法的前輩——李世傑居士〉，載《佛教圖
　書館館刊》第 1 卷，頁 21-22。
45 釋自衍，黃惠珍，〈臺灣地區佛教圖書分類法的前輩——李世傑居士〉，載《佛教圖
　書館館刊》第 1 卷，頁 21-22。

思想觀念開拓了他研究的領域。在中國方面：太虛大師（1890-1947）思想的圓融成熟、印順法師中觀空的思想，都是他學習過程中的典範。[46]

伍、結論：我們如何來評價李世傑上述現代佛學譯述呢？

根據以上所有的討論之後，如今我們究竟如何來批評李世傑的現代佛教學術著作呢？以下，我們將分為四個層面來總結：

第一、李世傑的一生，所編譯的所翻譯的，主要是來自日本明治維新以後才出現的相關著名佛教學者的各類佛學著作；而且，他長期在臺灣各佛學院教書，所以就他所傳播的佛學資訊內容來說，的確是影響巨大的歷史事實。因此，他過去名氣很大，其程度到了全臺佛學院的僧眾與教師，都知道「李世傑」這個名字，是來自新竹市的重要佛教學者或佛學教師。

第二、李世傑的日文佛學著作的解讀，是相當精準的。所以，翻譯的日本佛學著作，縱使中文不是太流暢，也是很可信賴的。因此，他翻譯的日文佛學名著，可以在相當長的時間內，繼續被臺灣現代佛教學者所參考或引用。

第三、李世傑所自寫的佛學著作，不管過去如何被推崇，現在都完全過時。理由有三：甲、他號稱自己寫的書，內容都不是他的自己研究所得，而是根據所閱讀多本日本佛學著作內容編譯而來的。乙、書的內容，有列參考書目，可是沒有任何引述的來源註解，所以只能當教材講義，不能當學術著作來看。丙、當臺灣出現比他的著作更有優秀的佛學著作時，他所自寫的佛學著作，就注定會被取代。

而戰後有三個里程碑，都是李世傑著作水準無法相比的：A. 是 1961

---

46 釋自衍，黃惠珍，〈臺灣地區佛教圖書分類法的前輩——李世傑居士〉，載《佛教圖書館館刊》第 1 卷，頁 22。

年睿理（日後還俗的林傳芳）所編撰的《佛學概論》（臺中：國際佛教文化出版社）。B. 是 1967 年印順所撰的《說一切有部論書與論師之研究》（新竹：印順）。C. 是 1978 年張曼濤主編《現代佛教學術叢刊》（臺北：大乘佛教文化出版社）。特別是後者，李世傑編著佛學著作，可納入的有用章節，幾乎都被張曼濤挑選後全納入了。因此，他的著作現在可能還會被參考的，就是後者這些多半過時的資料了。

第四、最嚴重的致命傷是，李世傑的著作，沒有學術史的問題意識與現代佛學研究的創新概念。他是最典型的學術「拿來主義者」，是有效的日本佛學資訊的利用者與批發商。

所以，他造成的嚴重負面影響，就是教過的佛學院學生，多半不具備現在佛學研究的問題意識與學術史的相關概念，只知道佛教義理有哪些，而不知道進一步去探索當中的知識論所要探索的爲何是這樣？

因此，綜合以上四點來看，他的確堪稱是一位出身新竹市，並在戰後臺灣佛學界相當有名的「過渡階段的佛教學者與教師」、以及迄今仍很重要的日本佛學名著翻譯家。

第 11 章

戰後臺灣新竹市青草湖靈隱寺的未竟辦學史始末

侯坤宏

壹、前言

戰後新竹靈隱寺辦學史，源自無上法師（1907-1966）對僧教育的認同，他曾先後多次邀請來自中國大陸的僧人到靈隱寺辦學。第一次是在1949年，邀請慈航法師（1893-1954）創辦靈隱寺佛學院；第二次是1951年，邀請大醒法師（1900-1952）辦「臺灣佛教講習會」；第三次是1958年，請續明法師（1988-1966）主持「新竹靈隱寺佛學院」。

第一次的靈隱寺佛學院在開辦不久，慈航法師師生就被抓住坐牢；第二次的「臺灣佛教講習會」開學沒多久，大醒法師就中風，只好延請在香港的演培法師來接辦；第三次的「新竹靈隱寺佛學院」，在續明法師主持三年結業後，因招生不足，且續明法師轉到福嚴精舍而中斷。

其後在1961年，廣化法師曾辦第二屆靈隱佛學院，1969年，無上法師的弟子聖法法師回寺續辦佛學院，但都因人事不合而只是曇花一現。

為什麼靈隱寺辦學，不是延續不斷的辦，而是常常間斷？無上法師在靈隱寺辦學，到底影響了多少僧伽？發生了怎樣影響？在戰後臺灣佛教史

上又有什麼地位？我們該如何來評價？本章即為解答上述疑問而撰寫。

　　新竹靈隱寺早年因祭祀孔明，故稱孔明廟。1924 年，由寶真法師及地方士紳共同興建，定名感化堂。1927 年再增建，名為靈隱寺。1970 年拆除感化堂，再度改建。寺內有極樂殿、靈寶塔、靈壽塔、大雄寶殿、禪房等建築。寺前門對聯題有「感迷茫歸正道聖言不朽，化覺悟證菩提佛法無邊」，正殿內供奉釋迦牟尼與諸葛武侯像。[1]

新竹靈隱寺（侯坤宏攝）

　　嘉義香光書鄉出版社分別於 2007 年 10 月及 2016 年 10 月出版了《魚趁鮮‧人趁早：明宗上人走過臺灣佛教六十年》、[2]《樸野僧‧無上志：新竹靈隱寺無上和尚圓寂五十週年紀念》，[3] 以無上法師、明宗法師個人生平為主，對新竹靈隱寺相關史實進行詳細調查與介紹，由於過去有關靈隱寺史料，分散各方，這兩本書

1　〈新竹靈隱寺〉，《臺灣佛寺時空平台》，網址：http://buddhistinformatics.ddbc.edu.tw/taiwanbudgis/searchRes.php?id=300A81，下載日期：2016 年 12 月 13 日。

2　釋見豪、釋自衍採訪編著，《魚趁鮮‧人趁早：明宗上人走過臺灣佛教六十年》（嘉義：香光書鄉出版社，2007 年）。

3　釋見豪、釋自衍採訪編著，《樸野僧‧無上志：新竹靈隱寺無上和尚圓寂五十週年紀念》（嘉義：香光書鄉出版社，2016 年）。

靈隱寺供奉之孔明像（侯坤宏攝）

除正文以外，也收錄不少相關史料，提供我們了解無上法師、明宗法師，以及新竹靈隱寺史的重要參考依據。

　　《樸野僧‧無上志：新竹靈隱寺無上和尚圓寂五十週年紀念》一書，記錄靈隱寺的歷史演變，以及在臺灣齋教、日本佛教與大陸僧侶所帶來中國佛教的時代交錯，無上法師如何以其對振興臺灣佛教與培育僧青年的關懷，在臺灣佛教僧教育浪潮中，扮演著推動發展的關鍵角色。[4]《魚趁鮮‧人趁早：明宗上人走過臺灣佛教六十年》一書之內容，「不僅是一位女性圓成個人理想的成長故事，書中所記載的僧人教育問題、修訂爭取應僧事僧決，不由外行管內行的法規、成立比丘尼協進會等種種衝突、改革的事件，更是臺灣佛教史的一部分。」[5]記得 10 幾年前，筆者曾到新

4　〈內容簡介〉，網址：http://www.studentbook.com.tw/goods.php?id-3953，下載日期：2017 年 5 月 1 日。

5　本書分四大部分：一、如是行過：記述明宗法師成長、出家、求學、負荷祖庭事蹟。二、

竹靈隱寺親訪明宗法師，當時對寺中環境之清幽，以及大醒法師紀念塔、
續明法師閉關處，留下極深印象；數月前，接到學界友人江燦騰教授電話，
囑我對靈隱佛學院之史實撰寫一文，今翻閱此二書，對當年靈隱佛學院
辦學始末雖有記述，但二書主要是以無上法師和明宗法師為主，難窺靈
隱寺當年多次辦學之全貌。

　　靈隱寺辦僧教育，主要有三次：第一次是慈航法師，第二次是大醒法
師「臺灣佛教講習會」，第三次是續明法師主持的「新竹靈隱寺佛學院」，
這幾次辦學過程，涉及不同時空背景與諸多人事，確有必要以專文進行
討論。

　　戰後新竹靈隱寺辦學史，源自無上法師的發心，再邀慈航、大醒、續
明等法師來承辦，然綜觀靈隱寺整個辦學過程，我們可以發現——不是延
續不斷的辦，而是常常間斷。以下先由：無上和尚接納慈航法師師生開啓
靈隱寺僧教育的因緣，以及由「臺灣佛教講習會」到「新竹靈隱寺佛學院」
兩部分進行論述。文末再就影響靈隱寺辦學成效進行分析，藉以說明其
歷史意義。

貳、無上和尚接納慈航法師師生開啓靈隱寺僧教育的因緣

　　慈航法師（1893–1954），福建省建寧縣人，17 歲出家。18 歲受具
足戒。33 歲就讀於太虛大師主持的閩南佛學院。36 歲，赴香港、仰光一
帶講經，創辦仰光中國佛學會。41 歲歸國。46 歲，參加太虛大師組織之
「中國佛教國際訪問團」，歷經緬甸、印度、錫蘭等國，宣傳抗戰國策。
47 歲，駐錫馬來亞，往還星州、馬六甲、吉隆坡、怡保各地，巡迴講經。

青松萌芽：收錄明宗法師的成長日記、曾發表的文章。三、飛鴻數帖：輯錄明宗法師
與教界大德、師長往來的書信。四、附錄：明宗上人與臺灣社會、佛教、世界大事記。
釋見鐄，〈魚趁鮮 人趁早：明宗上人傳記推介〉，網址：http://www.gayamagazine.org/
article/detail/259，下載日期：2017 年 5 月 1 日。

54 歲（1948 年），應中壢圓光寺開山妙果和尚之邀來臺創辦「臺灣佛學院」。

翌年，為護持來臺之大陸僧青年，被疑為匪諜，遭逮捕入獄，經董正之、孫張清揚、丁俊生、廖華平、李子寬諸居士及斌宗法師等，四處奔走，才獲得保釋。[6]「慈航法師師生被囚案」，是戰後臺灣佛門的三大政治冤案之一。[7]

1948 年 10 月，慈航法師應中壢圓光寺開山主持妙果和尚之邀，從南洋到臺灣創辦「臺灣佛學院」。臺灣佛學院在當年 11 月 2 日舉行開學典禮，招收學生 60 名，男 20，女 40。最初進行還算順利，「學僧均極熱心求學，尤其注重戒律」。但在 1949 年 2 月春後，中國大陸局勢急轉直下，大批緇素逃難來臺，不斷湧入圓光寺，妙果老和尚以「經費短絀，不能續辦」。[8]慈航法師為了青年僧的安頓問題，只好向外尋找可能的收容單位，他所用的方式很特別——透過說服寺方創辦佛學院招收流亡到臺灣的青年僧。

慈航法師不在「臺灣佛學院」主持院務時，常常南來北往，其目的是想要為大陸來臺學僧尋求理想的安置場所。據幻生法師回憶，佛學院開學不久，圓明法師由臺中來，慈航乃將佛學院教務，交給圓明法師負責，自己帶著妙峰法師等 7 人，到基隆靈泉寺創辦「靈泉佛學院」。不少來臺親近慈航的僧青年，又湧到靈泉寺。不久靈泉寺嫌學僧太多，慈航只好將那裡的教務交給默如、戒德兩位法師，將多餘的學僧帶到獅頭山，

---

6 〈慈航菩薩事略〉，慈航大師紀念集編印處，《慈航大師紀念集》（臺北：彌勒內院、大乘精舍印經會，1998 年），上冊，頁 23–26；臺灣佛寺時空平臺：〈慈航紀念堂〉，網址：http://buddhistinformatics.ddbc.edu.tw/taiwanbudgis/searchRes.php?id=221A30，下載日期：2014 年 8 月 17 日。

7 侯坤宏，〈互動與互惠（1945-2010）──戰後臺灣佛教與政治間的複雜糾葛〉，江燦騰、侯坤宏、楊書濠合著，《戰後臺灣漢傳佛教史》（臺北：五南圖書公司，2011 年），頁 131。

8 〈臺灣佛學院開學典禮盛況〉，《臺灣佛教》第 2 卷第 11 期，頁 16；道源，〈哭慈航法師〉，《慈航大師紀念集》，上冊，頁 66。

另創「獅山佛學院」。此外，他在 4 月於基隆寶明寺也創辦一所佛學院。在短短的一段期間，慈航在臺灣先後成立了四個佛學院。[9]

1949 年 5 月 24 日，慈航法師在中壢圓光寺的「臺灣佛學院院長室」為畢業特刊寫下〈莫忘吾訓〉一文，同時把在基隆靈泉佛學院的學僧召回，與臺灣佛學院一起辦理畢業典禮。6 月 1 日畢業的前一晚，獲靈隱寺無上法師辦學承諾，畢業典禮完成後，有 10 位擬學英文的學僧留下。臺籍學生 50 幾位各回常住，另 10 多位僧青年則在慈航法師帶領之下，前往無上法師主持的新竹靈隱寺安置。[10]

幻生法師以為：「慈老應中壢圓光寺妙果和尚之請，來臺辦學，就慈老來說，可說是完全受騙而澈底的失敗了。」「我們從慈老過去發表的文章中，知道他對僧教育有理想有抱負，也有一個美好的構想藍圖，而今，由於現實環境條件所限，辦成這樣一個不倫不類的佛學

大醒法師紀念塔（侯坤宏攝）

9 幻生，〈我所知道的慈航老法師〉及慧嶽，〈我對慈老法師的敬仰和哀思──為老人圓寂一週年紀念而作〉，《慈航大師紀念集》，上冊，頁 223-224、329；〈基隆創設佛學院〉，《臺灣佛教》第 3 卷第 5 期（1949 年 5 月），頁 17。

10 闞正宗，〈「白色恐怖」下的辦學與弘法──慈航法師主持「臺灣佛學院」與環島布教（1950–1952）〉（電子檔），頁 5；慈觀，〈難忘的恩師〉，慈航大師紀念集編印處：《慈航大師紀念集》（臺北：彌勒內院、大乘精舍印經會，1998 年），下冊，頁 212。

院，並且還是一人在唱獨腳戲，沒有助手，這對慈老來說，無異是他一生中失敗最大的一次，也是他一生中受騙最重的一次。」[11] 幸好這時候，無上法師發了心，慈航座下的這批流亡學僧，才有了一處可以暫時安頓的地方。

無上法師，明治 41（1908）年生，父為鍾光水，母鍾粉妹，從小入繼為陳國賢養子。大正 10（1921）年，遊清泉寺，有出家之念。昭和 6（1931）年，聽鄭保真講經。昭和 8（1933）年 3 月，於靈隱寺出家，法名「無上」。昭和 11（1936）年，於靈隱寺般若關防閉關。昭和 14（1939）年，參加月眉山靈泉寺舉辦為期半年的第二回曹洞宗講習會。昭和 18（1943）年，於中壢圓光寺坐禪會說法；1946 年，擔任臺灣省佛教會理事；1948 年，被聘為臺灣佛學院佛學教員，曾擔任慈航法師翻譯，為期一星期，後因需照料靈隱寺，不便多留，改由會性、智道法師擔任。[12] 無上法師在慈航法師師生走投無路的窘境下，適時出手相助，甚是難得。

1949 年 6 月 1 日，慈航法師帶領 10 幾位學僧抵達靈隱寺，就準備開辦佛學院，預定 8 日開課。開課不久，就有護法居士發心送了好幾包米，那裡的環境「頗稱理想，教師也多，課程十分理想」。[13] 在此之前的農曆 5 月底，道源法師已先在靈隱寺養病。靈隱寺佛學院開辦後，道源法師曾為學僧講《大乘起信論》，但不久即發生「慈航法師師生被囚案」，據道源法師回憶：

> 我與慈師，久別重逢，已屬難得；而今竟同住一寺，寧非稀有
> 因緣！為學僧講課，更是義不容辭：故我雖有病，亦欣然應諾。

---

11 幻生，〈我所知道的慈航老法師〉，慈航大師紀念集編印處：《慈航大師紀念集》，上冊，頁 221。

12 釋見豪、釋自衍採訪編著，《樸野僧・無上志：新竹靈隱寺無上和尚圓寂五十週年紀念》，頁 20、351-355。

13 妙峰，〈哭老人——六年來的沈痛回憶〉，慈航大師紀念集編印處，《慈航大師紀念集》，上冊，頁 184。

爰於初八日開學上課。詎知好景不常，橫禍飛來！新竹市警察
局竟把我們師生十三人，送到臺北刑警隊「關起來！」我與慈
師自安慶分手以後，天南地北，相去不知幾千里！而今不但同
處一地，同住一寺，並且遇了患難，同關在一個「鐵籠子」裡，
豈非前世之業因所定。幸有董正之、丁俊生、廖華平等諸大居士
奔走營救，得獲釋放；然歷時二十日，已飽嚐鐵窗風味了！[14]

　　慈航法師在臺被捕以及被釋的消息，傳到南洋，新加坡、馬來西亞慈
航的皈依弟子，紛紛寫信邀請慈航離開臺灣，但慈航沒有接受，依然留在
臺灣。他的想法是：只要他在臺灣，這些逃難來臺的僧青年，他們的精神
才有依靠，將來才有希望；如果他離開臺灣，會使僧青年「更加感到苦悶，
孤獨徬徨」，所以「爲佛教或爲僧青年著想」，他不能離開臺灣。[15]演培
法師肯定慈航法師的勇氣與承擔，他說：「誰都知道，慈老不但熱心於佛
教，而尤愛護僧青年，所以他很希望借這佛教青年，做爲團結僧青年的核
心，而替佛教帶來一股活力！」[16]星雲法師也說：「我們在臺灣的僧青年，
多多少少，或直接，或間接，都受過（他）老人家的恩惠。」[17]

---

14 幻生法師說：「慈老離開了圓光寺，率領大家去到新竹青草湖靈隱寺，因為，那時靈
　　隱寺住持無上法師，要請慈老辦佛學院，慈老便率領大家到了那裡，繼續他的絃歌不
　　絕的講學之風了。慈老在新竹，可是好景不常，他在靈隱寺好像沒有住到一個月，就
　　與所有師生被政府逮捕，坐了一個月監牢，才被保釋出來。」道源，〈哭慈航法師〉
　　及幻生，〈我所知道的慈航老法師〉，慈航大師紀念集編印處：《慈航大師紀念集》
　　上冊，頁 65-66、227。

15 幻生，〈我所知道的慈航老法師〉，慈航大師紀念集編印處：《慈航大師紀念集》上冊，
　　頁 229。

16 演培，〈我親近慈老一段因緣〉，慈航大師紀念集編印處：《慈航大師紀念集》，上冊，
　　頁 103。

17 成一法師肯定慈航法師說，「為了保存佛教的實力，慨然喊出了搶救僧寶的口號！舉
　　凡想來臺而未能來臺的出家僧眾，祇要有信給他，他都肯代為申請或擔保；已經來臺
　　而無住處之同道，他也樂於為之連絡和介紹；還有些隨軍來臺的青年法師，退役下來
　　沒處去，他也能儘量地收容。當他的太虛大師紀念堂落成之後，僧青年負笈依止者多
　　至數十人。他對於僧青年們不但是注意搶救和收容，並且還非常地注重於培養和教育，

這次靈隱寺佛學院，隨著慈航法師師生的被捕與獲釋，很快就畫上了休止符，實在談不上有什麼成就。但因無上法師的適時伸出援手的「義舉」，也開啓了往後靈隱寺續辦僧教育的因緣。

參、由「臺灣佛教講習會」到「新竹靈隱寺佛學院」

慈航法師主持的靈隱寺佛學院，因白色恐怖被迫停辦，但靈隱寺的僧教育並未就此終止。先是有 1951 年「臺灣佛教講習會」的開辦，後在 1958 年，又有「新竹靈隱寺佛學院」的創辦。前者主要負責人是大醒法師和演培法師，後者則是續明法師。

1950 年，中國佛教會在臺復會，1952 年第二屆全國會員代表大會中，無上法師是五位主席團成員之一（餘爲慈航、白聖、趙恆惕、馬仲侯），也是 31 位理事之一。此外，他也參與新竹市佛教支會的會務工作，是「中國佛教會臺灣省新竹縣佛教支會」第一屆理事長。無上法師在臺灣佛教轉型關鍵的時刻，接觸到許多來自中國大陸的佛教大德，開啓了靈隱寺與僧教育的因緣。[18] 如前文述及之慈航法師，以及以下要談到的

臺灣佛教講習會上課情形（侯坤宏提供）

祇要你肯學，他能一天講上六七小時的課而不辭疲勞！總之，今日在臺灣的僧青年中，十之八九都曾受過他老人家的教養和庇護！星雲，〈偉大與崇高——紀念我最敬仰的慈公老人〉及成一，〈懷念慈航老人〉，慈航大師紀念集編印處：《慈航大師紀念集》上冊，頁 136、142-143。

18 釋見豪、釋自衍採訪編著，《樸野僧・無上志：新竹靈隱寺無上和尚圓寂五十週年紀念》，頁 131。

大醒、演培、續明等法師。

　　無上法師為延續之前辦學的「未竟之業」，邀請從中國大陸來臺的大醒法師到靈隱寺創辦「臺灣佛教講習會」。1951 年 11 月 18 日，「臺灣佛教講習會」舉行開學典禮，我們可以透過〈臺灣佛教講習會簡章〉，了解當時初創情況，前六條條文如下：

一、本寺為培植本省僧徒及加強避難來臺之外省僧青年不斷修業起見，特設立臺灣佛教講習會，旨在訓練講習弘法人才。

二、本會禮聘導師一人，主持一切；教務主任一人，事務主任一人，秘書一人，職員若干人，辦理會務；又教師若干，教授各科目。

三、本會招集十八歲以上，三十歲以下，戒行清淨、思想純潔、文理通順、身體健康、無不良嗜好者三十名為學員。

四、學員由各縣市各寺院選拔介紹，經本會審查合格後，准予來會受訓；講習期間訂為一年，學員修學期間，須遵守本會各項規則，不得中途退學。

五、學員學費、膳費、書籍費一概不收，但學員所需臥具、文具、衣服、零用等，各人自備。

六、講習科目：1、遺教經，2、沙彌律儀，3、佛法概論，4、佛教史，5、關於佛教現行法令，6、國父遺教，7、國文，8、應用文，9、中國史地，10、哲學思想，11、科學常識，12、外國語，13、精神講話。[19]

　　由上可知，臺灣佛教講習會招收對象是僧人，其中除本省僧徒外，主要是「避難來臺之外省僧青年」。大醒法師是在 1949 年年初到臺灣，

---

19 〈臺灣佛教講習會簡章〉，《人生雜誌》第 3 卷第 10 期（1951 年 11 月 20 日），頁 13。

來臺後，先住在臺北善導寺，出任該寺導師。以《海潮音》雜誌發行人
兼主編的身分，把《海潮音》遷到臺灣出版。1950 冬，因高血壓，移新
竹香山一善寺療養。1951 年，血壓穩定，病況轉佳，應新竹靈隱寺無上
法師之邀，到該寺主辦臺灣佛教講習會並擔任導師，培育僧才，「雖才、
財兩難，而卒能勉成之。」（印順法師語）[20]

但不幸的是，1951 年 12 月 15 日，大醒法師在上課時突然身體不適，
陷入昏迷，翌年 1 月 29 日，大醒法師移往臺北鐵路醫院，因無起色，
被醫院催促出院，乃遷善導寺療養，經 10 個多月醫治無效，大醒法師於
1952 年 12 月 13 日示寂。[21] 大醒法師的病以及他的去逝，對剛成立不久的
臺灣佛教講習會，無疑是一大衝擊。

大醒法師生病，由圓明法師代理主持臺灣佛教講習會，但他又準備
到日本求學，就向李子寬居士建議，去函香港請演培法師到臺主持，演
培於是年夏曆 2 月 19 觀音誕日，乘輪赴臺。據演培法師回憶，他在靈隱
寺和寺主無上法師相處融洽，同學們也能勤奮讀書。[22]

臺灣佛教講習會開始時就男女兼收，演培法師認為不妥，向無上法師
建議「男女分為兩地教學」，女生雖感不滿，但無上法師及諸長者都同意，
最後決定：男生留靈隱寺，由演培法師負責，女生移中壢圓光寺，另請年
高德重者領導。經圓光寺寺主同意，問題才算解決。但分班後，男生只

---

20 據晴虛法師回憶：講習會的學制是三年，應當是屬於「佛學院」的體制，但是當時的
　臺灣政府當局，不允許佛教界創辦佛學院，礙於政府的掣肘，因此大醒法師以短期講
　習會的名義，著手創辦培育僧才的教學機構。當時的青年學僧包括有星雲、了中、印
　海等數十位青年法師，且大都是從大陸過來的，頗受大醒的關照。黃美英彙整，〈大
　醒法師〉，《臺灣佛教數位博物館：佛教人物》，網址：http://buddhism.lib.ntu.edu.tw/
　museum/formosa/people/1-da-hsing.html，下載日期：2016 年 12 月 13 日；印順法師著，〈大
　醒法師略傳〉，印順法師著，《華雨香雲》（臺北：正聞出版社，1992 年，修訂 1 版），
　頁 274。
21 釋見豪、釋自衍採訪編著，《樸野僧‧無上志：新竹靈隱寺無上和尚圓寂五十週年紀
　念》，頁 141-143。
22 演培，〈敬禮悲增上的慈航菩薩〉，慈航大師紀念集編印處，《慈航大師紀念集》，上冊，
　頁 94。

剩 12 人，且流動性大。當時，演培法師教授佛學外，星雲法師教授國文，靈根法師任監學教授佛學，關凱圖居士講一般常識及史地。演培法師說：「因男僧多有日僧習氣，在會內穿僧服，出寺著俗服，對此實看不慣，乃予耐心說服，有的逐漸改正過來，有的仍然習俗不改，因此而退學的頗不乏人，但陸續有新僧來，最高峰曾有二十一、二名，是以講習會沒有感到無僧來學之難。」[23]

臺灣佛教講習會在辦完第一年後，圓光寺的女眾部因經濟拮据停辦，各方都認為若男眾部也跟著停辦甚為可惜，就商請由善導寺護法會接辦，男眾部因此遷到善導寺上課，聘請印順法師為講習會導師。但善導寺有臺北市政府交通大隊、兵役課等單位在此辦公，寺裡又天天拜懺念經，學僧很難專心上課，經商得無上法師同意，又將講習會遷回靈隱寺。1954 年12 月 19 日，臺灣佛教講習會經過三年的慘澹經營，12 名學僧順利畢業。但靈隱寺的僧教育事業又要中止了，因為 1955 年 1 月男眾部的招生，報名人數只有 4 人；無上法師雖有意續辦女眾部（搬到中壢圓光寺的女眾部在 1953 年初即停辦），希望靈根法師或道安法師承辦，但靈根及道安均無意接辦。再加上鄭保真經常回寺索取，讓無上法師感到極度不安。[24]就因為這樣，臺灣佛教講習會只有走入歷史一途。

儘管如此，無上法師對辦學還是沒有失去信心。

1957 年冬，無上法師商請印順、演培、續明三位法師，盼能再辦學，經彼等同意，於是以印順法師為導師，無上法師為院長，續明法師任副院長兼教務主任，一切經費開支由無上法師從靈隱寺常住撥付，並得竺摩、廣範、隆根、演培等法師及眾居士資助，直到 1960 年冬，完成三年一期的佛學院課程。[25] 據〈新竹靈隱寺佛學院招生簡章〉，主要內容如下：

23 演培法師著，《一個凡愚僧的自白》（高雄：演培法師全集出版委員會，2006 年），頁 161-162。

24 釋見豪、釋自衍採訪編著，《樸野僧·無上志：新竹靈隱寺無上和尚圓寂五十週年紀念》，頁 152-164；演培法師著，《一個凡愚僧的自白》，頁 178。

25 〈釋無上〉，網址：http://www.hcccb.gov.tw/chinese/05tour/tour_f02.asp?titleId=437，下

一、宗旨：講受基本佛學，培植住持佛教僧才。

二、地址：新竹市青草湖靈隱寺內。

三、名額：20 名。

四、期間：3 年畢業。

五、資格：1、男性；2、年在 15 歲以上 22 歲以下者；3、已發心出家已受具戒或未受戒者；4、國民學校畢業以上或具有同等學力者；5、體格健全無諸不良嗜好者。

〈簡章〉中還提到，報名日期從 1957 年國曆 12 月 21 日起。考試日期爲翌年國曆 3 月 1 日。開學日期在同年國曆 3 月 9 日。[26] 續明法師於此之前的 1955 年春，在靈隱寺閉般若關，1956 年改移至福嚴精舍掩關滿 3 年，因「印順導師，演培法師又相與慈恿勸勉，無上法師亦慇懇再三」，「似有所不容已者，乃勉強答應下來」。[27] 續明法師，「外貌溫和而內性謹肅的，對自己的弟子與學生，特別關切，眞是慈母那樣的關護」。他曾親近慈航老法師，有重戒傾向。[28]

在無上法師發心，印順導師指導，續明法師帶領下，靈隱佛學院辦學三年中，在訓導學僧方面，前二年得力於通妙法師，其後仁俊法師、印海法師亦多有付出。教學方面，續明、通妙、仁俊、印海法師外，修嚴、妙峰法師，也曾擔任部分佛學課程；世學方面，有元松峰、陳慧復、黃令

載日期：2016 年 12 月 13 日。

26 〈教界消息：新竹靈隱寺佛學院招生簡章〉，《臺灣佛教》第 12 卷第 1 期（1958 年 1 月 8 日），頁 22，網址：http://buddhistinformatics.ddbc.edu.tw/taiwan_fojiao/indexMain.html，下載日期：2016 年 12 月 14 日。

27 續明法師，〈靈隱佛學院三年院務簡述〉，續明法師遺著編輯委員會編：《續明法師遺著》（臺北：慧日講堂，1997 年），頁 1317。

28 據印順法師說，續明法師主辦這次靈隱佛學院，首先調查靈隱寺受具足戒者的人數，想舉行結界誦戒。印順法師著，《平凡的一生（增訂本）》（臺北：正聞出版社，1994 年），頁 147。

嬨、吳顧言等居士參與教學。[29] 靈隱佛學院可以說，辦得「有聲有色」。

　　1961 年 1 月 5 日，續明法師在畢業典禮勉勵畢業學僧中說：「三年的學程已經圓滿了，對佛法以及出家的意義，應多少有些認識，但這只不過是長遠途程中的第一站，要想達成弘法利生的任務，還需要繼續不斷的充實學識，淬礪品德，不可得少為足，中途自劃！」續明法師並鼓勵學僧今後「志學向道」的方針：「立大志」，「交益友」，「甘淡泊」，「要有恆」。[30]

　　先是 1953 年 4 月，印順法師在新竹創建福嚴精舍，同年 10 月落成；1959 年 11 月 1 日，續明法師晉山為福嚴精舍第 2 任住持。1961 年 1 月，第一屆靈隱佛學院畢業後，續明法師帶著畢業學僧回到福嚴精舍，成立福嚴學社。[31] 無上法師為繼續辦學，延續作育僧才心願，四處尋找人才，他找上演培法師商量，演培法師推薦廣化法師，因此靈隱佛學院第二屆得於 1961 年開課。當時的教師有：性海、能學、聖琉、心澂等法師。1962 年 8 月，學僧與靈隱寺常住發生糾紛，廣化法師在國強法師邀請下，帶著學僧離開靈隱寺，到臺中成立南普陀佛學院。上課不過 1 年多，靈隱佛學院第二屆就此打住。[32]

　　其後到了 1969 年，無上和尚的弟子聖法法師，曾回到靈隱寺，積極想續辦佛學院。為此，他數次前往竹北蓮華寺，勸請住持修慧法師擔任學院副院長，然在學院開學不久，即發生血案，造成學生驚恐，導致聖

29 續明法師，〈靈隱佛學院三年院務簡述〉，續明法師遺著編輯委員會編，《續明法師遺著》，頁 1318-1322。

30 續明法師，〈勉靈隱佛學院畢業學僧〉，續明法師遺著編輯委員會編，《續明法師遺著》，頁 697-703。

31 印順法師說：「在續明的經驗中，似乎福嚴學舍沒有靈隱佛學院時代的理想。其實，這不是別的，只是年齡長大，不再是小沙彌那樣單純了！」〈福嚴精舍大事記〉，釋妙傳主編，《福嚴精舍五十周年紀念特刊》（新竹：福嚴佛學院，2003 年），頁 147；印順法師著，《平凡的一生（增訂本）》，頁 121。

32 釋見豪、釋自衍採訪編著，《樸野僧‧無上志：新竹靈隱寺無上和尚圓寂五十週年紀念》，頁 186-187。

法法師想繼續無上和尚辦學的心願中輟。[33]

肆、結論

　　綜合前兩節有關靈隱寺辦學史，從 1949 年慈航法師創辦靈隱寺佛學院，1951 年大醒法師開辦「臺灣佛教講習會」，到 1958 年續明法師主持「新竹靈隱寺佛學院」，1961 年廣化法師辦第二屆靈隱佛學院，1969 年聖法法師續辦佛學院，靈隱寺佛學院可說是「好事多磨」、「多災多難」。無上法師在靈隱寺辦學，到底影響了多少僧伽？[34] 發生了怎樣的影響？在戰後臺灣佛教史上又有怎樣的地位？我們該如何評價它呢？

　　就靈隱寺寺主無上法師來說：《樸野僧・無上志》一書編輯組說：「不敢說無上和尚在臺灣佛教僧教育史上曾經建立什麼樣的豐功偉業，然而說他是臺佛史僧教育萌芽時期裡的一位重要人物卻是無庸置疑。」[35] 靈隱寺是慈航法師與來自中國大陸的僧侶被捕入獄的地點，在當時政局動盪，朝不保夕，能接納眾多僧侶棲身，此種襟懷，甚為難得。[36] 無上法師是有他值得我們讚歎的地方，尤

續明法師（闞正宗提供）

---

33 釋見豪、釋自衍採訪編著，《樸野僧・無上志：新竹靈隱寺無上和尚圓寂五十週年紀念》，頁 90-91。

34 釋悟因，〈序〉，釋見豪、釋自衍採訪編著，《樸野僧・無上志：新竹靈隱寺無上和尚圓寂五十週年紀念》，頁 5。

35 編輯組，〈幻客塵裡尋真意〉，釋見豪、釋自衍採訪編著，《樸野僧・無上志：新竹靈隱寺無上和尚圓寂五十週年紀念》，頁 7。

36 釋悟因，〈序〉，釋見豪、釋自衍採訪編著，《樸野僧・無上志：新竹靈隱寺無上和尚圓寂五十週年紀念》，頁 4。

靈隱佛學院師生合影，前排右二是妙峰法師，右三是續明法師，右四是無上法師（闞正宗提供）

其他對僧教育的堅持。佛教之興，與僧尼素質最是相關，無上法師也認識到這個重點，所以會毅然投入僧教育工作，我們可以用「屢敗屢戰」來形容他的毅力與決心。

　　靈隱寺佛學院何以未能「一氣呵成」？而是「時斷時續」的辦呢？主要受制於當時整個大環境，也和無上法師住持的小環境（靈隱寺）有關。我們先從外在的大環境來說。

　　戰後的臺灣，從中華民國政府於 1945 年來臺接收，1947 年發生 228 事件，到 1949 年政府於國共內戰大敗後遷臺，為鞏固政權，採取嚴厲的戒嚴措施，形成長達近 40 年的白色恐怖統治。1949 年慈航法師到靈隱寺創辦佛學院，不久即發生「慈航法師師生被囚案」，是戰後臺灣佛門的冤案之一。其後，在續明法師主持靈隱佛學院期間，也曾發生如下事件：某日下午，突有來自臺北的便衣，找在談話，並要他到臺北一趟。當時謠言很多，說他出版的《佛教時論集》中，有一篇文章，鼓勵佛教僧侶

應學習百丈禪師的「一日不做,一日不食」的生活方式,有影射共黨「勞工神聖」之嫌,所以情治機關特別注意他。直到第二天下午,續明才托著疲累的身心,從臺北悄悄回院。[37]

又,無上法師的剃度徒弟聖德法師更是倒楣。他是廣東潮安人,1914年生,俗名陳在喜,號師潛。曾任汕頭南光中學教師、東江專修學校總務主任。1939 年日軍陷潮汕時,遷徙後方,開始從政,進入財政部貨物稅局惠來分局任職。1947 年來臺後,轉任省公共工程局。1950 冬,至新竹青草湖靈隱寺,禮無上法師披剃出家。1956 年間,亟思前往泰國禮佛遊學,雖依法申請出國,卻遭退件。因不服致函當局辯駁,觸犯有司,被冠上「思想犯」罪名,送往綠島關了 10 年(1956–1966)。後雖獄期屆滿,但無人敢為作保,仍不得獲釋。幸經時任中國佛教會理事長白聖法師鼎力保釋,方重獲自由。1968 年秋,聖德法師在基隆靈泉寺重現僧相,後至彰化大城鄉,創設鶴林佛社;復任花蓮鳳林慈禪寺住持,彰化清雲寺導師。1976 年春,更開創般若精舍。[38]

由以上看來,新竹靈隱寺似與戰後臺灣白色恐怖政治,有著密切不可分的關係。

再就影響靈隱寺辦學的小環境來看,由於無上法師是依止鄭保真出家,但鄭保真卻是個令靈隱寺頭痛的人物。早在日本統治時代的昭和 11 年元月 24 日,《臺灣日日新報》就報導他,建築感化堂「向各方募集寄附金,且以堂後設秘密室,誘良家妻女,在其內行樂,並詐取金錢」。翌年 5 月,又發生類似事件,「專誘拐美貌的女子、婦女」,「盜走堂內

---

37 續明所以能逢凶化吉,印海法師說:據云有位正信居士的情治人員,以其人格保他絕無共產思想,才能免除那次牢獄之災。幻生則說,是蕭春溥居士為之銷案。印海,〈續公與我的因緣〉及幻生,〈十年感憶〉,續明法師紀念獎學基金會編:《續明法師永思集》(臺北:慧日講堂,1999 年),頁 253-254、298-299。

38 釋聖德著,《聖德法師全集》(臺北:法嚴出版社,2003 年),年譜及釋傳道,〈記一位狂狷行者:聖德老法師〉、陳在長:〈聖德法師生平簡介〉等部分;釋妙然主編:《民國佛教大事年紀》,頁 417;李禎祥:〈凶神惡煞的逆襲:新竹靈隱寺的白色恐怖〉,網址:https://tw.news.yahoo.com/-062910137.html,下載日期:2016 年 12 月 13 日。

尼僧曾氏金菊等數人一千多圓」。已迄戰後，鄭保眞還是靈隱寺的麻煩，據明宗法師說，「保眞一家人都靠靈隱寺養著，他太太與女婿每個月都來領錢。」[39] 由於無上法師與鄭保眞的師生關係，使得靈隱寺無法「擺脫」鄭保眞的干擾，此對靈隱寺佛學院的辦學成效，甚具殺傷力。

　　除鄭保眞帶來的靈隱寺內部人事紛爭，在靈隱寺歷次創辦佛學院過程中，我們也可以發現，佛學院本身的人事也很不安定。先不談 1949 年慈航法師創辦靈隱寺佛學院，1951 年大醒法師開辦的「臺灣佛教講習會」，開學沒多久，大醒法師就中風去逝，演培法師是靈隱寺爲辦佛學院特別由香港請他到臺灣來的，但他在辦完第一屆之後，也無意續辦，加上男眾部招生不足，無上法師在找不到人主持的情況下，只好停辦。1958 年續明法師主持「新竹靈隱寺佛學院」，雖然辦得還不錯，但他於 1959 年11 月晉山爲福嚴精舍住持，等到 1961 年 1 月，第一屆靈隱佛學院畢業後，帶著畢業學僧到福嚴精舍，成立福嚴學社。靈隱寺佛學院又面臨無人主持的窘境，好不容易找到廣化法師接辦靈隱佛學院第二屆，不久之後又發生學僧與靈隱寺常住間的糾紛，廣化法師帶著學僧到臺中，成立南普陀佛學院。其後 1969 年，雖有聖法法師回靈隱寺續辦佛學院，但也很快地就收攤。

　　我們可以說，戰後新竹靈隱寺一頁辦學滄桑史，眞是「好事多磨」、「多災多難」。這段辦學滄桑史起自無上法師，整個過程中，雖時有間斷，但我們也很難說它是完全失敗的。就靈隱寺辦學精神而言，其爲「僧教育著想」的理念，與近代佛教改革大家——太虛大師完全吻合。[40] 我們

---

39 明宗法師，1938 年生，14 歲於靈隱寺出家，早年隨煮雲、廣慈法師到處弘法，亦曾留學日本，是中華佛教比丘尼協進會之創始人，2001 年任新竹佛教會理事長，2007年當選比丘尼協進會第四屆理事長。釋見豪、釋自衍採訪編著，《樸野僧·無上志：新竹靈隱寺無上和尚圓寂五十週年紀念》，頁 65–67、84；〈新竹靈隱寺〉，《臺灣佛寺時空平台》，網址：http://buddhistinformatics.ddbc.edu.tw/taiwanbudgis/searchRes.php?id=300A81，下載日期：2016 年 12 月 13 日。

40 印順法師除肯定大醒法師在 1949 年來臺灣，將鼓吹虛大師復興中國佛教運動的《海潮音》月刊，移至臺灣發行。1951 年秋，在新竹靈隱寺成立「佛教講習會」，這主要是

只是不知：靈隱寺的後繼者，是否持有無上法師辦學的精神與志向，以繼續完成他遺留下來的「未竟之業」？

為「僧教育著想」。大醒法師繼承虛大師遺志，可說是能報虛大師恩德的一人！印順法師著，《平凡的一生（增訂本）》，頁 48。

第 12 章

戰後臺灣新竹市的佛教教育：
從「福嚴時代」到「後印順時代」

一代佛教義學高僧印順導師在新竹的
教育志業及其現況概述

侯坤宏

壹、前言

　　戰後臺灣佛教界公認的一代佛教義學高僧：印順導師（1906-2005），自 1952 年 9 月 3 日來臺，迄 2005 年 6 月 4 日圓寂，總計在臺灣生活了大約 57 年。在這段期間，他有幾次離開臺灣，到過日本、泰國、高棉、美國、香港、菲律賓、新加坡、馬來西亞等地方。

　　這些地方中，又以到新加坡 7 次最多，其次是菲律賓 6 次，再次是馬來西亞兩次，美國 1 次；在菲停留時間將近兩年，在新加坡和馬來西亞停留大約 11 個月，在美國歷時半年多，在泰國、高棉、香港等地歷時 1 個月；[1] 這之外的其他時間，他都是留在臺灣。印順導師在臺灣，先後創建了 4 個道場，分別是在新竹的福嚴精舍，臺北的慧日講堂，嘉義的妙雲蘭若，臺中的華雨精舍。

　　而福嚴精舍，則是他在臺灣首創的道場，據他自己說：

1　侯坤宏，〈印順導師的東南亞佛緣〉（待刊電子文檔），頁 15-16。

抗戰勝利了，我們回到了江南。希望有一個安心修學的組織，大
家來共同研求，所以創議成立西湖佛教圖書館。由於時局突變，
不能成爲事實。我到了廈門，南普陀寺成立大覺講社，是妙欽
從中促成的。短暫的半年，當然不可能有成就，但演培、續明，
都因此而到了廈門。等到我與演培他們到了香港（新界），仍舊
維持我們自己的理想。生活沒有著落，幸虧妙欽已到了馬尼拉，
給我們經濟上的支持，渡過了艱苦的三年。後來，爲了成立一屬
於我們自己的道場，妙欽爲我們籌款，新竹的福嚴精舍，就由此
而來。[2]

1937 年 7 月中日爆發第二次大戰，印順導師隨國民政府西遷到大後
方，抗戰八年期間，他主要留在太虛大師所創辦的北碚縉雲山漢藏教理
院。1945 年 8 月抗戰勝利，印順導師東返，原想在西湖附近，與妙欽、
演培、續明等學友，共同組織小型的修學團體；因國共內戰，「時局突變，
不能成爲事實」，隨又南逃廈門，在南普陀寺成立大覺講社，但半年後，
因國軍連連潰敗，共軍逐漸南下，他只好和演培、續明，離開廈門，避
難到香港新界。

　　印順導師在香港三年多時間（1949 年 6 月至 1952 年 9 月），繼續編
輯完成《太虛大師全書》，撰寫《太虛大師年譜》，在港出版了在「大覺
講社」所講的《佛法概論》及《佛滅紀年抉擇談》等；在港期間，他不
忘宣講佛法，如 1950 年 2 月在荃灣鹿野苑講《寶積經──普明菩薩會》，
3 月在梅修精舍講《大乘起信論》（後出版《講記》）。1951 年，講《勝
鬘經》（後有《講記》）及《淨土新論》，1952 年在淨業林爲住家眾講〈人
間佛教緒言〉、〈從依機說教來說明人間佛教〉、〈人性〉及〈人間佛

2　印順導師，〈我所不能忘懷的人〉，印順導師著，《華雨集》（臺北：正聞出版社，
　　1993 年），第 5 冊，頁 185。

教要 〉，以上四篇講稿與其他講稿後收入《妙雲集》下篇中的——《佛在人間》。[3]

　　福嚴精舍原本是要建在香港的，但最後卻移建臺灣新竹，正如印順導師所說的「香港與我無緣」，[4] 與臺灣有緣，印順導師和香港、臺灣的不同因緣，得由福嚴精舍之建立談起；而福嚴精舍與僻臨的壹同寺，也有特殊的因緣。

　　因此，本文旨在探討印順導師在新竹創建福嚴精舍的前後相關經歷，必要時也會涉及壹同寺的相關史實。

　　有關新竹福嚴精舍及壹同寺的史料，2003 年 10 月福嚴精舍出版的《福嚴精舍五十周年紀念特刊》和 2015 年 11 月壹同寺出版的《百年壹同——壹同寺百周年紀念刊》，是不容錯過的。學界相關研究，在這兩冊書中，分別蒐錄了闞正宗所撰〈福嚴精舍五十年〉，[5] 和黃運喜所撰之〈新竹市壹同寺的歷史沿革與女眾佛學院教育的發展〉，[6] 闞正宗、黃運喜的文章，有助於吾人了解福嚴精舍及壹同寺的歷史。此外，楊漢珩（寬謙法師）撰有〈從福嚴精舍到福嚴佛學院：現代新竹佛教僧眾教育重鎮的建築風格〉，[7] 從佛教寺院建築史角度談論福嚴精舍。本文著眼點與前三文不同，主要是以「印順導師和新竹佛教的關係」為關注重點，從印順導師在創建新竹福嚴精舍前後的相關活動，分析「臺灣僧教育的兩處基地——福嚴精舍與壹同寺」；希望能夠說明一個來自浙江海寧的出家法師——印

3　印順導師還在 1952 年被選為世界佛教友誼會港澳區會長。高永霄，〈印順導師與香港佛教〉，網址：http://www.buddhismmiufa.org.hk/buddhism/people/yunshun_HKBuddhism.htm，下載日期：2018 年 4 月 29 日。

4　印順導師著，《平凡的一生（增訂本）》（臺北：正聞出版社，1994 年），頁 59。

5　闞正宗，〈福嚴精舍五十年〉，釋傳妙主編，《福嚴精舍五十周年紀念特刊》（新竹：福嚴佛學院，2003 年），頁 106-137。

6　黃運喜，〈新竹市壹同寺的歷史沿革與女眾佛學院教育的發展〉，《圓光佛學學報》，第 30 期（2017 年 12 月），頁 1-21。

7　楊漢珩（寬謙法師），〈從福嚴精舍到福嚴佛學院：現代新竹佛教僧眾教育重鎮的建築風格〉，江燦騰教授提供筆者之電子文檔。

順導師，和臺灣一個地方──新竹──的關係；藉以呈顯印順導師在創建福嚴精舍，住持福嚴精舍，到他將福嚴精舍交由弟子管理以後數十年間的歷史；依此而言，本文亦可視爲是──印順導師的「新竹弘法史」，也是一種「新竹地區佛教史」書寫的一種嘗試。

　　以下從：一、「福嚴時代」的創建福嚴精舍緣起及其建築、福嚴學團與新竹女眾佛學院；二、「後印順時代」的福嚴精舍等方面進行說明。結論中再就：印順導師和新竹壹同寺的法緣、「福嚴時代」印順導師的著作、「福嚴時代」印順導師與居士的交往、關於福嚴精舍的未來等，四項進行申述，藉以說明印順導師在新竹地區，所進行弘化活動的歷史意義

貳、「福嚴時代」創建精舍的緣起及其建築

　　前文引了一段印順導師懷念妙欽法師的文章，談到妙欽法師爲福嚴精舍的建築經費籌款，也因爲妙欽的協助，才有新竹福嚴精舍的建立。印順導師在新竹建立福嚴精舍，並不是他原來就預定好的，而是「陰錯陽差」使然。爲釐清其中因緣，讓我們先梳理一下印順導師在香港停留期間相關行止。

　　1949 年 6 月，印順導師因避戰亂而到香港，經法舫法師介紹筏可法師，暫居大嶼山寶蓮寺。[8] 中秋後，移住香港佛教聯合會灣仔會所。[9]10 月間，因馬廣尚居士之助，代借靜室，移住新界粉嶺之覺林，並於此開始編寫《太虛大師年譜》。[10]1950 年 4 月 12 日，印順導師在完成《太虛大

8　記者，〈香港佛教近訊──佛教名僧聚會香港〉，《海潮音》，第 30 卷第 8 期（1949 年 8 月 20 日），頁 18；印順導師著，《平凡的一生（增訂本）》，頁 59。

9　印順導師因太虛大師在港忠實弟子陳靜濤之力，得以住進香港佛教聯合會，時續明與演培，爲校對《太虛大師全書》，也到此處。演培法師著，《一個凡愚僧的自白》（高雄：慈源禪寺，1999 年），頁 161；印順導師著，《平凡的一生（增訂本）》，頁 155。

10　演培法師著，《一個凡愚僧的自白》，頁 161-162；印順導師著，《平凡的一生（增訂本）》，頁 59、155。

師年譜》後，經馬廣尚居士出面，移住新界大埔墟的梅修精舍。時同住在大埔墟的國大代表黃一鳴，看見印順導師在香港生活太苦，勸他到臺灣。不久，就接到在臺灣的李子寬居士來信，表示歡迎，印順導師告以「希望等《太虛大師全書》印行完成後，再行前往」。[11]1951 年，印順導師由梅修精舍遷新界青山淨業林，演培、續明、常覺、仁俊、悟一諸師追隨同住。[12]1952 年，預感淨業林難得清淨，決定在香港自行籌建道場，商得妙欽法師同意，籌來菲幣 1 萬元，決定買地建福嚴精舍於新界。印順導師想建福嚴精舍，不是爲個人，而是爲共住學友——演培、續明、常覺、廣範等而建築的，[13]由此可見，印順導師創建福嚴精舍之存心。

11　道安法師遺集編輯委員會編：《道安法師遺集》（臺北：道安法師紀念會，1980 年），第 5 冊，頁 325；演培法師著，《一個凡愚僧的自白》，頁 162-163；印順導師，《平凡的一生（增訂本）》，頁 59、155；鄭壽彭著，《印順導師學譜》（臺北：天華出版公司，1981 年），頁 31。

12　印順導師自述此段因緣云：「三十九年所住的梅修精舍，是馬廣尚老居士為我們借來，原是可以長住的。淨業林在青山九咪半，是鹿野苑三當家的精舍，最近翻修完成，邀請我們去住。三當家的一番好意，是應該感謝的！他肯這樣做，應有演培，特別是仁俊的關係在內。我在香港，毫無活動。我們的生活，全靠馬尼拉的妙欽支持。他不是為我們籌化道糧，而是將自己所得的單錢、懺資、嚫錢，純道義的為佛法而護持我們。不過，總不能老是這樣下去，妙欽也有了去錫蘭深造的計畫。我是等因緣決定的人，到無米下鍋時再說，但演培、續明多少為未來而著想，主張遷到淨業林去。我是除非與大體有礙，總是以大家的意見為意見，所以我們就在四十年春天，遷到淨業林去。現在回憶起來，這是走錯了一步。對未來臺灣的境遇，種下了苦因。但我那裡能預知，這是不可思議的逆緣！我到了淨業林，仁俊也來共住；超塵（二當家）在這裡閉關；悟一（四當家）管理庶務。我不大注意別人，也不想知道人的祕密，所以平順的住了一年。」印順導師著，《平凡的一生（增訂本）》，頁 52-53。

13　印順導師頗有所感地説：「鹿野苑人才濟濟，上一輩是老和尚明常；中一輩是大本（月基）、彌光；下一輩是五位當家。一門三代，年齡相差不太遠。人人儀表堂堂，個個能唱、能唸、能説、能寫、能幹。大家擠在一起，正如脂肪過剩一般。『一葉落而知秋』，如一直寄住下去，處境會很難堪。但當時的鹿野苑，聲譽還好；我們受尊敬受歡迎而來，又憑什麼理由而要離去？再遷到別處，不但對不住鹿野苑與淨業林，也與自己有損。我與續明研究，唯一的辦法，是自己創立精舍，才能不留痕跡的離去。這樣決定了，就與妙欽説明。妙欽以去錫蘭為理由，願為我們成立精舍而作最後的服務。就這樣，住在淨業林而開始福嚴精舍的籌建工作。」印順導師著，《平凡的一生（增訂本）》，

　　1952 年 5 月底，印順導師接到李子寬從臺灣寄來的信說，中國佛教會決議，推派他代表中華民國出席在日本召開的世界佛教友誼會第二屆大會。[14]9 月 3 日下午，印順導師從香港搭輪到臺灣，[15] 到後才知道去日本出席世界佛教友誼會第二屆大會的代表，只限定爲 5 人。印順導師說：「我沒有過人的才能，語言不通，子老卻堅決的非要我去不可。等到我知道，去日本的期限也近了，只有隨波逐浪，將錯就錯的錯下去。」[16] 1952 年 9 月 25-30 日，出席在日本召開的「第二屆世界佛教徒會議」。[17] 這次參加第二屆世界佛教徒會議者，另有中佛會理事長章嘉、趙恆惕、李子寬、李添春等人。會議結束後，前往奈良、京都、大阪等各地參觀瞻禮。[18]10 月 24 日上午，由日本乘機返臺北松山機場。印順導師從日本回到臺灣後，在李子寬提議下，被聘爲善導寺護法會導師。[19]

　　印順導師爲什麼說「將錯就錯的錯下去」？這其中大有緣故。

　　印順導師在參加完世界佛教友誼會第二屆大會之後，原是準備回香港的，沒想到李子寬並沒有幫他辦「出境證」，只辦了「入境證」，印順導師一再向李子寬表示，他非回香港一趟不可，李子寬建議他先申請在臺

頁 52-54、59-60。

14 印順導師著，《平凡的一生（增訂本）》，頁 56。

15 道安法師遺集編輯委員會編，《道安法師遺集》，第 6 冊，頁 915。

16 據印順導師自己的看法，「這一年的離香港到臺灣，與二十五歲的離家出家，在我的一生中，都有極深遠的意義，但意義並不相同。」印順導師著：《平凡的一生（增訂本）》，頁 56-58；釋妙然主編，《民國佛教大事年紀》（臺北：海潮音雜誌社，1995 年），頁 284-285。

17 由章嘉率領的世佛會代表團在 9 月 26 日向大會提出五個議案，這五案是：1、設立世界佛教學院；2、設立翻譯組織，以促進佛教國家間的學術交換；3、在世界各大學設立佛學科系；4、以菩薩生辰紀元；5、呼籲反對迫害宗教。〈世界佛教會 我提五議案〉，《中央日報》，1952 年 9 月 27 日，版 2。

18 中佛會代表團，〈第二屆世佛會議的觀感〉，《海潮音》季刊，第 33 卷冬季號（1952 年 12 月），頁 76。

19 印順導師著，《平凡的一生（增訂本）》，頁 57；〈消息一束：臺北〉，《海潮音》季刊，第 33 卷冬季號，頁 98。

灣定居，「政府知道我要定住臺灣，就容易把出境證發給我。」[20]1953 年
2 月，在臺等候回港出境一直都無消息的印順導師，只好改變在香港建精
舍的計畫，只好設法將功德款移到臺灣，恰好演培法師正在新竹青草湖
靈隱寺講課，就請他就近擇地。[21]印順導師說：

> 說到建築，要選擇地點；籌劃經費；即使包工，也要有監工的。
> 這些，在我的回憶中，覺得有些因緣是難以思議的。說到地點，
> 福嚴精舍的籌建是香港，地也置定了，款項也籌得差不多了（移
> 在臺灣的建築費，主要是從香港帶來的）。爲了來臺去日本出
> 席世界佛教徒友誼會，一時不能回去，只好移建在臺灣的新竹，
> 這是出乎意外的。[22]

　　這年農曆的 4 月中，決定購買在新竹壹同寺後山，俗名觀音坪約一
甲坡地，以建福嚴精舍。據許巍文透露，當時這塊地，是屬於某家族的，
地主不只一人，是許多戶的共同祖產，這對買地的人來說，是件棘手的
事，因非經所有地主一致同意，誰也無權單獨處理。後經吳以堯居士出
面，多方協調，才說通所有地主。農曆 5 月初，買定觀音坪土地，將工
程包發出去（全部約新臺幣 8 萬元）。[23]有關建築方面問題，得到壹同寺
玄深法師協助，印順導師說：

> 建築工程的進行，是很麻煩的。我沒有建築經驗，也沒有興趣與
> 精神去監督工程，那怎麼辦？我竟每次不用自己操心，而且人

20 印順導師著，《平凡的一生（增訂本）》，頁 60。
21 鄭壽彭編，《印順導師學譜》，頁 35。
22 印順導師著，《平凡的一生（增訂本）》，頁 101。
23 吳以堯居士事後談到此事說：「比打仗還難得多呢！」許巍文：〈福嚴精舍五十周年紀
　　念懷感文〉，釋傳妙主編，《福嚴精舍五十周年紀念特刊》，頁 100-101；印順導師，
　　《平凡的一生（增訂本）》，頁 60-61。

都去了別處。回憶起來，也覺得稀有。福嚴精舍的建築在新竹，
工程包妥，出境證也發了下來。我急著去香港，一切工程由壹同
寺玄深的監督而進行。包工包料，工程還算不錯。[24]

玄深法師（1913-1990），俗姓鄭，臺灣新竹人，幼年時便經常跟隨
祖母覺明優婆夷出入齋堂，11 歲時依止達精和尚出家，1930 年接任壹同
堂住持。1936 年到日本就讀京都尼僧學校，1947 年返臺，重整一同堂，
1953 年添建藏經樓。[25]

玄深法師就近幫忙印順導師建築福嚴精舍，使得壹同寺和福嚴精舍
結下了法緣（詳後說明），即使福嚴精舍建成後多年，壹同寺也多次成
爲印順導師的落腳處。

如 1956 年 12 月 31 日，李恆鉞陪同法籍比丘阿難陀到壹同寺拜見印
順導師。印順導師因常居臺北，偶然回來，原來住的房子由演培法師住，
新建關房又給續明法師閉關，只好暫住壹同寺。[26]

1953 年 10 月 18 日（農曆 9 月 11 日），福嚴精舍舉行落成開光禮，[27]
與會 300 餘人。上午法事二次，一爲灑淨，二爲開光上供。據道安法師說：
「印師的精舍頗精緻，深覺得太小。天然風景，還好。五里外，乃海天
一色，頗有空靈寥廓之境。」[28] 鄭壽彭說：「導師自出家以還，一向依附
在寺院中、學院中，過其內修與外弘之生活，自是始有道場。」[29] 福嚴精

---

24 印順導師著，《平凡的一生（增訂本）》，頁 104-105。

25 〈壹同寺 歷代住持 玄深上人〉，網址：http://www.yitung.org/history/master.html，下載
    日期：2018 年 2 月 26 日；《百年壹同──壹同寺百周年紀念刊》（新竹：壹同寺，
    2015 年），頁 9。

26 1957 年 1 月 1 日，道安法師曾到當時住在壹同寺的印順導師。道安法師遺集編輯委員
    會編，《道安法師遺集》，第 8 冊，頁 1760、1762。

27 印順導師，《平凡的一生（增訂本）》，頁 64；釋傳妙主編，《福嚴精舍五十周年紀
    念特刊》，〈福嚴精舍大事記〉，頁 147。

28 道安法師遺集編輯委員會編，《道安法師遺集》，第 7 冊，頁 1233；演培法師著，《一
    個凡愚僧的自白》，頁 192；印順導師著，《平凡的一生（增訂本）》，頁 118。

29 演培法師認爲：福嚴精舍建好，首來住的有印海、唯慈二法師。到講習會結束，原在

舍自是成爲一獨立學團。同年 11 月 15 日，印順導師在《海潮音》月刊發表〈致福嚴精舍諸檀越書〉，內開：

> 去春在港發起籌建福嚴精舍，多得臺端贊助，無任心感！嗣以安住臺灣，乃有移建之舉，擇地於臺灣新竹市青草湖之觀音坪，依山望海，頗得形勝。精舍建築，凡六十坪，刻已竣工，並於本月十八日舉行開光典禮。當精舍建立之初，本意與諸同學共住專修，期能深入經藏，嚴淨僧品，而達自利利人之目的。今者，精舍告成，此意不渝，自當隨緣推行，庶不負檀越之信施也。[30]

參、「福嚴時代」的學團與新竹女眾佛學院

　　1955 年歲末，印順導師因病在臺北靜養，與常覺法師等閒談有關福嚴精舍，其後常覺法師將印順導師所談記爲〈福嚴閒話〉，[31] 這是一篇了解印順導師修學態度與福嚴精舍學風極爲重要的文獻，他說：

> 福嚴精舍修建起來，我從沒有把它看成我自己的。凡有志於學，能夠學的青年，要是志同道合，無論什麼人，都可以來住。我沒有招生，或者特別請那些人來，大家純然是出乎自己的意願，而到這個學團裡的。既來到這裡，當然就得安心爲學。倘若半途退志，想離開的，也不勉強，不過退出之後，就不必再來。因爲這個地方，與過去大陸的寺院不同，決不能像雲水堂一樣，

靈隱寺自修的妙峰、幻生、果宗等諸師，也轉福嚴精舍安住，接著有從香港來臺的續明、仁俊二法師。福嚴精舍雖是初創，但已成為極有份量的小型學團，故有大德認為：印順在臺的勢力膨脹，因而有所畏懼。鄭壽彭編，《印順導師學譜》，頁 36；演培法師著，《一個凡愚僧的自白》，頁 192-193。

30 印順導師，〈論三世因果的特勝〉、〈致福嚴精舍諸檀越書〉，《海潮音》第 34 卷 11 月號，頁 23。

31 印順導師，《平凡的一生（增訂本）》，頁 158。

歡喜去就去,歡喜來就來,出出入入,自由自在。來此地,便須安心住下。諸位若能安住修學三年,或有人來請去弘法,或外出另外參訪善知識,或出去掩室專修,大家儘可以隨自己的心力,出去為自己的修持,或為佛教做些弘法工作。等到感覺要回來的時候,仍可再回精舍來安住,精舍就是你們的常住。[32]

印順導師心目中的福嚴學團,沒有繁瑣的規矩,鼓勵共住者安心向學,「這裡除了學之外,別的可說什麼也沒有──沒有經懺佛事,也不打佛七,沒有香火,少有信眾往來。」[33]「再談一談諸位到精舍來,可以學些什麼。關於我的教學態度,一向是絕對尊重自由的。前年續明法師的《時論集》在港出版,我底序文中說:『予學尚自由,不強人以從己。』這是我的一貫作風,絕非聳人聽聞之言。因為我自覺到,我所認識的佛法,所授與人的,不一定就夠圓滿、夠理想。因此,我從未存心要大家學得跟我一樣。眾人的根性、興趣、思想,是各各不同,勉強不來的。大家所學祇要是佛法,何必每個人盡與我同?」[34]

就個人修學見解而言,印順導師認為,因「各人個性不一,可以隨各人所喜悅的部分而深入」,沒有必要跟著他的路走。但為了讓同住者能深入佛法,特別「為精舍同學,擬了個三年讀經書目(每天一卷),從印度三藏到中國古德的著作。這是為專究的人,提供博覽的書目,以免偏重而陷入宗派的成見,並非說研究佛學,閱讀這些書就可以了。」[35]印順導師認為:「先開印度的,因為佛法究竟是從印度傳來的,到中國以後,

---

32 印順導師又說:「大家之所以聚集到這裡來,無非是為了修學佛法;而福嚴精舍的建造,也正是準備多住幾個青年人共同修學的。我們既能以此善勝因緣際會一處,當然就有大家共同生活的基本原則,與其意義及目標。」印順導師:〈福嚴閒話〉,印順導師著,《教制教典與教學》(臺北:正聞出版社,1992 年),頁 213、215-216。
33 印順導師,〈福嚴閒話〉,印順導師著,《教制教典與教學》,頁 215。
34 印順導師,〈福嚴閒話〉,印順導師著,《教制教典與教學》,頁 221。
35 印順導師,〈遊心法海六十年〉,印順導師著,《華雨集》第 5 冊,頁 24-25。

經過翻譯,透過中國人的思想、文化,了解上多多少少有點變化不同。」[36]

　　1994 年 4 月 8 日,印順導師接受「臺灣佛學院志編纂組」訪問,對福嚴佛學院草創辦學概況,做了如下說明:「精舍從民國四十二年建立以來,起初是香港來的一部分人,後來彌勒內院的另一部分人也來參加。這些人都是從大陸出來的,也都是有學佛基礎的,像演培、續明、仁俊、常覺等法師。當然,也還有少數臺籍的同學。我那時身體不好,教學經驗也不足,有時候會稍微講一點 —— 專題演講,但並沒有預定一定要怎麼講。所以同學除了在那裡可以自己學習佛法,也希望他們可以出來教學。那時研學的內容,以三年時間為限,我為學眾們選讀了各宗各派的代表經典,如講教理、禪定、智慧的,各取一些代表性的,還談不上深入研究,主要是希望大家在初學期間,從博學中求得廣泛的了解,才不致引生門戶之見。至於要深入研究,則可視個人根性好樂,選擇一門深入。談到制度,我實際上是不擅長。那時只有一個共住原則,就是:無事不得下山,不要竄寮,不要說太多的閒話,認真用功看書、讀經和聽課。所幸大家都是來學佛法的,都能安心用功。我們很樸素,很簡單,除了早晚打掃外,說不上有什麼制度,這是早期的情況。」[37]

　　福嚴精舍在 1953 年 9 月建立,成為一個獨立學團。直到 1954 年底,也只有唯慈、印海、悟一、常覺數人來共住。

　　這年的 12 月 19 日,新竹「臺灣佛教講習會」舉行第一屆學僧畢業,[38]有幾位想到福嚴精舍共住,所以增建關房,[39]關房外是小講堂,另外有臥室 4 間。此次增建,是購料包工。包工、備妥木材與水泥,印順導師就趕

---

36 印順導師,〈憶福嚴二三事‧談佛教在人間〉,印順導師著,《永光集》(臺北:正聞出版社,2004 年),頁 186。

37 印順導師,〈憶福嚴二三事‧談佛教在人間〉,印順導師著,《永光集》,頁 181-182。

38 〈教訊彙編:新竹臺灣佛教講習會〉,《海潮音》第 36 卷 1 月號(1955 年 1 月),頁 26。

39 印順導師著,《平凡的一生(增訂本)》,頁 101。

著去菲律賓。建材管理、添購，工程的監督，由悟一、常覺法師等負責。

　　由於住眾增多到十五、六人，生活如何維持倒成問題。幸好因印順導師受菲律賓性願法師之邀前往弘法，將回臺時，與瑞今法師商量，得到他的支持，願意代為籌措生活費 3 年。

　　另外，演培法師在善導寺成立了福嚴精舍護法會，善導寺護法會也每月樂助 1,000 元，使得福嚴精舍的經濟可以獨立。[40] 關於福嚴精舍增建建築經費，主要功德主為臺北市昆明街林慧力，及香港劉亮疇、胡毓秀夫婦。[41]

　　印順導師自 1954 年夏起，每星期日在福嚴精舍舉行專題講座，該年冬，應菲律賓佛教團體之請，赴菲弘法，講座暫停。1955 年 6 月 19 日起，重行恢復，這次專題講座的講題為〈佛教對於知識的態度〉；[42]1955 年在新竹福嚴精舍，除〈學佛之根本意趣〉外，另曾為學眾講〈慧學概說〉、〈菩提心的修學次第〉。[43]

　　附帶要提的是，印順導師和新竹女眾佛學院的關係，印順導師回憶

---

40 1954 年上半年，印順導師因「佛法概論事件」，被人誣告，中佛會還分電臺灣省分會、各縣市支會、各佛教團體會員、佛學講習會等單位「希一致協助取締，勿予流通傳播」《佛法概論》乙書，並以副本分送內政部、省政府、省保安司令部、省警務處、各縣市政府。此事件以修改書中內容而落幕，印順導師認為：「這是我最傷心的，引為出家以來最可恥的一著！」。所以印順導師才會說：「我是準備在可能的情況下，退出是非場，回精舍來與大家共同研究的，這是我當時的心願。」印順導師著，《平凡的一生（增訂本）》，頁 70-72、84-85、93、105、118。

41 1954 年 8 月 15 日初版之《海潮音》，刊出〈福嚴精舍增建緣起〉，內開：「夫三界永夜，眾生多苦；離苦之方，則佛法尚矣！經云：『諸佛出現樂，演說正法樂，僧眾和合樂，同修精進樂。』蓋惟三寶住世，世間乃有真實福樂。今雖去佛時遙，而演說正法，僧眾同修，猶可勉而行之。福嚴精舍之建立固以此也。惟精舍初立，同修宏化，均深狹隘之感。故擬稍事增建，以遂本願。然鳩工庀材，諸賴物力，並屬檀那。敬希淨信佛子，量力贊助，同修福慧之因，遠植菩提之果。為善之樂，樂何如之！」印順導師著，《平凡的一生（增訂本）》，頁 103-104；〈福嚴精舍增建緣起〉，《海潮音》第 35 卷 8 月號，頁 8。

42 〈教訊彙編：新竹福嚴精舍〉，《海潮音》第 36 卷 7 月號（1955 年 7 月），頁 24。

43 印順導師著，《平凡的一生（增訂本）》，頁 157-158。

說： 1955 年，「智性長老在寶覺寺傳戒，演培代表我去參加戒會。下年春，兩位年青的新戒比丘——能學與傳諦，來住福嚴精舍。精舍那時是典型的學團，我雖略有講說，而主要是自己閱讀研究。這兩位新戒，沒有佛學的基礎知識，怎能自修呢！我與精舍同人商議，請法師們發心，於四十五年下學期起，為他們二人每日講半天——兩節課。這樣，『半天課』就開始了。消息傳出，新竹年青的尼（或準備出家的）眾，有六、七人來旁聽，威儀與程度也還不錯。演培與一同寺玄深談起，尼眾無緣進修佛法，太可惜了！這樣的激發、鼓勵，新竹女眾佛學院，就於四十六年秋，在壹同寺成立了。」[44]

1957 年 9 月 6 日，上午 9 時，新竹女眾佛學院在壹同寺舉行入學典禮。新來學員齊集大殿，香讚禮佛後，至講堂，印順導師以院長身分講話，繼由演培、悟一、自立法師相繼致詞，最後由教務主任妙峰報告教務方針。訓育事務則由壹同寺住持玄深法師兼任。[45]

女眾佛學院正式開學典禮在這一年的 12 月 8 日，雖然從 9 月間就開始上課，至此時才算真正步入正軌，印順導師在開學典禮時任主席，領導全體師生佛前上供，報告創辦該院的意義與經過，略云：「晚近中國佛教衰微的最大原因，不外是住持佛寺、推動佛化的出家人，未能盡到應盡的責任，同時也因出家人中，學識與修持方面的不足。本人來到臺灣之後，見此地女眾出家的很多，覺得從事佛教的女眾教育，是一樁極迫切的工作，所以從旁鼓勵玄深法師，希望利用壹同寺這現成的環境，創立一所女眾佛學院，讓有志向道的女青年們，能有研修佛法的機會。」[46] 新竹女眾

---

44 印順導師著，《平凡的一生（增訂本）》，頁 123。

45 玄深法師在日本，除努力學習佛法外，也向當地會說國語（漢語文）的老師學習，此一契機造就她回國後，擔任一些大陸來臺法師弘法的翻譯，從而與許多學問僧有良好互動關係，促成壹同寺興辦佛學院，創辦臺灣第一所女眾佛學院。〈各地僧訊：新竹女眾佛學院〉，《覺生》第 8 卷第 6、7 期（1958 年元月），頁 44；釋妙然主編，《民國佛教大事年紀》，頁 322；黃運喜，〈新竹市壹同寺的歷史沿革與女眾佛學院教育的發展〉，《圓光佛學學報》第 30 期，頁 9。

46 據道安法師日記，印順導師以院長身分致詞後，依次有新竹縣長、議長、佛教界代表

佛學院以 3 年爲期，學員 40 餘人。[47] 印順導師在新竹女眾佛學院曾爲學生講過《華嚴》、《法華》、《楞伽》等經要義，並特別宣講宋譯本《楞伽阿跋多羅寶經》。[48]

　　1960 年 7 月 10 日，新竹女眾佛學院舉行畢業典禮。印順導師以院長身分，對新竹女眾佛學院畢業生開示云：「大家應時常認得自己：自己是出家人，就應出五欲家，出煩惱家，心向少欲知足，勤修佛法。切勿與俗人一般，守在名聞、利養、眷屬中過活！大家是出家女眾，就應依法尊敬大僧，親近善知識。切勿學得幾句名相，就輕慢大僧，或者出大僧過失。大家是女眾出家，出家究爲何事？總要從自己身心反省起：對三寶信心增進否？見罪過生怖畏心否？煩惱減輕否？慈心增長否？不犯重大過失否？能任勞任怨，護持正法，爲三寶服務否？切勿貪逸惡勞，自是非他，偏愛嫉，亂是非！大家如時時記著自己，反省自己，自會不離佛法而向解脫之道。我希望大家：能依法進修，未來成一良好出家女眾，自修化他，庶不負三年來之財施法施，能報學院之恩德！」這時佛學院已經辦了三年，印順導師認爲：尼眾教育，最好由尼眾來主持。如辦一高級班，培養幾位能領導、教學的尼眾，比丘在必要時才從旁協助，壹同寺玄深法師表示同意，並熱心介紹臺北平光寺。但在高級班籌備進行中，因住持未受過尼眾教育，怕在見解上不易融洽而罷。[49]

甘珠、道源、白聖、演培、道安等法師致詞，最後由學生致答謝詞。記者，〈新竹女眾佛學院開學記〉，《海潮音》第 39 卷元月號（1958 年元月），頁 22-23；〈教訊集錦：新竹〉，《海潮音》，第 38 卷 12 月號（1957 年 12 月），頁 24；道安法師遺集編輯委員會編，《道安法師遺集》，第 8 冊，頁 1975。

47 〈壹同寺開山祖第一代住持竹東大覺寺導師玄深上人行狀〉，網址：http://www.yitung.org/history/master_01.html，下載日期：2018 年 2 月 26 日。

48 印順導師著，《平凡的一生（增訂本）》，頁 119、158；印順導師講述、釋印海記，《楞伽阿跋多羅寶經親聞記》，〈晴虛法師序〉，頁 2-3、748。

49 〈教訊簡報：臺北〉，《海潮音》第 41 卷 7 月號（1960 年 7 月），頁 2；印順導師著，《平凡的一生（增訂本）》，頁 125；《印順導師之墨寶》，頁 81。

肆、「後印順時代」的福嚴精舍

1959 年 11 月 1 日，印順導師辭退福嚴精舍住持，由續明法師繼任，本日舉行晉山典禮；[50] 翌年 7 月 10 日，新竹女眾佛學院舉行畢業典禮。

於此之後，印順導師雖與福嚴精舍和壹同寺還維持著一定關係，但已不若先前之密切。本節擬探討福嚴精舍和壹同寺，在此之後的相關歷史發展，姑且用──「後印順時代」的福嚴精舍一詞，分別從：福嚴精舍的辦學、美國譯經院駐臺辦事處始末、福嚴精舍的重建、福嚴推廣教育班等子題一一敘述之；因福嚴推廣教育班是借用壹同寺的地方，本節之末，也會稍稍介紹壹同寺的一些活動。

一、福嚴精舍的辦學

先是在 1961 年 3 月成立福嚴學舍，是當時臺灣唯一男眾僧教育機構。課程內容強調解行兼顧、事理並重，1964 年元旦舉行畢業典禮，有 18 名畢、結業生，如如虛、超定、仁同等法師。1964 年至 1969 年間，無學院形式，但仍薈集部分有心求學的僧青年。

福嚴佛學院成立於 1969 年，成立之初，以印順導師為導師，演培法師任院長，印海法師任副院長兼教務主任，訓導主任則由常覺法師擔任。1969 年 9 月 1 日，第一屆福嚴佛學院開始招生。10 月 16 日，新竹青草湖福嚴佛學院正式上課，學生除太虛佛學院 40 餘名外，尚招收新生 10 餘名，計 50 餘人。分為甲、乙兩班，另有研究生數名。以印順導師為導師，演培法師為院長，印海法師為副院長兼教務主任，常覺法師為訓導主任。另聘臺北工專教授楊白衣等 5 位擔任佛學及社會學科教師。本學期課程開有：《成唯識論》、《三論玄義》、《天臺四教儀》、《賢首五教儀開蒙》、

---

50 〈教訊簡報：新竹福嚴精舍〉，《海潮音》第 40 卷 11 月號，頁 23；釋傳妙主編：《福嚴精舍五十周年紀念特刊》，〈福嚴精舍大事記〉，頁 147。

《勝鬘經》、《八識規矩頌》，以及國文、英文、日文等科目。

　　按太虛佛學院乃臺北慧日講堂及北投法藏寺爲紀念太虛大師而聯合創辦者，由演培法師任院長，了中法師爲教務主任，校址在慧日講堂，於1967年5月開始招生，翌年2月25日開始上課。因太虛佛學院停辦，40餘學生轉入福嚴，故有視福嚴乃由太虛佛學院改制而成者。1972至1977年秋，福嚴精舍借給沈家楨主持的美國佛教會在臺成立的譯經院，佛學院停辦。直到譯經院遷出，得以續辦。1978年福嚴恢復辦學時，以招收女眾爲主，1993年9月，福嚴恢復成純男眾佛學院。[51]

　　福嚴佛學院歷任院長如下：第一屆：演培（1969至1971學年）。第二屆：眞華（1978至1980學年）。第三屆：眞華（1981至1983學年）。第四屆：眞華（1984至1986學年）。第五屆：眞華（1987至1989學年）。第六屆：眞華（1990至1992學年）。第七屆：眞華（1993至1995學年）。第八屆：大航（1996至1998學年）。第九屆：厚觀（1999至2001學年）。第十屆：厚觀（2002至2005學年）。第十一屆：淨照（2006至2009學年）。第十二屆：厚觀（2010至2013學年）。第十三屆：厚觀（2014至2017學年）。[52]

---

51 1971年6月20日上午，新竹福嚴佛學院在新建講堂中舉行第一屆畢業典禮，畢業生共42名，典禮由副院長印海法師主持。1993年9月2日，福嚴佛學院第七屆學員報到，恢復為純男眾佛學院。真華法師任院長，慧天法師任教務主任。本屆教師有：真華、日慧、紗境、道海、如虛、等慈、法振、慧天、慈忍、厚觀、大航，心宏等法師，及關世謙、陳常生、曾錦坤、楊郁文、曹志成等老師。〈福嚴佛學院之沿革〉，網址：http://www.fuyan.org.tw/fuyan_a.php，下載日期：2017年10月20日；釋傳妙主編，《福嚴精舍五十周年紀念特刊》，〈福嚴精舍大事記〉，頁148、150；釋妙然主編，《民國佛教大事年紀》，頁421、435；祝賀恩師八秩嵩慶禮贊會編，《白公上人光壽錄》（臺北：十普寺，1983年農曆8月），頁607、554、559-560；〈印海啓事〉、〈教訊簡報〉，《海潮音》第50卷8月號（1969年8月），頁30、32；〈教訊簡報〉，《海潮音》第50卷11月號（1969年11月），頁32；〈教訊簡報〉，《海潮音》第52卷6月號（1971年6月），頁32；〈教訊簡報〉，《海潮音》第52卷7月號（1971年7月），頁32；教界消息，〈福嚴佛學院開學〉，《臺灣佛教》第23卷第3期（1969年10月），頁38。

52 〈福嚴佛學院之沿革〉，網址：http://www.fuyan.org.tw/fuyan_a.php，下載日期：2017

二、美國譯經院駐臺辦事處始末

1972 至 1977 年秋，沈家禎主持的美國佛教會在臺灣成立譯經院，借用福嚴精舍房舍，興辦漢文佛經英譯事業。[53] 這在福嚴精舍的歷史上，也有必要加以敘述。

1969 年，新竹福嚴精舍與臺北慧日講堂，在常覺法師與印海法師合作下，福嚴精舍增建了大講堂與學生宿舍，開辦女眾的福嚴佛學院。到 1971 年夏，學生畢業，恢復爲男眾道場，「精舍房屋多而住眾少，未免可惜。」

時美國佛教會沈家禎，讀《大寶積經》而充滿法喜；希望能將之譯爲英文，介紹給西方人士。住在新竹的許巍文，與沈家禎是留德同學，提及沈家禎有意在臺灣辦譯經院，擬尋覓土地建築。印順導師覺得這是好事，徵得福嚴住持印海法師同意，向許巍文等人提議，將福嚴精舍大部分房屋出借。[54]

1972 年 5 月 23 日道安法師日記記說，美國譯經院駐臺辦事處派車接他到福嚴精舍，見到印順、印海、眞華等法師，並在譯經院正、副院長顧法嚴、戈本捷陪同下參觀。[55] 據曾經參與譯經工作的許洋主回憶，當年參與譯經人員有四、五位，院長顧法嚴主要負責翻譯部分，副院長戈本捷負責事務部分。其後因顧法嚴到美國，譯經院改由張澄基負責，張澄基請了一位來自美國的 Vicky Brown 女士，負責修改譯作，翻譯的經典是《大寶積經》。[56]

年 10 月 20 日。

53 〈福嚴佛學院之沿革〉，網址：http://www.fuyan.org.tw/fuyan_a.php，下載日期：2017 年 10 月 20 日。

54 印順導師著，《平凡的一生（增訂本）》，頁 193-194。

55 道安法師遺集編輯委員會編，《道安法師遺集》，第 11 冊，頁 3220。

56 許洋主，〈六年譯經的緣起與緣滅〉，釋傳妙主編：《福嚴精舍五十周年紀念特刊》，

　　1977 年，譯經院遷往北投農禪寺。李志夫對之曾寄以厚望，他曾撰文說：「以前都是將佛典譯入中文。而沈家楨老居士與嚴聖法師所主辦之譯經事業，是將中文佛典譯成英文。雖然，在這以前也有人將佛教經典譯成英文的，但眞正，有計劃，嚴格地，有規模著手翻譯成英文這也還是第一次。他們此次的譯經在中國乃至世界佛教史上都可以與玄奘大師之譯場前後映輝。」[57] 但實際的效果卻不是很好。因爲之後不久，譯經院就宣告停辦。

　　印順導師對此有如下觀感：「我不通英文，所以到底有沒有出版，也沒有知道。不過，七年的時間，動用譯務、事務的人不少，所費應該是不少的。如停譯而毫無成就，這不免太使人失望了！」[58]

三、福嚴精舍的重建

　　福嚴精舍自 1953 年 10 月落成，1954 年因不敷使用而增建，期間因房舍經風吹雨淋、蟲蛀蟓蝕，不堪使用，常覺法師增添建講堂及學僧宿舍。其後因年久破損，仍不堪使用，遂由眞華法師於 1986 年起發起動工重建，歷經 5 年才完成重建工程。[59]

　　據寬謙法師說，她和父親楊英風，都曾經參與重建福嚴精舍的工作，從建築設計、監工、發包、庭園設計、裝潢，前後歷經五年，並由楊英風塑製大殿「華嚴三聖像」，以及「印順導師像」、「續明法師像」。[60]

頁 138。

57 李志夫，〈譯經院的過去、現在與未來〉，原載《中國佛教》第 22 卷第 11 期（1978 年 8 月），頁 12-13。網址：http://www.chibs.edu.tw/ch_html/projects/Leezhifu/html/journal/j032.htm，下載日期：2018 年 5 月 3 日。

58 印順導師著，《平凡的一生（增訂本）》，頁 195。

59 〈學舍建設之緣起與發展〉，網址：http://www.fuyan.org.tw/fuyan_b_b.php，下載日期：2017 年 10 月 20 日。

60 楊漢珩（寬謙法師），〈從福嚴精舍到福嚴佛學院：現代新竹佛教僧眾教育重鎮的建築風格〉，江燦騰教授提供筆者之電子文檔，頁 61。

在整個重建過程中，真華法師出力最多，為了籌集經費，他把自己在臺
北的一個精舍賣掉。新的福嚴精舍建築，非常樸素，沒有很多繁複的元
素，一反過去傳統寺院屋頂之採用黃琉璃瓦，改用鐵灰色屋瓦，讓人有
沉穩的感覺。當時福嚴的經費有限，因為蓋好後還要做佛像，布置庭園，
種植樹木，安放大石頭，這些都要用吊車吊。

　　寬謙法師還記得，當時在吊石頭的時候，印順導師正好也在那裡，
因為好奇，還跑出來看看是怎麼一回事。[61] 對於重建福嚴精舍，印順導師
是很關心的，1989 年 12 月 2 日，他特別贊助福嚴精舍重建經費 100 萬元，
為此他寫了一封信給福嚴精舍當時住持真華法師，內開：

> 真華法師法鑒：達聞返校託帶上彰化銀行本票乙紙，計新臺幣
> 一百萬元正。乞檢收。 法師重建福嚴，主持學院，不能設法相
> 助為歉！老景日逼！聊以表寸衷，用於建築或作學院基金。均無
> 不可也。
> 專此即請　法安！
> 印順合十　七十八年十二月二日 [62]

　　1991 年 10 月 20 日，福嚴精舍舉行重建落成典禮暨傳授在家菩薩戒
會。海外演培、仁俊、妙峰、印海、唯慈等法師，都從國外回來參加盛會。
由悟明、超塵、覺光三位法師主持佛像開光，印順導師親臨大殿誦讚禮
佛。

　　10 月 21 日起連續 7 天，在福嚴精舍傳授在家五戒、菩薩戒，以印順
導師為得戒和尚，演培任說戒和尚，妙蓮為羯磨和尚，真華為教授和尚，

---

61 卓遵宏、侯坤宏訪問，周維朋紀錄，〈寬謙法師訪問紀錄（四）〉（2006 年 8 月 25 日
　　於新竹法源寺），頁 10-11。
62 真華，〈略說我與導師及福嚴的因緣〉，釋傳妙主編，《福嚴精舍五十周年紀念特刊》，
　　頁 47。

會本法師任開堂和尚。此次求戒的男女戒子計 575 人。[63]

四、福嚴推廣教育班

佛法除僧伽教育，也涵括對社會大眾的教育。福嚴推廣教育班的成立，即是專為有心學佛、深入法義的社會大眾所規劃而成立的單位。關於福嚴推廣教育班之所以成立過程，緣於壹同寺停辦幼稚園，住持如琳比丘尼主動提議將原幼稚園房舍及土地，無條件借給福嚴使用 30 年。

福嚴學院趁此機緣，決定將其做為向外推廣弘揚佛法的基地。福嚴推廣教育班成立後，師資都是來自福嚴佛學院。

推廣教育班自 2001 年 4 月 8 日開辦以來，每學期均吸引上百位學員前來上課，至今（2018 年 5 月）已辦了 35 期（第 35 期課程從 2018 年 3 月 15 日至 2018 年 5 月 31 日），曾開辦的課程有：《成佛之道》、「妙雲集導讀」、「華雨集選讀」、「唯識學概論」、《人間佛教論集》、「佛教因明學」、《金剛經》、《大智度論》、《空之探究》、《中觀今論》、《十住毘婆沙論》、《佛法概論》、《阿含經》、《瑜伽師地論・聲聞地》、《辨法法性論講記》、《勝鬘經講記》、《瑜伽菩薩戒》、《寶積經講記》、「念佛共修」等。[64] 福嚴精舍在「後印順時期」，仍然和鄰近的壹同寺有著深厚的法緣。

有一件和印順導師有關的事情是——1996 年 6 月 20 日，印順導師到新竹福嚴佛學院，因氣候熱，冷氣機故障，就暫住在壹同寺。6 月 24 日，

---

63 印順導師：「八十年秋天，福嚴精舍重建落成，我去參加盛大的慶典。」釋妙然主編，《民國佛教大事年紀》，頁 626；印順導師著，《平凡的一生（增訂本）》，頁 191、204；明聖法師記，〈印順導師行事略記〉，頁 43；釋傳妙主編，《福嚴精舍五十周年紀念特刊》，〈福嚴精舍大事記〉，頁 150；〈福嚴精舍重建落成傳授在家五戒菩薩戒〉，《中佛會刊》第 99 期（1991 年 8 月），第 4 版。

64 〈福嚴推廣教育班第 35 期課程〉，網址：http://www.fuyan.org.tw/pop-edu-v35.htm；下載日期：2018 年 5 月 3 日；〈福嚴推廣教育班〉，網址：https://www.blogger.com/profile/04716128483819289273，下載日期：2018 年 5 月 3 日。

印順導師參加福嚴佛學院第七屆學生畢業典禮。

　　同年的 8 月 10 日上午，印順導師又到福嚴精舍；8 月 14 日，為方便送飯，又從福嚴精舍搬到壹同寺住；8 月 30 日，方從新竹壹同寺返臺中華雨精舍。[65]

　　目前壹同寺的住持是如琳比丘尼，她是苗栗人，1963 年間一個偶然的機緣下，來到壹同寺。同年 12 月 8 日依止玄深法師出家，翌年 3 月在基隆十方大覺寺受三壇大戒。1968 年畢業於福嚴佛學院第一屆，1977 年創辦壹同幼稚園，自任園長。1983 年 3 月，受聘為新竹縣竹東大覺寺第四代住持。1990 年，壹同寺第一任住持玄深法師圓寂後，接任第二任住持。[66]

　　如琳比丘尼能將部分房舍及土地，無償借給福嚴佛學院使用，做為佛法推廣教育的地方，這種大公無私的精神，與其師玄深法師對於印順導師的尊重與護持，前後呼應，可以說為佛門樹立了一個良好的榜樣。[67]

　　如琳比丘尼畢業於福嚴佛學院女眾第一屆，與其師玄深法師一樣，相當重視僧伽教育。由於福嚴佛學院女眾只辦到第六屆，到了第七屆，又由女眾轉換為男眾。如琳比丘尼認為眾生是平等的，看到男眾有這麼好的學習環境，假如女眾也有的話，那才是平等。

　　她為了為延續福嚴女眾教育理念，恢復 1950 年代「新竹女眾佛學院」

---

65 真華法師退位，大航法師接任福嚴精舍第十一任住持暨第八屆佛學院院長，佛學院體制除原有初級部外，增加高級部。明聖法師，〈印順導師行事略記〉，頁 61-62；釋傳妙主編，《福嚴精舍五十周年紀念特刊》，〈福嚴精舍大事記〉，頁 151；《印順導師之墨寶》，頁 16。

66 八關齋戒法會是壹同寺最重要且每個月例行之主要活動。1988 年五觀堂擴建完成，首次舉辦八關齋戒；時禮聘福嚴佛學院院長真華法師為得戒和尚。翌年玄深法師圓寂；繼任住持如琳法師秉承師命，從此之後奉行不輟，每個月舉行八關齋戒法會，成為壹同寺活動的最大特色。〈壹同寺 歷代住持 如琳法師〉，網址：http://www.yitung.org/history/master.html，下載日期：2018 年 2 月 26 日；〈壹同寺 本寺舉辦活動〉，網址：http://www.yitung.org/event/event_01.html，下載日期：2018 年 2 月 26 日。

67 《百年壹同——壹同寺百周年紀念刊》，頁 23；黃運喜，〈新竹市壹同寺的歷史沿革與女眾佛學院教育的發展〉，《圓光佛學學報》，第 30 期，頁 16。

辦學精神，決定辦理「壹同女眾佛學院」。[68] 壹同女眾佛學院「辦學宗旨」如下：「以傳統中國佛教之叢林生活教育爲典範，依戒定慧三學總持培育悲智相成、解行兼修之眞實正法僧才，續佛慧命。」「教育方針」爲：培養品德高尙之宗教情操、實踐清淨和樂之僧團生活。學制分兩種：（一）大學部四年（採學分制）（二）高中部三年（採學年制）。[69]

伍、結論

前文提及，印順導師在新竹建立福嚴精舍，是「陰錯陽差」使然。福嚴精舍原本是要建在香港，爲演培、續明、常覺、廣範等學友共住而建，但當他到日本參加世界佛教友誼會第二屆大會到臺灣，準備回香港時，卻被李子寬「有意」地留下，從而使得福嚴精舍在新竹落腳。

本文各節，以印順導師爲中心，分別就：福嚴精舍的緣起及其建築、福嚴學團與新竹女眾佛學院、「後印順時代」的福嚴精舍等方面，進行了相關論述；然而，當我們以福嚴精舍爲主，談論印順導師在新竹地區所從事的相關活動時，不應忽略在這段時期他在其他地方的經歷，尤其是他在臺北市善導寺的活動。

印順導師是 1952 年從日本參加完世界佛教友誼會第二屆大會回臺灣不久，在李子寬提議下，被聘爲臺北善導寺護法會導師。[70] 旋即又在李子寬提議下，繼大醒法師之後擔任《海潮音》雜誌社社長。[71]

印順導師說，他「在香港三年，住定了就很少走動。正如到了臺灣，

---

68 《百年壹同——壹同寺百周年紀念刊》，頁 26；黃運喜，〈新竹市壹同寺的歷史沿革與女眾佛學院教育的發展〉，《圓光佛學學報》，第 30 期，頁 18。

69 〈壹同女眾佛學院 107 學年度大學部暨高中部招生簡章〉，網址：http://www.yitung.org/scene/info.html，下載日期：2018 年 2 月 26 日。

70 印順導師著，《平凡的一生（增訂本）》，頁 57；〈消息一束：臺北〉，《海潮音》季刊，第 33 卷冬季號，頁 98。

71 〈海潮音社啓事〉，《海潮音》第 33 卷冬季號，頁 98。

只是從福嚴精舍到善導寺，從善導寺回精舍一樣。」[72] 但他一點也沒有想到，就是因為他參加了世界佛教友誼會第二屆大會和擔任善導寺護法會導師，引來臺灣佛教界某些人的妒忌，導致發生 1954 年上半的《佛法概論》事件。[73]

以下再就：印順導師和新竹壹同寺的法緣、「福嚴時代」印順導師的著作、「福嚴時代」印順導師與居士的交往、關於福嚴精舍的未來等四項稍加申述，進一步說明印順導師和福嚴精舍（及新竹壹同寺）的關係。

一、印順導師和新竹壹同寺的法緣

壹同寺是「觀音坪上之菩提道場」，在臺灣佛學教育史上，壹同寺與福嚴精舍均有很好的歷史發展與特色。壹同寺與福嚴精舍一前一後，兩座寺院僅有一牆之隔，壹同寺是比丘尼寺院，福嚴精舍則為比丘道場，其佈局頗符合比丘尼須於有比丘處居止的戒律。[74] 此乃就壹同寺與福嚴精舍地理區位與布局而言。

從印順導師和新竹壹同寺的法緣來看，福嚴精舍在剛開始籌建時，建築方面就得到壹同寺玄深法師的協助。新竹女眾佛學院是在壹同寺開辦的，院長就是印順導師；印順導師在新竹女眾佛學院曾為學生講過《華嚴》、《法華》、《楞伽》等經要義，並特別宣講宋譯本《楞伽阿跋多羅寶經》。即使新竹女眾佛學院停辦了，印順導師與壹同寺還維持著一定的關係；其後福嚴推廣教育班的成立與推動，積極弘揚印順法師的思想，更得到壹同寺的促成與協助。凡此，均可說明：印順導師與新竹壹同寺，

---

72 印順導師著，《平凡的一生（增訂本）》，頁 88。

73 侯坤宏，〈互動與互惠（1945-2011）：戰後臺灣佛教與政治間的複雜糾葛〉，江燦騰主編，江燦騰、侯坤宏、楊書濠合著，《戰後臺灣漢傳佛教史》（臺北：五南圖書，2011 年），頁 142-149。

74 《百年壹同──壹同寺百周年紀念刊》，頁 6；黃運喜，〈新竹市壹同寺的歷史沿革與女眾佛學院教育的發展〉，《圓光佛學學報》第 30 期，頁 5。

有著很深厚的法緣。

二、「福嚴時代」印順導師的著作

此處所說的「福嚴時代」的印順導師，指的是自 1953 年 10 月福嚴精舍創建，自 1959 年 11 月印順導師辭退福嚴精舍住持（迄翌年 7 月新竹女眾佛學院舉行畢業典禮）後，約略是 1953-1960 這段期間的印順導師。做爲當代漢傳佛教最重要的佛教思想家的印順導師，我們關心的是──他在這段期間有什麼重要的著作。

特別要說的是，印順導師自 1954 年夏起，每星期日在福嚴精舍舉行專題講座，該年冬，應菲律賓佛教團體之請，赴菲弘法，講座暫停，1955 年 6 月 19 日起，重行恢復，這次專題講座的講題爲〈佛教對於知識的態度〉。1955 年在新竹福嚴精舍，除〈學佛之根本意趣〉外，另曾爲學眾講〈慧學概說〉、〈菩提心的修學次第〉。[75]

依印順文教教育推廣中心製作的〈印順導師著作出版年表〉，1954-1957 年間，印順導師完成了不少「福嚴時代」的著作；如在 1954 年（與福嚴精舍這個地方有關）的著作有：〈以佛法研究佛法〉（後收入《妙雲集》16，以下說明同此）、〈點頭頑石話生公〉（《妙雲集》22）、〈我懷念大師〉（《妙雲集》23）、〈佛法有無「共同佛心」與「絕對精神」〉（《妙雲集》20）、〈大乘經所見的中國〉（《妙雲集》22）；1955 年有：〈學佛之根本意趣〉、〈慧學概說〉、〈菩提心的修學次第〉（同見《妙雲集》15），以及常覺記錄之〈福嚴閒話記錄〉（《妙雲集》21）；1957 年在福嚴精舍完成：〈美麗而險惡的歧途〉（《妙雲集》24）、〈太虛大師菩薩心行的認識〉（《妙雲集》23）、〈教法與證法的信仰〉（《妙雲集》

24）、〈北印度之教難〉（《妙雲集》22）、〈舍利子釋疑〉（《妙雲集》24）、〈論佛滅的年代〉（《妙雲集》22）、〈楞伽經編集時地考〉（《妙雲集》22），在新竹女眾佛學院完成《成佛之道》（長行解說）（《妙雲集》12）；1958 年撰〈清念上人傳〉（《妙雲集》23）；1959 年完成〈發揚佛法以鼓鑄世界性之新文化〉（《妙雲集》14）；1964 年有〈福嚴院訓〉（《海潮音》44 卷 12 月號）。[76] 以上是，印順導師在 1954 至 1964 年間，在新竹福嚴精舍與壹同寺完成的著作，其中 1954、1955、1957 三年最值得稱述，尤其 1957 年完成的《成佛之道》（長行解說），在他畢生研究佛學的過程中，尤具重要性。

三、「福嚴時代」印順導師與居士的交往

在《平凡的一生》中，印順導師特闢一節──「我與居士的佛教事業」，談到他和李炳南、沈家禎、周宣德三位居士的交往經過。研究印順導師生平，在他的一生當中，不同階段曾和不同的居士有過交往，這裡僅就他在「福嚴時代」與新竹地區──李恆鉞、許巍文等居士之交往稍加著墨。

1957 年 3 月 12 日，旅美佛教學者張澄基教授偕同其母張老太太，造訪福嚴精舍，印順導師以機緣難得，乃約新竹李恆鉞、許巍文居士，及精舍住眾演培、續明法師等 10 餘人，假精舍講堂舉行座談會，商討有關如何佈教歐美問題。[77] 印順導師回憶說：「我來了臺灣，到新竹找地建福嚴精舍，還住在壹同寺。李恆鉞、許巍文等少數居士來見我，要求我講中觀，我也就隨緣講說，每星期一次。」

---

76 印順文教教育推廣中心製作，〈印順導師著作出版年表〉，網址：http://yinshun-edu.org.tw/en/Master_yinshun/y99_01，下載日期：2018 年 4 月 29 日。

77 張澄基教授早年留學藏印，時任美國紐約新學院、亞洲學院之哲學及佛學教授。慧聞記，〈福嚴座談會〉，《海潮音》第 38 卷 5 月號（1957 年 5 月 15 日），頁 19-21。

印順導師之所以這樣，因爲他「當時深感這幾位求法心切」。[78]1961年 3 月 9 日，福嚴精舍改稱福嚴學舍，本日舉行開學典禮，計收學員 18 名。常住有續明、仁俊、幻生等法師，教授佛學者有道源、演培、通妙，教授世學者有許巍文、龐愼言、楊家禮、吳巨卿等居士。[79] 以上這些，都是印順導師與居士交往的片段。

四、關於福嚴精舍的未來

印順導師說：「我那時有一想法——還是爲了福嚴精舍，在臺北成立慧日講堂。希望精舍與講堂，能分別的內修外弘，相助相成，可以長久的維持下去。」[80] 本文重點在福嚴精舍，談到印順導師自創建福嚴精舍數十年來的部分史實，慧日講堂在印順導師的心目中，和福嚴精舍是「互爲犄角」的，宗教師如何兼顧到內修與外弘，的確是一個非常重要的問題。關於慧日講堂部分，待有適當機緣，再撰專文來處理。

做爲當代佛教史研究（觀察）者之一的筆者，非常關心「福嚴精舍的未來」，如何能做到符合印順導師當初創建精舍的理想，後繼者自應責無旁貸。關於這項任務，印順導師是這樣說的：「能多多爲佛教教育盡一分心力，在佛學院修學之後，回到各自的常住，要能夠宏揚佛法、讓佛法發揚光大。」「光是淺顯的信眾教育是不夠的，必須加強進一步的僧教育與佛法研究。」[81] 也唯有這樣，才能讓福嚴精舍（佛學院）永續經營，爲佛教多盡一些心力。

---

78 印順導師著：《平凡的一生（增訂本）》，頁 49-50。

79 〈教訊簡報：臺北〉，《海潮音》第 42 卷 3 月號（1961 年 3 月 28 日），頁 2；釋傳妙主編，《福嚴精舍五十周年紀念特刊》，〈福嚴精舍大事記〉，頁 147。

80 印順導師著，《平凡的一生（增訂本）》，頁 119。

81 此爲 2003 年 10 月 18 日福嚴精舍成立五十周年慶祝大會上，印順導師爲歷屆師生的開示。〈印順導師略傳〉，網址：http://www.yinshun.org.tw/A01-0-101.htm，下載日期：2018 年 5 月 5 日。

第 13 章

戰後臺灣新竹市一位現代尼眾教師的教學經驗自述

在福嚴教學三年的所遇、所學與所思

釋昭慧

壹、前言：我來福嚴教書是因文字締結的法緣

　　1978 年暑假出家之後，我（釋昭慧）對現況有著說不盡的失望之情。無論是在思想還是規制方面，一些冠冕堂皇的說詞，總是讓我隱約嗅到一些反人性的因子，而深感不安與不妥，但我不知道正確的佛家思想與規制究竟是什麼？應當做何詮釋？我因身心無法安頓而深深受苦。

　　1982 年底，妹妹的精神疾病，衝擊著我的良知，我知道自己再也無法用「修道比什麼都重要」之類託辭，來安慰自己的良心了，於是毅然離開了剃度常住。這樣一來，進德修業有了較為寬闊的選擇空間，於是我開始研讀印順導師的著作。讀著讀著，許多長久無解的困惑，竟然在書中找到了答案。「踏破鐵鞋無覓處，得來全不費功夫」，這句話，差堪比擬我那時的無限法喜！我曾以叔本華對《奧義書》的讚語，拿來讚歎導師的著作：「它是我生前的安慰，也是我死後的安慰。」

　　對一個喜於寫作的人來說，把法喜化約為文字，與人分享，是一個很自然的蘊釀過程。早先是寫些研修佛學的感想，以及面對生活而做佛

法思維的片段心得，陸續發表於朱斐居士所編的《菩提樹月刊》。沒想到就這樣，竟也引起了一些教界法師居士的注意。

有一次，讀完導師《青年的佛教》一書，內心深有所感，寫了一篇文章，盛讚他老人家是「永遠的青年」。其時他已 78 歲，德學俱尊，被譽為玄奘大師以來僅見的佛學泰斗。我的文章中，對他的悲心與智慧，充滿著孺慕之情。他在香港的大弟子慧瑩長老尼讀到該文，返臺時，問導師對這篇文章的看法，他說：「這是我的小知音！」沒想到就因導師這句話，讓慧瑩長老尼帶領信眾僕僕風塵，南下高雄尋訪，而改變了我一生的命運。

原來自 1983 年初，我就已拜見過印公導師數次，也曾當面及書面向他請示研讀中所發現的問題。最感動的是：有一回我讀《佛法概論》，對其中一段有所困惑，於是寫了一封夾議夾問長達 5 頁的信函，沒想到他竟然回了一封長達 12 頁的覆函，讓我視若至寶。

雖然我也知道，他若知悉我忙碌的生活情況，可能會幫我改善，但我從不曾向他談到自己的處境，原因是：在我的道德意識中，一向不允許自己將別人當做達成自己目的的「工具」；更何況導師還是我心目中崇仰的大德，對一位大德的景仰，必須是全然純淨的「法之嚮往」，而不宜夾雜一丁點兒圖己的私心。

那一天，慧瑩法師突然來到，看到甫自大寮（廚房）趕來，連圍裙都來不及解開的我，第一句就是：「我特別來看導師的小知音！」這句話對我的鼓舞，非比尋常！試想：如果我聽到的是她轉述印公老人說：「那小子文章不值一讀！」我還有勇氣寫下去，而且一寫 30 幾個年頭嗎？

那之後不久，我去拜望導師，他忽然問起我的生活情形，聞後靜默不語。過不了多久，他給我寫了一封親筆函，信中告知：以我現在的環境，不宜做學問，他想推薦我進入福嚴佛學院，一邊教國文（因為我是師大國文系畢業的），一邊進修佛法。他非常客氣地寫道：「環境也許不完全符合你意思（完全滿意是難得的），但至少有充分的時間，對佛法做進一步的深入。」並於信末寫道：「我想你的回音，會使我歡喜！」

我捧著信函一讀再讀，感覺自己簡直像是童話故事中衣衫襤褸而驟得金縷鞋的灰姑娘！

就這樣，一篇文章，帶來了恩師印公上人的提攜，善知識慧瑩長老尼的護念，我因此與福嚴精舍結下了不解之緣。貴人相助，改變了我一生的命運。

貳、我當時教學的福嚴佛學院所在地：福嚴精舍

1984 年 9 月，我揹著行囊，承載著印公上人的關切與祝福，到了新竹市明湖路觀音坪上的福嚴佛學院教書。這一跨步，就是三年山居清修生活的開始，也是我人生命運的轉捩點。

福嚴佛學院是女衆學院，一向借福嚴精舍來辦學。第一屆辦完後，由於人事因緣，曾停辦了好些年。一度精舍還因房舍虛置甚爲可惜，而借給譯經院從事經典英譯的文化事業。

直到 1978 年，才又辦起第二屆女衆佛學院。精舍住持是廣善法師，學院院長是眞華法師。但院長只是掛名而已，副院長有行政主導權。此中，能淨法師是第二、三屆副院長，我進來時已辦到第四屆，由依道法師擔任副院長。

新竹福嚴精舍與臺北慧日講堂，原都是導師爲男衆所創立的道場，一個內修、一個外弘。到後來，導師的學友星散，各自弘化一方，兩個道場都很少比丘居住。福嚴精舍借辦女衆佛學院後，除了保留導師的一間房間，一間方丈室供住持居住，一間院長室供院長偶爾來到時居住之外，就不再提供任何比丘寮房了。我常想：要不是早年比丘法師們各有法緣，分別離去，福嚴精舍還輪不到給女衆辦學呢！「學友星散」，導師在自傳中透露出來的訊息，是無奈，也是遺憾，但從另一個角度來看，這又何嘗不是給予教界女衆接受其「思想洗禮」的一個契機呢？最起碼，我就是其中一個在此受其思想洗禮的「女性受惠者」。

福嚴精舍座落在新竹市明湖路邊的山坡上。它的建物不多，入門向

前看，建物新新舊舊，一字排開，兩端包圍而成ㄇ字形，右端轉角的建築較新，有兩層樓，樓下是教室，樓上是學生寢室；那是常覺法師駐錫精舍時的建設成果。

中間一長排，右半邊兩層樓較新，樓下是院務處、院長室與教師休息室，樓上則是三間教師休息室，訓導主任慧潤法師與我就居住在樓上，副院長依道法師與總務燦慧法師則住在樓下。長排建物的左半邊是舊建物，只有一層，有約可容納四十人的大殿、方丈室與教師齋堂；左端轉角則是大寮與學生齋堂。長排建物後方，則是一長排簡便的遮棚，內有水槽與脫水機，供學生漱洗與洗衣之用。

一排巨大的龍柏，掩映著長排老舊的建築。前庭的大草坪綠意成片，鋪展在紅磚道邊；左側靠近大寮與齋堂的土地，則闢為菜園，由學生於出坡時種菜、澆水、鋤草。晴朗的日子裡，站在草坪前端，近看前下方，毗鄰的是壹同寺的後院與高塔，遠眺則可見新竹西濱海岸。

後山樹木成蔭，時有松鼠出入其間；後山右側有一幽靜塔院，裡面供奉著太虛大師、清念上人（導師的師父）、印順導師、續明法師以及福、慧兩道場往生法師的遺像（或骨灰罈）。

參、我在福嚴佛學院生活之種種

學院的作息非常規律：4時起板，4時半上殿（主廚的典座不用參加，直接入大寮打理早齋）。5時半下殿後，學生做一點晨操，舒活筋骨；有時到後山健行一圈，從前山返回學院，一趟下來，約莫半小時腳程。6時用早齋，飯後約一小時，學生分組作務。

7時半至10時半，安排三節課。10時半至11時半，學生於教室自習；職事輪到典座、行堂的同學，則前往大寮、齋堂，備辦午齋。11時半，學生排班進入齋堂，啟用午餐，飯後至後山塔院繞塔經行。約12時半至2時午休。下午2至4時安排兩節課，4至5時出坡作務。

下午5至7時，藥石[1]、盥沐、洗晒衣物。這是一天中較為輕鬆的時刻，

有的學生不用藥石，沐浴洗衣的雜事也未必要天天進行，所以，常見三、五同學於紅磚道上靜默經行，或討論法義，或交換生活心得。也有學生利用這段空檔，回到教室自修功課。

　　7 至 8 時上殿，平時一律依傳統的課誦內容進行之，若逢黑月 14 或 15 日（農曆該月月底）或白月 15 日（農曆該月 15 日），晚殿後依然穿袍搭衣，於教室舉行布薩[2]。福嚴佛學院布薩時，一般是由副院長誦《佛遺教經》。為什麼會規定誦《佛遺教經》而不誦《比丘尼戒經》呢？

　　我的揣想是：一、由於學生之中，有比丘尼、沙彌尼與學法女，單誦《比丘尼戒經》，涵蓋度是不夠廣的。二、有些戒經條文，依「隨方毗尼」之精神，理應有新的詮釋與開緣，而不宜僵化保守。既然如此，不如誦念《佛遺教經》，一來它適合所有學生共同參與布薩，二來它非常重視戒律的基本精神，三來對學生而言，不啻半月複習一遍佛陀苦口婆心而言詞剴切的最後叮嚀，其教育意義亦非常重大。

　　8 至 9 時晚自習，然後安板、熄燈就寢。

　　一天算下來，學生固定的自習時間，大約只有上午與晚間各一個小時，功課壓力是不小的。所以快到考試時，會有學生坐在寢室邊的樓梯間，借此處的燈光看書，或是躲在棉被裡，打開手電筒用功。

　　輪到典座的同學，要在短時間（一個小時）內煮出教師們以及 4、50 個學生的午膳，就更是體力、精神的極大挑戰。他們常是人在教室，心繫菜單，連下課 10 分鐘，都常從紅磚道的這頭衝到那頭，入大寮去打理一點菜料，或為慢燉的菜湯，調整一下爐火的大小。

　　週六只上半天課，週日放假，這不上課的一天半，是學生可以補寫功

1　原來佛制過午不食，但中國佛教叢林中作務繁重，所以開許僧眾進用晚餐，但將晚餐名為「藥石」，意謂晚間進食，純粹只是當做療治饑病的藥物，而不宜於其滋味有所耽著。

2　即同住之比丘（尼）每半月集會一處，或齊集布薩堂（即說戒堂），請精熟律法之比丘（尼）誦習戒經，以反省過去半月內之行為是否合乎戒經。若有犯戒者，則於眾前懺悔，使比丘（尼）均能長住於淨戒中，長養善法，增長功德。

課、復習書本的良機。爲了避免學生外出晃蕩，浪費時間，所以除非事緣、病緣，否則這一天半還是要留在學院，不得任意外出。需購物者統一登記，由職事同學於假日下山採購。

肆、我在印順導師指引下研修佛教三藏典籍

山居 3 年，可能是我一生最悠閒的歲月，不似如今——教學忙，法務忙，社會參與的活動也忙，案頭總有做不完的事情，寫不完的稿子。那時我的生活作息非常規律：清晨四時起床，午齋畢，睡個把鐘頭的午覺，晚間 11 時以前就寢。

做爲學院的教師，我受到副院長的厚待，不必隨眾上殿、出坡，但每個清晨，只要板聲響起，我仍不敢懈怠，立刻起身漱洗，然後坐在書桌前方，攤開藏經，專心閱讀起來。

早先受戒回來，我嚴格持午。後來在寺院之中領典座職事，白天在大寮中的生活，既緊張又忙碌，難免吃不下飯，過午又不再進食，久之漸覺胃痛，體力不濟，只好開緣。到了福嚴精舍之後，由於並無粗重的作務與緊張的職事消耗體力，所以很自然的，我又恢復了過午不食的生活。沒用藥石，也沒有饑餓感，反而深覺消化系統負擔減輕，身心輕安，晚間用功，效率比白天更好。

除了準備國文教材、改學生的作文與考卷之外，其他時間，我都專心研讀經律論。早年由於對律學的精神與時代適應性，產生過很大的困惑，所以特別想研讀律典。那時我大約每個月會去一趟導師駐錫處（臺中縣太平鄉華雨精舍），向導師請示法義。在導師的指導下，我開始研讀《四分律》，有時也配合研讀唐宋律疏與導師的相關著作。由於研讀導師著作，我也就揣摩到了一套很管用的律學研究方法，既能掌握戒律精神與制戒目的，又不陷於宗派窠臼與教條主義。後來我之所以能有一系列的律學講座與律學論文，乃至 1999 年出版《律學今詮》專書，而受到教界與學界之重視，可說都是那時研律所打下的基礎。

　　另外，在義學方面，我請教導師，應該從何下手研讀。原以爲他本人同情中觀，應是會指定我讀些《大智度論》、《中論》之類論典，沒想到他竟要我研讀唯識經論。

　　一開始讀唯識經論，眞是苦不堪言！過去自己研讀導師著作，雖然深得法喜，但只要文中涉及唯識部分，讀來總覺似懂非懂。如今忽然要研究唯識學，而且直從漢譯原典下手，如何能不叫苦連天？

　　好不容易吃力地看完了《解深密經》，到華雨精舍報告進度時，原以爲他會責備我不用功，進度太慢，不料他一聽就搖搖頭說：「看得太快了。」於是指定下一部是《攝大乘論》。看完他又指定《大乘莊嚴經論》，每一次都同樣搖頭說我：「看得太快了。」

　　由於深受導師護念之恩，不敢懈怠，只好硬著頭皮攤開藏經慢慢研讀。有時看不懂，就參考導師有關唯識學的著作，但由於導師當年所教導的對象是已有唯識學基礎，更已身兼佛學教職的演培、續明、妙欽法師等人，所以他的講記有時是直下針對問題點而提出精闢意見的。這對一位初學入門者而言，由於難以理解其來龍去脈，所以往往還是看得一頭霧水。

　　印象最深的是，最後他要我看《成唯識論》，我回到學院，攤開一看，簡直傻眼！每個字都看得懂，每句話卻都看不懂。原來第一卷劈頭就是破異學、部派與中觀，以證成我、法二空。而且每一論式都用因明句法，所牽涉到的又是各家學理，如果沒有印度各家學派哲學、佛教部派哲學與中觀學的基礎知識，讀起來不異天書。看來導師是過於高估我的閱讀能力了！

　　我不得不硬著頭皮向導師求救，他要我配合窺基的《成唯識論述記》以研讀之。《成唯識論述記》的部頭更爲龐大，這回有了它的疏釋以按圖索驥，讀本論時雖然好過一些，別的困難又出現了。原來窺基精通因明，《成唯識論述記》裡充滿著因明學的專有名詞，立破之間，也常用到因明學的各種論式。而那時我對因明還一無所知，大學時代讀的邏輯課程，與因明雖有部分相通之處，但由於兩者的專有名詞不同，所以原有的邏輯知識也幾乎派不上用場。於是爲此我又硬啃了一些因明基礎知識的書

籍以解困。

還有，窺基常會以「六離合釋」、「八囀聲」釋詞，我再怎麼費力研讀，還是一頭霧水。直到 7、8 年後，我向許洋主老師習學梵文文法，回過頭來才終於讀懂了《述記》所要表達的文法意涵。原來「六離合釋」就是六種複合詞的文法規則，「八囀聲」就是梵文的八種格（主格、呼格、對格、具格、爲格、從格、屬格、位格）。

但我不免好奇，過去中國沒有文法學，欠缺文法學的整套術語，那麼，玄奘與窺基又是透過什麼方式，來理解這些文法規則呢？最起碼他們爲這些規則所寫下的定義與解說，在我還沒學習梵文之前，可從來沒有眞的讀懂過。

所以後來面對一些佛學研究同道，堅持不學梵、巴、藏文，要直從漢譯三藏探尋消息，我總是苦口婆心勸他們，多少學些漢語之外的經典語文，對研究是不無裨益的。

但我也反對那種「不懂梵、藏文，不足以研究中觀、唯識；不讀巴利文，不足以研究阿含與律」的論調，我覺得：那要看研究者鎖定的研究議題而定。我對中觀與唯識的研究，都是在學習梵文與藏文之前，就已在進行的。

至今我的佛教倫理學與戒律學，都是奠基在阿含、律與中觀學的教典基礎之上的，卻因議題性質是哲學進路，而非文獻學進路的緣故，極少於論文之中，用到過去所學過的經典語文知識；久而久之，對它們也就忘得差不多了。

如今回想起來，幸蒙印順導師指導，直接從重要經論下手，而得以明白唯識學理的梗概，避免了佛學院學生記背細碎名相，卻「見樹不見林」之弊端。經過一段時日的困思苦學後，對唯識學漸漸有些體會，也較能掌握唯識學派的內在思想演變脈絡。這樣一來，對唯識義理就漸漸嫻熟，而且深感興趣，讀起艱澀的論典，頗有倒嚼甘蔗之感，不再引以爲苦了。

經過這樣困學勉知的過程，回過頭來再研讀導師的唯識思想，不禁由衷地生起敬佩與感恩之情。因爲導師的著作中，已點出了唯識學發展脈絡

的幾個關鍵點，並對導致不同發展的內在理路，做了詳細的分析與解讀，此是佛學功力深厚的大智慧者才能做到的。而且導師不侷限於宗派之見，跳脫宗派的意識型態，解讀經論時不以唯識學擁護者或反對者自居，就著經論本身來解讀經論，不摻雜任何自己的好惡以想像附會。導師的著作、平時的開示，與指導我直接閱讀經論的大方向，在在影響了自己往後的修學方向。

伍、印順導師對我的慈蔭：恩深義重

　　直到很久以後，偶爾在導師座下其他弟子的轉述中，我才知道自己來到福嚴精舍的因緣：當日慧瑩法師南下尋訪我之後，回到華雨精舍，基於護念與不捨，而向導師報告了我的忙碌情形。難怪導師會在其後垂詢我的生活狀況。導師是一位相當內斂的人，待我報告之後，他當場靜默不言，但想來那時他心中已有定見。

　　不久後，正在籌備第四屆招生事宜的福嚴佛學院副院長依道法師與訓導主任慧潤法師去拜望導師，他垂詢國文老師的人選，慧潤法師還很訝異地問道：「不就是慧璉嗎？」（慧璉法師是導師的徒弟，成大中文系畢業，是第三屆執教國文的教師，教學成績非常優異，很受到學生的歡迎。）

　　老人神秘地笑笑，搖搖頭說：「我給你們介紹一位！」話就到此為止。可能就是這樣，不久後，他寫了那封被我珍藏至今的親筆函，然後才在我立刻雀躍覆函之後，下一次與慧潤法師他們見面時，點名介紹了我。

　　一直到 2001 年，江燦騰教授出版新書《當代臺灣人間佛教思想家——以印順導師為中心的薪火相傳研究論文集》，附錄導師給他的一封親筆函，我從該一信函之中方才得知：自己竟然是他生平唯一親自推介到佛學院教書的人。

　　也許有人會不理解：辦學的人都是導師的追隨者，對他無不殷切敬重，所以他若要推介人進去，也不算是唐突。他到底有何顧慮？為何除我之外，不曾介紹人到學院任教呢？我想，他老人家是非常客氣的人，

既已依福、慧兩道場的規章，授權主事者，將辦學重責託付給他們，導師就不願意在人事方面掣肘，好讓他們放心辦事。總之，自從引退之後，他早已把自己定位爲福、慧二道場的諮詢顧問，而不是決策人了。而我受到推介，只能算是特例。想到這些，我的內心有著說不出的感恩之情，而且深覺無比榮幸！

還有一次，慧潤法師在閒談之中告知：「導師特別交代我們：不要把行政工作分攤給你，好讓你除了教書之外，得以全心做學問。」

知道了自己來到學院的背景，以及導師對自己的期許之後，我格外感念師恩的深重，所以在這樣一個靜謐的環境裡，除了準備國文教材，批改學生作文之外，其他所有時間都專心研讀教典，並儘量拒絕各方邀約演講之類的外緣。這樣一來，不要說是去臺北蹓躂，就連下山到新竹市區走走，都是相當罕有的。所以雖曾做過三年的新竹市民，除了從明湖路、南大路、西大路轉向火車站的沿線街道，較爲熟悉之外，對整體新竹市容，還是非常陌生。

也幸好在導師的指導之下，有系統地研閱三藏，扎下了厚實的學術基礎，這使我得以展開佛學專業論文寫作的生涯。1986 年 5 月，在慧瑩法師的愛護支持下，出版了第一部書《如是我思》論文集，時年 30 歲。該書由慧瑩法師出資，委由臺北大乘精舍印經會初版發行兩千冊。此後迄今 15 年間，我共寫了 28 部書，還有幾部尚未付梓。

可以肯定的是：如果沒有那三年的沉潛修學，是不可能產生爾後這些學術成果的。

陸、愛屋及烏的女衆法師

除了導師之外，早期追隨導師的男衆學生，以及導師座下的女弟子們，都非常厚待我。男衆法師如常覺法師、唯慈法師，以及福嚴精舍住持廣善法師，女衆法師除了副院長依道法師與訓導主任慧潤法師之外，還有導師座下資格最老的女弟子慧瑩法師、慧理法師，以及導師最稱職

的侍者明聖法師。這些女眾法師，除了慧瑩法師較爲年長之外，其他在當時大約四十歲上下。比起她們，我當然算是「小朋友」了。

一、慧瑩法師

慧瑩法師對導師至敬至孝，1950 年代，導師借壹同寺場地，最初創辦女眾學院（壹同女子佛學院），那時法師還是在家居士，就自港來臺任職監學。後來返回香港，創立妙華佛學會，除了講經弘法之外，亦全力弘揚導師思想。她老人家今年已 93 歲了，自 1984 年南下尋訪我之後，對我的提攜護持從未間斷。她在香港弘法，自奉甚儉，宛若苦行僧，卻將信眾的供養，一筆一筆攢積起來，分施給在臺灣與導師相關的文教、慈善機構。法師已於 2013 年 4 月 23 日示寂，享壽 94 歲。而我所主導的佛教弘誓學院，至今仍深蒙其恩澤。

二、慧理法師

慧理法師是導師在壹同女子佛學院時期的老學生，算是早期在導師座下剃度的女弟子之一（最早剃度的是慧瑜法師）。曾於妙雲蘭若護持導師閉關，至今猶與常光法師共同主持妙雲蘭若，法務蒸蒸日上。她言詞幽默，待人和藹，在學院教授的佛學課程，甚受學生歡迎。我在佛學院，論年齡或論戒臘，都是她的晚輩。但她謙遜爲懷，對我也愛護備至，到福嚴佛學院上課時，總是特別帶些好吃的水果糕餅來，悄悄拎到我的寮房當做「等路」。至今她與常光法師猶大力護持我所主導的佛教弘誓學院，而且不嫌我的思想叛逆，不怕我「帶壞囝仔大小」，還肯讓幾位門下弟子來此就讀。

三、明聖法師

　　明聖法師是我所見過大德身邊最偉大的侍者。她貌若童子，非常莊嚴，也很聰慧機伶，依她的資質條件，早就可以領眾而分化一方了。但她無條件放棄了所有在佛教界鴻圖大展的機會，默默跟在導師身邊，無怨無悔地照顧著他。大家都說，如果沒有她這樣盡心體貼，照料打點，導師恐怕早已無法住世了。

　　最難得的是，她不但對導師至孝，而且對所有的人都很真誠，同理心很強。導師個性本來淡泊，一向不喜應酬，加上他身體衰病，也無力應付太多訪客。尤其是在他閉門寫作的那些年頭，著述未迄，又覺得餘日無多，所以格外珍惜時間，不喜太多閒岔。幸有明聖法師，恭謹地對待教界長老與導師在海內外的老學生們，又慈悲而熱情地招呼著晚輩與學生，正好與導師淡泊的個性形成奇妙的互補作用。

　　打自我走訪華雨精舍開始，就承受著她的慈悲與熱情，後來我幾乎成為華雨精舍的常客，就更承受了她許許多多的恩澤。舉凡飲食、醫藥、衣服、什具，只要她觀察到我可能會有需要，就立刻靜靜地張羅給我。由於我所居住的福嚴精舍，地處新竹向西北之山坡，冬天又冷又濕，我本就容易手腳冰冷，從小只要遇到寒冬，再厚的棉被也不管用，兩腳一定冷到天亮，難以入眠。明聖法師知道之後，送我一張電毯，它伴著我度過了三個溫暖的冬天。

四、依道、慧潤法師

　　依道法師是一位外貌嚴肅，內心慈藹的比丘尼，她那張冷冷的臉，總讓淘氣的學生忌憚三分。也許她「重視原則」的處世態度，在重人情味的佛教圈子裡，會讓人覺得不近人情，但她對學院的苦心經營，是功不可沒的。我在僧團中極少見到像她這麼細膩、體貼的人。例如，她總是

默默觀察我的嗜好，然後像寵孩子般的買給我吃。有一回她帶我回中壢老家與元化院，竟還特別吩咐家人買當地最著名的紅豆冰特產，只因為她知道我愛吃冰。她與我最大的同好就是疼愛貓咪，至今兩人一講到貓，就眼睛發亮，旁若無人。

慧潤法師與依道法師，在壽山佛學院（佛光山諸佛學院的前身）時期就成為同窗好友，後來更因加入《妙雲集》的校對行列，而成為工作伙伴。慧潤法師瘦高個兒，訓導主任的身分，使得她總是顯得冷峻，眼睛一掃，就可以讓同學們不寒而慄。老實說，起先見到她，連我也想閃遠一點，所以雖然毗鄰而居，但並不太與她談話。後來漸漸熟了，與她私底下相處，才發現到她其實是很浪漫，很富人情味，談吐很優雅的比丘尼，與我談到過往的種種時，一種小女孩天真爛漫的表情就會出現。

她曾告訴我年輕時追隨導師，在臺北與一群女眾共住，後來又到妙雲蘭若為導師護關，生活中的種種境遇。我記憶中印象最深刻的是，有一回她向導師說：「師父好慈悲，就像父親一樣。」導師立刻正色說：「師父就是師父，與父親不一樣。」

就只是這句話，已足以讓我體認到導師對待女眾弟子的心腸！他對女眾雖然慈悲護念，卻不流於半點私情。道情當然不比俗情濃郁，但這樣下來，不但保持了師徒之間的純淨道情，也保持了弟子們長長久久的道心。

其實，如是因才會有如是果，只要看到這些導師座下的女弟子們，面對著我這樣一位因受到導師的器重，而突然闖入她們生活世界裡的小尼師，不但不會有任何憎嫉之情，反而還愛屋及烏，將對導師的敬信之心移轉到我的身上，對我充滿著期許與愛護，我們就可以體會，這絕對與導師正直慈悲地照顧著她們的法身慧命，卻不流於半點私情，有著絕大的關係。

柒、後學風範的男眾法師

我來到福嚴精舍時，導師的男眾學生早已散在各方弘法，而且以駐

錫海外者居多。他們偶而回臺探望導師，也是直奔華雨精舍，來到福嚴精舍的機會並不多，所以我很少有見到他們的因緣。但他們可能也讀過我的一些著作，所以只要見到我，言談之中，也還是充滿著期許與鼓勵。我到海外弘法時，也曾拜會過新加坡演培長老、美國紐澤西仁俊長老、紐約妙峰法師，以及菲律賓唯慈法師，他們都會請我為信徒做專題演講或隨興開示。

以下談述的是與三位男眾法師之間較深的法緣。

一、廣善法師

福嚴精舍住持廣善法師非常清瘦，個性爽朗而重視人情義理。由於他是湖南人，愛吃辣椒，所以用齋時，副院長總是貼心地為他準備辣椒。拜此之賜，我嚐遍了各種風味與不同製作法的辣椒。那時法師已 70 多歲了，住在靠近齋堂的方丈室中，身體狀況並不很好。我得空會過去探望他，他老人家重人情味，看我來到，總是非常感動，要照顧他的阿香居士（後來追隨慧理法師出家，法名德莊），把最好的東西拿出來給我吃，然後向我閒話當年福、慧兩道場的舊事。在他口中，對印順導師充滿著孺慕之情，那真是無條件的崇拜。

他告訴我：早年導師非常嚴肅，不怒而威，而且非常靜默，學生們都很敬畏他。說實在話，我很難將這幅圖像與我當時所認識的導師加以聯結。在我心目中的導師，是如阿公疼小孫女一般慈祥而隨和的老人。

他也提及仁俊長老的風範。仁老方正不阿，一絲不苟。他的時間觀念非常強，用齋之前，就已等在齋堂門外，一待板聲響起，立刻一個箭步「跳」入齋堂。講到這裡，廣善長老還學仁老「跳」過門檻進入齋堂的模樣，讓我忍不住發噱。

1979 年，廣善法師於臺中市的精舍中過世了。由於他一向簡樸，身後事也就非常簡單。聽說某法師以輕慢語看待其喪事，我那時住在臺北景美，知道此事之後，義憤填膺，一口氣在 3 天內不眠不休，幫他編印

出一本讚頌其懿德景行的追思文集，內容包括他的僧俗弟子們對他的追憶（大都是他們臨時口述，由我筆錄成章），以及我個人撰寫的追思文。這或許算是報答長老生前對我護念之情的最後一點獻禮吧！該文集趕在追思讚頌大典前一晚印出，當日送到峨嵋鄉的讚頌會場，贈送給所有與祭來賓。那位輕慢他的法師，看到之後，頗為稱羨。竟說：「不知我走後，你能不能也幫我編一本追思文集？」讓我聽了啼笑皆非。

二、常覺法師

　　常覺法師言談幽默，個性隨和。他早在十幾歲的年輕時代就追隨導師，從中國大陸、香港而到臺灣，資格相當老，卻是導師的比丘學生中最為年輕的一位。我認識他時，他才大約 60 歲出頭。聽唯慈法師說，他是最得導師鍾愛的學生，因為他絕頂聰慧，反應機靈，文筆又好。這我是相信的，導師是個愛才的人，他會為佛教而珍惜人才，那不是出於私情的個人喜愛。

　　常覺法師對導師非常敬重，有一次與我閒談，講到他自我放逐而遠離學團的心境時，不禁喟歎道：「導師總是說：『你們發心做事，要為三寶而做，可不要為了我的緣故而做。』但他的意境太高了，卻忽略了我們的資質。想想看，我對導師有極其深厚的師生感情，不為了他，那又何必扛那麼多責任呢？」

　　這段談話，就如同慧潤法師複述導師的那句話「師父與父親不一樣」一般，在我心中留下了無比清晰的典範。直到如今，我依然向每一位追隨我的學生說：「你們發心做事，要為三寶而做，可不要為了我的緣故而做。」雖然我也知道：自己同樣會因此而嚐受到「高處不勝寒」的孤寂，但那總比學生們覺得他們是在「為昭慧法師而奉獻身心」，因此虛擬了一個感情寄託的幻象，假以時日招感來無邊的恩怨情仇，會來得清淨而如法一些，對學生們長長久久的法身慧命，幫助也來得大些。

　　那時常覺法師住在淡水崇福別苑，到學院來擔任唯識學的教學。他看

過一些我在《菩提樹月刊》所發表的論文，對我非常賞識，命我為他所主編的《獅子吼月刊》寫稿，這才於我的文章中，大約知道了我對唯識學的體會。以一位精通唯識學，講課又非常叫座的長老，竟對我的唯識研究，在人前人後稱讚不已，讓我深深感受到他護念後學的器度胸襟。由於與他老人家很談得來，所以偶遇假日，我會下山坐車到淡水去找他聊天。他對福、慧兩道場還是有很深的情份，所以雖然習慣了閒雲野鶴的生活，但也不忍心推辭學院教職，只好每週勉為其難遠從臺北到新竹教書了。

我對他包容人的涵養非常敬佩。有某位比丘法師，很怕他會回到福嚴精舍，也極妒忌學生對他的愛戴，所以雖然見到他就「老弟」長「老弟」短的，但常會在我或學生的耳邊講他的不是，有時講得非常不堪，已是嚴重的人格詆毀了。我雖不會饒舌傳話，但畢竟聽到的人多了，難保不會有人傳到他的耳裡。顧全大局的他，面對著該法師，依然若無其事。其實該法師是多慮了。我認識常覺法師時，他早已完全淡出福、慧兩道場的運作。如前所述，在他的言談之中，可感受到他已完全無意再扛福、慧兩道場的重責大任了。

常覺法師確實是有能力辦事的人，福嚴精舍右半邊較新的二層樓校舍，就是在他手裡完成的；福嚴佛學院第一屆辦學，也是他與印海法師的成績。如前所述，他對導師更是有著很深厚的師生情份。有辦事能力，有容忍人的涵養，對領導人又有深厚的情份，從主、客觀條件而言，他都似乎沒有理由不為導師分憂分勞。但他卻早早選擇了退出一途，讓我感受到辦僧教育人事的艱辛。

後來也大約知道了能淨法師於前兩屆辦學時，面對一些複雜人事，是如何忍辱負重地度過了艱辛的最後一年。我這才領略到，導師要求依道法師與慧潤法師，不要讓我擔任任何行政職務，好讓我能專心讀書，是何等的用心良苦！

三、唯慈法師

　　唯慈法師遠在菲律賓宿霧弘法，並主持文教、慈善事業，法緣非常殊勝。他平日待人謙和，自律嚴謹，非常有原則，而且有平等心，勇於批判傳統。例如，2001 年 12 月 11 日他回臺時來看我，言談之中，對於我提倡「廢除八敬法」如此「前衛」的運動，他甚表支持，並告知：早在 1964 年，他已爲尼眾發出不平之鳴。是年世界華僧大會於臺北善導寺召開，菲律賓團由瑞今長老帶隊，唯慈法師爲秘書長。會中新加坡廣義法師提出「尼眾應持八敬法」，唯慈法師立刻起身表達異議：「現在是什麼時代了？還能講這個話嗎？現在已經是坐飛機坐火車的時代，若要照你這麼講，我們應該要用走路的了？」

　　我第一次見到唯慈法師，是在 1985 年印順導師 80 大壽之時，他那時也才 60 多歲。我印象最深的一幕是：那天導師很難得的回到了福嚴精舍，在紅磚道上，導師、幾位長老與我正輕鬆交談著。忽然他很認真地向我說：「昭慧法師，有些唯識學的問題，可以向你請教嗎？」我聽了大吃一驚。無論就年齡、就資歷、就導師座下的輩分來看，我都是他的晚輩，他不端長老的架子也就罷了，怎麼竟會用這樣謙虛的態度，對晚輩不恥下問呢？

　　1982 年，當我與性廣法師籌建佛教弘誓學院校舍之時，他不但親自蒞臨學院，而且慨捐 50 萬元建築經費。我們爲此到宿霧向他致謝。那次的宿霧之旅，我至今猶印象深刻。他告訴我：「導師的智慧高深，我實在很魯鈍，還是沒法子接受他的性空唯名論，所以我還是修學淨土法門，信奉眞常唯心論。你能不能告訴我：既然無我，那輪迴生死與涅槃還滅的又是誰呢？」我向他解釋了一下「有業報而無作者」以及勝義諦超越尋思相的原理，但內心對他卻產生了更殷重的崇敬心。這種自認爲有局限，敬信大德而又不輕後學的勤懇態度，是導師座下的另一種典範。

　　1992 年 1 月底，我因公而有第二次的宿霧之旅。唯慈法師於閒談時，憶述過往青年歲月中，在福嚴精舍追隨印順導師時，師友之間的種種趣

事。導師是浙江人，法師是蘇北人，法師對導師的話，不很聽得懂。有一回導師喚他：「唯慈，去把『雅壺』拿來。」他聽了愣頭愣腦，出去轉了一圈回來，報告導師：「找不到『雅壺』。」導師再次說：「就是『雅壺』嘛！」他依然一頭霧水，知道導師性子急，心裡也很緊張。折騰了半天，導師只好比劃了一下刮火柴的動作，他這才恍然大悟——原來導師要的是「洋火」。

還有一次，法師當香燈師。由於太過緊張，半夜就醒了過來，一看時鐘，已是清晨五點，連忙起身漱洗、打板，殿堂一切打點就緒，眾法師們也迷迷糊糊地被板聲催醒，快速起身漱洗，穿袍搭衣，上殿課誦。待到從殿堂下來，天色仍然闇黑，導師納悶問道：「今天怎麼了？」唯慈法師這才發現，他把時鐘的「2」字倒看成了「5」。大家無可奈何，只好返寮房去睡回籠覺。導師沒有責怪他，只是慈祥地說了一句：「唯慈就是太緊張了。」

捌、《妙雲集》教學始末

我在福嚴佛學院教書，前後有三期，每期三年。第一期教第四屆初級部，教的科目是國文。那時我以極大的熱情，依師大的科班訓練，中規中矩地草擬教案，依演講法、問答法與討論法上課，學生也回報我以極大的學習熱忱，至今猶聽到老學生真聞法師提到他們當年上國文課的懷念之情。

到了第四屆初級部畢業前的最後一學期，我意外地開了《妙雲集》課程。

《妙雲集》原非福嚴佛學院的預訂課程。因為初級部的三年課程是副院長依道法師敦請導師草擬的，此中除了以《成佛之道》做為基礎佛學教育之外，就沒有任何與導師思想相關的課程了。相對的，導師雖不贊同太虛大師對大乘佛教三期三系的判攝，卻擬訂了太虛大師的「佛法僧義廣論」與「我怎樣判攝一切佛教」，做為初級部學生的必修課程。

其尊師重道與無私辦學的光風霽月，由此可見一斑。

　　爲什麼我會教《妙雲集》呢？原來前任副院長能淨法師離開福嚴佛學院之後，駐錫陽明山妙德蘭若，有些第二、三屆畢業學生，乃過去依止法師而住。法師慈悲，爲學生的法身慧命著想，所以開設了小小的書院「慧觀學處」，請一些老師開佛學課。那時她已 50 多歲，戒臘也高，算是我的長輩了，對我雖然素昧平生，卻於 1986 年暑假之後，請我爲學生開一門「《妙雲集》導讀」。於是我每二週搭火車到臺北，再轉車到陽明山，在慧觀學處開了生平第一回的佛學課程。可能是因爲口碑傳回到了學院，1987 年初，院方要我爲第四屆學生開同樣的課程。那時他們離畢業已只有半年了。

　　由於導師的思想精湛，許多見地與傳統的成說迥然不同，讓學生一新耳目，所以這門課程很受學生的歡迎。待到初級部畢業後，部分學生留院就讀第一屆高級部時，又繼續上了 3 年。在此期間，由於諸事繁忙，不想多費時日於教學上，我就將慧觀學處與福嚴高級部的《妙雲集》課程合併教學，請慧觀學處的幾位學生驅車到福嚴精舍來旁聽課程了。

　　我以前後 3 年半的時間，分門別類講述導師思想，帶著大家將 24 本《妙雲集》全部讀完，並要求學生分組查詢《妙雲集》中所有的引文出處。到了第二屆高級部，又教了一次《妙雲集》，這回只上了 3 年，學生們繼續查索引文出處，並以原典校勘引文。

　　在教學期間，同學們分組輪流將我上課的錄音帶逐字記錄了下來，並將文字稿輾轉傳印於教界。由於學生程度參差不齊，所以這些文字稿經常是錯誤百出的。印象最深的是：有一次，學生拿文字稿給我過目，請教此中「交通嬌小教育」是何密意。我乍看一頭霧水，無法想像自己是在何等「神智不清」的情況下，說出這番「夢囈」的。再仔細端詳上下文，險些笑破肚皮！原來那是「教忠、教孝、教義」之訛。

　　也因文字稿的精確性實在令我太不放心，所以 1990 年間，傳道法師好心告知：願意讓妙心寺義工整理此一篇幅龐大的講稿，予以出版。但我卻因無暇仔細校訂此諸文字稿，而不得不予以擱置，不了了之。這一擱就

是十年。2000 年元月起，從妙心寺來佛教弘誓學院研究部就讀的呂姝貞同學（現已出家，法名圓眞），與諸妙心寫作讀書會及高雄法印講堂義工，悄然開始進行文字稿的整理、鍵入與初步潤飾的工作，並預訂於每期《妙心雜誌》中予以連載。自 2001 年起，妙心出版社又將此講稿逐冊出書。

　　福嚴教學期間，我也曾爲留院深造的研究部學生開過「漢譯律典研究」。但回想起來，給我本人最大裨益的，還是兩度的《妙雲集》教學。我體會到了許多過往自己閱讀《妙雲集》時，所沒有注意到的新義。特別是在自己研讀唯識論典，也寫了些唯識論文之後，再看導師著作中對唯識學的看法，才發現有些自己困思不已而摸索出的心得，早就被導師點到過了。這時常會因與大德「所見略同」，而產生無比的雀躍之情。

　　由於導師的著作包含印度佛教與中國佛教的各期思想，跨越的幅度非常寬廣，爲了自己讀懂並教懂學生，我也就「上窮碧落下黃泉」，無形中將各期思想的梗概與流變的脈絡都摸熟了。這對我日後的研究、寫作與講學，起了無比重要的作用。爾後無論談教史還是教理，都可以從全體佛教的立場來看待問題，而不至於闖入「盲人摸象」的陷阱。

玖、無心插柳柳成蔭

　　3 年清修教學，我與師生們都相處融洽，但到了任職第一屆高級部主任半年之後，寒假期間，我向導師稟報自己想要離開福嚴精舍的原委，然後返回學院收拾行李，告別了 3 年半的山居生活。

　　原來 3 年的清修歲月中，仗導師之慈蔭，使我免於擔任行政工作；但 1987 年初，副院長與訓導主任因與院長理念不合，帶著很深的感傷，斷然離去。留院學生心裡難免感到徬徨，無形中留院教師的我，就承擔起了安撫學生情緒的責任。是年暑假，我深感福嚴的師資陣容，後繼乏人，在力辭不果之後，勉爲其難應院長眞華法師之託，擔任高級部主任，以培訓接棒的教學人才。但只不過一學期之久，我就深深感受到人事艱難，這與我喜好單純的性情不合，於是 1988 年初，我毅然辭去高級部主任一

職，遠離福嚴精舍這個長期哺育我以法乳甘露的山林道場。

　　此後，我雖已住在臺北，陸續從事護教、護生之種種事業，但爲了報答師恩，依然還是採取隔週上課的方式，擔任福嚴佛學院高級部的《妙雲集》課程，一直到 1993 年 6 月，初級部第 6 屆、高級部第 2 屆畢業，福嚴精舍決定改辦男衆佛學院，我才如釋重負，結束了福嚴教學的生涯。

　　原先教初級部時，我的心思與時間，大都放在研修佛法一事上，願爲經師而不爲人師，以免過多人事因緣打了閒岔，無法專心治學，所以雖然身住學院，但與學生之間是相當疏遠的。到擔任高級部主任之後，確曾花了許多心思陪著學生成長，想爲學院培訓出幾位接棒的人才，以此報答導師的厚恩。但高級部十位學僧畢業之後，各自隨著業緣、法緣而浮沉僧海，我也就沒再聽到他們有什麼特殊的弘法成績了。

　　而眞正苦讀成材，並且在佛教界展現亮眼之弘法成績的，反而是以「印、中佛教史」與「部派佛教」之教學與寫作著稱的悟殷法師，以「阿含經」與「禪學」之教學與寫作著稱的性廣法師，以及以「阿含經」與「唯識」教學，在緬甸、大馬等國巡迴弘法的海青法師；而信慧法師與清德法師，也已擔任起「《妙雲集》導讀」的接棒工作了。這四位，通通都是「旁聽生」！這眞是應了一句古諺：「有心栽花花不發，無心插柳柳成蔭。」

一、悟殷法師

　　在此特別一提悟殷與性廣二位法師。悟殷法師誠懇篤實，頭腦像電腦一般，對於佛教史上的年代、地點、人物、事蹟，不但如數家珍，而且可以一一道出各種佛學辭典之中相關記事的錯誤。她教的印、中佛教史與部派佛教，都是難度極高的課程。特別是部派佛教，那是佛教的繁瑣哲學，她竟然可以綱舉目張，理出極其清楚的脈絡，至今在教界還無人能出其右。好靜而入山唯恐不深的她，已出版了 8 本學術著作，還有三部待付梓中。相信假以時日，她還會有更好的學術成就。

二、性廣法師

　　性廣法師出家於慈航堂，近年取得哲學博士學位，已出版 5 部專書。她個兒高䠷，法相莊嚴，平日非常靜默，談吐也極有深度，在學生們心目中很有威德。在她身上，我感受到如善財童子般對善知識的孺慕之情。自 1988 年初，她就追隨著我，參與護教、護生的種種事業，並成立佛教弘誓學院，擔負起院長重責，是極有識見，辦事能力也很強的比丘尼。她在原始佛教與禪觀方面的教學，深受教界的重視；她的禪觀研究論著，更是別有見地，深受教界與學界的讚許。最難得的是她有實修體驗，而且可以將實修體驗拿來印證經論，善巧地化約為系統性的禪觀教材。在重視義學的僧教育圈子裡，像她這樣解行並重，而且在兩方面都交出優異成績單的僧人，是甚難稀有的。

三、眞聞法師

　　還有一位初級部時代的學生眞聞法師，與我的法緣也非常深厚。她當年雖因事緣，而未繼續就讀高級部，但十餘年後，她當了花蓮慈善寺的監院，好學深思不減當年，不但持續用電話或信函向我問法，還帶領著師兄弟們研讀我的著作，並按部就班聽我的講學錄音帶。

　　早在 30 多年前，教界就傳出一種說法：「昭慧法師的思想太前衛，教過的弟子一定會不安份。」這可能與我常逆向思考以挑戰傳統的言論有關。或許是因為眞聞法師她們以行動證明：受我思想影響的小孩不但不會變壞，反而較能善觀緣起，以同理心與感恩心，體諒上一代師長的苦心與現實環境的局限，她們的師父──相貌莊嚴且極具威德的達瑩長老尼，竟然極度寬容我這「叛逆小子」，近 10 餘年來，無論是在經濟上還是在精神上，都給予我極大的支持與鼓勵。她不但自己常以捐款掖助我們的僧教育，2017 年還帶著她的摯友──愼齋堂的普暉長老尼，蒞院探訪我們，

捐贈了 100 萬元。

2000 年，達瑩長老尼竟讓 10 多位弟子，遠從花蓮來到桃園，於佛教弘誓學院受學（普暉長老尼的徒弟宏任師也同時到院讀書），這實在是我無法想像的善緣。她老人家在我面前也不諱言：很擔心學生們如果集體思想偏差，那不啻是慈善寺可怕的「土石流」，但她依然冒著「土石流」風險，將弟子們的法身慧命託付給我，這對我可說是無比珍貴的知遇恩情！

我在福嚴時代與真聞法師締結下師生緣分後，竟有如此殊勝的後續發展，這又是我教育生涯中「無心插柳」的一個案例。

拾、結論：出山泉水，依然澄湛

常言道：「在山泉水清，出山泉水濁。」1988 年初，我跨出了清幽的山門，投入了滾滾濁流的塵寰之中，自此就是一條生命的不歸之路。

我相信那時導師會隱約擔憂我學術生命的夭折，也會擔憂我禁不起世間的誘惑而變質。但是差堪告慰的，我的學術生命不但沒有夭折，反而在研究議題方面，更有了「柳暗花明」的廣闊視野；我不但沒有在名利場中面目全非，反而在諸多的人事歷練之中，心思更為純淨而豁達，任事也更為勇猛而俐落了。

離開福嚴精舍之後，我雖然只能在忙碌的事緣之中偷閒治學，但是從來也不曾後悔邁出這一步。時節因緣使我不得不探出學術的象牙塔，體會時代的脈動，對社會做更多積極的參與。

但有了 3 年在福嚴教書歲月中的學養基礎，其後的忙碌生涯，就好似提供了各種層面的實踐機會，好讓我以實務經驗來一一印證理論，又依此而拓展視界，將佛法拿來與當代對話。於是佛法不但沒有離我遠去，反而更深刻地銘印在我的心中。

迄今所有面對佛教與面對社會的人生經歷，以及之後我另成立學團、統理大眾的經驗，不但不是我原先所擔憂的「打閒岔」，反而是給我一遍又一遍依「八正道」而操作人生的機會。

　　但是話說回來，如果沒有印順導師慈悲的引薦與智慧的指引，讓我有3年在福嚴精舍山居研教的基礎，我能在人生澗道無數個峰迴路轉之後，依然保持一潭湛然澄清的「出山泉水」嗎？

　　是故對印公恩師，對福嚴精舍，以及這段生命歲月中所會遇的師友們，我至今仍有著刻骨銘心的感恩之情。而這份心情，或許就是讓我之後迄今，仍能孜孜矻矻以護持正法、利濟有情的最大動源吧！

第 14 章

戰後臺灣新竹市東郊的印順導師與人間淨土思潮的大爭辯及其新發展

江燦騰

壹、前言

近 30 年來，在臺灣各地佛教道場盛行的人間佛教淨土思潮，不僅在當代臺灣各地、甚至在香港和中國大陸地區，都是不少佛教學者論述的熱門課題；而與此相關的教界人士和著名道場，也都紛紛各自標榜新創的詮釋術語和本身思想的源流與依據。

因此，當代人間佛教的思想潮流，是既廣泛流行又涵義分歧的當代新佛教意識形態之特有氾濫現象。這雖不是對新竹市佛教界所特別產生的影響，卻也無法例外，而不受其影響，例如釋寬謙比丘尼，就是當中最著名的實例之一，她不但一直弘揚印順導師的著作與思想，連福嚴佛學院的大改建時，也都由她一手包辦全部設計的。因此，我們絕對有必要針對此思潮與印順導師（1906-2005）的關係之間，進行必要的解說，才能知道整個事件發展的來龍去脈。

但是，人間佛教的思想潮流中的核心概念及其相應的社會實踐趨勢：佛陀的非超人化和佛教的入世關懷，其實是與戰前的近代化趨勢和社會

主義思潮在東亞逐漸流行的各類實踐化表現，具有密切的關聯性。

因此，事實上，1936 年之前的中國佛教界不少改革派人士和日治下的臺灣佛教知識菁英間，彼此都有多次的思想交流，雙方甚至都具有高度的近代思想同質性內涵。[1]

可是，由於 1936 年後的東亞戰爭，逐漸促使各類思想朝向包裹民族主義外衣的法西斯化、亞洲統合論和唯物社會主義思想的三者之混合時潮發展。

唯一例外的是，當時還在大陸地區的傑出佛教思想家印順導師。由於他在戰時，曾對印度佛教滅亡史進行深刻的反思，而後又溯源性地引述原始佛教的相關佛經典據，並提出印度佛教思想流變的新詮釋體系，所以大量具有近代性反思性質的傳統經論新解論述，也逐漸流傳各地。而當 1949 年，國共內戰大局底定之後，他又先是逃離到香港；之後，從 1953 年起，再長期定居於臺灣新竹、臺北、臺中、嘉義等地，直到 2005 年過世於花蓮。因此之故，也帶來他最具典範性的新佛教思想的認知內涵和多元視野。

不過，人間佛教的思想潮流，之所以能在兩岸三地成為不少佛教學者論述的熱門課題，其實是根源於臺灣解嚴前後的特殊社會轉型期的新思維的產物，並且筆者和楊惠南兩人，是初期最重要的推廣者；其後，印順與太虛（1890-1947）的差別和新舊淨土思想的不同實踐路線之爭，就成為佛教界各自論述的主要源頭。

而其中，佛教兩性平權、生態關懷、國際急難救助和現代弘法，則是臺灣教界目前的主要成就。受此影響，大陸佛教界人士，也不甘示弱，紛紛提出趙樸初（1907-2000）與太虛的人間佛教思想論述。所以，目前此新（意識形態）的思潮，仍在兩岸三地，各自繼續分歧發展。

但是，為何會出現印順導師與當代淨土思想的大爭辯及其新開展？本

---

1 江燦騰，〈大正後期臺灣僧侶首次參與國際交流和兩岸佛教的互動及影響〉，《臺灣佛教史》（臺北：五南出版社，2009 年），頁 193-236。

一代高僧印順創辦的福嚴佛學院在新竹市東郊

說明：筆者（右）在 2001 年，出版《當代臺灣人間佛教思想家》一書（台北：新文豐），
為印順導師祝壽。（右二）是釋性廣比丘尼，她接受我的建議，正式提倡人間佛教禪法，
並出版專書，由筆者寫序。（左一）釋悟殷比丘尼，她開始按印順導師的觀點，出版部派
佛教專書。（左二）釋昭慧比丘尼，她是受印順導師的戒律思想的啓發，出版關於佛教女
性戒律學觀點的專書。這是當代關於印順導師的人間思想詮釋的高峰期，也是當代最具佛
教思想影響力的大擴散期。而筆者的書，也在中國大陸被不少學者閱讀。日後，更因此，
有大陸佛教學者張雪松博士，還將筆者和北大哲學系教授樓宇烈先生相提並論。所以，我
們四人，當時都一起到台中縣的太平市華雨精舍，與印順導師本人合影。

章就是在解說此事情來龍去脈。又由於筆者本身，不但是做爲研究當代臺灣佛教史的學者；在此同時，長期居住在新竹地區的筆者，又是實際介入歷史發展的相關「局內人」之一。所以，在親自現身說明之餘，也可能有當局者迷的認知盲點。因此，本章只是代表筆者的一家之言而已。

貳、相關歷史溯源

一、先從 1991 年 10 月 20 日印順導師與筆者在新竹的一次對話說起

雖然在臺灣當代的佛教學術圈，並不缺乏學有專長的佛教學者。但是，在 2005 年之前，要像印順導師那樣，幾乎受到僧俗兩眾，一致推崇的佛教學者，並仰之爲當代佛學最高權威者，可謂絕無僅有。

不過，論世俗名聲上，他比不上南部佛光山的星雲法師，甚至也比不上他門下的證嚴法師。但是，在眞正的佛教學術研究圈裡，卻唯有印順導師一人，能具有一言九鼎的公信力。

也因爲如此，在臺灣的佛學界居然出現一種有趣的現象，即：有不少佛教道場，經營會對外界表示，他（她）們奉印順導師爲「導師」的；而印順導師的佛學見解，就是彼等修行的最高指導原則。換句話說，在當代臺灣的佛教學術界裡，掛印順導師的「招牌」，已經成了一種新的流行。

本來，佛法的流布，就是要深入廣大社會的，並非只是出家人自己關起門來說說而已。所以當年佛陀在菩提樹下，悟得無上的解脫道之後，隨之而來的，是遊走四方，傳播所悟正道；不拘對像，不論種性、貧富、賢愚，凡有所求法者，無不一一爲其決疑和開示，務必使其蒙受法益而後已。

總計佛陀從 35 歲悟道到 80 歲入滅的 45 年間，弘法、利生，即是他行道的主要宗旨，也是他實踐佛法的主要方式。

從這個角度來看，印順導師，自 25 歲出家以來，就在佛法中薰習和

成長；而自 26 歲撰寫〈抉擇三時教〉和〈共不共之研究〉於《現代僧伽》以來，也已經歷了近幾十個年頭的弘法生涯。

他的《妙雲集》和其他多種傑出的佛學著作，質精量多，幾乎涉及到經、律、論三藏的每一層面，堪稱一套小型的「三藏」寶典，爲傳統佛學和現代佛教思想，建立起一條寬坦的溝通橋梁。

對於這樣的佛教高僧，身爲佛教徒或佛法的愛好者，能閱讀他的書、以研討他的思想爲榮，毋寧是很值得稱許的。而筆者自 1971 年起，便因工作的關係，長期定居新竹縣竹北迄今，也常常讀他的相關書籍，並逐漸寫過不少有關他的著作。[2]

可是，一開始，還未認識印順導師本人。筆者是先認識住在新竹市南門街的一位翻譯日本佛學著作的東北籍人關世謙先生，之後才有機會認識印順導師本人。

那時關世謙先生還在新竹市議會擔任秘書，也常在佛教期刊上發表譯自日文佛學的文章發表。他和個子嬌小的妻子，是住在新竹市南門街的一棟老舊日式平房宿舍內。關世謙先生也是 1949 年大陸變局而來到臺灣新竹的，又是虔誠的佛教徒。所以對於大陸僧侶在當地的活動，他都熱心參與，熟知來龍去脈。

而筆者當時，一方面在新竹縣竹北鄉泰和路的臺灣飛利浦電子公司竹北廠的廠務部擔任機房操作員，負責氧氣製造，另一面又在臺灣大學歷史研究所碩士班就讀，專攻明代佛教史。

有一次，筆者曾從臺大圖書館複製日本佛教學者阿部肇一的《中國禪宗史》增訂版給關世謙先生翻譯，其後此譯本是由三民書局的東大出版社出版的。

因爲這樣的關係，筆者常從竹北家中騎機車到關世謙先生的南門街宿舍。當時，還是在臺灣政治解嚴的初期階段，但先前管制思想的環境已大爲開放了。

2　江燦騰，《人間淨土的追尋》（新北：稻鄉出版社，1989 年）。

當時,臺灣知識菁英的活躍表現,有《當代》、《中國論壇》、《思與言》等刊物,可以暢所欲談。而筆者主要是在《當代》上發表。

其中,有一篇是筆者討論臺灣佛教高等教育的問題,並特別指名當代臺灣佛教界首席佛學權威印順導師本人,應在有生之年,針對新儒家大師牟宗三的《佛性與般若》中,所針對印順本人觀點的批評,有所回應。而不應留下未解的問題,讓像筆者等這些後輩學者來煩惱。[3]

沒想到,有一天,筆者去關先生家,關先生剛從新竹市東郊丘陵上的福嚴佛學院回來,他是去參加印順導師的生日慶祝會的。

但,他告訴筆者,來參加導師生日慶會的人很多,可是導師一個人坐在沙發椅上,手裡拿著《當代》雜誌,正認真讀筆者的文章。關先生對他說,他認識作者。結果,印順導師拿著《當代》雜誌給關先生看,嘴裡一直在抱怨著:你看看,「你看看,還居然要我和牟宗三辯論!」

筆者頓時恍然大悟,任何學者都是重視自己的學術思想,在專業同行中的看法。所以,他對生日活動是否熱鬧,一點也不在乎。他在乎的是,筆者居然丟給他一個傷腦筋的學術課題!

後來,印順導師本人,也親筆給筆者一封信。所以,筆者知道,他是把我當知音的,因此,他對筆者特別客氣,態度也和對其他人不同。

記得他 92 歲那年,筆者到福嚴看他。因假日大門關閉,等通報後打開。筆者進去時,抬頭一看,當年 92 歲的他,居然在二樓的走廊上,一手扶著鐵欄杆,一手對筆者揮舞,表示歡迎,令筆者無比感動。也就是在這訪談中,他坦承,並不反對共產主義,認為那是人類的理想之一,所以無須反對。但,他反對用殘酷的手段來傳播共產主義。

不過,在 1991 年 10 月 20 日的一次聚會中,印順導師本人卻對我個人談起他的著作被濫引濫用的情形。他還感嘆早期來臺灣,有心教卻找不到程度好的學生來學習,以後又因身體弱,無法將內心所想的一一寫出。

3　江燦騰,〈為臺灣佛教高等教育把脈〉,載《當代》第 37 期(臺北,1991 年 3 月),
　　頁 100-106。

因此他認為，他在臺灣佛學界的影響力一定很弱（當時在場的，還有來自臺南妙心寺的傳道法師。我們都是來參加福嚴佛學院的改建落成典禮，才與印順導師碰上的）。

不過當時，筆者隨即對他表示：在臺灣，他的書已成為當代知識份子，要接觸佛教思想的最佳媒介，即連一些新儒家的年經學者，也多多少少讀過一些。因此他的佛學影響力，是無可置疑的。

然而，真正能對他思想做深刻掌握的，並不多。換句話說，當代的臺灣佛學水準，儘管有印順導師的著作可讀，由於理解不精確，很難評估提升多少。這樣的狀況，到底要怎樣扭轉，便值得探討了。

另一方面，筆者之所以要慎重其事地，重提這一段關於當代臺灣佛教界對印順導師的矛盾影響現象，其真正用意是，是想藉此導出一個相關的論述主題。

亦即，我們可以由此發現，當代整個臺灣佛教界的學術水準，其實並不如想像中那樣高，而事實上這又是印順導師再臺灣已經經營了近幾十年的結果。可見他過去的努力，是何等地艱辛、何等地不易。

再換另一角度來說吧！我們都知道有一些佛學界的同道，相當同情1953 年到 54 年之間，印順導師因《佛法概論》被檢舉為「為匪宣傳」的這件事。甚至有些學者（如楊惠南教授）還把此事，當作印順導師遭受保守派迫害的實例。同時，也批判包括慈航法師在內的教界領袖。

於是有個新的研究結論提出：認為臺灣戰後的佛教發展，所以在水準尚未大幅度地提升，是由於印順導師受迫害，以致失去其領導性的地位，連帶也喪失原可循印順導師思想發展的大好機會。總之，在《佛法概論》這件事上，印順導師不但被當成受難的英雄，也使保守派必須擔負了佛教發展落後的嚴重責任。

然而，我當時認為，如果我們繼續環繞著這件事打轉的話，可能對整個印順導師的時代角色與地位，會判斷不清。

因為從事件的過程來看，印順導師並未被關，或被逮捕，甚至連限制行動的禁令也未發出，僅是在處理上，有警總和黨部介入，且要求對

某些關於北拘蘆洲的描寫做修改而已。

　　其後印順導師在經營道場和弘法活動上，一點也未遭到官方的干涉。所以我們如果太過強調此事的迫害性質，則有可能會誤導判斷的方向。做爲一個現代佛教學者，在觀察此一事件的本質時，不能太感情用事，應該用較深度的視野來分析才對。這是我在展開以下的說明之前，首先要強調的一點。

　　其實我們可以從他在心智上的偉大創造，以及對人間苦難的關懷這兩點，來評估他的人格特質以及他在佛教思想方面的卓越成就。

　　就第一點來說，筆者曾在一篇文章中，提到：「印順導師的最大貢獻，是以此三系（性空唯名、虛妄唯識、眞常唯心）的判教，消化了日本近代佛教學者的研究成果，融會自己探討的資料，而以流利的中文傳出清晰可讀的現代佛學作品。迄今爲止，他的確代表了當代中國佛學研究的最高峰，臺灣近 40 年來的佛學研究，抽去了印老的著作，將非常貧乏，可見其份量是超重量級的。」[4]

　　另外我在〈孤獨的佛教哲人〉一文中，也曾提到他說：「像這樣的佛學專家（印老），卻是長年身體虛弱，不斷地和病魔抗爭，幾度徘徊在死亡邊緣的。他的心力之強，心思之邃密，心智之清晰，實在令人驚嘆不已！」[5]

　　假如人類的偉大性，是指人類對內在脆弱性的強化與不斷地提升，那麼像印順導師這一堅毅的創造性表現，實在是相當不易的。

　　況且，在這一心智的偉大創造背後，印順導師又具有關懷人間苦難的強烈取向。可以說，他對佛法解脫道本質的理解，是界定在對人間爲主的強烈關懷上。由於這樣，他一方面極力探尋印度佛法的原始意義爲何？一方面極力強調初期大乘是佛教眞正解脫的精神所在。在這樣的佛教思想主

4　江燦騰，〈臺灣當代最偉大的佛教思想家印順盛正〉，《人間淨土的追尋》，頁 232-233。

5　江燦騰，〈孤獨的佛教哲人〉，《人間淨土的追尋》，頁 235。

張，其實又和印順導師的學佛歷程，以及當時國家社會的危難局勢有關。

換言之，印順導師在做爲出家人的角色上，他不只是隱逸式的探求佛法而已，他在內心深處，始終和時代的處境，有一密切的關聯性。因而，他的著作內容，其實是以佛教的社會關懷，做爲對時代處境的一種回應。

我們在他的自傳之文《平凡的一生》和學術史回顧《遊心法海六十年》這一小冊子中，即可以看到他的長期治學，厥在尋求佛陀本懷，同時也可發現他對民族的尊嚴和時代的使命，抱持著一份強烈的關懷。例如他曾反對太虛弟子和日本佛教界過於親近。

他的理由是：「日本軍閥的野心是不會中止的，中日是遲早要一戰的。處於這個時代的中國佛教徒，應該愛護自己，不宜與特務化的日僧往來。」[6] 這是他從 1935 年起，和太虛大師有一年多未交往的主要原因。

到了 1938 年冬天，中日戰爭已爆發，全國上下正努力對日抗戰，面對此一國族危難，他眼見廣大的佛教信眾，無以解國族之急和聖教之危，於是他深切反省佛教的過去與未來，想探明問題出在哪裡？而當時新儒家的大師梁漱溟在四川縉雲山與他談到學佛的中止與時代環境的關涉時，更令他思考：「是否佛法有不善之處？」然後在《增一阿含經》中讀到「諸佛皆出人間，終不在天上成佛也」的句子，之道佛陀的本來教法，就是以人類爲本的。他因能找到「人間佛教」的法源，內心爲之欣喜、熱淚爲之奪眶而出！[7]

從此以後，揭櫫佛教的人間關懷，即成爲他爲學生的主要方針。一度他甚至不惜爲此一主張而和太虛大師有所諍辯。由於這是他親探佛教經藏的原義，而後才確立其堅決主張的。因此他敢於喊出：「我不屬於宗教徒裔，也不爲民族情感所拘蔽。」[8] 他並且提出他的治學理念說：「治佛教史，應理解過去的眞實情況，記得過去的興衰教訓。佛法的信仰者，

6　江燦騰，〈當代臺灣人間思想的領航者〉，《當代臺灣人間佛教思想家》，頁 20。
7　印順，《印度之佛教》（臺北：正聞出版社，1986 年），頁 1-3。
8　江燦騰，〈當代臺灣人間思想的領航者〉，《當代臺灣人間佛教思想家》，頁 20。

不應該珍惜過去的光榮,而對導致衰落的內在因素,懲前毖後嗎?焉能做為無關於自己的研究,而徒供庋藏參考呢!」[9]所以佛法的研究,對他而言,是具有時代的使命感的。

而他日後來臺灣,所寫的龐大著作,也都具有像這樣的關懷在內。因此要理解他的思想,即必須將他的思想放在時代的大架構中來理解。否則是掌握不到他的真正的思想特質的!

但是,他的研究,儘管文獻解讀精確、立論嚴謹、證據充分,可是由於他同時也吸收了不少國外學者的研究成果,在詮釋上便和傳統佛教的佛教僧侶產生了很大的差異。例如他重視原始佛教,他的《佛法概論》一書,即是以原始佛教的經典為主要內容。

可是對傳統派的中國僧人而言,《佛法概論》其實是小乘的佛法;而流傳在中國的傳統佛法卻是以大乘佛法為主。他們視大乘佛法為佛陀的成熟教誨,是原始佛教為不了義。如此一來,雙方在認知上產生了巨大的衝突。於是印順導師便遭到了長期的批評。

他在《法海微波》(序)中有一對沉痛話,提到他的作品遭遇和失望的心情。他說:「(從)民國 20 年來,我寫下了第一篇〈抉擇三時教〉,一直到現在,紀錄的與寫作的,也不算少了,但傳統佛教界給予的反應,除極少數外,反對、不滿、厭惡、咒詛、都有口頭傳說中不斷流行,這實在使我失望!」[10]

這是他在 1987 年所寫的感嘆之辭,離他寫第一篇文意的時間,已經過了二分之一的世紀有餘。

他其實是很歡迎公開批評討論的,例如他曾因唯識新舊譯的問題和守培(1884-1995)筆戰,因三系判教的問題和默如(1905-1991)筆戰等,都是相當精采的。可是佛教界能有實力和他公開討論的,畢竟不多。

事實上,印順導師在臺灣所遭受的批判,除了他的《佛法概論》被指

9　江燦騰,〈當代臺灣人間思想的領航者〉,《當代臺灣人間佛教思想家》,頁 20。
10 印順,《法海微波》(臺北:正聞出版社,1987 年),頁 2。

爲「爲匪宣傳」外，他的《淨土新論》被反對派大批放火焚燬，他獲頒日
本大學的博士學位被圍剿爲「有損清譽」。其中關於《佛法概論》事件，
尤其令印順導師耿耿於懷。[11] 他在《平凡的一生》中，詳細交代經過，並
點出他來臺灣進駐善導寺，以及占了赴日代表的名額，是整個事件的內
在主因。[12]

　　但是，他似乎忽略了思想上的差異，才是根本原因所在。例如他提
到「漫天風雨三部曲」，其一是圍剿圓明、其二是慈航爲文批他、其三
是反對派向政府檢舉，而其中一和二，即是思想上的差異所引起的。

　　並且在政府不追究《佛法概論》的思想問題之後，印順導師長期在臺
灣的傳統派隔閡的，仍是思想的歧異，而非利益的爭奪。——爲什麼呢？

　　因爲印順導師批評傳統佛教，從天臺宗到禪宗和淨土的思想，皆在批
判之列。就天臺宗言，印順導師指出：智者大師的空、中、假三諦、非龍
樹《中論》本義。在禪宗方面，他指出印度禪法，被「中國化」的過程，
以及中國人禪宗人物重視修行、急於證悟，卻忽視三藏經教、和未能多
關懷社會的缺失。

　　至於淨土思想，他則批判彌陀思想受太陽崇拜的影響，以及此一思想
太偏於死後的關懷等。凡此種種，都是極富革命性的批評，因而引起反
彈，毋寧是理所當然的。從臺灣佛教發展史來看，臺灣戰後的最大變遷，
應是佛教人間化的提倡。

　　而在這一思潮之下，可以有各種不同的活動形態。其中以著作爲主，
並且強調原始佛教和初期大乘的佛法爲核心思想的，即是印順導師的最大
特色。至於像佛光山的「人間佛教」理念，則強調佛法的現代化、生活化，
所謂「給人信心、給人希望、給人歡喜、給人服務」，因此佛法不分宗
派的高下，一概予融通活用。在這一立場上，筆者曾在一篇論文中指出，

---

11 印順，《平凡的一生》（新竹：正聞出版社，1994 年初版，2005 年新版），頁 79-
　85。

12 印順，《平凡的一生》，頁 75。

星雲法師可說是：太虛佛教精神的追隨者；而印順導師則是：「批評地繼承」了太虛的佛教思想。[13]

亦即，在法源上，印順導師重視原始佛教和初期大乘，特別是以中觀思想為核心，不同於太虛的法界圓覺思想；然而，太虛的強烈社會關懷，則印順導師並不反對；所以他是「批評地繼承」，這也是他和星雲法師的最大不同點。

他和星雲法師也因此分別代表了臺灣戰後以來，兩大「人間佛教」的思想潮流。[14] 但，這已是 20 世紀 90 年代初期的狀況了。在此之前，又是如何呢？

二、追溯當代「人間佛教思潮」做為「學術議題」的開端

戰後初期，臺灣佛教界當時在思想詮釋上的激烈爭論，主要是關於大乘佛教的信仰來源，是否符合原始佛陀教義的問題。

這在一定程度上，是反映戰後 1949 年，自中國大陸逃難來臺灣的僧侶們，對於日本佛教學者所主張的「大乘非佛說」的不滿和質疑。所以其後，便曾發生過印順導師遭到指控，其佛教思想著述中，有涉嫌沾上紅色「共黨思想」的思想危機。

因此，儘管印順本人在此之前，早已講過《淨土新論》的反傳統淨土思想的前衛觀點，但是當印順在其僥倖地，以道歉和修正部分觀點、並從原先所面臨的紅色思想的嚴重指控之中，脫困之後，便一再宣稱自己是主張「大乘（義理）是佛說」，因而除了其《淨土新論》一書，曾被其他佛教人士搜羅和遭焚燬之外，大致上並未被其先前的對立者繼續糾纏，或不斷地追擊批判。

---

13 江燦騰，〈孤獨的佛教哲人〉，《人間淨土的追尋》，頁 235。
14 江燦騰，〈孤獨的佛教哲人〉，《人間淨土的追尋》，頁 235。

反之，在逃難來臺的大陸僧侶中，有釋煮雲（1919-1986）以高雄縣的「鳳山蓮社」爲中心，釋道源（1900-1988）以北臺灣爲中心，以及山東籍的李炳南（1891-1986）以「臺中蓮社」爲中心、並宣稱是近代中國淨土宗大師釋印光（1862-1940）的忠實追隨者，於是在彼等大力宣揚下，中國佛教傳統佛教中所謂「稱名唸佛」的淨土法門信仰，以及連續七天不斷地誦唸佛號和繞著佛像而走的所謂「打佛七」的修持方式，很快地便擴散成爲戰後臺灣地區佛教徒的主流信仰內涵和最風行的修持方法。

不過，此種淨土思想的首次遭到質疑，卻是遠自海外首次應邀來弘法的漢籍密教上師陳健民（1906-1987）所提出的。

1980 年 11 月 21 日起一連 5 天，陳健民上師假臺北市建國南路，慧炬雜誌社的淨廬地下室，主講「淨土五經會通」。講演綱目分 11 章，第 2 章的內容講是「罪福會通」，所以他批評傳統中國淨土古德所提倡的「帶業往生」說法，是經文無載的錯誤觀點，他主張以「消業往生」代之。

由於涉及傳統信仰權威，引起佛教界的大風波，各種責難和商榷的文章紛紛出現。後來由天華出版公司收爲《帶業往生與消業往生》一書，由祥雲法師（1917-1999）主編，列爲天華瓔珞叢刊第 59 種。

但是，爭論的聲浪始終未能平息，所以其後由著名的臺灣佛教史家藍吉富在其進行現代佛學叢刊的主編計畫時，雖曾收有陳健民其餘著作的《曲肱齋叢書》出版，但對陳氏這方面的作品，仍心存猶豫，僅將論戰文章的部分，附在叢刊另冊處理。

所以，類似這樣的事件，背後涉及的思想層面都是相當複雜的，也意謂臺灣傳統佛教的信仰意識形態，在解嚴之前的仍是相當牢固和保守的。

可是，1986 年臺灣新一代的宗教學者以未註冊的方式成立「東方宗教討論會」，開始每月一次，進行嚴格的宗教學研討和當代佛教學新學術議題之倡導。次年期末年會召開。當時，由於道教學者李豐楙的特別建議，要當時仍就讀於臺大歷史研究的筆者，提出以印順導師的淨土思想爲中心的相關論述，並邀請任教於臺大哲學系的楊惠南教授擔任筆者論文的評論者。當代臺灣學術界的精英多人，亦曾參與此一論題的討論。

所以此一新佛教學術議題，宛若被點燃的火藥庫，立刻爆炸開來，成爲此後多年海峽兩岸佛教學者大量重估印順、太虛兩者的人生佛教與人間佛教之別的契機。

當然，1980 年代的臺灣，正處於退出聯合國和臺、美正式斷交（1978年）之後的激烈轉型期，其後又爆發了嚴重的臺北市第十信用合作社「蔡辰洲弊案」的大醜聞，所以戰後蔣家在臺政權的第二代政治強人蔣經國（1910-1988）總統，便開始下重手進行遍及黨政軍的大規模政治整頓，此舉也導致在臺灣佛教界有重要影響力的南懷瑾居士（1918-2012），爲避嫌而選擇倉皇逃離臺灣轉到北美去另尋發展之途。

因此，在 1986 年時期的臺灣佛教界，正處於保守勢力逐漸衰退，而新一代佛教學者以佛教史家藍吉富爲中心開始，從事對印順學的新解讀與新典範的確認。當代臺灣新銳學者筆者，就是直接受到藍氏此舉的重大影響，因而才有其後的一連串相關對於印順淨土思想的再詮釋或新檢討。[15]

參、筆者當時詮釋的新舊淨土思想衝突，其相關論點爲何？

1987 年筆者在「東方宗教討論會」的年會中，提出首次〈當代臺灣淨土思想的新動向〉一文，並以罕見的學術熱情和肆無忌憚的態度，針

---

15 禪林的著作有兩段話，可以說明當時臺灣佛教界新舊淨土思想轉型的狀況：「……此因傳統淨土信仰與已和臺灣民間大眾的老年心態相結合，亦即其在現實上已成爲精神生活或習俗內涵的一種，故很難被視爲具有對抗性的激進佛教思想，所以也無法成爲批判社會現實問題的強大衝擊力量。」「直到 1986-1989 年間，恰逢臺灣正式宣告解除戒嚴前後期間，各種社會運動相繼湧現，使臺灣地區在解嚴前後對佛教組織的管理大爲放鬆，因而伴隨這股潮流，也促使當代臺灣年輕一代的佛教學者開始反思傳統淨土思想的嚴重缺陷問題。於是彼等有計畫地援引前輩佛教思想家——印順導師的人間佛教思想——做爲論辯和再詮釋的根源性理論依據，並立刻在學術圈和佛教界，激起對此相關議題的熱烈討論，或互相激辯。」見禪林，《心淨與國土淨的辯證——印順導師與人間佛教思想大辯論》（臺北：南天書局，2006 年），頁 15。

對當時臺灣學、教界曾涉及此相關之議題者，展開了強烈批判性的反思，其中尤以「虛、印之別」，做為討論觀察印順導師人間佛教思想與中國傳統淨土思想爭辯的判別基準，最為特殊。

事實上，以印順和太虛的淨土思想差異，做為傳統與現代的淨土思想之別認知基準，並不十分精確，可是筆者的此一舉動，其實是企圖達到其所訴求的兩大目標：

一、是對李炳南居士所代表的傳統淨土思想的不滿。因筆者過去曾於臺中市，參與李炳南居士的一次戶外大型弘法演講。

但筆者當時頗不贊同李炳南以傳統淨土信仰的思維，在公開場合中強烈批評近代科學認知的偏頗和無效性，於是斷然視李氏為佛教頑固保守派的反智論代表，並決意此後一反李氏的淨土思想主張，另尋新典範取代之。

所以，筆者此次特地於其論文中，首次公開具體指名「李炳南居士」曾發動信眾燒燬印順導師的新淨土著作的不當之舉。筆者之文被披露之後，雖然有李氏的弟子，要求印順導師出面為文，代其否定，卻被印順本人委婉拒絕。[16]

於是新舊淨土思想之爭，自此之後，便由原先只在教界私下議論的宗教敏感話題，開始逐漸正式浮上檯面，不久便成為戰後臺灣佛教學術界的最勁爆的新課題。

二、筆者對於當時臺灣佛教界流行將印順導師的龐大複雜的佛教著作，或以其《妙雲集》的解讀為中心，或以「大乘三系：性空唯名、虛妄唯識、真常唯心」的新判教，來質疑其理論建構的有效性。

筆者認為此類的認知方式，是缺乏歷史關聯性的「信徒式」解讀。於是在其論文中，一反常態地將印順導師的所有著作，都視為是對時代苦難關懷的人間思想詮釋。

因此筆者主張：（a）印順的全部著作就是反中國傳統淨土思想的「人

---

16 見印順，《永光集》（新竹：正聞出版社，2004 年），頁 268-269。

間佛教」論述體系之展現。（b）印順的思想出發點，就是對太虛所代表
的以心性論爲最高原則的傳統中國佛教思維的強烈質疑。（c）筆者在同
文中也質疑印順的佛教思想，雖陳義極高，但嚴重缺乏對相關歷史情境
的對應認知，所以是否有當代實踐性的可能？仍有待檢驗。[17]

　　這的確是一個爆炸性的議題，所以其後的發展，都和這一論述的提
出有關。

　　但是，禪林則認爲：當年筆者之文的發表，之所以能發生極大的效應，
其一、是其發表的地點相當特殊；其二、發表其文的刊物影響力極大。

　　在其一的說明中，禪林指出：此因當時筆者能率先將論題，訂爲〈當
代臺灣淨土思想的新動向〉，除有其對傳統淨土思想的發展所做之長期
的反省與思考外，其最大因素，應與發表的地點有關。[18]

　　換言之，她認爲當年筆者，是掌握得天獨厚的好因緣，出現於「東
方宗教討論會」的年度會議上，所以才能對於他討論印順導師淨土思想，
在當時的學、教界，起了如此巨大推波助瀾之作用。

　　事實上，禪林在「其二」的觀點中，她是同意並引用佛教史家王見
川教授的意見，認爲當年筆者的發表，之所以能發生極大的效應，就其
後續的演變來看，不能忽略《當代》刊物在當時傳播之效應。

　　因此她認爲，「這本刊物以人文思想爲主，其內容格外備受重視，流
傳至今仍不衰。所以江氏當年亦鎖定此份刊物，並將題目修改爲〈臺灣
當代淨土思想的新動向〉，於 1988 年 8 月 1 日投稿於《當代》雜誌第 28
期；隔二期，又有印順導師本人在同刊物（第 30 期），即以〈冰雪大地
撒種的痴漢——「臺灣當代淨土思想的新動向」讀後〉做爲對江文的回
應。於此，我們足以窺見《當代》雜誌在學、教界早已頗受一些著名學者、

---

17 見禪林，《心淨與國土淨的辯證——印順導師與人間佛教思想大辯論》，頁 23。

18 她認爲，「江氏是因參加 1987 年 9 月『東方宗教研究所』會議，而撰文和公開發表此文。
　　恰好此一地點，又正是當年學、教界彼此交流知識學術會議之重鎮，並且講評者正好
　　又由楊惠南來評審，所以導致楊氏隔幾年亦將他對江氏觀察也發表在同刊物。」見禪
　　林，《心淨與國土淨的辯證——印順導師與人間佛教思想大辯論》，頁 17。

專家留意，可見影響力之一斑。」[19]

但是，筆者的認知過程，則同樣反映出當時新一代佛教學者的現代治學經驗。因爲筆者的正式接觸印順導師佛學思想，其實是在筆者就讀臺灣大學歷史研究所的第二年（1976）時，才有清楚的認識。

當時，筆者曾試圖將印順導師與太虛的思想做比較，卻發現印順本人處處明白表示他的思想與太虛的思想有別，可是戰後來臺的印順追隨者，包括新一代的臺灣本地認同他思想的眾多僧侶，居然毫無警覺地，將印順的思想直接視爲太虛思想的繼承者或將兩者的思想視爲是同質性的內涵。

因此，筆者當時心中生起的第一個念頭，就是「追隨他（按：印順導師）的學生和一些弟子，對印順導師的『人間佛教思想』，實際上並不理解」。[20] 因而，這股強烈意識，從一開始，便引發筆者積極求證，並對修嚴法師等 1986 年所理解的「人生佛教是等同於人間佛教」觀點，萌生了質疑的大問號。

筆者並非一開始就了解印順與太虛的思想差異，他的認知轉變，其實是能接觸了當時的二大新的佛教知識來源：

其中之一，是印順導師的舊著《印度之佛教》一書，剛由佛教史家藍吉富於 1986 年設法重印出版，而筆者每月參與「東方宗教討論會」的地點，恰好就是由洪啓嵩、蔡榮婷等人所主持的「文殊佛教活動中心」，該處又剛好有此書的公開陳列和販售，所以筆者才有機會根據此書的序言和全書內容體系，眞正了解印順其人的全部思想詮釋和其對傳統中國

---

19 江燦騰，文中提到：「可見〈淨土新論〉的批評傳統西方淨土信仰，並未起革命性的改變。江燦騰認爲〈淨土新論〉的批評傳西方淨土思想，……批評者（按：印順導師）在佛學精深認識，在義理上傑出貢獻，在傳統的熱忱，對佛陀本願的執著，以及所開示『人間佛教』之路，都令人有高山仰止之嘆！但是，對中國文化本質與因衍生的中國佛教思想體系，缺乏同情，……批評者的論斷不免有架空之感。」江燦騰，〈臺灣當代淨土思想的新動向〉，頁 212-213。

20 江燦騰，〈從「撕毀八敬法」到「人間佛教思想」的傳播溯源〉，《臺灣近代佛教的變革與反思：去殖民化與臺灣佛教主體性確立的新探索》（臺北：東大，2003 年 10 月），頁 260。

佛教的強烈質疑心態。

　　其二是，筆者再於同年根據楊惠南於 1980 年撰述《當代學人談佛教》〈中國佛教的由興到衰及其未來的展望〉一文，確定楊氏與郭忠生訪談印順導師內容，就是在於清楚地表達了太虛人生與印順導師的人間佛教思想是不同的。[21]

　　所以筆者其實是經過以上的知識查證之後，才積極地在 1987 年發表了〈戰後臺灣淨土思想的爭辯與發展〉一文，並極力認爲，臺灣淨土新的發展動向，絕非單純是一樁信仰興論。

　　於是，其後的發展，就如禪林所指出的，「他（指筆者）在撰寫此文之餘，即就著印順導師爭議之作〈淨土新論〉做爲主題，做大突破的改寫，如此一來，早年只是在學、教界長期默默存在或反抗淨土信仰紛歧的問題，便被江氏以學術論述的性質來比對其他人物，並將之明朗化，因而構成其後的一連串強烈的學、教界回應，且餘波盪漾，久久未息。」[22]

肆、筆者論文發表後的相關連鎖反應概述

一、來自印順導師本人對筆者論述的即時回應

　　印順導師本人在 1988 年 10 月，於《當代》雜誌第 30 期上，發表〈冰雪大地撒種的痴漢——「臺灣當代淨土思想的新動向」讀後〉一文；[23] 於《當代》雜誌的第 30 期上，也一併刊出李炳南居士在臺灣蓮社幾位主要

<hr/>

21 楊惠南教授在那一年，也出版他編寫的《當代學人談佛教》一書。而其中有一篇，題為〈中國佛教的由興至衰及其未來的展望〉，這是 1980 年郭忠生先生與楊惠南教授到臺中縣太平鄉的「華雨精舍」訪問印順導師，在訪談中，印順導師清楚談到他與太虛是不同的，並且特別指出不同之處，就是他的「人間佛教思想」與太虛的」人生佛教思想「有本質上的差異。當時筆者便得出一個結論，即印順導師的門徒不一定認識印順導師。見筆者，〈從「撕毀八敬法」到「人間佛教思想」的傳播溯源〉，頁 262。

22 禪林，《心淨與國土淨的辯證——印順導師與人間佛教思想大辯論》，頁 19。

23 禪林，《心淨與國土淨的辯證——印順導師與人間佛教思想大辯論》。

追隨者，所聯合撰寫的否認燒書的聲明稿。[24] 但是，當時筆者為保護最先提供其內幕信息的，某位教內重要佛教學者，所以選擇沉默而未做回應。

至於印順的回應之文，在一開頭，先是謙稱：「江燦騰先生所作，是一篇有意義的文字。該文所說我的地方，似乎過分推崇，期望也就不免高了些，有關於佛教思想的史實，我想略做補充。」[25]

印順接著即解釋說，他的淨土思想最初，確曾受到太虛宣講《彌勒大成佛經》的影響，而他日後會特別留意彌勒淨土思想，其認知的發點也正是由原先太虛觀點而來的。不過，兩人的共同點也僅於此點而已。

因為兩者對大乘三系思想的認知，是大不相同的，太虛是以如來藏的真常唯心思想，做為其最高義理的判準依據，印順則是以性空唯名的龍樹中觀空義，做為究竟的義理判準的最高原則。所以他過去即曾質疑過太虛所主張的「人生佛教」理念，是基於「方便而融攝密與淨的思想」而來。[26]因此，他認為，太虛是「深入中國佛學而超越了舊傳統」。至於印順本身，則自認為，雖是秉承太虛所說的方針，卻更為「著重印度佛教」，因為它「是一切佛教的根源」。

此外，印順導師也對筆者在結論中對他的質疑，表示完全的認同，所以他也於該文中坦承：「（筆者所指摘的）《淨土新論》高超理想……，卻不被臺灣佛教界廣為接受。顯然存在著理想與現實的差異。這句話（指筆者）說得非常正確！」[27]

只是，他在結尾處又無奈地自嘲說：「我（印順）只是默默的為佛法而研究，為佛法而寫作，……我想多少會引起些啟發與影響。不過，也許我是一位在冰雪撒種的痴漢。」[28]

---

24 禪林，《心淨與國土淨的辯證——印順導師與人間佛教思想大辯論》。
25 印順，〈冰雪大地撒種的痴漢——「臺灣當代淨土思想的新動向」讀後〉，收入《華雨集》第 5 冊，印順導師將題目改為〈臺灣當代淨土思想的動向〉，頁 99。
26 印順，《華雨集》第 5 冊，頁 100。
27 印順，《華雨集》第 5 冊，頁 104。
28 印順，《華雨集》第 5 冊，頁 104。

　　而臺大哲學系的楊惠南教授，即是讀到印順的此一感嘆之後，開始有了強烈的認同和一連串的後續反應。

二、來自楊惠南教授的回應與相關批評

　　楊惠南教授先是在應邀講評筆者所發表的〈臺灣當代淨土思想的新動向〉一文，但是當時覺得筆者對印順導師的部分批評，有失公允。因此他在 1988 年 12 月以〈臺灣佛教的「出世」性格派系紛爭〉一文，發表在《當代》雜誌上。

　　楊氏並特別於文中指出，戰後在臺復會的「中國佛教會」本身，對於「出世性格」保有極爲濃厚的觀念，三大派系中，像注重傳戒的白聖長老（1904-1989）等，即是屬於傾向傳統保守派系之一，所以其出世性格特濃，並且對於參與社會關懷意願不高。

　　楊氏當時即是用此一觀點，加以檢驗筆者批評人間淨土，遭受到建構困境原因所在。

　　楊惠南並曾感慨地於文中認爲，筆者的原先論點，對於「腐敗現實」似乎太過妥協了。[29] 於是楊氏接著指摘，戰後臺灣佛教思想的主要問題，是來自由中國傳統佛教僧侶，如白聖之流所操控的中國佛教會，其過於保守的佛教觀念，由於長期得不到知識分子認可，久而久之，自然走向出世之道，則是在所難免。

　　楊氏還認爲戰後保守派的佛教理念，可以歸納如下：

所謂與世無爭的出世「教派」，至少有下列幾個可能的意思：
　（一）厭棄本土而盛讚他方世界；（二）散漫而無作爲的教徒組
　織；（三）社會政治、文化等事業甚少參與；（四）傳教方式的

---

29 楊惠南，〈臺灣佛教的「出世」性格與派系紛爭〉，收在《當代佛教思想展望》一書（臺北：東大出版社，1991 年），頁 43。

落伍。[30]

所以，楊氏其實是與筆者持不同的看法。因爲筆者的批評對象，是針對李炳南居士所代表傳統淨土信仰，而楊氏所批評對象，卻是屬於禪宗系統的白聖長老與其所操控的「中國佛教會」。

因此，筆者的論述，是將李炳南居士的傳統思想，看成是印順新淨土思想的直接對立面。而楊氏則指責白聖之流，排斥了印順做爲「中國佛教會」領導者的緣故，才導致臺灣佛教徒和組織，形成與社會脫節的濃厚「出世性格」。

因此，對於楊氏將中國佛教會的派系歸諸於「出世性格」的論點，筆者覺得此一觀點，在經過歷史學的實證檢視之後，頗與原來眞相大有出入，並且他和楊氏的思想路數，也無任何交集之處。

所以，筆者選擇另撰寫〈處在臺灣佛教變遷點上的慈航法師〉和〈從大陸到臺灣：近代佛教社會運動的兩大先驅──張宗載與林秋梧〉兩篇長文，先後在《佛教文化》月刊和《當代》雜誌分期發表，以顯示出：戰後臺灣佛教的「出世性格」其實有更大歷史淵源在影響著，並非如楊氏的批評觀點所質疑的情況那樣。

儘管如此，其後的發展是，筆者繼續增強其原先論述的「虛·印之別」觀點；而楊惠南教授則在其論文發表後，立刻形成教界的空前大風暴（當時教界甚至傳言，其後白聖的鬱鬱過世，與曾受楊氏此一嚴厲批評觀點的重創不無關係）。

當時，不但有來自釋昭慧比丘尼，在隔期的《當代》雜誌上，針鋒相對地公開嚴厲反駁楊氏的論點，[31] 更有出身臺大哲學研究所的劉紹禎撰寫長篇批判性的論文，針對印順的佛教思想和楊惠南兩人詮釋的淨土主張，

---

30 楊惠南，〈臺灣佛教的「出世」性格與派系紛爭〉，《當代佛教思想展望》，頁 1。
31 釋昭慧，〈是治史還是説書？〉，《當代》第 32 期（臺北，1998 年 12 月），頁 145。

分別提出尖銳的質疑。

三、來自筆者和劉紹楨兩者異議觀點的相關質疑

（一）有關大乘三系思想的爭辯

筆者曾在 1989 年，再行補充〈從「人生佛教」到「人間佛教」：戰前虛、印兩師思想分歧之探索〉一文，商榷了印順導師對大乘三系的立場，並首先做出如下的評斷：「從表面上看，似乎兩者（按：太虛與印順導師大乘三系教義）的差異，並不像想像中那樣大，此因兩者當時雖然所依據的教義互有偏重，但對現實社會的苦難、國家的憂患處境，乃至佛教現代適應的問題，都有高度的關懷意識。可以說，對大乘菩薩的普渡精神，兩者皆能認同和有所發揮。」[32]

但是，筆者接著即指出，「對於教義印順導師以印度性空論為主，太虛則偏向在中國傳統佛教真常唯心，這是兩人所堅持立場。」[33]

問題在於，當印順導師以性空學為參考路徑，提出另一種有別於傳統中國佛教的突破性的新觀念時，筆者也根據文獻，同時指出，「太虛大師卻以『性空論者』要為『密教』的盛行，負最大的責任，來反駁！……因此太虛大師認為：新佛教體系，正要從傳統的中國佛教思想再出發！」[34]

所以，最後筆者在其總結論點，是指出：「（虛、印）兩人僅管在義理上，都能建立一貫體系，在思想上，卓然起家。但是，能否附諸普遍的實踐上呢？恐怕仍是一個待實證的問題。」[35]

---

32 江燦騰，〈從「人生佛教」到「人間佛教」：戰前虛、印兩師思想分歧之探索〉，見《當代臺灣人間佛教思想家：以印順導師為中心的薪火相傳研究論文集》（臺北：新文豐，2001 年），頁 92。

33 江燦騰，〈從「人生佛教」到「人間佛教」：戰前虛、印兩師思想分歧之探索〉，《當代臺灣人間佛教思想家：以印順導師為中心的薪火相傳研究論文集》，頁 94。

34 江燦騰，〈從「人生佛教」到「人間佛教」：戰前虛、印兩師思想分歧之探索〉，《當代臺灣人間佛教思想家：以印順導師為中心的薪火相傳研究論文集》，頁 94-95。

35 江燦騰，〈從「人生佛教」到「人間佛教」：戰前虛、印兩師思想分歧之探索〉《當

此外，筆者在同文中，還認爲印順導師所採用「性空思想」，雖然是以「人間佛教」的思想，做爲其針對現實關懷的有力考量。但是，此一過於理性的宗教心態，「固然對峙了傳統佛教中常有的重經懺體驗的成分和喜神秘神通的流弊現象，但是同樣也削弱了其中的宗教體驗成分。」[36] 反之，太虛卻是根據其宗教體驗而建構其佛教思維的。

因此，筆者最後認爲，印順與太虛之間的修行路線抉擇，是無法有最後是非定論的，只能靠各人依其當下的需要，去做見仁見智的必要抉擇了。

（二）來自劉紹禎批評淨土三系思想會通的現世問題

對於此一問題，根據禪林研究後，認爲劉紹楨在 1995 年時，曾發表〈大乘三系與淨土三系之研究〉長文，並且，劉氏在研究結論中，已曾經質疑印順導師生平所判定的大乘三系與淨土三系的正確性。

因爲劉氏當時在文中曾提到：「三系說典範的二大預設，（按：印順導師）緣起自性空與人間佛教，不但在立論上，限於內在理路的構思和偏頗，且不能依判準一致的原則用於本系。……依此預設所論斷的印度佛教滅亡之因。」[37] 接者劉氏又質疑說「三系中觀學派『緣起自性空』說法，龍樹對於性空理論，雖以破一切法，可是性空立場預設到最後，仍不出形而上的範圍，龍樹似乎已陷入循環論證的矛盾，印順卻把自性空當作成第一義，誤判爲了義。」[38]

然後，劉氏又以龍樹的《中論》中所說的「是故一切法，無不是空

代臺灣人間佛教思想家：以印順導師為中心的薪火相傳研究論文集》，頁 97。

36 江燦騰，〈論太虛大師與印順導師對人間佛教詮釋各異的原因〉，《當代臺灣人間佛教思想家：以印順導師為中心的薪火相傳研究論文集》，頁 106。

37 劉紹楨，〈大乘三系與淨土三系之研究〉，《諦觀》第 81 期（南投，1995 年 4 月），頁 65。

38 劉紹楨，〈大乘三系與淨土三系之研究〉，《諦觀》第 81 期，頁 18-19。

者」之言，[39] 認爲「顯然龍樹對空義本身論理，已有矛盾現象，錯將空義，當成一切都不存在，破壞世間一切因果理則，印順導師對於空義的理解，確是以龍樹空義做爲基礎，不斷聲稱『有空，才能善巧建立一切』」。因此，他認爲這雖是印順導師一直把空義，判爲了義說的理論根據之一，他卻不能同意。

到底不了義說不歸屬性空這一系，大乘三系其中二系：妄唯識系、眞常唯心系，前者印順導師把唯識系建立在不空假名，[40] 而後者的眞常唯心，它認爲這是空過來的，加以貶抑，從本質上認定他是破壞空性緣起法，是不了義之說。[41]

其實，根據劉氏在 1991 年所撰寫的〈西中印空無觀研究〉一文，早就質疑印順導師判析太過獨斷，他當時就提到：「印順未加論證以形而上本體論和神秘實在論，來批判眞常系，依拙文分析可知，是一種獨斷。」[42]

令人訝異的是，楊惠南和印順本人，都未針對劉氏的觀點提出反駁，反而是在印順過世之後，才由昭慧比丘尼在《當代》雜誌上，公開反駁劉氏對印順思想觀點的質疑。[43]

劉紹禎也同樣認爲，楊惠南先前所指出的是因爲戰後「中國佛教會」的保守心態所導致的「出世性格」，並非只是以「住生西方」爲主的單一化概念所能決定的。因此，他批評楊氏持論觀點，其實是「以機械因果論西方淨土出離心，乃中國佛教出世之因」，[44] 所以，他不能同意楊氏的此一論點。

此外，劉紹禎也指摘說，印順導師所批判阿彌陀佛的論點，也只是

39 高楠順次郎，《大正藏》，第 30 冊，頁 32 中欄。

40 印順，《中觀今論》（台北：正聞出版社，1992 年）。頁 190。

41 印順，《中觀今論》，頁 190-191。

42 劉紹楨，〈西中印空無觀研究〉《諦觀》第 77 期（1994 年 4 月），頁 17。

43 釋昭慧第一次的反駁劉氏，應是在 1993 年，見其〈印順導師「大乘三系」學說引起知師資辯論〉，《諦觀》第 72 期（南投，1993 年 1 月）。第二次的反駁，見〈法義可以辯論但不疑有不實指控〉，《當代》第 216 期（臺北，2005 年 8 月），頁 140-14。

44 劉紹楨，〈大乘三系說與淨土三系說之研究〉，《諦觀》第 81 期，頁 60。

將其直接連結到他力信仰的宗教之非自力性解脫上，因此這種定義，在
劉氏看來「是何其狹隘」！[45] 對於此點，禪林的研究指出：

> 顯然劉氏無法忍受西方彌陀淨土被當成純他力信仰，這必將會
> 激起他對想護教彌陀淨土之熱忱，於此當不難瞭解其背後之用
> 心。[46]

四、解嚴後印順與星雲兩大淨土思想路線的新主張和相關詮釋擴展

　　1989 年時，臺灣地區由於已經是政治解嚴之後的第三年了，並且蔣
氏在臺政權的第二代強人領導者蔣經國（1910-1988），也在其嚴重的糖
尿病所引起的心臟疾病惡化後，導致提早死亡，而繼其位者正是當時擔
任副總統的臺籍人士李登輝，於是臺灣現代史上首次出現無強人統治的
民主化時代。

　　當時反映戰後臺灣社會各種弊政的大型街頭群眾運動，也因之立刻如
風起雲湧般的經常出現臺北市離總統府不遠的各街道上，所以當時不只
官方在政治權力的運作，曾遭到民間各種不同政治立場的反對勢力之連
番挑戰，連一向主控戰後臺灣佛教組織動態的中國佛教會，也因領導者
白聖的早已過世和解嚴之後的所開放的同級新佛教大型組織的相繼出現，
而陷於威權式微和指導無力的尷尬狀況。

　　正是在這樣的氛圍之下，1989 年當年，代表戰後臺灣人間佛教思想
的兩大路線倡導者：印順和星雲，[47] 分別提出其相關的著作和新觀點的詮

---

45 劉紹楨，〈大乘三系說與淨土三系說之研究〉，《諦觀》第 81 期，頁 55。

46 劉紹楨，〈人乘三系說與淨土三系說之研究〉，《諦觀》第 81 期，頁 55。

47 星雲曾於 1989 年以「如何建設人間佛教」為議題，在 1990 年舉行一場國際性學術會議，
　表明他對人間佛教的看法，並以佛教現代化為主題，做為改善佛教的準繩，強調佛教
　「現代語言化」、「現代科技化」、「現代生活化」、「現代學校化」等四項。為走

釋，於是已經歷時三年多的關於印順人間佛教思想的爭辯問題，立刻在印順本人新著作的背書之下，成爲代表其一生佛教著作的正式且唯一的思想標籤。

以此做爲分水嶺，從此臺灣佛教界所爭論的淨土思想問題，已被化約成爲贊成或反對兩者立場，以及印順和星雲兩者的人間佛教理念，何者更具有社會的實踐性問題。

筆者是首先將印順視爲是對太虛思想的「批判性繼承」者，而認爲依星雲所走的佛教路線他應該算是太虛思想的「無批判繼承」者，並公開指出印順曾對星雲人間佛教思想中的融合顯密思想，有所貶抑的情形。[48]

可是，做爲印順思想的忠實追隨者的邱敏捷博士，在其博士論文中，則一反筆者的並列方式，而是以印順的人間佛教思想爲其判準的最後依據，一舉將包括佛光山、慈濟功德會和法鼓山等，當代臺灣各大佛教事業場的人間佛教思想，一概判定爲屬於非了義的世俗化人間佛教思想。[49]

事實上，邱敏捷博士的上述論點，並非獨創的見解，而是延續其指導教授楊惠南，對慈濟功德會和法鼓山這兩大佛教事業道場的人間佛教思想之批判觀點而來。

因爲楊氏認爲，不論是慈濟功德會所主張的「預約人間淨土」或法鼓山所創導的「心靈環保」，都是屬於過於枝末性的社會關懷和過於唯心傾向的淨土認知。他認爲此兩大佛教事業道場，不敢根源性地針對官方和資

入時代，將佛法散播各角落，可見星雲有意將人間佛教引領到現代化。

48 印順導師曾指出，臺灣推行人間佛教傾向，以目前：「現代的臺灣，『人生佛教』、『人間佛教』、『人乘佛教』，似乎漸漸興起，但適應時代方便多，契合佛法如實，本質還是『天佛一如』。『人間』、『人生』、『人乘』的宣揚者，不也有人提倡『顯密圓融』嗎？」印順，《契理契機之人間佛教》，頁65。

49 邱敏捷〈印順導師人間佛教思想：臺灣當今其他人間佛教之比較〉，此篇文章早期發表於《人間佛教薪火相傳：印順導師思想理論實踐學術研討會》，之後，作者又略事修改，已收入邱敏捷，《印順導師的佛教思想》一書（臺北：法界，2000年），頁133-160。

本家的汙染源，提出徹底的批判和強力要求其改善，[50] 反而要求一般的佛教信眾以《維摩詰經》中所謂「心淨則國土淨」的唯心觀點來逃避問題，[51] 所以他指責這是「別渡」的作法，而非「普渡」的作法。[52]

　　所以，邱敏捷博士的上述持論立場，其實是將其師楊氏的此一論點，再擴大為，包括對佛光山星雲的人間佛教思想的理念和做法在內的全面性強力批判。

　　其後，在佛光山方面，雖然立刻由星雲女徒，慈容比丘尼撰文反駁，但如純就佛教義理的思維來說，慈容的觀點是無效的陳述，所以同樣遭到來自邱敏捷博士針鋒相對地論述強力回擊，因此其最後的發展是，雙方既沒有交集，也各自仍然堅持原有的觀點，不曾有任何改變。

---

50 楊惠南曾於 1994 年 12 月，以〈當代臺灣教環保理念的省思以「預約人間淨土」和「心靈環保」為例〉，提出社會關懷解決方案。直接針對慈濟功德會所發起「預約人間淨土」，和法鼓山「心靈環保」，認為當代佛教推動環保最具成效兩大團體，這方面的成就是有目共睹，就事論事，這兩大團體只在「『量』上限定於幾環保面相」，更值得注意的是，工業污染（化學污染）、核能污染，這些都是「來自於資本家和政府」。楊惠南，〈臺灣佛教現代化的省思〉，《臺灣佛教的歷史與文化》（臺北：靈鷲山般若文教基金會，1994 年），頁 288。

51 楊惠南的批評是：檢視當代臺灣佛教環保運動，之所以侷限在「浪漫路線」的「易行道環保運動」的範圍之內，原因固然在於主導法師保守的政治理念態度，……把環境保護和保育，視為「內心」重於「外境」這件事，如果不是錯誤，至少是本末倒置的作法。見楊惠南，〈當代臺灣佛教環保理念的省思以「預約人間淨土」和「心靈環保」為例〉《當代》第 104 期（1994 年 12 月），頁 40-41。

52 楊惠南認為，「大乘佛教所發展出來的『（半途型）世俗型』的普渡眾生」，「還是同樣強調物質的救渡」，相反的，「大乘佛教的普渡眾生，有出世的意義，『目的型』的救渡」。並指出：「世俗」型的物質救渡，又可細分為二種：其一是一個一個、小群一小群，或一個區域的……筆者（楊惠南）稱之為「別渡」……以致成為「頭痛醫頭，腳痛醫腳」的「治標」救渡法。……他們寧可假日到郊外檢垃圾，然後回到廟裡說「唯心淨土」，宣說「心靈環保」，卻不敢向製造污染的資本家的政府抗議。另外一種「世俗」型的救渡，乃是透過政治、經濟、社會制度，全民……這樣的救渡，筆者才願意稱之為「普渡」。見楊惠南，〈臺灣佛教現代化的省思〉，《臺灣佛教的歷史與文化》，頁 288-289。

五、現代禪在家教團與印順佛教思想的長期衝突

現代禪是由李元松（1957-2003）於 1989 年春，率領其短期禪訓班的
眾弟子，所創立的「佛教現代禪菩薩僧團」。由李元松擔任祖光傳法長老，
撰寫各種〈傳法教材〉、制定「宗門規矩」、「道次第」、「血脈圖」、
「發願文」，並以「本地風光」爲現代禪的根本心法。

但是在 1993 年已合法登記的「全國財團法人現代禪文教基金會」，
卻無法改善現代禪和出家眾持續存在的緊張狀態。

特別是當代佛學大師印順長老，正式在佛教刊物《獅子吼》第 11/12
期（1993 年 11 月）發表〈「我有明珠一顆」讀後〉長文，強力反批現代
禪對其批評的各項論點。因爲李元松在其書《我有明珠一顆》（1993 年
8 月）中提到：許多當代佛教徒之所以排斥禪徒或禪宗，是受印順批評傳
統禪宗言論的影響所致。

印順導師則認爲：他的過去對傳統禪宗的批評，可能「障礙」了現代
禪的發展，而非「影響禪宗的式微」。而當時，最支持現代禪的著名佛
教史學者藍吉富，也同樣反對李元松對印順「影響禪的式微」的批評。

藍吉富當時是認爲，當代臺灣根本無正統禪宗的傳承，更何來有印
順影響禪的式微之舉？在前述的雙方爭論在法義抉擇上的有所差別，其
實只是爭論：社會性（發菩提心，慈悲心）是否必須與智慧性（如實智）
並重或列爲優先？

就大乘菩薩道的印度原意來看，當然印順的詮釋是正確的；但李元
松和溫金柯則認爲：對於宗教本質的根本認知，除非有「智慧性」（如
實智）做爲必要條件，否則空有「社會性」也無法達成？所以「社會性」
是被其排在第二順位的。

現代禪在堅持「智慧性」是大乘菩薩道的第一義，而「社會性」只是
第二順位之後，再加上李元松以本人的實修經驗和體悟進行對此主張的背
書，雖無法在當代臺灣佛教界獲得普遍的共鳴或認同，卻順利成爲其內

部修法的高度共識和強大凝聚力，並反映在其後長期潛修時，教團對外活動的相對封閉性和保守性，使其性格反而接近小乘佛教的修道態度。

1999 年 12 月「現代禪網站」的成立，雖然立刻變得非常熱門和功能多元、以及所擬資料也極爲豐富，因此使現代禪的全貌，遠較過去更爲教界和社會大眾所理解，連中國大陸方面的點閱人口、相關佛教學者通信內容、現代禪因敏感且屢屢主動發動的反批其他支持印順者的文章，都迅速地被登載其上和也同樣迅速地激起強烈的反批判聲浪。

特別是支持印順長老論點的楊惠南教授，在國科會大型研究計畫的贊助之下，曾對「解嚴後臺灣佛教新興教派的研究」中，對現代創立者李元松、教理研究部主任溫金柯、已皈依教團的數位比丘尼和其他早期參與後來卻離開的重要幹部，做深刻詳細訪談之後，卻立刻又爲文下重筆批評現代禪的種種觀念，使現代禪深受大打擊和強烈反彈。[53]

可是，儘管現代禪費盡力氣，向各方學界或教界人士申明被扭曲或要求爲其主持公道，並在 2000 年 8 月發表〈八二三宣言〉，宣稱：「今後」對於各方的批評或指教，不論對或錯，現代禪強烈希望「都不予回應！」將一心深入止觀和佛學研究，以便徹底脫「辯誣」之漩渦。

然而，溫金柯隔年卻出版其重要的反駁著作《繼承與批判印順人間佛教思想》一書。[54] 另外佛教界的「如石法師」和中國大陸學者「恆毅博士」，也對其表示聲援，甚至展開對印順論點的全面批判。

如此一來，迅即遭來包括：李志夫、性廣尼、昭慧尼和林建德居士等多位重要學者，如排山倒海般地強烈反批判。其中尤以林建德的反擊，最有體系和爲時最爲持久。[55]

於是，現代禪李元松，一方面雖於 2002 年 4 月 26 日，透過昭慧尼

---

53 見楊惠南，〈人間佛的困局——從新雨社和現代禪為中心的一個考察〉，《會議論文集》（桃園：弘誓，1999 年）。

54 溫金柯，《繼承與批判印順人間佛教思想》（臺北：現代禪，2001 年）。

55 林建德的各篇論文，後來彙編成為《力挺佛陀在人間——諸說中第一》（臺南：中華佛教百科文獻基金會，2003 年）。

牽線，正式皈依印順長老門下；一方面也卸下宗長職務。

可是，由於實際未曾真正放棄原先的論點，所以相關爭論也依然持續進行中。最後終於導致「現代禪網站」的完全關閉（2003 年 9 月），並且教團的走向也急轉直下。

然而，原現代禪教理部的主任溫金柯本人，依然堅持其原有看法，迄今仍未改變。

六、性廣比丘尼與印順導師人間佛教禪法的闡揚

相對於前述的對立狀況，戰後臺灣首位女禪學思想家釋性廣比丘尼，在 21 世紀開始的階段，曾歷經解嚴之後的多年努力，但在其最仰慕的印順導師的人間佛教思想的影響之下，首度撰有《人間佛教禪法及其當代實踐》一書 [56]，來提倡人間佛教禪法。

性廣比丘尼的此書內容和主要概念，因頗能注重禪修的思想正確性，和不忘處處關懷周遭環境及其與社會互動的悲憫心之培養。 所以此書一出版，即普受教內識者的接受與稱頌，一時間流傳甚廣。[57]

性廣比丘尼也自書出版之後，不但經常應邀到其他佛教道場，去開班傳授人間佛教禪法的正確修行次第，也曾應邀到部分臺灣的大專院校去講授她本人詮釋和首創的人間佛教禪法。

而她的新禪學體系，雖在核心觀念上，得力於印順的啟蒙和奠基，卻非僅止於原樣的轉述，而是經過重新詮釋和添補新知的，所以就此一

---

56 釋性廣，《人間佛教禪法及其當代實踐》（臺北：法界出版社，2000 年）。

57 溫金柯曾撰文〈繼承與批判印順法師人間佛教思想：評性廣法師《人間佛教禪法及其當代實踐》〉，批評的重點是（1）性廣在書中將「信仰立場」與「學術立場」的混淆；（2）尋求他人背書的心態；（3）「照著講」與「接著講」；（4）美化師長而淺化經典；（5）草率評斷禪宗與密教。（6）現代禪與印順法師有共許和不共許之處。見溫金柯，《繼承與批判印順法師人間佛教思想》（臺北：現代禪，2001 年），頁 9-44。但，此一批評，對性廣尼毫無影響。

創新的意義來講，是超越了當代所謂禪學思想的任何流派的。

　　對於此一新佛教文化現象，我們若回顧整個東亞漢民族，近一千多年來的佛教傳播史上，可以說皆屬男性禪學思想家的天下。換言之，在過去從無有一位佛教比丘尼，夠得上被稱爲，所謂「人間禪法之禪學家」者。

　　因此，她的此一新禪學思想書的問世，可說具有臺灣本土佛教女性新禪學家出現的里程碑意義。

七、昭慧比丘尼與印順導師對佛教兩性平權運動的辯證 發展

　　由於印順導師的刻意栽培，所以昭慧比丘尼根據印順導師原先主張人間佛教的兩性平權思想，於 2001 年 3 月 31 日，在臺北南港中央研究院舉辦「人間佛教薪火相傳」的研討會時，曾公開宣讀〈廢除八敬法宣言〉，也實際結合僧俗兩眾，當場撕毀了「八敬法」的條文。

　　而此一漢傳佛教千年來前所未有的大膽革新舉動，當時除了立刻獲得臺灣社會各方輿論的普遍肯定之外，也使臺灣現代比丘尼呼籲佛教兩性平權的有力訴求，不但直接強烈衝擊著二度來訪的達賴喇嘛，使其不得不立刻回應（儘管仍躲躲閃閃）此一具有普世人權價值的理性專業訴求。

　　其後，昭慧比丘尼的撕毀「八敬法」的條文此舉，連帶也衝擊到臺灣傳統的佛教界和亞洲其他地區的佛教界，並且儘管彼等的回應方式頗不一致，甚至連世界華僧內部的共識也遲遲未能達成，但臺灣佛教現代比丘尼的專業水準之高、及其能倡導亞洲佛教兩性平權新思維的睿智遠見，已堪稱爲百年所僅見的世紀大手筆。

　　另一方面，當時臺灣傳統佛教界的部分比丘長老們，在面對此一新世紀的佛教兩性平權新思維時，不但無法根據本身的律學素養來爲自己一心想堅持的舊思維辯護，反而要小手段到當時年紀已 96 歲高齡的印順導師身上，然後以其回信中的一句「八敬法是佛制」的簡單論斷，公之於「中國佛教會」的刊物上，想藉以堵塞昭慧比丘尼所一再發出的滔滔雄辯和

昭慧法師主張佛教兩性平等，並公開撕毀八敬法

有力的訴求。

　　問題在於，當時印順導師那句「八敬法是佛制」的簡單論斷，正如他的另一名言「大乘是佛說」，原不能望文生義地只將其等同傳統的佛所說或佛所制來看。因此，筆者曾將此意透過中華佛寺協會的林蓉芝秘書長，於 2001 年 7 月 23 日去電「華雨精舍」，向印順導師求證：其語意實際何指？

　　結果，印順導師明確地回答說：清德比丘尼在其《印順導師的律學思想》一書中所說的，較符合其本人的原意。可是，清德比丘尼研究「八敬法」的結論，與昭慧比丘尼所主張的，根本完全一致。

　　亦即，「八敬法」中，只有比丘尼應尊重比丘的這一精神，因各律見解一致，可以推定是佛制遺風；至於「八敬法」本身，其實是佛陀之後，部分法派所制定的，故各部派之間的見解並不一致。

　　由此看來，「中國佛教會」的刊物上所登的那句「八敬法是佛制」，

其實是被一語兩解了。

　　但，也不難瞭解，印順導師其實已太老了，並且已無法精確詳說他的看法了，所以才會引來上述的誤解。因此不論他過去曾如何卓越？他如今都只能被當傳統的歷史人物來看待了。

　　再者，爲了不徒托空言，所以由昭慧比丘尼和性廣比丘尼所聯合創立第五十二期（2001 年 8 月）佛教的《弘誓》雙月刊，便是以「告別傳統──迎接佛教兩性平權的新世紀」，做爲專輯各文的主軸。

　　這意味著此一專輯的作者，不只敢於正面回應來自傳統派昧於時代潮流的無謂挑戰或淺薄的質疑，更能以專業的自信和理性的堅持，用大氣魄、大格局的新時代視野，來發揮其由智慧眼和菩提心所凝聚的大願力，以呼應兩性平權的普世價值和時代潮流，並帶領臺灣當代的佛教界，向改革的途徑勇往邁進。

　　其後，昭慧比丘尼更相繼出版多本佛教倫理學的專書，其中最前衛的，是《後設佛教倫理學》（臺北：法界出版社，2008）一書，其議題之新在亞洲堪稱第一。

伍、結論

　　對於本章以上的解說，到底可以有何結論提出呢？由於當代的一切思潮都在持續發展與不斷變化中，所以筆者想從 2005 年 6 月 9 日，應當時《中國時報・人間論壇》的報社編輯邀約所寫的一篇〈後印順時代的人間佛教〉專論談起。其全文內容，應該可以做爲本章的最後結論。論述的內容如下：

　　當代海峽兩岸華人公認成就最高的，一代佛教思想家印順盛正，於2005 年 6 月 4 日，上午圓寂，享壽百歲。

　　假如沒記錯的話，他應是繼民國虛雲禪師、唐代清涼澄觀之後，第三位在人間存活接近、或超過一世紀的漢傳佛教高僧。

　　難怪幾年前，天下文化的高希均教授和他的編輯群，在臺中華雨精舍與印順本人洽談傳記撰寫的授權時，看到身分證上的印順，居然是出生於清末慈禧太后還活著的年代，不禁驚叫起來。由潘煊撰寫的《印順導師傳》，在天下文化出版，並有數萬冊的巨大銷售量。

　　再者，經我多年的建議及其他有力人士的協助之下，去年正忙於競選連任的陳水扁總統，終於頒授「二等卿雲勳章」給印順。之後學界居然有人嘲笑說：「陳總統沒什麼文化，頒幾個獎章，也不會提升什麼。」

　　我聽了之後，立即反駁：「此種頒獎，陳總統只是因他剛好是現任國家領導人，所以才由他來頒。要知道勳章是國家的名器，若能授與應得者，即表示我們整體社會對得獎者的衷心感謝，這對社會是一種有意義的示範，也是臺灣社會的文化薪火，能代代相承之意！」

　　爲何我要這樣說呢？我的理由是，假如我們把漢人來臺的移墾，做爲歷史的開端，則在數百年來的臺灣社會文化史中，所出現的最有深度、成就最大、實踐最廣的思想家，我們大概可以舉出兩位，即：胡適和印順。

　　而兩者中，最和當代近十五年人間佛教思想有關的，就是以印順本人。所以，當代的人間佛教思想的領航者，就是印順盛正。

　　若再問：臺灣有無出現世界級的思想家？當然有，就是印順盛正。理由有二：首先，漢民族在全球的人口數居最多數，而在分布全球的華人中，若論佛教的思想影響力，而非論佛教事業的大小或信徒的多寡，則印順的思想影響是海峽兩岸最被肯定者；也是到對岸後，唯一能令中共最高佛教領導人趙樸初，甘心下跪頂禮的一代高僧。

　　其次，根據政大哲研所教授林鎭國轉述，哈佛大學詹密樓教授認爲：在亞洲，像日本著名的世界級佛教學者，雖有不亞於印順或超過印順的佛學成就，但沒有一位能在思想的傳播層面或社會實踐面上，堪與印順相比。所以印順在華人的佛教信仰圈內，是獨樹一幟偉大思想家。

　　但，在肯定這些成就之後，是否有其他的副作用出現呢？有的，茲列舉數點如下：

　　一、由於「人間佛教」一詞，非屬專利品，所以包括兩岸的學者和

許多經營大道場的僧侶，都樂於自行再定義，所以其氾濫程度，幾等於無原則和無檢別。所以像亂寫文章的學者，或什麼錢都敢要的大道場都紛紛出現了。這是最大的隱憂。

二、對岸過去一直是以中原天朝的心態，來看臺灣的邊陲和枝末的佛教信仰。如今在著名本土的慈濟新佛教事業之外，又有印順的人間佛教思想，在臺高度發展，頓然使其有由中心淪為邊陲之虞，所以目前對岸當局，對於印順的人間佛教思想是否要在大陸推廣？迄今仍在猶豫中。

三、臺灣社會近十五年來，太忙於政治的議題，導致忽略了政治和經濟以外的實質成就與發展。例如新的佛教在家教團的出現、真正有深度的新禪學思想或佛教倫理學的著作等，都仍未受到臺灣一般學界的注意。但，實際上，與臺灣人間佛教有關的數次大辯論，已出現於過去的數年間，連研究此大辯論的專書，都即將出版。可是，在佛教圈以外，卻少有人知。

像這種知識或文化在不同社群之間的傳播隔閡，也是臺灣社會超多元文化發展的一大隱憂，值得大家再來思考。

主編簡介

江燦騰

1946 年生，桃園大溪人。臺灣大學歷史研究所文學博士。曾任教清大、臺大、擔任新文豐佛教化叢書主編等。現職：臺北城市科技大學榮譽教授。

學術著作：《晚明佛教改革史》、《中國近代佛教思想的爭辯與發展》、《臺灣佛教百年史之研究》、《日據時期臺灣佛教文化發展史》、《臺灣佛教史》、《二十世紀臺灣佛教文化史研究》、《認識臺灣本土佛教：解嚴以來的轉型與多元新貌》。

學術榮譽：（1）中央研究院歷史語言研究所傅斯年紀念獎的八次得主。（2）第一屆宗教學術金典獎得主。（3）第二屆臺灣省文獻傑出工作獎得主。

作者簡介

江燦騰

亦爲本書主編。

釋寬謙（楊漢珩）

1956 生於臺北，1986 出家於法源講寺，國立成功大學建築研究所博士班肄業，擔任覺風佛教藝術文化基金會及楊英風美術教育基金會負責人。協助福嚴佛學院及臺北慧日講堂、花蓮聖覺寺等佛寺重建。歷任福嚴佛學院、圓光佛學院、佛教弘誓學院、臺中假日佛學院教師，玄奘大學講師、華梵大學助理教授。

1999 至 2007 法源講寺住持，2000 開始海外弘法，遍及美國、加拿大、德國、瑞士、夏威夷、日本、新加坡、紐西蘭、澳洲、中國大陸等地。

2007 起任新竹永修精舍住持迄今，2010 購得北投覺風佛教藝術教育園區 10 甲土地，2011 與日本安藤大師簽約設計。2012 創立覺風佛教藝術學院，2017 創立新竹覺風書院。歷年舉辦學術研討會、展覽會、佛教藝術文化專題更是不可勝數，等待覺風佛教藝術園區建設完成，將成爲臺灣區域佛教藝術與佛法專題的殿堂與重鎮。

侯坤宏

　　1955 年生於臺灣嘉義，政治大學歷史學博士；1986 年起任職國史館，2015 年 2 月退休，目前仍繼續從事戰後臺灣史及近代佛教史相關研究工作，撰有：《印順法師年譜》、《眞實與方便：印順思想研究》、《仁俊法師學譜》、《戰後臺灣漢傳佛教史》（合著）、《浩劫與重生：一九四九年以來的大陸佛教》、《流動的女神——觀音與媽祖》等專書，及《臺灣佛教一甲子：吳老擇先生訪談錄》、《浩蕩赴前程：昭慧法師訪談錄》等 20 冊口述歷史叢書。

釋昭慧

　　國立師範大學國文學系畢業，玄奘大學教授，歷任該校文理學院院長、社會科學院院長、宗教與文化學系主任。已出版專書 28 冊、期刊論文 65 篇。

　　2007 年，獲頒第四十八屆「中國文藝獎章」之「文化論述獎」。2007 年，獲國際入世佛教協會（INEB）聘，擔任第四位精神導師。另三位 INEB 精神導師分別是：西藏達賴喇嘛、越南一行禪師、泰國佛使尊者。2009 年，獲 The Outstanding Women in Buddhism Award（佛教傑出女性獎）。2012 年，獲頒第三屆「社運風雲人物獎」。2012 年起，連續獲頒五次教育部「銀質獎章」。歷年來主導的社會運動，有動物保護運動、反賭博合法化運動與佛門性別平等運動。2012 年 8 月主持「同志佛化婚禮」，成爲當年度臺灣唯一獲得「紐約時報 100 大新聞」的新聞事件。

國家圖書館出版品預行編目（CIP）資料

跨世紀的新透視：臺灣新竹市300年佛教文化史
導論 / 江燦騰等合著.
-- 初版. -- 臺北市：前衛, 2018.07
488面；17x23公分. -- (台灣文史叢書；210)

ISBN 978-957-801-851-8(平裝). --
ISBN 978-957-801-852-5(精裝)

1.佛教史 2.新竹市

228.33/112   107010826

跨世紀的新透視
臺灣新竹市300年佛教文化史導論

主　　編　江燦騰
作　　者　江燦騰、釋寬謙、侯坤宏、釋昭慧
責任編輯　Iris
美術編輯　宸遠彩藝
封面設計　Amy

出 版 者　前衛出版社
　　　　　10468 臺北市中山區農安街153號4樓之3
　　　　　Tel：02-25865708｜Fax：02-25863758
　　　　　劃撥帳號：05625551
　　　　　業務信箱：a4791@ms15.hinet.net
　　　　　投稿信箱：avanguardbook@gmail.com
　　　　　http://www.avanguard.com.tw
出版總監　林文欽
法律顧問　南國春秋法律事務所
出版日期　2018年7月初版一刷

經 銷 商　紅螞蟻圖書有限公司
　　　　　臺北市內湖區舊宗路二段121巷19號
　　　　　Tel：02-27953656｜Fax：02-27954100
定　　價　新台幣500元

©Avanguard Publishing House 2018　Printed in Taiwan　ISBN 978-957-801-851-8 (平裝)
　　　　　　　　　　　　　　　　　　　　　　　　　　978-957-801-852-5 (精裝)